第九卷

1924.1—1924.3

孫中山全集

广东省社会科学院历史研究室
中国社会科学院近代史研究所中华民国史研究室　合编
中山大学历史系孙中山研究室

中华书局

目　录

在广州观音山之役颁奖大会的演说*

（一九二四年一月一日）

今天执行奖赏，颁发从前在观音山打仗①有功诸卫士的奖牌，这是本大元帅亲自行赏的第一次。本大元帅自执以〔政〕政〔以〕来，从没有亲赏过将士的，因见推翻满清之后，我们军士的奋斗和从前大不相同。象黄花岗、武昌、镇南关、河口几次起义，我们的人数都是很少，打起仗来，没有那一次不是以几百人去打几千人或几万人的，以后便不能象那一样继续奋斗。近来象那样继续奋斗的军队，只有前年观音山的卫士，所以今天便来论功行赏。实在来说，观音山的卫士，值不值得一赏呢？当陈炯明造反的那一夜，我们观音山的卫士只有五十多人，所有的武器只有三十支手机关，子弹不过一万多发。叛军最初来攻的有一千多人，不久加入杨坤如一千多人，后来又到他项叛军一千多人，统共有四千余人围攻观音山。自头晚②起到第二日止，攻了十几点钟，毛〔毫〕没有间断，总是攻不下，到后来我们子弹打完了，才安全退出。象这样奋斗的精神真是近来没有的。今以此次东江的战事比较，两个月以前，我们有三万多人，在惠州、博罗打不过敌军二万余人。现在敌人残军散在东江的不过几千人，我们有三四万人，还是不敢前进。象这样说

* 一九二四年元旦，孙中山主持了广州观音山之役颁奖大会，并发表此演说。

① 指一九二二年六月十六日反击叛军陈炯明部围攻孙中山住所的战斗。观音山：今广州市越秀山。

② 头晚：指一九二二年六月十五日夜晚。

起来，比较观音山的卫士，真是不可同日而语。我从前常常对人说，革命军的力量是和别种军队不同的，必要能以一当十，才算合格。用几百人可以敌几千人，那才算是本事。如果不能，便是大耻辱，便不算得是革命军。前年观音山的卫士便是以一当百的革命军，所以才值得本大元帅来奖赏。民国成立以来，我理想上的革命军只有这次观音山的卫士足以当之。这种奋斗的精神，实在不可磨灭。所以乘今天民国十三年的元旦，来奖赏各位勇士，做一个大纪念。希望我们全体军人，从今天起，都应该恢复从前革命党的精神，以一当百，去同国贼奋斗，决计在今年之内，扫除军阀，统一民国。

据《广州民国日报》一九二四年一月七日《大元帅颁发卫士奖牌训词》(黄昌谷记)

委派林国英职务令*

(一九二四年一月二日)

派林国英为潮州善后委员会委员长。

据罗家伦主编、黄季陆增订《国父年谱》(台北一九六九年十一月版)下册(转录史委会藏手令原件)

给程潜的训令

(一九二四年一月二日)

杨总指挥希闵电称“小组部垫款架桥，请发款”等语，着军政部先筹拨洋一千元归垫，并由参谋处电复。如有不敷，并就地利用船

* 此件所标日期系据罗家伦主编、黄季陆增订《国父年谱》。

舶材料以架设之矣。此令

军政部长程潜

孙　文

中华民国十三年一月二日

据中国国民党中央委员会党史委员会编订《国父全集》(台北一九七三年版)第四册(转录史委会藏影印件)

给陈独秀的训令

(一九二四年一月二日)

大元帅训令第一号

令卸任大本营宣传委员会委员长陈独秀

为令饬事:案查前据该委员长造送开办费暨自十二年七月一日起至十二月十日止各计算书及单据粘存簿前来,当经发交大本营审计局审查去后,兹据复称:“为呈复事:案奉钧帅前后发到大本营宣传委员会委员长陈独秀呈缴开办费用,及十二年七月至十二月上旬各月份计算书、单据簿等件下局。窃查该委员长所造之计算书,未将款项分列,已与计算书格式不合,且内多缺乏单据者,有单据未贴印花税票者,有领薪收据未盖印章及印花税贴不足数者,有领薪收据无领款人姓名者,有领薪收据金额等与计算书所列金额不苻〔符〕者,业就原计算书逐条签注明白,至该会七、八、九、十四个月房租八百元,既声明交涉未妥暂存各字样,自不能为支出之实额。谨将原呈二件并计算书、单据簿各七本,呈请钧帅令饬委员长按照计算书格式照签各条更造后,再予审核”等情。据此,除指令外,合将原计算书及单据粘存簿发还,令仰该委员长即按照签驳各条妥为更造,呈候核办。此令。

计发还计算书、单据簿各七本。

（中华民国陆海军大元帅之印）

中华民国十三年一月二日

据大本营秘书处编《陆海军大元帅大本营公报》（以下简称《大本营公报》）第一号（广州一九二四年一月十日版）《训令》

给伍学熀的指令

（一九二四年一月二日）

大元帅指令第一号

令兼广东全省船民自治联防督办伍学熀

呈为拟具《广东全省船民自治联防总分局暂行章程》暨《董事选举暂行章程》并旗式、灯式，请予核准由。

呈及附件均悉。查所拟《广东全省船民自治联防总局暂行章程》十五条、分局章程十四条、《董事会董事选举暂行章程》十二条暨旗式、灯式，大致均尚妥协，应准如所拟试行。仰即知照。附件存。此令。

（中华民国陆海军大元帅之印）

中华民国十三年一月二日

据《大本营公报》第一号《指令》

给林翔的指令

（一九二四年一月二日）

大元帅指令第二号

令大本营审计局局长林翔

呈请将大本营宣传委员会开办费暨十二年七月至十二月上旬计算书发还更造由。

呈悉。仰候令饬查照签驳各条更造呈送来府，再行发交审查。附件均存。此令。

（中华民国陆海军大元帅之印）

中华民国十三年一月二日

据《大本营公报》第一号《指令》

给许崇智的指令

（一九二四年一月二日）

大元帅指令第三号

令东路讨贼军总司令许崇智

呈请追赠优恤阵亡指挥梁国一由。

呈悉。梁国一已准予明令追赠陆军少将，并令行大本营军政部从优议恤。仰即知照。此令。

（中华民国陆海军大元帅之印）

中华民国十三年一月二日

据《大本营公报》第一号《指令》

任命林凤游职务令

（一九二四年一月三日）

大元帅令

任命林凤游为大本营参谋处军事参议。此令。

（中华民国陆海军大元帅之印）

中华民国十三年一月三日

据《大本营公报》第一号《命令》

任命高家祺胡盈川职务令

（一九二四年一月三日）

大元帅令

任命高家祺、胡盈川为大本营参谋处军事谘议。此令。

（中华民国陆海军大元帅之印）

中华民国十三年一月三日

据《大本营公报》第一号《命令》

准免郑文轩职务令

（一九二四年一月三日）

大元帅令

大本营财政部长叶恭绰呈请免去秘书郑文轩本职。应照准。此令。

（中华民国陆海军大元帅之印）

中华民国十三年一月三日

据《大本营公报》第一号《命令》

任命锺明阶职务令

（一九二四年一月三日）

大元帅令

任命锺明阶为桂军第四军军长。此令。

（中华民国陆海军大元帅之印）

中华民国十三年一月三日

据《大本营公报》第一号《命令》

免王秉均职务令

（一九二四年一月三日）

大元帅令

查中央直辖滇军第四师师长王秉均有私通北敌情事。王秉均应免去本兼各职，听候查办。此令。

（中华民国陆海军大元帅之印）

中华民国十三年一月三日

据《大本营公报》第一号《命令》

免禄国藩吴震东职务令

（一九二四年一月三日）

大元帅令

查中央直辖滇军第三军总参谋长禄国藩、第四师参谋长吴震东，均有私通北敌情事。禄国藩、吴震东均应免去本兼各职，听候查办。此令。

（中华民国陆海军大元帅之印）

中华民国十三年一月三日

据《大本营公报》第一号《命令》

任命王汝为职务令

（一九二四年一月三日）

大元帅令

任命王汝为为中央直辖滇军第四师师长。此令。

（中华民国陆海军大元帅之印）

中华民国十三年一月三日

据《大本营公报》第一号《命令》

给广州市公安局的密令*

（一九二四年一月三日）

现据大本营侦缉队密报，谓旧仓巷赵氏书院有刘凯其人，自称中华敢死党、辛亥俱乐部主任兼大元帅讨逆先锋队司令，有招人入党、招摇敛钱情事，饬即派队查拿。

据《广州民国日报》一九二四年一月四日《破获逆党机关》

给高凤桂的指令

（一九二四年一月三日）

大元帅指令第四号

* 原令未署日期。按一月四日《广州民国日报》载“公安局三日早接到大本营密令”，今据此确定日期。

令中央直辖第一师师长高凤桂

呈为该师旅长、团长各缺，拟请遴员升补，以符建制而专责成由。

呈悉。所请委任该师各旅、团长，应即照准。仰候颁令给状可也。此令。

（中华民国陆海军大元帅之印）

中华民国十三年一月三日

据《大本营公报》第一号《指令》

给叶恭绰的指令

（一九二四年一月三日）

大元帅指令第五号

令大本营财政部长叶恭绰

呈秘书郑文轩久旷职守请免本职由。

呈悉。照准。此令。

（中华民国陆海军大元帅之印）

中华民国十三年一月三日

据《大本营公报》第一号《指令》

在大本营军政会议的发言*

（一九二四年一月四日）

今日曹锟贿选已成，国中纠纷万状，时局急待解决。故今日有

* 会议于一月四日午后四时在大本营举行，与会者有谭延闿、樊钟秀、杨希闵、刘震寰、李烈钧、程潜、张开儒、宋鹤庚等军政要人及各省代表，共计六十余人。

三事须待商。

第一为组织正式政府问题。因目前政府地位，外交团常视同一地方政府，外交上极受影响。第二为出兵北伐问题。第三为财政统一问题。请各抒所见，共谋讨贼进行办法，以纾国难。

【伍朝枢起谓：西南政府在昔收管关余，及与北廷在上海开和平会议，均取得对等资格，此时尤宜正名，中外方能翕服云云。徐绍桢起谓：今日急务，对内足正国人视听，对外解决国际交涉，慰各方之仰望，莫要于赶速成立正式政府，总筹全局云。山陕军司令路孝忱起谓：当孝忱前由奉天来粤时，张作霖总司令主张由此间从速组织正式政府，东省首先服从。解决时局、巩固国基等语，是则组织正式政府之议，此时益不可缓云云。蒋光亮起谓：从法律、时势而言，应继续护法事业，大元帅复总统位，以图发展。】

现在护法可算终了，护法名义已不宜援用。因数年来吾人护法之结果，曹、吴辈毁法之徒反假护法之名恢复国会。北京国会恢复之后，议员丑态贻笑中外，实违反全国民意。今日不当拥护猪仔国会。予在沪未回粤时，尚冀曹、吴辈觉悟，故力倡和平统一。至回粤后，只用大元帅名义统驭各军。乃曹、吴辈利用沈、陈[1]逆〔诸〕诸〔逆〕祸粤，是和平已无望。今日应以革命精神创造国家，为中华民国开一新纪元。

【经众讨论之后，李参谋长协和提议组织新政府，名称建国政府。刘震寰提议名为国民政府。杨沧白秘书长提议名为建设政府。众以建国政府二字甚为适宜。最后表决，多数赞成定为建国政府，即交大本营各部长筹备。次讨论北伐问题。】

---

① 沈、陈：即沈鸿英、陈炯明。

出兵问题，有以为须俟东江完全肃清，稍为休养，然后抽队。但无论如何须先有出兵决心，先行筹备，方能有济。此时江浙风云密布，奉张亦已准备入关，我们应亟筹划。

【讨论结果，全场一致力主急速出兵。即由军政部，参谋部，滇、湘、粤、桂各军总司令筹备。惟急速出兵，则饷弹问题亟应待解决。议决由大本营财政委员会分任筹措。次讨论广东财政统一问题。】

第三问题最为要著，与第一、二两问题有牵连关系。西南自护法以来，一切军民政费几全部仰给于广东。查广东每年收入约三千余万元，合以现在种种新增税项，可得五六千万元，以之应付军民政费未尝不足。顾年来各征收机关更为各军截收，以致征额反不如原有，只得二千万元。度其中千余万元均取诸广州市一隅，广州市民已不胜重负矣。今后既决定组织正式政府，实行北伐，此后军费之接济，倚助于广东全省尤殷。故各军长官应将所属占领之征收机关，于一月内交回主管财政机关接管，藉资整理，增益税收，以裕军实。

据《广州民国日报》一九二四年一月七日《三大问题之解决》

在帅府欢宴各军政长官的演说*

（一九二四年一月四日）

今当民国十三年之始，吾人下大决心决议进行之三大事件，即建国政府、出师北伐与统一财政是也。有如此决心，实为民国以来

* 这是孙中山于四日开完大本营军政会议后，欢宴各军总司令、各军长、师长及各机关长官的演说大意。

之最大希望。回忆二十年前我在东京创立同盟会时，与诸同志誓死为革命运动，其决心与今日无异。因有同盟会实行革命之决心，而三月廿九广州之役与武汉起义继续发现，卒底于成。然当时武器缺乏，革命军之所恃者决心而已。即如河口、镇南关诸役，革命军以少数与多数战，以手枪、炸弹与长枪、大炮战，虽归失败而相持甚久，亦可见革命之精神不懈，到底终能成功也。今日各人具有大决心，有较多之武器，建国目的何有不达？吾人固深信前途之大有希望也。吾人希望千万年后亦将以此十三年一月四日之会议留为大纪念日也。

据《广州民国日报》一九二四年一月八日《建国北伐之决心谈》

给梅光培的指令

（一九二四年一月四日）

大元帅指令第七号

令广东财政厅长梅光培

呈请令行刘总司令转饬韦师长停止派员开办东、宝[①]两属经界事务由。

呈悉。准予令行刘总司令转饬遵照。此令。

（中华民国陆海军大元帅之印）

中华民国十三年一月四日

据《大本营公报》第一号《指令》

---

① 东、宝：广东省境内东莞、宝安。

给刘震寰的训令

（一九二四年一月四日）

大元帅训令第二号

令中央直辖西路讨贼军总司令刘震寰

据广东财政厅长梅光培呈称：“窃查职厅办理广东全省经界事务，先经拟具规程呈奉钧座核准照办在案。厅长接任后，当赓续筹画进行，因前局长林直勉辞职，现在附设厅内，改局长为主任，委吴鼎兼充，并次第委任朱卓文为香山县经界分局长，吴欢澜为宝安县经界分局长。其余各县分局正在遴员任用，以期逐次开办。乃昨接中央直辖西路讨贼军第一师长韦冠英来咨，内称：‘敝部奉令讨贼，分队驻扎东莞、宝安等属地方，原为清除贼匪保卫商民起见，际兹库储支绌，伏莽未清，筹款安民，在在均须兼顾。查筹款裕国之方，莫如清理田土、整顿税收。迩来贵厅经已设立全省经界总局，而全省各属地方辽阔，必须分途进行。查东莞、宝安两县地方，经属敝部防地，军民相处已久，舆论翕然，似应划出此二县设立一东宝经界分局，派委总办经理。惟该两县盗贼充斥，民族强悍，且此项经界事宜极为重要，办理需时，自非熟悉情形及敝部军队长久驻扎协助进行，难期办有起色。兹查有敝部谘议诸德建，生长东莞，所有地方情形极为熟悉，办事实心，并为该两县绅商所爱戴，人地均宜，堪胜该分局总办之任。敝部复派註〔驻〕扎防军协同劝导，当能事半功倍，不致反抗推延。敝部为因事择人起见，现已先行委任，并经搜集人材，筹足款项，开办在即，相应咨请贵厅查照，迅速加委该员为东莞、宝安经界分局总办，以资慎重，并将所有规程、条例及办事细则暨各种簿书、表册程式等项，饬令经界总局检齐发给到部转发，俾有遵循，速行办理，藉归划一。将来收有款项，每月除坐支该分局经费外，仍即扫数批解，以裕饷需，务希查照办理'等由。当即函约该谘议来厅就商，旋接韦师长复函略称：'因财政拮据，此事势在必行，已饬诸某带员前赴东、宝实行开办，就商一节，不能如命'等语。窃思韦师长之意，以为经界局有税可收，派员自办，便可筹得巨款，以济军食。殊不知经界局并非为立刻筹饷起见，现当开办伊始，着手调查，筹办清丈，查验契据，编造图册，头绪固极纷繁，经费尤需筹垫，公家之收入实非旦夕可期。且此事既属职厅范围，则一切章程，自应由厅核定。今韦师长自定章程，自行试办，事出歧异，人民何所适从，于经界前途恐滋障碍。韦师长之举，似系不无误会也。理合呈请钧座迅赐令行西路讨贼军刘总司令转令韦师长，饬下诸德建停止东、宝两属开办经界事务，至为公便"等情。据此，除指令照准外，合行令仰该总司令即便转饬遵照办理。此令。

（中华民国陆海军大元帅之印）

中华民国十三年一月四日

据《大本营公报》第一号《训令》

给邹鲁的指令

（一九二四年一月四日）

大元帅指令第八号

令国立高等师范学校校长邹鲁

呈奉令指拨经费，恳请通令不得提借暨协助由。

呈悉。准予令行军政部、广东省长通饬所属严禁提借此项收入，及认真协助矣。仰即知照。此令。

（中华民国陆海军大元帅之印）

中华民国十三年一月四日

据《大本营公报》第一号《指令》

给程潜廖仲恺的训令

（一九二四年一月四日）

大元帅训令第四号

令大本营军政部长程潜、广东省长廖仲恺

据国立高等师范学校校长邹鲁呈称："窃职校前奉钧令，指定广东全省田土业佃保证照费一项专为本校经费。仰见大元帅笃念教育，裁成学子至意。凡属文武各僚，自应体会斯旨，加以协助，俾观其成。现查该局业经设立省垣，所有各县分局亦已次第遴员委充，分头进行。倘假以时日，责以事功，未尝不可源源报解，借资挹注。校长诚恐开办伊始，农民未必尽晓；地方官绅或视为等闲，不予匡助；驻在防军或以饷糈紧急，就地挪移，斯则专款徒托虚名，教育等于画饼矣。再四思维，惟有吁恳明令军政部暨广东省长，通饬各军及行政长官：田土业佃保证照费已专拨为高师经费，无论何项机关，不得任意就地挪借。凡关于办理此事各县军警及地方官，应随时加以协助，以期迅速而利推行。所有奉令指拨经费，恳请通令不得提借暨协助缘由，理合备文呈请鉴核令遵"等情。据此，查广东全省田土业佃保证照费收入，前经明令专拨为国立高等师范经费在案，据呈前情应予照准。除指令准予令行军政部、广东省长通饬所属，严禁提借此项收入及认真协助并分令外，合行令仰该部、省长即便查照，通饬各军、各行政长官：此项田土保证照费收入，系指定为国立高师专款，无论何项机关，不得任意提借。并着各县军警随时认真协助，以维教育而利进行。此令。

（中华民国陆海军大元帅之印）

中华民国十三年一月四日

据《大本营公报》第一号《训令》

给高凤桂的指令

（一九二四年一月四日）

大元帅指令第六号

令中央直辖第一师师长高凤桂

呈报就职启用印章日期由。

呈悉。此令。

（中华民国陆海军大元帅之印）

中华民国十三年一月四日

据《大本营公报》第一号《指令》

给程潜的指令

（一九二四年一月四日）

大元帅指令第九号

大本营军政部长程潜

呈据广九铁路洋总工程司函复，非将军事运输费拨交，该路不能将车辆修理完好，请示遵办由。

据呈已悉。应仍由部饬令广九路赶将路轨、车辆修理完好，速开客车，则人民之交通既便，该路之收入亦自裕矣。仰即遵照办理。此令。

（中华民国陆海军大元帅之印）

中华民国十三年一月四日

据《大本营公报》第一号《指令》

给刘震寰的指令

（一九二四年一月四日）

大元帅指令第十号

令桂军总司令刘震寰

呈请简任钟明阶为桂军第四军军长由。

呈悉。照准。钟明阶已明令简任矣。此令。

（中华民国陆海军大元帅之印）

中华民国十三年一月四日

据《大本营公报》第一号《指令》

给伍学熀的指令

（一九二四年一月四日）

大元帅指令第十一号

令兼广东全省船民自治联防督办伍学熀

呈为拟定支配船民自治联防经费办法，呈请核示由。

据呈拟将全省水面收入，除支督办公署总分支局董事会经费外，以五成解缴政府，以五成举办学校、医院、巡舰等事，尚属平允可行。仰即赶将各项收费章程拟定呈核，一面将应行举办自治联防事项妥为规画，切实举行，务期事有实效，款不虚縻，是为至要。

此令。

（中华民国陆海军大元帅之印）

中华民国十三年一月四日

据《大本营公报》第一号《指令》

复国会议员同志函*

（一九二四年一月五日）

国会议员同志诸君均鉴：

惠书慨然以崇正黜邪、力图革新为任，苦心毅力，嘉荷实深。法律之在今日，已成军阀攘窃之资，非本革命之精神从事于建设，殆无摧陷廓清之望。文日以此昭国人，尤幸诸君之协力同心，振木铎于垂聋，障狂澜于既倒也。东、北江相继小捷，俟肃清残寇，即当移师北伐，以竟讨贼之功而副同人之望。专此奉复，并颂

议祺

孙　文

据上海《民国日报》一九二四年一月五日《大元帅复国会议员函》

免汤廷光职务令

（一九二四年一月五日）

大元帅令

广东治河督办汤廷光另有任用，应免本职。此令。

---

* 所据版本未署该函日期，今所标时间系上海《民国日报》发表日期。

（中华民国陆海军大元帅之印）

中华民国十三年一月五日

据《大本营公报》第一号《命令》

委派姚雨平职务令

（一九二四年一月五日）

大元帅令

派姚雨平为广东治河督办。此令。

（中华民国陆海军大元帅之印）

中华民国十三年一月五日

据《大本营公报》第一号《命令》

委派陈其瑗职务令

（一九二四年一月五日）

大元帅令

派陈其瑗为财政委员会委员。此令。

（中华民国陆海军大元帅之印）

中华民国十三年一月五日

据《大本营公报》第一号《命令》

给杨希闵蒋光亮的训令

（一九二四年一月五日）

大元帅训令第五号

令中央直辖滇军总司令杨希闵、中央直辖滇军第三军军长蒋光亮

为令知事：查中央直辖滇军第四师师长王秉钧、第三军总参谋长禄国藩、第四师参谋长吴震东，均有私通北敌情事。除明令免职，并令饬该总司令、中央直辖滇军杨总司令严拿，务获究办暨分令外，合行令仰该总司令、军长即行转饬所部须知。本大元帅兴师讨贼，赏罚严明，务各以王秉钧为戒，力矢忠诚，一意报国，杀贼立勋，同膺懋赏。本大元帅有厚望焉。此令。

（中华民国陆海军大元帅之印）

中华民国十三年一月五日

据《大本营公报》第一号《训令》

给廖仲恺的指令

（一九二四年一月五日）

大元帅指令一四号

令广东省长廖仲恺

呈请令行杨总指挥希闵转饬所部交还石滩、元洲联团枪枝，并附清单一纸由。

呈及清单均悉。候令行杨总指挥转饬所部照数交还可也。此令。

（中华民国陆海军大元帅之印）

中华民国十三年一月五日

据《大本营公报》第一号《指令》

给杨希闵的训令

（一九二四年一月五日）

大元帅训令第六号

令滇粤桂联军前敌总指挥杨希闵

据广东省长廖仲恺呈称："现据增城县长黄国民呈称：据职县石滩、元洲联乡保卫团总吴器楠等呈称：切敝团辖内石滩、元洲两乡，于夏历十月二十日为联军误会镇扎乡内，人民逃避，团丁被押，团枪被缴，经敝团副团总单秀川呈内报明元洲苦状在案。致石滩团丁先携枪支远避，团丁团枪虽不致押缴，而店屋受害同然。时团总避寓广州，奔赴帅府，沥情泣诉，幸蒙大元帅亲批：'石滩、元洲保卫团向同情于我，联军得其帮助甚多，此次误会以上两乡，着前敌总指挥杨希闵务须劝谕各连排，将所押团丁、所缴团枪，一并发还省释，俾得一致杀贼，此批'等令。旋于二十五日经敝团副团总吴永襄、团长单宝鋆，会同侦缉委员李荣君晋谒杨总指挥，蒙面令转布乡人回梓安居等谕。副团总吴永襄遵于二十六日由土江村带同男妇村人数十暨团丁四名回梓，不料行至高门村外地方，又被滇军拦击，当场枪毙团吴伯容一名，枪伤吴曾仔一名。时该村人于搜掠受惊之余，又散而之四方者多数人。吴副团总永襄只得亲赴总指挥部报明求究等情。然时事既属过迁，苦况无庸多赘。惟乡村系乡人生长死聚之地，不能不设法维持。盖欲维持乡村，必先以复团为首，敝团一日不复，乡人一日不敢归家。致欲复团，而团枪已失，恢复无从。窃思大元帅批谕煌煌，或堪挽救。惟团总等职身微贱，不敢再行越级续呈。用特计开所失团枪呈报，伏恳宪天俯准，速将前情转详帅座，代请帅德维持，不胜待命等情。并开具所失枪单一纸呈缴前来。据此，理合备文连同失单转呈钧署察核，伏乞迅赐转呈大元帅，饬令杨总司令严饬所部，速即如数交还该团总等接收，俾资自卫，实为公便等情。计清单一纸。据此，除令复外，理合据情陈请帅座鉴核，俯赐令行杨总指挥希闵即饬所部，将缴去该县石滩、元洲联团自卫枪支如数交还该团长等具领，俾资自卫而重团务，并乞指令饬遵，实为公便"等情，并附枪支清单一纸前来。据此，除指令照准外，合行令仰该总指挥即转饬所部，将所缴石滩、元洲联团自卫枪支全数交还该团长具领，俾资自卫而安闾里为要。清单抄发。此令。

（中华民国陆海军大元帅之印）

中华民国十三年一月五日

据《大本营公报》第一号《训令》

给杨西岩的指令

（一九二四年一月五日）

大元帅指令第一三号

令禁烟督办杨西岩

呈拟禁烟督办署章程请公布由。

呈及章程均悉。查所拟章程尚属妥协，应准如拟施行。仰即知照。此令。

（中华民国陆海军大元帅之印）

中华民国十三年一月五日

据《大本营公报》第一号《指令》

关于建立反帝联合战线宣言*

（一九二四年一月六日）

世界弱小民族听者、兄弟、姊妹：

我等同在弱小民族之中，我等当共同奋斗，反抗帝国主义国家之掠夺与压迫。帝国主义国家形成帝国主义联合战线，不但为压制中国自由运动及国民运动而奋斗，亦不但为压制亚洲弱小民族自由运动及国民运动而奋斗，且亦为压迫世界弱小民族自由运动及国民运动而奋斗。帝国主义之英、美、法、日、意，各皆坚心毅力与中国少部分著名的封建督军、破产的官僚、投机的政客此三种人形成中国之军阀政客，买卖中国矣。彼等又助力反革命派完成地方封建政治矣。彼等又将把持革命政府所应有之关余，束缚革命政府手足，使不能为人民谋利益、反抗军阀而奋斗矣。彼等又以前所以压迫汝等之方法压迫中国之革命派矣。彼等又接济杀工人、杀学生、杀代表、封报馆及不利于民之事，无所不为之北京政府，以金钱枪械延长中国内乱之生命矣。彼等又口头和平，实则暗里挑战矣。彼等又将“亲善”之假面具打得粉碎矣。彼等又伸出野心之手矣。彼等又掠夺矣。

广州政府现正与帝国主义国家相见。非以和平态度，而以剧烈态度。美、英、日、法、意之战舰已驻广州省河，武装示威，汝等为中国正义而奋斗之时期已到矣！

---

* 原文未署日期。按北京《晨报》一九二四年一月八日《形成反帝国主义联合战线》云“孙文……复于前日发表宣言”而推断，今据此酌定时间。

起！起！速起！形成反帝国主义联合战线！

据北京《晨报》一九二四年一月八日《形成反帝国主义联合战线！》

与美使舒尔曼的谈话*

（一九二四年一月六日）

中国有种种问题，扰乱其国家治安，破坏其生活力，危害其人民之生命财产，酿成对外侨及外国政府之不断的冲突，削弱其在国际间之威望。今之粤关余争端不过此许多问题中之一端耳。欲消除此许多问题，必须移去中国现状之根本原因。中国人民对于此项现状之妨碍外人固引为遗憾，但中国人民自己受害最甚，岂不愿改良之乎！欲改良此恶现状，而不注意于一根本原因。中国必须和平，必须遣散各省军队，使彼等释甲回里从事生产工作，全国乃可统一，而戴一对各地方各政治团体，或各公民个人负责之单独政府。中国并不与任何国作战，其所需要之武装队，只须警察或国民兵足以维持国内秩序、保护生命财产而已。目下各省为势所迫，不能不保有身〔军〕队，互相敌抗。即如南方因遭北京侵略，不得不奋斗以谋自存耳。

中国人民及多数领袖对于何东①之和平会议计划热心响应，足证彼等极望此举之成功。但现已陷于停顿状态，则因有循私自利者不愿加入以谋国家幸福故耳。时势至此，列强当用其势力。列强果真心为中国谋幸福者，果注意保护其公民在华利益者，皆

* 一月六日，孙中山在大元帅府接见舒尔曼。舒尔曼（Jacob Gould Schurman），一九二一年至一九二五年任美国驻华公使。

① 何东：广东台山县人，香港洋商买办，曾提倡军、政、商各界首领联合发起和平会议，以解决中国内乱问题。

应亟起相助。中国现状愈趋越恶，若不迅速救济，明春将见全国陷于战火之中，历年进步成绩或致荡灭，外人权利将遭毁损。彼时情形，以目下之关余案相比，不过一小问题耳。美国于此应为领袖，美之地位足以左右他国，又得中国人民信任。吾意美宜提议在上海或其他中立地点，召集一华人为主而列强代表得参预之会议，吾对此会议必躬亲列席。他人苟以国福为先者，亦必与吾同。此种会议之建议而出诸美国，列强及中国人民必皆重视之。

【舒尔曼插话：美国向来对中国及他国内政取不干涉政策，恐美人舆论不赞成政府发起此种对华自大的举动。】

不干涉中国内政，为在华会列强所一致赞同。但此不过一种空谈。试观今日有六国之战舰泊于广州港内，阻吾人利用应得之关余，而将此关余付诸北京，乃犹云不干涉内政，实则不干涉内政其名，外交团控制中国如一殖民地则事实也。盖各国人民皆愿和平，政府虽不愿，不能违民意。今召集中国会议同以和平及裁兵为目的，则华会正一好先例也。唯召集此项会议，亦可由中国人民声请，如是更无美国或他国干涉中国内政之嫌。中国人民既知此项会议有召集之可能，则请求之声必遍于国中也。

【舒尔曼插话：恐人民团体在武力环境之中未必敢运动裁兵，以干军队之怒。】

彼等苟知其呼吁将得响应，则必有作此请求之勇气，且此项和平会议既为中国幸福而设，其成功可有把握。中国舆论具有不可抗之强力，其权威过于执政者及军队，其重力能使人立即感之，故任何领袖不肯参加此会议者，将被认为国家公敌，而会议中之决断或协定，苟得人民之赞同者，亦必被尊重而实行。

据上海《民国日报》一九二四年一月十三日《大元帅对美使解决时局谈》

给杨希闵的手令*

（一九二四年一月六日）

除中央直辖滇军第二师与豫军直接由大本营支配分发外，所余奖金着由该总指挥酌量分配各军承领。

据广州《现象报》一九二四年一月七日《发给将士奖金之分配》

关于时局的谈话**

（一九二四年一月七日）

建国政府业经决定树立，目下正在准备中。叶恭绰赴奉赴浙之结果，三角同盟大为进步。现已决定北伐，拟先向江西进兵，由湖南、河南、安徽、山西各省亦当共举讨伐吴佩孚旗帜。開〔關〕税问题，昨日与美公使会见之际，该公使言明南方之要求殊属正当，本公使深为谅解，拟居中调停等语，本问题深信日内可圆满解决。

据北京《顺天时报》一九二四年一月十四日《孙中山之时事谈话》

---

* 孙中山为激励将士用命，早日收复东江，曾悬赏奖金十万元。这是指示杨希闵分发奖金的手令。原令未署日期，今据一月七日广州《现象报》云“昨奉大元帅手谕”酌定时间。

** 据北京《顺天时报》载，该谈话时间为一月七日。会谈人待考。

任命高培臣廖刚职务令

（一九二四年一月七日）

大元帅令

任命高培臣为中央直辖第一师第一旅旅长，廖刚为第二旅旅长。此令。

（中华民国陆海军大元帅之印）

中华民国十三年一月七日

据《大本营公报》第一号《命令》

任命薛履新等职务令

（一九二四年一月七日）

大元帅令

任命薛履新为中央直辖第一师第一旅第一团团长，赵世杰为第二团团长，王竹山为第二旅第三团团长，张忠义为第四团团长。此令。

（中华民国陆海军大元帅之印）

中华民国十三年一月七日

据《大本营公报》第一号《命令》

着任李蟠职务令

（一九二四年一月七日）

着省长委李蟠为香山县长。此令。

孙文 中华民国十三年一月七日

据中国革命博物馆藏原件

任命曲同丰职务令

（一九二四年一月八日）

大元帅令

特任曲同丰为北洋招讨使。此令。

（中华民国陆海军大元帅之印）

中华民国十三年一月八日

据《大本营公报》第一号《命令》

任命柏文蔚职务令

（一九二四年一月八日）

大元帅令

任命柏文蔚为北伐讨贼军第二军军长。此令。

（中华民国陆海军大元帅之印）

中华民国十三年一月八日

据《大本营公报》第一号《命令》

委派范石生等职务令

（一九二四年一月八日）

大元帅令

派范石生、朱培德、李福林、张国桢为禁烟会办。此令。

（中华民国陆海军大元帅之印）

中华民国十三年一月八日

据《大本营公报》第一号《命令》

委派廖行超等职务令

（一九二四年一月八日）

大元帅令

派廖行超、夏声、王南微、周鳌山、罗桂芳为禁烟帮办。此令。

（中华民国陆海军大元帅之印）

中华民国十三年一月八日

据《大本营公报》第一号《命令》

给谭延闿的指令

（一九二四年一月八日）

大元帅指令一八号

令湘军总司令谭延闿

呈为南雄绅商曾攀荣等急公仗义，乞特颁奖章以示激劝由。

呈悉。仰候令行军政部查照陆海军奖章令，拟定应得奖章，呈候核准颁给可也。此令。

（中华民国陆海军大元帅之印）

中华民国十三年一月八日

据《大本营公报》第一号《指令》

给程潜的训令

（一九二四年一月八日）

大元帅训令第八号

令大本营军政部长程潜

为令行事：据湘军总司令谭延闿呈称：“据职部第一军代军长方鼎英呈称：‘呈为赍具南雄筹措军米出力绅商名单，拟请颁给奖章，用昭激劝，仰祈鉴核事。窃职军此次千里赴援，仓卒应战，一切均未准备，饷糈两付缺如。克复始南，日进百里，后方兵站窎远，转运维艰，官兵茹粥餐薯，朝不保夕，束手无策，群起恐慌。当经商请南雄绅商曾攀荣等代为维持，每日筹集军米，按队摊发，历时半月之久，派米万石有奇，不特固结摇动之军心，兼以促成中站之战事。该绅商等急公仗义，为国勤劳，三军感再造之恩，地方受无穷之福。拟请钧部转呈大元帅，论功叙赏，颁给奖章，用昭酬庸，藉资勉励。是否有当，理合缮具名单，备文赍呈钧部核示祗遵，实为公便’等情。据此，查南雄一役，饷糈两缺，势甚危险。该县绅商曾攀荣筹办军米，数逾万石，使我军得以一意应战，用克驱除北敌。其仗义急公之忱，实为末俗所难能。论功行赏，应恳钧帅特颁奖章，以示激劝而昭殊荣。理合缮具名单，备文呈赍钧府，伏乞核示遵行”等情。据此，除指令仰候令行军政部查照陆海军奖章令，拟定应得奖章呈候核准颁给外，合行令仰该部长即便遵照办理。名单抄发。此令。

（中华民国陆海军大元帅之印）

中华民国十三年一月八日

谨将南雄筹措军米出力商绅姓名开列于后：

计　开：

商会会长：曾攀荣

副会长：胡嘉植

会董：朱光成　朱安龄　李迺斌　戚焯勋

城区保卫团团董：胡锡朋

国民党南雄分部党务科长：朱光楷

南雄商团军教练：陈全义

县民：郭学治

商人：敖广生　王名熙

以上共计十二人

据《大本营公报》第一号《训令》

给陈兴汉的指令

（一九二四年一月八日）

大元帅指令一七号

令管理粤汉铁路事务陈兴汉

呈报客货车在永利石场地方被匪劫掠情形，乞通令各军长官认真缉拿由。

呈悉。仰候令饬军政部通行各军一体严缉可也。此令。

（中华民国陆海军大元帅之印）

中华民国十三年一月八日

据《大本营公报》第一号《指令》

给程潜的训令

（一九二四年一月八日）

大元帅训令第九号

令大本营军政部长程潜

为令饬事:案据管理粤汉铁路事务陈兴汉呈称:"现据职路路警处杨华馨呈称:'据第三四分巡等先后电称:据沙口站长电告:二十八日下午六点钟,由省开上第四次客货车,路经永利石场地方,突有匪徒百余名,各持枪械强行劫掠,当即由第三四分巡亲率武装长警驰救,又由河头巡长加派路警护卫。讵该匪竟敢开枪轰击,路警奋力抵御,鏖战一点余钟,匪党愈来愈众,锋不可当,卒以寡众悬殊,子弹告罄,致被蜂拥登车,肆行抢掠。所有车上行李货物被掠一空,并击毙湘军军官一员,掳去湘军军官一员,并伤路警一名'等情。查此次匪徒劫车,事起仓卒,非常凶悍,匪众我寡,又因子弹告竭,致被惨劫,负咎良多。除一面严密防范并严令跟踪追缉,务将本案从速破获外,理合呈报察核等情前来。并据车务处呈报,略同前情。并以此次劫车匪徒多属土人,行劫时多戴面具以图掩饬〔饰〕,并闻有人认识其中有匪首宋广在内,系湛江人,应请严缉,务获究办各等情。据此,查匪徒迭向本路行劫实属,猖獗异常,若不严行查缉,匪风愈炽,地方难安,职路尤受影响。理合呈报帅座察核,伏乞分令各军长官,认真将本案赃贼务获究办,庶靖地方而维路政"等情。据此,除指令外,合行令仰该部长即遵照转行各军一体严缉,务获究办,以靖匪风,而安行旅。切切。此令。

（中华民国陆海军大元帅之印）

中华民国十三年一月八日

据《大本营公报》第一号《训令》

给叶恭绰的指令

（一九二四年一月八日）

大元帅指令第一六号

令大本营财政部长叶恭绰

呈为拟具《财政委员会章程》请予核定公布由。

呈、章均悉。查所拟章程尚属妥协，应准如拟施行。仰即知照。此令。

（中华民国陆海军大元帅之印）

中华民国十三年一月八日

据《大本营公报》第一号《指令》

给北江商运局的命令

（一九二四年一月九日）

大元帅令

按照北江商运局开办之始，已经本大元帅面为训戒，发起之人不得侵及粤汉铁路权利。乃闻该局令胆敢向铁路运商每车勒收费贰元，并设分局于车站之内，实属不合。着即撤去分局及停止收费，否则严办。切切。此令。

北江商运局

孙　文

中华民国十三年一月九日

据谭延闿编《总理遗墨》第三辑(出版时间不详，广东省社会科学院藏)影印原令

准免宾镇远等职务令

(一九二四年一月九日)

大元帅令

大本营参军长张开儒呈请将参军处上校副官宾镇远、吴文龙、曾鲁，少校副官刘沛免去本职。应照准。此令。

(中华民国陆海军大元帅之印)

中华民国十三年一月九日

据《大本营公报》第一号《命令》

准免吴靖等职务令

(一九二四年一月九日)

大元帅令

大本营参军长张开儒呈请将上校副官吴靖、吴嵎、刘殿臣，少校副官张国森、高中禹、王应潮、石汝霖、钱鍼、胡名扬、王吉壬、宋韬等免去本职。均照准。此令。

(中华民国陆海军大元帅之印)

中华民国十三年一月九日

据《大本营公报》第一号《命令》

给廖仲恺的训令

（一九二四年一月九日）

大元帅训令第一十号

令广东省长廖仲恺

据前特派员邹鲁呈称："为发还垫款恳请察核饬遵事：窃据财政厅谘议廖韶光折呈称：'去年冬，钧座奉大元帅特派由沪回粤办理讨贼事宜，设立机关，进行军事。此时韶光以大义所在，投效驰驱。时适旧部杨廷光投隶南路讨贼军总司令黄明堂部属，因在高、雷[①]失利，退踞六湖洞，待时再举，而总部远退桂省，接济断绝，派员来港，请饷接济。韶光为护助大局起见，恳准钧座拨给该部港纸二千元。维时钧部资款支绌，饬由韶光向港商挪借，径发该部，已于十月四日向港商谦益祥揭借港纸二千元，并经面奉钧座，奉准限定两月归还，如延至克复广州后筹还，且准借一还二。今已届一年，未蒙发还该款，而港商催讨频仍。以韶光一介寒士，无家可毁，无财可输，遂致此债久延无着，此款既系遵奉钧命借发，自应归还，以全信用。惟政府正当库款奇绌之时，韶光劝令该商谦益祥取消以一还二之议，改为月息一分计算，至还银之日止。应请俯赐准将前项借本港纸二千元及利息，填发支付命令，如数给还，俾得清债累，维信用，不胜迫切待命之至'等情。据此，查该员所称垫借款数，原系事实，理应准予按照本息发还，以全信用。但鲁前将特派员期内收支款目造册呈报，及邓理财员泽如结报数册，均未列入此

① 高、雷：广东境内高州、雷州。

款，因当时该项由鲁面饬该员直接借发，不经办事处收支，故未列册存记，迨结报数目时，该员又适以事离省，未来陈报，以致一时遗忘。兹据该员折呈前来，理合专案呈请察核，准予令行广东省署财政厅筹还，实为德便”等情前来。据此，应予照准，合行令仰该省长即便转饬财政厅遵照，如数筹发。此令。

（中华民国陆海军大元帅之印）

中华民国十三年一月九日

据《大本营公报》第一号《训令》

给陈宜禧的指令

（一九二四年一月九日）

大元帅指令第二一号

令新宁铁路总理陈宜禧

呈请重申前令，责成驻防军队务须切实奉行《军人搭车办法》由。

呈悉。仰候令饬军政部转行驻防军队重申前令，责令切实奉行可也。此令。

（中华民国陆海军大元帅之印）

中华民国十三年一月九日

据《大本营公报》第一号《指令》

给程潜的训令

（一九二四年一月九日）

大元帅训令第十一号

令大本营军政部长程潜

为令饬事：案据新宁铁路总理陈宜禧呈称："窃查宜禧前呈拟整顿军人搭车办法，恳予核饬驻防各军遵照一案，经奉帅座发交军政部办理，并奉军政部第二三五四号指令，准予照办各在案。兹查迩来驻防军队并未遵照呈准整顿办法切实奉行，且有业经解散仍持军票搭车者，或有假冒军籍伪用军票者，甚至一军人搭车，而包揽搭客多人，不受收票员查验者，其他挟持军票，用铅笔任意填写人数、等级，踞坐头、二等客位，致令搭客买票反无坐位者。种种情形，比前有加无已，非请设法维持，车利日绌，路务将不堪设想。理合具文呈恳帅座迅予重申前令，责成驻防军队遵照办理，切实整顿，以肃军纪而维路政"等情。据此，除指令外，合行令仰该部长即转行驻防军队，重申前令，责令切实奉行，以肃军纪而维路务。切切。此令。

（中华民国陆海军大元帅之印）

中华民国十三年一月九日

据《大本营公报》第一号《训令》

给叶恭绰的指令

（一九二四年一月九日）

大元帅指令第一九号

令大本营财政部长叶恭绰

呈拟筹付各部局经费变通办法乞示遵由。

呈悉。应照准。即由该部转咨军政部查照可也。此令。

（中华民国陆海军大元帅之印）

中华民国十三年一月九日

据《大本营公报》第一号《指令》

给林森的指令

（一九二四年一月九日）

大元帅指令第二〇号

令大本营建设部长林森

呈为遵令再行修改公司注册规则第三条，请予核定施行由。

呈悉。查此次改拟修正公司注册规则第三条，条文尚属妥协，应准如拟施行，由部录令公布周知可也。附件存。此令。

（中华民国陆海军大元帅之印）

中华民国十三年一月九日

据《大本营公报》第一号《指令》

给何克夫的指令

（一九二四年一月九日）

大元帅指令第二二号

令连阳绥靖处处长何克夫

呈请辞去连阳绥靖处处长职，迅赐遴员接替，以重边陲由。

呈悉。该处长奔走国事，历有年所。此次绥靖连阳，守土御寇，殚思竭力，殊深倚畀。所请辞去连阳绥靖处处长职，应毋庸议。此令。

（中华民国陆海军大元帅之印）

中华民国十三年一月九日

据《大本营公报》第一号《指令》

给伍汝康的指令

（一九二四年一月九日）

大元帅指令第二三号

令前两广盐运使伍汝康

呈报卸事日期由。

呈悉。此令。

（中华民国陆海军大元帅之印）

中华民国十三年一月九日

据《大本营公报》第一号《指令》

委派廖朗如职务令

（一九二四年一月十日）

大元帅令

财政委员会主席委员叶恭绰、廖仲恺呈请派廖朗如为财政委员会秘书长。应照准。此令。

（中华民国陆海军大元帅之印）

中华民国十三年一月十日

据《大本营公报》第二号（广州一九二四年一月二十日版）《命令》

给谭延闿的指令

（一九二四年一月十日）

大元帅指令第二四号

令湘军总司令谭延闿

呈报由南雄至广州电报迟滞，贻误军情，关系极大，请严饬电政监督对于北江一带电线极力整顿由。

呈悉。仰候令行电政监督认真整顿可也。此令。

（中华民国陆海军大元帅之印）

中华民国十三年一月十日

据《大本营公报》第二号《指令》

给何家猷的训令

（一九二四年一月十日）

大元帅训令第十三号

令广东电政监督何家猷

为令行事：案据湘军总司令谭延闿呈称："近日北方电报迟滞异常，由南雄电达广州，历时须三四日方能递到，关系军情极大。饬据职部电务处长刘竞西查明整顿去后，兹据复称：'我军往来各报迟滞原因，一由韶局电生缺乏，一由广州线路年久失收〔修〕，每遇风雨，即生阻碍。职前为补救计，特派电务员分赴韶州、源潭两局协同助理，以期迅速。查广韶线路四百余里，分为韶、英、源、广四局管辖，每局不过百里内外，即有阻碍，至迟两日以内当可修复。

拟请转呈大元帅饬令电政监督，随时稽察整理’等情。理合呈请察核施行”等情。据此，查北江电政，现值用兵之际，关系极为重要，应由该监督切实整顿。关于电生之勤惰，路线之通塞，尤须认真督察。遇有积压阻隔，应将各电生及工匠从严查究，以维电政而利戎机，毋涉延玩。仍将办理情形，迅速呈候考核。此令。

（中华民国陆海军大元帅之印）

中华民国十三年一月十日

据《大本营公报》第二号《训令》

给广东地方善后委员会的指令*

（一九二四年一月十日前）

大元帅指令第二八号

令广东地方善后委员会

呈为议决惩治妄报官产及李文恩等禀陈利弊各案呈候鉴核由。

呈及附件均悉。伍委员平一所拟《惩治妄报瞒承官产条例》是否可行，候将原草案钞交广东省长详加审查，具复核夺。至李文恩所陈变卖官产机关人员与地方蠹民种种串通舞弊情形，殊堪痛恨，并候令广东省长通令各该管机关严行查禁。如果有此种行为，无论高、下级人员，均应尽法惩办，以儆官邪而重业权。市厅所定《民产保证条例》，前已由该会议决修改，呈经核准施行在案。中央银行应否设立及纸币应否发行，应俟保证费收有成数再行酌量办理，

---

* 原令未署日期。按大元帅指令第二十七号及第二十九号，发令日期分别为一月十日、十一日，今据此酌定本件时间为十日前。

仰即分别知照。附件存。此令。

（中华民国陆海军大元帅之印）

中华民国十三年一月 日

据《大本营公报》第二号《指令》

给廖仲恺的训令

（一九二四年一月十日）

大元帅训令第十四号

令广东省长廖仲恺

为令饬事：案据广东地方善后委员会呈称：“为议决惩治妄报官产及李文恩等禀陈利弊各案，呈候鉴核，指令祗遵。窃自军兴以来，饷需浩繁，政府不得已而有投变官产之举。乃奸徒希图获奖，乘机妄报，全市骚然。委员等有见及此，故有拟订《民业保证条例》，以为民业保障。经奉帅座核准，颁行有案。现查保证局虽经成立多日，而举报官产者尚源源而来，若非速图救济，实恐有负我大元帅维持民业之本旨。兹据本会伍委员提议惩治妄报官产案意见书，并条例十条，并准省长公署发交李文恩等禀呈利弊一案到会，当于本月十八日特别会议再三讨论，一致表决并案，呈请帅座鉴核，通令颁行，庶妄报瞒承者不敢再有尝试而遂其奸，本市商民均可各安其业。所有议决缘由，理合连同伍委员提议条例，并李文恩禀呈利弊案四条，具呈睿察。如蒙采择，伏乞通令各机关遵照执行，仍候训令祗遵等情。据此，当经指令：呈及附件均悉。伍委员平一所拟《惩治妄报瞒承官产条例》是否可行，候将原草案钞交广东省长详加审查，具复核夺。至李文恩所陈变卖官产机关人员与地方蠹民种种串通舞弊情形，殊堪痛恨，并候令广东省长通令各该管机关严行查禁。如果有此种行为,无论高下级人员,均应尽法惩办,以儆官邪而重业权。市厅所定《民产保证条例》前已由该会议决修改,呈经核准施行在案。中央银行应否设立,及纸币应否发行,应俟保证费收有成效,再行酌量办理。仰即分别知照。附件存。此令”等语。除指令印发外,合行照钞原议案,令仰该省长即行按照原指令内指示各节,分别遵办,具复核夺。切切。此令。

(中华民国陆海军大元帅之印)

中华民国十三年一月十日

据《大本营公报》第二号《训令》

给赵士觐的指令

(一九二四年一月十日)

大元帅指令第二十五号

令两广盐运使赵士觐

呈议复伍运使[①]办理盐商预缴现饷及补恤各程船损失一案由。

呈悉。伍前运使办理盐商预缴现饷并补恤各程船损失一案,既据该运使暨稽核所宋经理[②]往复研究,窒碍甚多,自属实情。至该商所缴一万三千元有无另发准单,应俟伍前使移交至日,一并查明。仍将此案妥速议结,呈候核夺。盐政为该使专责,无所用其诿避也。此令。

(中华民国陆海军大元帅之印)

---

① 伍运使:即两广盐运使伍汝康。

② 宋经理:即两广盐务稽核所经理宋子文。

中华民国十三年一月十日

据《大本营公报》第二号《指令》

给张开儒的指令

（一九二四年一月十日）

大元帅指令第二六号

令大本营参军长张开儒

呈请将该处上校副官宾镇远、少校副官刘沛等四员免去本职由。

呈悉。准如所请。已另有令将该副官宾镇远等免去本职矣。此令。

（中华民国陆海军大元帅之印）

中华民国十三年一月十日

据《大本营公报》第二号《指令》

给张开儒的指令

（一九二四年一月十日）

大元帅指令第二七号

令大本营参军长张开儒

呈奉令祗去副官、差遣各员，分批办理列册，呈请鉴核施行由。

呈、册均悉。吴靖等已明令免去副官本职，余如所请办理，仰即遵照。册存。此令。

（中华民国陆海军大元帅之印）

中华民国十三年一月十日

据《大本营公报》第二号《指令》

给韦荣熙的训令

（一九二四年一月十一日）

大元帅训令第一六号

令北江商运局局长韦荣熙

为令饬事：查北江商运局开办之初，曾经本大元帅面谕，发起之人不得涉及粤汉铁路范围。乃闻该局现向铁路运商每车收费二元，并设分局于各车站，殊与原议办法不符。为此，令仰该局即行停止收费，并将在各车站所设分局撤去，仍将办理情形报查。切切。此令。

（中华民国陆海军大元帅之印）

中华民国十三年一月十一日

据《大本营公报》第二号《训令》

给陈其瑷的训令

（一九二四年一月十一日）

大元帅训令第十七号

令中国银行监理官陈其瑷

为令行事：据两广盐务稽核所经理宋子文呈称："窃经理日前奉钧令：'着将职所存储中国银行税款十一万余元拨交军用'等因。奉此，经即遵令签就支票一纸，送交陈局长向该银行提取。旋准陈局长面称：该行设辞推诿，抗不支付。除由经理径函该行质问，并促其克日如数支付。讵旋据报告：该行行长凌骥由港密派员来省，令同行员邓公寿、谢文兴二人，将所有重要文件、契据，挟带逃港。经理当即派出所员温福田，会同公安局侦缉员，驰赴火船码头守候，将该行员邓、谢二人截缉，并将所挟带之文件、契据一并解往公安局，押候查究。除函致公安局将该邓、谢二人及文件、契据妥慎看管审讯。迄今多日，该行行长凌骥久已潜匿在港，对于职所该项存款漠不为意。伏查该行行长胆敢扣留公款，挟带公物潜逃，实属罪无可逭。理合备文呈报钧座鉴核，令行通缉该行长归案究办，并令饬将该行地址、物业查封，交中国银行监理官陈其瑗变卖，以偿公款而济饷源。是否有当，伏乞指令祇遵，实为公便"等情。据此，除指令照准，并令财政部行文通缉外，合行令仰该监理官即将该行地址、物业查封变卖，以偿公款，毋稍延宕。切切。此令。

（中华民国陆海军大元帅之印）

中华民国十三年一月十一日

据《大本营公报》第二号《训令》

给叶恭绰的训令

（一九二四年一月十一日）

大元帅训令第一八号

令大本营财政部长叶恭绰

为令行事：据两广盐务稽核所经理宋子文呈称："窃经理日前奉钧令：'着将职所存储中国银行税款拾壹万余元拨交军用'等因。奉此，经即遵令签就支票一纸，送交陈局长向该银行提取。旋准陈局长面称：该行设辞推诿，抗不支付。除由经理径函该行质问，并促其克日如数支付。讵旋据告报：该行行长凌骥由港密派员来省，令同行员邓公寿、谢文兴二人将所有重要文件、契据，挟带逃港。

经理当即派出所员温福田，会同公安局侦缉员，驰赴火船码头守候，将该行员邓、谢二人截缉，并将所挟带之文件、契据一并解往公安局，押候查究。除函致公安局将该邓、谢二人及文件、契据妥慎看管审讯。迄今多日，该行行长凌骥久已潜匿在港，对于职所该项存款漠不为意。伏查该行行长胆敢扣留公款，挟带公物潜逃，实属罪无可逭。理合备文呈报钧座鉴核，令行通缉该行长归案究办，并令饬将该行地址、物业查封，交中国银行监理官陈其瑗变卖，以偿公款而济饷源。是否有当，伏乞指令祗遵，实为公便"等情。据此，除指令照准，并饬中国银行监理官陈其瑗查封变卖该行地址、物业备抵外，合行令仰该部长即便行文通缉凌骥归案究办。切切。此令。

（中华民国陆海军大元帅之印）

中华民国十三年一月十一日

据《大本营公报》第二号《训令》

给宋子文的指令

（一九二四年一月十一日）

大元帅指令第三二号

令两广盐务稽核所经理宋子文

呈请通缉中国银行行长凌骥归案究办，并饬陈其瑗将该行地址、物业查封变卖，以偿公款由。

呈悉。已令财政部行文通缉，并饬陈其瑗查封变卖该行地址、物业，以偿公款矣。仰即知照。此令。

（中华民国陆海军大元帅之印）

中华民国十三年一月十一日

据《大本营公报》第二号《指令》

给广东地方善后委员会的指令

（一九二四年一月十一日）

大元帅指令第二九号

令广东地方善后委员会

呈为组设民业审查会，谨将办事规则及委员名单呈请核由。

呈及附件均悉。该会有鉴于广东民有产业每被人妄指为官产，致受损累，拟就善后委员会中互选五人组织民业审查会。凡人民产业被人举报，均可请求该会审查，藉昭慎重而杜妄报。用意甚善，自可准其设立。另单开报选定委员五人姓名，应予备案。惟查官产、市产等各有主管机关，清理变卖是其应有之权。该会审查结果，用以备主管官厅之参考则可，若照拟呈规则第六条，不免侵及主管官厅权限。如虑官厅处分不当，尽可由当事人依法提起诉愿，或行政诉讼，以图救济，不必另定办法，致涉纷歧。今本此旨，将原拟规则第六条酌加修改，随令钞发。其余各条，原文大致尚妥。仰即查照妥缮，另文呈候核准施行可也。附件存。此令。

计钞发修正条文一纸。

（中华民国陆海军大元帅之印）

中华民国十三年一月十一日

据《大本营公报》第二号《指令》

给宋子文的指令

（一九二四年一月十一日）

大元帅指令第三〇号

令两广盐务稽核所经理宋子文

呈请津贴中央银行代收盐税手续费乞备案由。

呈悉。准予备案。此令。

（中华民国陆海军大元帅之印）

中华民国十三年一月十一日

据《大本营公报》第二号《指令》

给广东地方善后委员会的指令

（一九二四年一月十一日）

大元帅指令第三一号

令广东地方善后委员会

呈请迅赐核准《民业审查规则》由。

呈悉。已于该委员会前呈内明白指令矣。仰即知照。此令。

（中华民国陆海军大元帅之印）

中华民国十三年一月十一日

据《大本营公报》第二号《指令》

给梅光培的指令

（一九二四年一月十一日）

大元帅指令第三四号

令广东财政厅厅长梅光培

呈为酌拟《确定民业执照条例》，请予核准施行由。

呈及条例均悉。准如所拟施行。仍候令行财政部并由部转咨广东省长知照。附件存。此令。

（中华民国陆海军大元帅之印）

中华民国十三年一月十一日

据《大本营公报》第二号《指令》

给伍学熀的指令

（一九二四年一月十一日）

大元帅指令第三五号

令兼广东全省船民自治联防督办伍学熀

呈拟先行开办分局权委分局局长由。

呈悉。准如所拟办理。仰即知照。此令。

（中华民国陆海军大元帅之印）

中华民国十三年一月十一日

据《大本营公报》第二号《指令》

给赵士觐的指令

（一九二四年一月十一日）

大元帅指令第三六号

令两广盐运使赵士觐

呈报到任日期由。

呈悉。此令。

（中华民国陆海军大元帅之印）

中华民国十三年一月十一日

据《大本营公报》第二号《指令》

给叶恭绰的训令

（一九二四年一月十二日）

大元帅训令第一九号

令大本营财政部长叶恭绰

为令行事：案据广东财政厅厅长梅光培呈称："为呈请事：窃迩来银根吃紧，无论官商均觉周转不灵，商民间有以不动产向银行按揭款项，每被拒绝。说者多谓：自政府办理官产、市产后，人民之不动产失其稳固安全。故银行不敢轻于投资，而人民资源既受牵制，则国家财政必益困难。似此情形，实非流通经济之道。政府办理官产、市产，原以库收短绌，将国有、公有产业售诸人民，期得现款，俾应急需。若因而累及人民产业之安全，决非政府之本意。且民业以契照为据，从前契照概由财政厅颁发，自办理官产、市产后，官厅多有填发执照之事，而各官厅将来或有裁并，日久即无可查考，亦非慎重民业之道。厅长迭晤绅商，群请设法补救。复再三商榷，谨酌拟《确定民业执照条例》十五条，以流通经济、划一契照为宗旨。人民一经领契，即为确定民业之保证，可以自由买卖、典当、抵押，于人民经济固可逐渐流通，而政府酌收照费，于财政亦不无裨益。惟此项条例与现在办理官产、市产等办法，不无抵触。盖向来买卖产业契据，于字句间每多疏略，苟非万不得已，断不肯呈验以供挑剔。则政府为救济现在之困难，及维持民业之安全起见，非《确定民业执照条例》施行，即将举报官产、市产等案，概行停止受理不可。所有酌拟确定民业，划一执照条例缘由，是否有当，理合具呈大元帅察核令遵”等情。据此，除指令准如所拟办理外，合行抄录条例，令仰该部即便知照，并转咨广东省长知照。此令。

计抄发原条例一份。

（中华民国陆海军大元帅之印）

中华民国十三年一月十二日

据《大本营公报》第二号《训令》

给叶恭绰廖仲恺的指令

（一九二四年一月十二日）

大元帅指令第三七号

令财政委员会主席委员叶恭绰、廖仲恺

呈请派廖朗如为委员会秘书长由。

呈悉。已另有明令照准矣。此令。

（中华民国陆海军大元帅之印）

中华民国十三年一月十二日

据《大本营公报》第二号《指令》

给廖仲恺的指令

（一九二四年一月十二日）

大元帅指令第三八号

令广东省长廖仲恺

呈复邓宏顺呈请设立全省联保治安会一案窒碍难行由。

呈悉。此令。

（中华民国陆海军大元帅之印）

中华民国十三年一月十二日

据《大本营公报》第二号《指令》

给叶恭绰廖仲恺的指令

（一九二四年一月十二日）

大元帅指令第三九号

令财政委员会主席委员叶恭绰、廖仲恺

呈报委员会成立并启用关防日期，请察核备案由。

呈悉。准予备案。此令。

（中华民国陆海军大元帅之印）

中华民国十三年一月十二日

据《大本营公报》第二号《指令》

给赵士觐的指令

（一九二四年一月十二日）

大元帅指令第四〇号

令两广盐运使赵士觐

呈报遵令饬知各商及盐务征收机关，解款交由中央银行代收，请备案由。

呈悉。准予备案。此令。

（中华民国陆海军大元帅之印）

中华民国十三年一月十二日

据《大本营公报》第二号《指令》

给杨西岩的指令

（一九二四年一月十二日）

大元帅指令第四一号

令禁烟督办杨西岩

呈为委任陈鸾谔为戒烟总所所长，郑文华为制药总所所长，乞照准指令祇遵由。

呈悉。此令。

（中华民国陆海军大元帅之印）

中华民国十三年一月十二日

据《大本营公报》第二号《指令》

给孙科的指令

（一九二四年一月十二日）

大元帅指令第四二号

令广州市市长孙科

呈送十二年四月十六日起至十二月份筹付大本营军费收支日计表，请备案由。

呈悉。如呈备案。表存。此令。

（中华民国陆海军大元帅之印）

中华民国十三年一月十二日

据《大本营公报》第二号《指令》

给叶恭绰的指令

（一九二四年一月十二日）

大元帅指令第四三号

令大本营财政部长叶恭绰

呈为拟订发行支付券条例，并指定该项本息基金，仰祈鉴核令遵由。

呈及附件均悉。该部以粤省自军兴以来，赋敛已烦，不宜再增苛细捐税，重扰商民，拟发行有利支付券总额三百万元，劝令殷富商民认购，并指定广东全省沙田登记费、民产保证费及印花税等项为还本付息基金，限二十五个月内本息还楚，实属于民无损，于公有济。其余条例规定亦尚妥协，应准如拟施行。仰即上紧劝募，期于最短时期如额募齐，借裕饷源而藉讨贼。仍将办理情形随时报查。各件均存。此令。

（中华民国陆海军大元帅之印）

中华民国十三年一月十二日

据《大本营公报》第二号《指令》

与胡特的谈话*

（一九二四年一月十三日）

如粤税争执一事在中国已常见，今欲求基本之解决，中外人实宜互相进行。缘华人所痛苦者，间接直接均与外人有关。夫基本解决，谁不知为裁兵。盖中国何必养如许兵，始终未与外国交战；若为保护人民生命财产，有警察在已可。所幸自何东提议和平，各省华人首领应之者多，故希望实多。惜国内仍有好私者，何东之计显已停顿。

为今之计，只可利用列强之势力，惟列强必坚抱为助中国之好意。再时局在今日已日恶，如列强不即加以助力，迟至明春，中国又将见战事，且不止一处。由此可见，粤关之争，与外人关系尤为小事，将来大乱在后。余以为今美国当首先提倡此和平计画，以美之商与列强，可使他国同调。况华人素信任美，如美国宣告将在上海或他中立区召集一和平会议，全国必响之，各国必加入。或曰：美素不干涉中国内政，此计似难行【美使曾如此语先生】。而不干涉之说，列强在华府会议均赞同。但此说乃一原理，今为关税，六国已派兵船驻粤，是助北京，即干涉之谓，于此可见事实与原理之

---

* 胡特为《芝加哥报》远东记者。谈话地点在广州。

不同矣。况以根本言，美之召集华府会议，当时他国亦有不愿加入者。幸人民均以为然，政府不得不从民意；而在政府着想，美国此举实不啻间接干涉他国（不赞成之国）之内政。然则今之提倡中国和平会议，亦可谓与华会之议裁军备同一命意。更进一步言之，为美求全计，如华人首先提倡，而请美及他国参与，则天下人皆不可以非之云。

今之中国舆论势力颇强，实比军力有加，如全国人民一致提倡，武人谁敢不加入云。

据胡汉民编《总理全集》（上海民智书局一九三〇年八月再版）第二集

委派黄仕强等职务令

（一九二四年一月十三日）

大元帅令

派黄仕强兼禁烟督办署总务厅厅长，郑述龄为禁烟督办署查验处处长，高燕如为禁烟督办署督察处处长。此令。

（中华民国陆海军大元帅之印）

中华民国十三年一月十三日

据《大本营公报》第二号《命令》

委派杨宜生等职务令

（一九二四年一月十三日）

大元帅令

禁烟督办杨西岩呈请派杨宜生、俞智龕、吴季祐、刘薇卿、余浩廷、张世昌、郑以濂、高少琴、温竞生为科长，郑廷选、杨桂邻、郑鸿铸、谢盛之、马武颂、张伯雨为秘书。均照准。此令。

（中华民国陆海军大元帅之印）

中华民国十三年一月十三日

据《大本营公报》第二号《命令》

在广州商团及警察联欢会的演说

（一九二四年一月十四日）

诸君：

今日商团和警察在此联欢，这是一个很好的盛会。本来商团和警察的责任是维持治安的，是维持广州市的治安的。商团和警察都住在广州市，广州市的治安怎样可以维持呢？商团和警察用什么方法去维持呢？商团和警察所能维持的治安，是一部分的治安，是防备宵小的治安。如果国家全体不能太平，不能治安，商团和警察又有什么方法可以去维持一部分的地方治安呢？商团和警察既然有维持广州市地方治安责任，就要知道广州市处中华民国之内是什么地位。我们要希望全国的治安可以维持，然后一部分的地方治安才可以维持；如果全国的治安不能维持，那么一部分的地方治安也是不能维持。广州市在中华民国之内，从前不过二十二行省的一个省会，但今日广州市的地位便和从前大不相同。我们要知道是怎样不同，便要知道现在是中华民国的什么时候，和中华民国是怎么样成立。中华民国之成立，是由于十三年前武昌起义；武昌之所以起义，是为革命，是要推倒满清，创造中华民国。但是中华民国成立至今虽然有了十三年，全国还是四分五裂，大乱不已，这便是中华民国还没有创造成功。

大家自己都承认是中华民国的国民，总没有一个人肯表示是大清帝国的遗民。我可以说大家有九成九都不承认是大清帝国的人,都肯承认是中华民国的人。大家既然承认是民国的人,便要知道什么是民国,便要知道中华民国和大清帝国有什么分别。诸君的年岁大概都在二十岁以上,十三年以前的事自然记得很清楚。用中华民国和大清帝国来比较,中华民国是怎样造成的,大家自然记得,是用革命手段把清朝推翻、满帝消灭来造成的。今日既是民国,顾名思义,大家便应该知道何以叫做民国呢?民国是和帝国不同的:帝国是由皇帝一个人专制,民国是由全国的人民作主;帝国是家天下,民国是公天下。好比做生意,帝国是东家生意,民国是公司生意。公司生意赚了钱,股东都有份;东家生意赚了钱,只有一个人享受。所以从前清朝是家天下,现在民国是公天下。这便是民国和帝国的分别。民国已经过了十三年,大家应该明白这种分别。

现在民国的景象还是在分裂之中,到处都有战事,这十三年以来没有一年可以得太平。为什么到了民国不能太平呢?是不是民国不如帝国呢?如果民国真是不如帝国,大家又何以要承认是民国的人,以做民国的国民为光荣,以做帝国的子民为耻辱呢?论起道理来,民国比帝国公道得多,民国的国民比帝国的子民光荣得多。我们中华民国是否成立了呢?本来满清帝国已经推翻,中华民国的招牌已经挂了十三年。在这十三年中,人民有没有享到民国的幸福呢?实在的说,人民简直还没有享到民国的幸福,国家还是在变乱的时代,人民还是在水深火热之中,日日受苦痛。何以到了民国反有变乱,人民反受痛苦呢?反对民国的人,心理上以为民国不如帝国,现在不如清朝,所以人民在民国所受的痛苦便要比清朝多。殊不知人民在民国,无形中的地位很高。民国是大家都有份的,我们是中华民国的人民,便是中华民国的主人翁,再不和清朝一样，要做官吏的奴隶。中华民国是一个大公司，我们都是这个公司内的股东，都是应该有权力来管理公司事务的，所以大家现在所处的地位是很高的。但是因为国家没有方法可以统一，所以全国便大乱不已，灾害频至，祸患没有止境。是否人民应该受这种种痛苦呢？诸君想想，大凡一种灾害，一种痛苦，当中必有一个原因。现在民国灾患祸害的原因是在什么地方呢？第一个是大清帝国留下来的老官僚、武人还没有肃清。从前革命党推倒满清，只推翻清朝的一个皇帝。但是推翻那个大皇帝之后，便生出无数小皇帝来。象现在各省的督军、师长和北京的总统、总长，都是小皇帝。那些武人官僚都是大清帝国留下来的，只知道做官，他们的思想纯粹是做皇帝的旧思想。他们有了兵便胡行乱为。象袁世凯，拥兵最多，便自己称皇帝。如果拥兵较少的，虽然不敢自己做皇帝，只要有了三五千兵，便想反叛民国，恢复旧制度。那些恢复旧制度的行为，就是实行专制，就是专制时代小皇帝的行为。所以说到民国以来，我们革命党只推翻大皇帝，那些小皇帝还没有推翻，故民国徒有民国之名，仍受专制之实。这个毛病是在中国革命不彻底，不能象俄国一样，不能把那旧皇室的官僚武人一概肃清。俄国这次革命经过了六年，现在已经大功告成，他们的人民有希望可以享幸福。我们的人民究竟不知道何时才能享幸福。为什么原因呢？是因为革命功夫还没有做妥当，还没有做完全。好象我们想拆一间旧屋，另外做一间新屋，旧屋的瓦盖围墙都已经推倒了，但是由旧屋留下来的砖瓦木石还堆积在原地方，没有完全扫清，所以想做新屋便无从下手，这便是中国今日的景象。此刻人民处此景象，受无屋可住的痛苦。诸君想想，是何人的责任呢？大家都知道民国是革命党造成的，是由革命党在武昌起义以后，便有民国。在武昌起义以前，广州也有辛亥年三月二十九日的起义，牺牲了黄花岗的七十二烈士。试想起义的时候，黄花岗七十二烈士牺牲精神是怎么样大呢！因为他们在当时有那样大的决心和那样大的勇气，故以后的志士便前仆后起，和满人奋斗，推翻满清。但是满清虽然推翻，由他留下来的余毒，还没有肃清。革命党本来不能辞这个责任；但是民国是全体国民都有份的，民国成立以后，人民对于国事，都不知道自己去治，自己去理。因为大家都不理，所以那些小皇帝便乘隙而入，每日招兵买马来霸占民国，弄到真正的民国至今还无从建设。我们要建设成真正民国，诸君也是国民的一份子，应该要担负这个责任。

诸君是广州市的商团，知道民国十三年以来，广州是处何等地位呢？广州在这十三年之内当然比清朝不同，今年的广州当然比从前的广州更不同。再过几日，我们便要在广州开一个革命党全国代表大会。为什么要在广州开革命党全国代表大会呢？因为十三年以前，我们都是用广州做革命的起点，广州是革命党的发源地，是很光荣的，我们想从新再造民国，还要拿这个有光荣的地方做起点。好比做新屋一样，必要选定一个好屋基，广州市就是我们创造新民国的好屋基。中华民国虽然经过了十三年，但是从前都没有建设好，这次在广州来开革命党全国代表大会，便是想筹备一个新方法，再来建设中华民国，为中华民国开一个新纪元。这是中华民国国民的大希望，广州历史上的大光荣。用广州和武昌比较，可说武昌是创造中华民国开始的地方，广州是建设中华民国成功的地方。

诸君是商团，今天同警察在一处联欢。以后商团同警察要同力合作，维持广州的治安。警察是政府的机关，商团是人民的机关，今天商团同警察是正式见面的第一日，也就是政府与人民结合的第一日。诸君在革命政府之地，彼此应该开诚相见。革命党现在用广州做策源地，从新建设中华民国，政府和人民必要同力合作。故广州市的人民必要同政府合作，同心协力，先把广州市的政府建设起来。这个责任当然是要诸君担负的。从今以后，商团和警察能不能够永久合作呢？有什么条件可以做得到呢？要达到这个目的，只有两个条件：第一条是要诸君明白革命主义；第二条是要诸君信仰革命能够最后成功。有此二条件，才可以永久结合。如果不然，便是今日一时的结合，不是永久的结合。

何以要诸君信仰革命到底能够成功呢？要诸君信仰，便是要诸君有决心。广州历次变乱，商团总是守中立：从前龙济光到广州来称王，商团守中立；陆荣廷、莫荣新到广州来专制，商团守中立；陈炯明挂革命的假招牌到广州来造反，商团守中立；这次滇军仗义讨贼，到广州来打陈炯明，商团也守中立。如果陈炯明再打回广州，试问商团诸君将何以自处呢？就以往的历史说，我想诸君一定是把从前的旧文章再抄他一次，还是要守中立。今天人民与政府结合之后，便不可再守中立。所以第二条件要诸君有决心，要请诸君对于革命有信仰。

革命事业，不但是在中华民国一定成功，就是无论在那一国，只要革命发生以后，纵然一时不能成功，或者失败几十次、几十年——法国有八十年，美国有八年，俄国有六年——革命到最后总是成功。就古今中外的历史看来，一个国家由贫弱变到富强，由痛苦变成安乐，没有不是由革命而成的。因为不革命，人民的痛苦便不能解除。人类何以要革命呢？是要求进步。人类的思想总是望进步的。要人类进步，便不能不除去反对进步的障碍物，除去障碍物，便是革命。所以我们要人类和国家进步，便不能不革命。要诸君信仰革命能得最后的成功。外国的历史刚才已经讲过了。讲到中国历史，革命也没有不成功的。象汤武革命，人人都说他们是

“顺乎天应乎人”,当然是成功。不过我们中国的革命,多半是英雄崛起,成功之后便做皇帝,施行政治,代代相传都是专制。成功的幸福是皇帝一个人独享,人民总是痛苦。我们今日的革命是建设民国,成功之后是请诸君来做民国的主人翁,做公司的股东。所以这次革命,可说是推翻专制,去替诸君谋幸福。诸君对于这种善举,一定要有信仰,有了信仰,便不必存成败之见。我们的革命,不是这一次可以决计必成的,或者广州政府明日便被陈炯明推翻,也未可知。那么诸君要究竟如何信仰呢?是要相信我们革命纵然一时失败,还是可以卷土重来,相信我们革命最后一定成功。

第一条件要诸君明白革命主义,先要诸君明白革命是一件什么事。简单的说,革命是救国救民的事,是消除自己灾害、为自己谋幸福的事,为四万万人谋幸福的事。这个道理便是革命道理,这个革命的道理是天经地义、万古不变的。从前专制,是以人民为奴隶,现在觉悟了,知道大家都是人,大家应该平等,国家是人人的国家,世界是人人的世界。明白这个道理,便知道用革命来求平等,是大家的事,不是政府的事,也不专是革命党的事。诸君是商团,是有枪阶级,也应该担负革命的事。明白此理,以后便不可再守中立。

从前为什么守中立呢?在诸君的眼光,或者是怕人缴枪,如果守中立,便可保守那几枝枪,避祸求福。依我看起来,若是守中立,便不能避祸求福。譬如这次滇军仗义执言来打陈炯明,为国讨贼,滇军各将领都有革命思想,到广州来是吊民伐罪,和人民表同情的。假若当时诸君同滇军合作,订一个条约,不许客军入境,诸君担任肃清广州市内陈炯明的乱党,要滇军前进,肃清东江,我想滇军决不至入广州市。那么,现在广州应该是什么景象呢?如果滇军不入广州,广州各商家没有军队的骚扰,便很治安。但是你们商团一定要守中立，不敢打陈炯明。我是一定要打陈炯明的。所以滇军便入城，别种散军也随之而入。后来又有陈炯明的叛军去投降滇军，当中许多坏人教滇军卖烟开赌，所以弄成今日的广州乌烟瘴气。推究此中原因，商团不能辞其责任。诸君毫没有宗旨，兵来从兵，贼来从贼，现在所受的痛苦是免不了的。此后商团和警察要守望相助，同心协力来维持广州治安，便要诸君明白革命主义，信仰革命最后一定成功。

我们的胜败是常事。去年失败，今年可以成功；今年失败，明年可以成功；一年两年失败，十年百年总是可以成功。革命是人类的觉性，人人知道自己要救自己，所以造成这种大力量。有了这种大力，便无大力可以阻止。好比有一块大石头，从白云山顶滚到山脚，在中途的时候，试问诸君有没有力量可以阻止呢？革命之成功，就象大石头从白云山顶滚到山脚一样，一经发动，断没有中途停止的。我在三十年前便提倡革命，当中失败总不下二十次，但每失败一次，势力便加大一次。此次在广州来革命，诸君如果问我可不可以成功，我的答复是“不知”，但是我不以不知便不奋斗，我总是抱定我的宗旨，向前去做。诸君现在不必问我这次革命能不能成功，我要问诸君：革命到底能不能成功？诸赞〔君〕要有明白的答复。成功是人民的事，于我没有关系，我不过是革命的发起人，要人民来赞成。如果多数人赞成革命，便可成功；少数人赞成革命，自然难得成功。我为革命始终奋斗，鞠躬尽瘁，死而后已。至成功与不成功，是人民的责任。诸君是人民，当然要担负这个责任。自今日起，我希望政府和人民始终同力合作，广州市的人民都来赞成革命！

据《广州民国日报》一九二四年一月二十三日——三十一日《大元帅对广州市商团及警察演说词》

给杨希闵的命令*

（一九二四年一月十四日）

一月十一日午后十时报告阅悉。治国首重纲常，治军首重纪律。维系整饬，是在各军长官能明斯旨。前师长王秉钧免职查办，咎有应得。该继任师长王汝为应如何竞惕图功，力矫前任之非，用立将来之范。乃托故多方，自由移动部曲，虽属该师、旅、团、营长所为，该师长不能先事晓谕，处置殊疏。且闻该部到省并有残杀第三军司令部官长多员之事。此何等事？直叛乱耳！该总司令为滇军高级官长，想有所闻，着即速查严办，迅令开回前方服务，以维纲纪而重任务。至呈该师饷项、防地，前师长虽经撤免，于其部曲无关，自可继续维持。第三军司令部自有筹维，何须争执？若再托词扰攘，是该师长等有意抗令，则法纪所在，本大元帅惟将依法惩处而已。除分令履行前令外，特此令达，仰即遵照，仍将送办情形具报查考。此令。

据《广州民国日报》一九二四年一月十四日

《滇军第三军参谋处来函照录

给杨西岩的指令

（一九二四年一月十四日）

大元帅指令第四七号

---

* 此件所标时间系《广州民国日报》发表日期。

令禁烟督办杨西岩

呈请荐任杨宜生等为科长、秘书等职由。

呈悉。杨宜生等已明令照准矣。此令。

（中华民国陆海军大元帅之印）

中华民国十三年一月十四日

据《大本营公报》第二号《指令》

追赠潘宝寿令

（一九二四年一月十五日）

大元帅令

据中央直辖滇军总司令杨希闵呈称："已故团长潘宝寿从戎十载，转战川粤，历克强寇，忠勇逾恒。前次沈逆袭攻广州，该故团长奋勇先驱，弹中要害，逾日殒命。请援例追赠给恤"等语。潘宝寿着追赠陆军少将，并着由军政部照少将伤亡例，从优议恤，以慰烈魂。此令。

（中华民国陆海军大元帅之印）

中华民国十三年一月十五日

据《大本营公报》第二号《命令》

准任郑德铭职务令

（一九二四年一月十五日）

大元帅令

大本营内政部长徐绍桢呈请任命郑德铭为大本营内政部科长。应照准。此令。

（中华民国海陆军大元帅之印）

中华民国十三年一月十五日

据《大本营公报》第二号《命令》

给陈兴汉的指令

（一九二四年一月十五日）

大元帅指令第五一号

令管理粤汉铁路事务陈兴汉

呈为拟具《军人乘车章程》乞鉴核施行等情由。

呈暨拟具《军人乘车章程》均悉。候令行军政部分咨各军转饬遵照可也。此令。

（中华民国陆海军大元帅之印）

中华民国十三年一月十五日

据《大本营公报》第二号《指令》

给程潜的训令

（一九二四年一月十五日）

大元帅训令第二一号

令军政部长程潜

为令行事：据管理粤汉铁路事务陈兴汉呈称："呈为呈请察核事：窃职路前以各军滥开专车及军人无票乘车呈请分令限制禁止一案，业奉帅令第七四〇号内开：'呈悉。准予令行军政部通知各军队长官饬属一体遵照矣。仰即知照。此令'等因在案。乃查近日各军强令滥开专车，仍复不少。查开用专车一次，约耗费五百元，当此财政奇绌，似不能无故滥开。至军人无票乘车，包揽客商，借端渔利，比前尤滥，以致收入车利日益短绌。现查职路近日收入，平均仅得八千元，连附加军费在内，计支出之款，先后案奉帅令解缴，统计每日支出约共一万一千余元，即以是日收入全数支付，尚不敷三千余元；此外积欠煤觔及材料各价共三十余万元。现在职路员役薪水积欠数月尚未发给，亦应设法陆续清理，方免窒碍。但收入仅得此数，自无余款拨支。且讨账各商亦纷至沓来，不胜其扰。似此种种，实在困难，办理时形棘手。倘长此以往不予维持，不独职路受巨大之损失，即于前奉帅令饬解各款，亦必因而贻误，关系匪轻。兹职路为维持现状，以期收入稍裕，免误要需起见，谨拟具《军人乘车章程》五条，呈请鉴核。如荷准予施行，请即分令各军队机关转饬所部一体遵照。至开用专车，仍请准照前呈办理，庶有限制而免虚糜。如有恃强逼专开，以及无票乘车、包揽客商渔利情弊，应予严惩，以儆效尤而维路务。所有维持车务以裕收入，免误要需各缘由，理合连同拟具《军人乘车章程》，具文呈请帅座察核。是否有当，伏候指令祗遵”等情。除指令“呈暨拟具《军人乘车〈章程〉》均悉，候令行军政部分咨各军转饬遵照可也。此令”印发外，应将章程发交该部，迅即分咨各军转饬所部一体遵照，以维路政。此令。

（中华民国陆海军大元帅之印）

中华民国十三年一月十五日

据《大本营公报》第二号《训令》

给张开儒的指令

（一九二四年一月十五日）

大元帅指令第四八号

令大本营参军长张开儒

呈报十二年十一月份办公各费并附列清册由。

呈悉。此令。

（中华民国陆海军大元帅之印）

中华民国十三年一月十五日

据《大本营公报》第二号《指令》

给张开儒的指令

（一九二四年一月十五日）

大元帅指令第四九号

令大本营参军长张开儒

呈报十二年十二月份各员出差旅费及弁兵服装等费并附清册由。

呈悉。此令。

（中华民国陆海军大元帅之印）

中华民国十三年一月十五日

据《大本营公报》第二号《指令》

给伍学熀的指令

（一九二四年一月十五日）

大元帅指令第五〇号

令兼广东全省船民自治联防督办伍学熀

呈为拟具各项收费章程请予核准由。

呈悉。查所拟《船民输纳自治联防经费章程》第八条及《查验枪炮章程》第四、第八、第九、第十等条，《发给旗灯暂行章程》第七条，均应稍加修改，其余各条大致尚妥。兹将修正条文连同原章三份随令钞发，仰即查照改缮，另文呈送，以凭核准。一面将未尽事宜另定施行细则颁布，以期完密。此令。

（中华民国陆海军大元帅之印）

中华民国十三年一月十五日

据《大本营公报》第二号《指令》

给赵士觐的指令

（一九二四年一月十五日）

大元帅指令第五五号

令两广盐运使赵士觐

呈中央银行代收盐税，拟照原案倍支手续费，谨将该案前后办理情形呈候核定令遵由。

呈悉。前据两广盐务稽核所经理呈请津贴中央银行，代收盐税手续费，准照一千分之一分核给，业经指令准予备案矣，仰即遵照办理可也。此令。

（中华民国陆海军大元帅之印）

中华民国十三年一月十五日

据《大本营公报》第二号《指令》

追赠陈飞鹏令

（一九二四年一月十六日）

大元帅令

大本营军政部长程潜呈："议复已故湘军第三师五旅十团团长

陈飞鹏，请予追赠陆军少将，并照恤赏章程给予恤金”等语。已故湘军团长陈飞鹏，准予追赠陆军少将，并照少将例给予恤金，以慰英灵而昭忠荩。此令。

（中华民国陆海军大元帅之印）

中华民国十三年一月十六日

据《大本营公报》第二号《命令》

免陈策职务令

（一九二四年一月十六日）

大元帅令

广东海防司令陈策应免本职。此令。

（中华民国陆海军大元帅之印）

中华民国十三年一月十六日

据《大本营公报》第二号《命令》

任命冯肇铭职务令

（一九二四年一月十六日）

大元帅令

任命冯肇铭代理广东海防司令。此令。

（中华民国陆海军大元帅之印）

中华民国十三年一月十六日

据《大本营公报》第二号《命令》

任命洪慈职务令

（一九二四年一月十六日）

大元帅令

任命洪慈为大本营谘议。此令。

（中华民国陆海军大元帅之印）

中华民国十三年一月十六日

据《大本营公报》第二号《命令》

委派许崇灏职务令

（一九二四年一月十六日）

大元帅令

派许崇灏为财政委员会委员。此令。

（中华民国陆海军大元帅之印）

中华民国十三年一月十六日

据《大本营公报》第二号《命令》

委派张福堂职务令

（一九二四年一月十六日）

大元帅令

派张福堂为禁烟帮办。此令。

（中华民国陆海军大元帅之印）

中华民国十三年一月十六日

据《大本营公报》第二号《命令》

给大本营参谋处的命令*

（一九二四年一月十六日）

东江逆敌，久稽天讨。当此春风和煦，万物滋生，士饱马腾，正宜续行进剿，早奏肤功。除督促作战、通令即日分行外，仰先转达前敌各军将领：各宜整顿军伍，枕戈待命，无论何项部队不得自离前线，无论何军将领不得擅离职守。其各懔遵，共宏伟业，有厚望焉。

据广州《现象报》一九二四年一月十八日《大元帅致前敌将领电》

给李济深的命令**

（一九二四年一月十六日）

现据赣军李明扬呈称有旧部七八百人在平南附近，拟令该部第一梯团长覃寿乔率带来省等情。应即照准。除令转饬该梯团长遵率来省效命疆场共立功业外，所有经过肇庆、梧州等处，应即准其通过。转饬所部一体知照。此令。

据广州《现象报》一九二四年一月十六日《赣军取道桂省来粤》

---

* 原令未署日期。按大本营参谋处铣日（十六日）将该令转给东江联军，今据此酌定时间。

** 此件所标日期系广州《现象报》发表时间。

给北江各军将领的命令

（一九二四年一月十六日）

大元帅令

着北江各军将领严禁部下不得勒索商人，阻留货物，致碍盐斤之销路。各货之流通至要。切切。此令。

文

中华民国十三年一月十六日

据谭编《总理遗墨》第三辑影印原令

给徐绍桢的指令

（一九二四年一月十六日）

大元帅指令第五六号

令大本营内政部长徐绍桢

呈为荐任郑德铭为科长由。

呈悉。已另有明令照准矣。仰即知照。此令。

（中华民国陆海军大元帅之印）

中华民国十三年一月十六日

据《大本营公报》第二号《指令》

给韦荣熙的指令*

(一九二四年一月十六日)

大元帅指令第五七号

令北江商运局局长韦荣熙

呈为拟具《水陆运施行细规》请予核准由。

呈悉。查此案昨经训令该局将在粤汉铁路各车站所设分局撤去,并不得向由火车运送之货物抽取费用在案。所有水陆运细则暨前经核准之暂行简章及护运方法,均应酌加修改,总以不侵及粤汉铁路范围为主。仰即查照另行妥拟呈核可也。附件存。此令。

(中华民国陆海军大元帅之印)

中华民国十三年一月　日

据《大本营公报》第二号《指令》

给伍学熀的指令

(一九二四年一月十六日)

大元帅指令第五八号

令兼广东全省船民自治联防督办伍学熀

呈为拟具《保澳团暂行章程》请予核准由。

---

* 原令未署日期。按大元帅指令第五六号及第五八号均公布于一月十六日,今据此酌定本令时间为十六日。

呈悉。查所拟《保澳团暂行章程》第十四条内“应即密报分局拘案讯办”一句，应改为“应即密报分局查明，依法究办”。已为核改，登载公报。其余各案大致尚妥，应准如拟施行。仰即知照。章程存。此令。

（中华民国陆海军大元帅之印）

中华民国十三年一月十六日

据《大本营公报》第二号《指令》

给伍学熀的指令

（一九二四年一月十六日）

大元帅指令第五九号

令广东全省船民自治联防督办伍学熀

呈为拟具《清查船民户口暂行章程》请予核准由。

呈悉。所拟《清查船民户口暂行章程》廿三条，大致尚属妥协，应准如拟施行。仰即知照。章程存。此令。

（中华民国陆海军大元帅之印）

中华民国十三年一月十六日

据《大本营公报》第二号《指令》

给黄隆生的指令

（一九二四年一月十六日）

大元帅指令第六〇号

令大本营会计司司长黄隆生

呈请续假一月由。

呈悉。准再给假一月。此令。

（中华民国陆海军大元帅之印）

中华民国十三年一月十六日

据《大本营公报》第二号《指令》

给徐绍桢的指令

（一九二四年一月十六日）

大元帅指令第六一号

令大本营内政部长徐绍桢

呈送《管理医生暂行规则施行细则》请予备案由。

如呈备案。细则存。此令。

（中华民国陆海军大元帅之印）

中华民国十三年一月十六日

据《大本营公报》第二号《指令》

给杨西岩的指令

（一九二四年一月十六日）

大元帅指令第六二号

令禁烟督办杨西岩

呈为拟具《禁烟条例》二十二条业经政务会议通过请予核准施行由。

呈及条例均悉。应准如拟施行。仰即知照。条例存。此令。

（中华民国陆海军大元帅之印）

中华民国十三年一月十六日

附:禁烟条例

第一条 本条例以厉行禁烟、湔除烟毒为宗旨。

第二条 本条例施行后,所有一切禁烟事宜,由禁烟督办会同各该地方军民长官办理,并得随时派员分赴各省、各属严密稽查,其地方文武官员有执行不力者,由禁烟督办呈请大元帅,或咨会各省军民长官分别惩处。

第三条 凡吸食、制造、贩运,或存储鸦片烟,或栽种莺粟者,照本条例办理。

第四条 凡有鸦片烟瘾人民,应由各地方官切实限期查明人数、姓名、年龄、籍贯,列表呈报。统由禁烟督办汇案核定减瘾办法,勒限戒断。

第五条 凡烟土不得私自运销、存储。其有在本条例未施行以前购存者,数量无论多寡,均由禁烟督办酌定期限及价格,一律收买。

第六条 凡田地栽种莺粟,自奉本条例施行之日,应由各该县长及驻在之军警长官,督令该种莺粟人铲除净尽。如有聚众抵抗者,即行剿办。铲除后仍敢再种者,照本条例加一等治罪。

第七条 戒烟药品,须经禁烟督办署施行检验,粘贴检验证始准发售。

第八条 制造及贩卖鸦片烟者,处无期徒刑,或科五千元以下之罚金。

第九条 贩卖或自外国贩运鸦片烟者,处三等以下有期徒刑,并科三千元以下之罚金。对于吗啡、高根有同等之行为者,亦同。

意图贩卖而收藏鸦片烟者,照前项减一等治罪。

第十条　税关官员或其佐理人自外国贩运鸦片烟，或串同他人贩运者，处二等以下有期徒刑，并科五千元以下之罚金。对于吗啡、高根有同等之行为者，亦同。

第十一条　制造鸦片烟或栽种莺粟者，处三等以下有期徒刑，并科二千元以下之罚金。

第十二条　凡自有土地或租借土地栽种莺粟者，除依前条治罪外，并将其土地没收之。但业主确不知情者，查明宽免。

第十三条　吸食鸦片烟者，处三等以下有期徒刑，或科三千元以下之罚金。

第十四条　开设馆舍供人吸食鸦片烟者，处二等以下有期徒刑，并科三千元以下之罚金。

第十五条　凡有缉私职务人员，自行查拿或带同长警捕获烟犯者，视其获案多寡、情节，分别奖励。

第十六条　军民长官或警官或其佐理员，当施行职务时，知有犯本条例第八条至第十四条之罪犯，而不即为相当之处分者，亦照各该条例处断。

第十七条　犯本条例第八条、第九条、第十四条之罪，其房屋没收之。但业主确不知情者，查明宽免。

第十八条　凡缉获之烟土、烟膏，估价以三成充公，以四成奖给线人，以三成奖励在事出力人员。

第十九条　本条例未施行以前之各种禁烟章程，及新刑律第二十一章各条，与本条例无抵触者，继续有效。

第二十条　本条例施行之日起，凡犯本条例之罪犯，无论何人拿获，必须连同证物一并解由禁烟督办署或禁烟总分局，移送司法机关适用本条例之规定审讯治罪。

第廿一条　本条例如有未尽事宜，得由禁烟督办署呈请修正。

第廿二条　本条例自公布日施行。

据《大本营公报》第二号《指令》

给杨希闵的指令

（一九二四年一月十七日）

大元帅指令第六六号

令中央直辖滇军总司令杨希闵

呈请例恤伤亡团长潘宝寿，并饬发护照运柩回乡由。

呈悉。已故团长潘宝寿，转战川粤，忠勇可嘉，殒命疆场，殊深悼惜，应准予交部从优议恤，复候核夺，以慰忠魂。所请发给护照运柩回乡之处，并准令行外交部查照发给，仰即知照。此令。

（中华民国陆海军大元帅之印）

中华民国十三年一月十七日

据《大本营公报》第二号《指令》

给伍朝枢的训令

（一九二四年一月十七日）

大元帅训令第二二号

令大本营外交部长伍朝枢

为令行事：据中央直辖滇军总司令杨希闵呈称："案据云南江川县民人潘宝兴呈称：'为胞兄殉国，身后萧条，恳恩援例给恤，并给照通过事：窃民有胞兄潘宝寿，幼读儒书，壮喜武事。自由讲武学校卒业后，十载从军，援川、援粤诸役均著有微劳，以功擢授中校。去岁追随钧座来粤讨贼，大功告成，胞兄升任滇军第二师步八团长。无何沈军背叛，变生肘腋。白云山之战，胞兄督率所部，奋勇先登，旋扑旋起，再接再励〔厉〕，以致弹中要害，不逾日而殒命于东山公医院中。一切经过，谅在钧座洞鉴中，无须下民呶呶。窃思民兄隶籍戎行，以身死国，亦固其所。可怜者民兄半生奔走，为国宣劳，徒以时命偃蹇，了无余积。现在老母、寡妻、孤儿、弱女，事蓄无着，日怆于怀。闻兹噩耗，弥深怛悼，日夜悲泣，无法解释。民思为国捐躯，例有矜恤之典。飘魂海外，更觉心伤。爰贷赀远来，亲临视察，万恳钧座俯念忠魂，恻怜无告，一面照例颁恤，俾有运柩及赡养之赀；一面发给护照，并照会外国领事，俾得骸归故土，厝葬祖茔，不但生者衔感，胞兄之灵亦可瞑目地下矣。伏叩上陈，敬仰垂鉴'等情。据此，查已故团长潘宝寿疆场殒命，忠勇可嘉；且其遗属孤贫，尤堪恻悯。据呈前情，理合备文转呈钧座察核，援例给恤，以慰忠魂。并祈发给护照照会外国领事，俾得运柩通行，骸归故土。所有转请给恤、发照、通行各缘由是否有当，伏候指令祇遵"等情前来。据此，除指令照准，并交部议恤外，仰该部长即便查照发给护照，并照会沿途外国政府或领事官，以免阻留可也。此令。

（中华民国陆海军大元帅之印）

中华民国十三年一月十七日

据《大本营公报》第二号《训令》

给程潜的训令

（一九二四年一月十七日）

大元帅训令第二三号

令大本营军政部长程潜

据中央直辖滇军总司令杨希闵呈称："案据云南江川县民人潘

宝兴呈称：'为胞兄殉国，身后萧条，恳恩援例给恤，并给照通过事：窃民有胞兄潘宝寿，幼读儒书，壮喜武事。自由讲武学校卒业后，十载从军，援川、援粤诸役均著有微劳，以功擢授中校。去岁追随钧座来粤讨贼，大功告成，胞兄升任滇军第二师步八团长。无何沈军背叛，变生肘腋。白云山之战，胞兄督率所部，奋勇先登，旋扑旋起，再接再厉，以致弹中要害，不逾日而殒于东山公医院中。一切经过，谅在钧座洞鉴中，无须下民呶呶。窃思民兄隶籍戎行，以身死国，亦固其所。可怜者民兄半生奔走，为国宣劳，徒以时命偃蹇，了无余积。现在老母、寡妻、孤儿、弱女，事蓄无着，日怆于怀。闻兹噩耗，弥深怛悼，日夜悲泣，无法解释。民思为国捐驱，例有矜恤之典。飘魂海外，更觉心伤。爰贷赀远来，亲临视察，万恳钧座俯念忠魂，恻怜无告，一面照例颁恤，俾有运柩及赡养之赀；一面发给护照，并照会外国领事，俾得骸归故土，厝葬祖茔，不但生者衔感，胞兄之灵亦可瞑目地下矣。伏叩上陈，敬祈垂鉴'等情。据此，查已故团长潘宝寿疆场殒命，忠勇可嘉；且其遗属孤贫，尤堪恻悯。据呈前情，理合备文转呈请祈钧座鉴核，援例给恤，以慰忠魂。并祈发给护照，照会外国领事，俾得运柩通行，骸归故土。所有转请给恤、发照、通行各缘由，是否有当，伏候指令祇遵"等情。据此，除指令"已故团长潘宝寿转战川粤，忠勇可嘉，殒命疆场，殊深悼惜，应准予交部从优议恤，复候核夺，以慰忠魂。所请发给护照运柩回乡之处，并准令行外交部查照发给，仰即知照并分令"外，仰该部即便查照议复核夺。此令。

（中华民国陆海军大元帅之印）

中华民国十三年一月十七日

据《大本营公报》第二号《训令》

给程潜的指令

（一九二四年一月十七日）

大元帅指令第六五号

令大本营军政部长程潜

呈议复已故湘军团长陈飞鹏拟请追赠陆军少将并照少将例给恤由。

呈悉。准如所议，陈飞鹏已明令赠恤矣。此令。

（中华民国陆海军大元帅之印）

中华民国十三年一月十七日

据《大本营公报》第二号《指令》

给谭延闿的训令

（一九二四年一月十七日）

大元帅训令第二四号

令湘军总司令谭延闿

据大本营军政部长程潜呈复："案奉钧座四零六号训令内开：除原文有案邀免冗叙外，尾开：'除指令已故团长陈飞鹏为国宣劳，以死勤事，惓怀战绩，惜悼殊深，所请照章从优议恤之处应予照准，候行军政部议复核夺以慰忠魂印发外，仰该部长即便查照议复核夺，此令'等因。奉此，查该故团长陈飞鹏曾充上校参谋，复充梯团长等职。此次转战湘粤，又著勋劳。不幸病没戎间，拟请钧座准予追赠陆军少将，并照恤赏章程第四表规定，给予少将恤金，以昭忠荩而慰英灵。是否有当，理合备文呈复，伏乞鉴核施行”等情。据此，除准予将已故湘军团长陈飞鹏追赠陆军少将，并照少将例给予恤金，以慰英灵而昭忠荩，明令印发并指令外，仰该总司令查照。此令。

（中华民国陆海军大元帅之印）

中华民国十三年一月十七日

据《大本营公报》第二号《训令》

给谭延闿的训令

（一九二四年一月十七日）

大元帅训令第二五号

令湘军总司令谭延闿

为令饬事：案据东江商运局局长王棠呈称：“呈为遵令缮具简章呈请鉴核训示祇遵事：窃奉钧座指令第四五号开：‘职局呈为拟请酌拨舰队，保护米商，并酌抽湘军给养费由。呈悉。仰将所拟暂行简章正式呈送来府，以凭核夺，此令’等因。奉此，自应遵照办理。兹谨照原拟暂行简章缮具一份，理合呈请钧座鉴核，伏乞训示祇遵”等情。据此，当经指令“呈悉。所拟简章是否可行，于民食有无妨碍，以及所收之款如何分派，应否由湘军会同办理，均候令饬湘军谭总司令会商该局长，悉心妥议，具复核夺，简章存。此令”等语。除指外〔令〕印发外，合行抄发原章草案，令仰该总司令即便遵照会议复夺。此令。

计抄发原拟简章一份。

（中华民国陆海军大元帅之印）

中华民国十三年一月十七日

据《大本营公报》第二号《训令》

给何克夫的指令

（一九二四年一月十七日）

大元帅指令第六三号

令连阳绥靖处处长何克夫

呈为积劳病发，委员代行，恳请给假一月由。

呈悉。准予给假一月。此令。

（中华民国陆海军大元帅之印）

中华民国十三年一月十七日

据《大本营公报》第二号《指令》

给汤廷光的指令

（一九二四年一月十七日）

大元帅指令第六四号

令前广东治河督办汤廷光

呈报交卸日期由。

呈悉。此令。

（中华民国陆海军大元帅之印）

中华民国十三年一月十七日

据《大本营公报》第二号《指令》

给廖仲恺的指令

（一九二四年一月十七日）

大元帅指令第六七号

令广东省长廖仲恺

呈为香山县长朱卓文呈请撤销香山田土业佃保证局，碍难照准，乞示遵由。

呈悉。应如所议办理，仰即转行遵照。此令。

（中华民国陆海军大元帅之印）

中华民国十三年一月十七日

据《大本营公报》第二号《指令》

给王棠的指令

（一九二四年一月十七日）

大元帅指令第六八号

令东江商运局局长王棠

呈为遵令缮具《保护米商酌抽湘军给养费简章》，呈乞核示由。

呈悉。所拟简章是否可行，于民食有无妨碍，以及收之款如何分派，应否由湘军派员会同办理，均候令饬湘军谭总司令会商该局局长，悉心妥议，具复核夺。简章存。此令。

（中华民国陆海军大元帅之印）

中华民国十三年一月十七日

据《大本营公报》第二号《指令》

任命朱世贵职务令

（一九二四年一月十八日）

大元帅令

任命朱世贵为中央直辖滇军第四师师长。此令。

（中华民国陆海军大元帅之印）

中华民国十三年一月十八日

据《大本营公报》第三号（广州一九二四年一月三十日版）《命令》

任命覃超曾彦职务令

（一九二四年一月十八日）

大元帅令

任命覃超、曾彦为大本营咨议。此令。

（中华民国陆海军大元帅之印）

中华民国十三年一月十八日

据《大本营公报》第三号《命令》

准任徐经训职务令

（一九二四年一月十八日）

大元帅令

大本营参军长张开儒呈请任命徐经训为大本营参军处上校副官。应照准。此令。

（中华民国陆海军大元帅之印）

中华民国十三年一月十八日

据《大本营公报》第三号《命令》

给财政委员会的指令

（一九二四年一月十八日）

大元帅指令第六九号

令财政委员会

呈请饬广州卫戍总司令将经收杂捐撤销，移交主管机关由。

呈悉。所请将广州卫戍总司令经收娱乐捐、火柴捐、横水渡捐一律取消，仍归主管机关办理。应准照办。仰候令行杨总司令遵照办理可也。此令。

（中华民国陆海军大元帅之印）

中华民国十三年一月十八日

据《大本营公报》第三号《指令》

给杨希闵的训令

（一九二四年一月十八日）

大元帅训令第二六号

令滇军总司令兼广州卫戍总司令杨希闵

为令行事：据财政委员会呈称："本会本月十四日第六次常会会议奉帅座交议，据滇军总司令函，呈请将市政厅每日拨给宪兵司令部经费二百元改归警卫团领收，并请每日加拨三百元一案。经众讨论议决，由会呈请大元帅训令广州卫戍总司令部，即将经收娱乐捐(即影戏捐)、火柴捐、横水渡捐等一律取消,仍归主管机关办理,再议另筹办理在案。理合呈请大元帅鉴核施行”等情。除指令“呈悉。所请将广州卫戍总司令经收娱乐捐、火柴捐、横水渡捐一律取消,仍归主管机关办理,应准照办。仰候令行杨总司令遵照办理可也”印发外,仰该总司令即便遵照,仍将遵办情形具复考核。此令。

(中华民国陆海军大元帅之印)

中华民国十三年一月十八日

据《大本营公报》第三号《训令》

给刘震寰的训令

(一九二四年一月十八日)

大元帅训令第二九号

令西路讨贼军总司令刘震寰

为令行事:据财政委员会呈称:“本会本月十四日第六次常会会议,准广东全省沙田清理处处长许崇灏提出,东莞沙捐兼清佃局前经由处委任谭平前往办理。嗣因莞城被陷,局员暂行退避,旋经我军克复,为西路讨贼军刘总司令震寰所部驻扎,遂由严兆丰师长委员接管。现在正值本处奉令进行筹款,应请大会咨达刘总司令迅饬严师长将所委之员撤销,以符统一而明权责一案。经众讨论议决,由本会呈请大元帅训令刘总司令转饬严师长将所委之员撤销在案。理合呈请大元帅鉴核施行”等情。除指令“呈悉。所呈系为统一财政起见,应准照办。仰候令行刘总司令转饬该师长遵照可也。此令”印发外,仰该总司令迅饬该师长即便遵照,仍将遵办情形具复考核。此令。

(中华民国陆海军大元帅之印)

中华民国十三年一月十八日

据《大本营公报》第三号《训令》

给叶恭绰廖仲恺的指令

（一九二四年一月十八日）

大元帅指令第七一号

令财政委员会主席叶恭绰、廖仲恺

呈悉[①]。所呈系为统一财政起见，应准照办。仰候令行刘总司令转饬该师长遵照可也。此令。

（中华民国陆海军大元帅之印）

中华民国十三年一月十八日

据《大本营公报》第三号《指令》

任命陈兴汉职务令

（一九二四年一月十九日）

大元帅令

任命陈兴汉兼理广三铁路管理局局长。此令。

（中华民国陆海军大元帅之印）

中华民国十三年一月十九日

据《大本营公报》第三号《命令》

---

① 财政委员会常会议决，呈请大元帅训令刘震寰转饬师长严兆丰：撤销接管东莞沙捐兼清佃局之人员，准该项工作由广东全省沙田清理处委员办理。

给程潜的训令

（一九二四年一月十九日）

大元帅训令第三二号

令大本营军政部长程潜

据管理粤汉铁路事务陈兴汉呈称："窃即日有自称中央直辖讨贼第三军第一路游击第三梯团司令部副官梁绍贤，手持该部公函并封条四张，到路声称有军柴多辆已到连江口站，须速封车派赴运省等语。查军人串同奸商，借口军柴包揽渔利，实属扰乱行车秩序，迭经大本营前兵站总监部暨滇湘两军总司令部分别惩办制止有案。今该部竟更派条勒封，涉及路政，长此滋扰，殊碍要公。理合备文连同该部原函及封条各一纸，渎呈钧座，敬恳察核，转令查究，以维路务"等情，并粘呈该团部原函封条前来。据此，查军人封用车辆，经定有限制办法，令行在案。据呈前情，除指令外，令〔合〕行令仰该部长查明，严令该部长官澈究。粘件随发。此令。

（中华民国陆海军大元帅之印）

中华民国十三年一月十九日

据《大本营公报》第三号《训令》

给杨希闵谭延闿的训令

（一九二四年一月十九日）

大元帅训令第三三号

令中央直辖滇军总司令杨希闵、湘军总司令谭延闿

查北江为湘赣入粤孔道，货物运输，商旅往还，胥以此为交通。

仰该总司令通饬所属将领严禁驻扎该处，部下军队不得勒索商人，阻留货物，致碍盐斤之销路、各货之流通，是为至要。切切。此令。

（中华民国陆海军大元帅之印）

中华民国十三年一月十九日

据《大本营公报》第三号《训令》

给姚雨平的指令

（一九二四年一月十九日）

大元帅指令第七二号

令广东全省治河督办姚雨平

呈报就职日期由。

呈悉。此令。

（中华民国陆海军大元帅之印）

中华民国十三年一月十九日

据《大本营公报》第三号《指令》

给徐绍桢的指令

（一九二四年一月十九日）

大元帅指令第七三号

令大本营内政部长徐绍桢

呈请褒扬寿妇黄赵氏由。

呈悉。准予题颁“懿行可风”四字匾额，并给予银质褒章，以示褒扬。仰即转给承领可也。此令。

（中华民国陆海军大元帅之印）

中华民国十三年一月十九日

据《大本营公报》第三号《指令》

给赵士觐的指令

（一九二四年一月十九日）

大元帅指令第七四号

令两广盐运使赵士觐

呈为盐务敝坏，拟设盐政会议，以资整顿，并拟具简章呈核由。

呈悉。据称民国十二年份运库收入，不及十一年份之半，盐务敝坏达于极点。该使拟仿邹任[1]成法，于署内设立盐政会议，藉收集思广益之效。具见留心咨访，锐意革新，殊堪嘉尚。所拟简章亦尚妥协，应准如拟施行。仰即克日组织成立，将应行整顿各事悉心讨议，务期积弊湔除，税收丰旺，借裕饷源。本大元帅有厚望焉。简章存。此令。

（中华民国陆海军大元帅之印）

中华民国十三年一月十九日

据《大本营公报》第三号《指令》

给叶恭绰的指令

（一九二四年一月十九日）

大元帅指令第七五号

令大本营财政部长叶恭绰

① 邹任：邹鲁一任，为一九二〇年至一九二一年。

呈遴员暂署本部局长、科长等职由。

呈悉。此令。

（中华民国陆海军大元帅之印）

中华民国十三年一月十九日

据《大本营公报》第三号《指令》

给廖仲恺的指令

（一九二四年一月十九日）

大元帅指令第七六号

令广东省长廖仲恺

呈复预借新粮办法妨碍滋多，乞鉴核由。

呈悉。准如所拟办理。此令。

（中华民国陆海军大元帅之印）

中华民国十三年一月十九日

据《大本营公报》第三号《指令》

给陈兴汉的指令

（一九二四年一月十九日）

大元帅指令第七七号

令管理粤汉铁路事务陈兴汉

呈中央直辖讨贼第三军游击第二梯团部勒封车卡运柴，请转令查究以维路务由。

呈悉。已令行军政部查究矣。仰即知照。此令。

（中华民国陆海军大元帅之印）

中华民国十三年一月十九日

据《大本营公报》第三号《指令》

中国国民党第一次全国代表大会开幕词*

（一九二四年一月二十日）

各位同志代表诸君：

今天在此开中国国民党全国代表大会，这是本党自有民国以来的第一次，也是自有革命党以来的第一次。我们革命党用了三十年功夫，流了许多热烈的心血，牺牲无数的聪明才力，才推翻满清，变更国体。但是在这三十年中，我们在国内从没有机会开全国国民党大会，所以今天这个盛会，是本党开大会的第一次，也是中华民国的新纪元。

革命党推翻满清，第一次成功是在武昌，那天的日期是双十日。今天是民国十三年的一月双十日，所以这个会期，同武昌起义的日期，都是民国很大的纪念。从前革命党虽然推翻满清，变更国体，但是十三年以来，革命主义还没有实行，这就是革命还没有成功。此中最大的原因，是当时革命党外面见到外国富强，中国衰弱，被人凌辱；内面又受满清专制，做人奴隶，几几乎有亡国灭种之忧，一时发于天良，要想救国保种，只知道非革命不可；但不知道革命何时可以成功，并不想到成功以后究竟用一个甚么通盘计画去建设国家，只由各人的良心所驱使，不管成败，各凭各的力量去为

* 一月二十日，中国国民党第一次全国代表大会在广州开幕，孙中山以总理身份担任主席团主席，并致开幕词。

国奋斗，推翻满清。这种奋斗，所谓各自为战，没有集合，没有纪律。故满清虽然推翻，到了十三年以来还没有结果，这就是我们的革命仍然算失败。

我们现在得了广州一片干净土，集会各省同志聚会一堂，是一个很难得的机会。从前我们没有想到要开这种大会，没有想到我们的党务究竟是如何进行，是因为受了满清官僚的欺骗。我们受了满清官僚甚么欺骗呢？因为一般同志头脑太简单，见得武昌起义以后，各省一致赞成革命，从前反对革命的官僚也赞成革命，由此，少数的革命党就被多数的官僚包围。那般官僚说："革命军起，革命党销。"当时的革命党也赞成这种言论，于是大家同声附和，弄到现在只有军阀的世界，没有革命的成绩，所以革命党至今仍失败。这就〈是〉我们失败的大原因。今天大家都觉悟了，知道这话不对，应该要说："革命军起，革命党成。"所以从今天起，要把以前的革命精神恢复起来，把国民党改组。这都是由于我们知道要改造国家，非有很大力量的政党是做不成功的，非有很正确共同的目标不能够改造得好的。我从前见得中国太纷乱，民智太幼稚，国民没有正确的政治思想，所以便主张"以党治国"。但到今天想想，我觉得这句话还是太早。此刻的国家还是大乱，社会还是退步，所以现在革命党的责任还是要先建国，尚未到治国。从前革命党推翻满清，不过推倒了清朝的大皇帝。但大皇帝推倒之后，便生出了无数小皇帝，这些小皇帝仍旧专制，比较从前的大皇帝还要暴虐无道。故中国现在还不能象英国、美国以党治国。今日民国的国基还没有巩固，我们必要另做一番工夫，把国家再造一次，然后民国的国基才能巩固。这个要国基巩固的事，便是我们今天的任务。此次各位同志来此开这个大会，和寻常的集会不同。今天这个大会，不是普通恳亲会，不是平常讨论会，也不是采集各地问题的会。

这是一个什么会呢？我们自十三年以来，在政治上得了种种经验，发明了种种方法，看到中国国家虽然不好，国势虽然比从前退步，但知道中国还有办法，还可以建设得好。革命党三十年来为良心所驱使，不论成败去革命，革命成功了，对于国家不知道用甚么方法去建设。至于现在，我们已经得到了办法，所以此次召集各省的同志来广州开这个大会，就是把这个方法公诸大家来采纳。在没有开这个大会之先，已经组织了一个临时中央执行委员会，在那个委员会中，筹备了许久的时候。自今日起，想要把这个筹备的方法逐日提出来，请大家来研究，要大家赞成这些方法。诸君得了这些新方法，要带回各地方去实行。至于这些新方法的来源，是本总理把先进的革命国家和后进的革命国家，在革命未成功之前、已经成功之后所得的种种革命方法，用来参考比较，细心斟酌，才定出来的。当中不完备的地方，在所不免，所以还要开这个大会，请大家来研究研究。以后便要请大家赞成，到各地方去实行，同心协力，建设国家。此次国民党改组，有两件事：第一件是改组国民党，要把国民党再来组织成一个有力量有具体的政党。第二件就是用政党的力量去改造国家。所以这次国民党改组，第一件是改组国民党的问题，第二件是改造国家的问题。这次大会只有十天，十天的时期很短少，我希望大家要爱惜光阴，明白这个大会的宗旨。如果大家有更好的意见，当讨论之时，便贡献出来，参加在内。但是大家要知道会期是很短的，必须爱惜光阴。当研究问题之时，必须各人虚心，不可以无意识的问题来挑拨意见。如果生出无谓的争论，会中的大问题就恐怕十天解决不了，我们这个会的成绩便不好，所以我们要提防，要警戒。

我们对于改组党和改造国家两件事以外，另外有一件事要大家注意：就是从前本党不能巩固的地方，不是有甚么敌人用大力量来打破我们，完全是由于我们自己破坏自己，是由于我们同志的思想见识过于幼稚，常生出无谓的误解。所以全党的团结力便非常涣散，革命常因此失败。我们以后便要团结一致，都要把自己的聪明才力贡献到党内来，自己的聪明才力不可归个人所用，要归党内所用。大家团结起来，为党为国，同一目标，同一步骤，象这样做去，才可以成功。政党中最要紧的事是各位党员有一种精神结合。要各位党员能够精神上结合，第一要牺牲自由，第二要贡献能力。如果个人能够牺牲自由，然后全党方能得自由。如果个人能贡献能力，然后全党才能有能力。等到全党有了自由，有了能力，然后才能担负革命的大事业，才能够改造国家。本党以前的失败是各位党员有自由，全党无自由；各位党员有能力，全党无能力。中国国民党之所以失败，就是这个原因。我们今日改组便先要除去这个毛病。

本党今日开全国代表大会，我希望各位代表要把自己的能力和各地方的能力都贡献到党内来，合成一个大力量。用这个大力量去改造国家，那是一定可以成功，一定在今年之内可以成功。今天这个大会是中华民国开国以来的第一次，这是中华民国将来国史中的大光荣。我希望诸君努力，在这十天之内，把应该做的事，完全达到目的。

据《中国国民党全国代表大会会议录》第一号《孙总理开会词》

中国之现状及国民党改组问题*

（一九二四年一月二十日）

现在的问题是国民党改组问题。我们自办同盟会以来，有很

---

* 此文及以下《关于组织国民政府案之说明》、《欢宴国民党各省代表及蒙古代表的演说》等篇，均系孙中山在中国国民党第一次全国代表大会上的演讲。

大的力量表现出来，就是把满洲政府推倒。但推倒之后，官僚之流毒日益加甚，破坏虽成功，建设上却一点没有尽〈力〉。这十三年来，政治上、社会上种种黑暗腐败比前清更甚，人民困苦日甚一日。故多数反革命派即以此为口实而攻击革命党，谓只有破坏能力，而无建设能力。此种话我们革命党虽不肯承认，然事实上确是如此。这都是因为我们破坏后没有机会来建设，我们秉政时的南京政府只得三个月。到了北京政府的时候，政权都归于反革命党手内，此后革命党在政治上就没有建设的机会。不仅如此，且至于逃亡海外，在自己领土之内不能立足。自民国成立后，政权皆操之反革命派手内，故虽革命党对于政治上、社会上做了种种的破坏，而苦于无机会以建设，故从各方面看来，中国自革命后并无进步，反为退步。但此并非革命党之初心，今人民皆以此归咎于革命党，我党亦不能不受。在满洲未倒、革命未成功以前，革命党之奋斗，在宣传其主义于全国之人民，故人民均急希望革命之能成功，视革命二字为神圣；成功后不能如其所期，顿使失望。此种事实，谁负其责？革命党不能不负其责。人民以各种痛苦归咎于我们，我们实难辞其责，要皆由于所用方法不对。

今回想革命未成功以前，党人牺牲性命，为国效力，艰难冒险，努力奋斗，故能成功。武昌起义，全国响应，民国以成，而反对革命之人，均变为赞成革命之人。此辈之数目，多于革命党何啻数十倍，故其力量大于革命党。乃此辈反革命派——即旧官僚——一方参加革命党，一方反破坏革命党，故把革命事业弄坏，实因我们方法不善。若有办法、有团体来防范之，用对待满清之方法对待之，则反革命派当无所施其伎俩。俄国有个革命同志曾对我言，谓中国反革命派之聪明本事，俄国反革命派实望尘莫及。俄之反革命派之为官僚与知识阶级，当革命党发难时，均相率逃诸外国，故俄国革命党能成功。而中国的反革命派聪明绝顶，不仅不逃避，反来加入，卒至破坏革命事业。而革命党人流离转徙，几至消灭，到了今日，只西南数省为一片干净土，余均为反革命派所得。由此观之，革命党有力量推倒满清，使反对者投于革命党之旗帜下，然何以革命不能成功？皆由于方法未善之过，使反革命派能乘隙以入，施其破坏而不觉，虽至失败，尚不知其所以失败的缘由。若当时有办法、有团体，先事防范，继续努力奋斗下去，建设起来，则只需三年之时期，其效果已颇有可观，决不至如今日之一无成绩。中国革命六年后，俄国才有革命。俄国革命党不仅把世界最大威权之帝国主义推翻，且进而解决世界经济、政治诸问题。这种革命，真是彻底的成功，皆因其方法良好之故。方才俄国朋友对我所说的话，乃是旁观者清，当局的人尚设想不到。但俄之反革命派，并非真正不如中国反革命派之聪明厉害，且百倍过之；特俄国之革命党之聪明厉害，又百倍过于彼辈耳。中国之革命党经验不多，遂令反对派得尽其技，没有俄国那种好方法以防范反革命派，使其不能从中破坏。故俄国虽迟我六年革命而已成功，我虽早六年革命而仍失败。

此次改组，就是从今天起，重新做过。古人有言：“以前种种譬如昨日死，以后种种譬如今日生。”由今日起，将十三年前种种可宝贵最难得的教训和经验来办以后的事，以前有种种力量来创设民国，以后便有种种力量改造政府。由今天起，按照办法条理，合全国而为一，群策群力，努力而行，则将来成功必定更大。此即为今后之第一大希望。此次改组，即本此意。改组之能成功与否，全凭各同志之能否负责联络与努力奋斗而定之。若能如此，则中国事业大有可为。我国人民身受十三年的痛苦，吾党此次应在最短时期内解放之，将国家障碍完全消灭。此次改组，各种办法已由临时中央执行委员会筹备许久，今提出《中国国民党宣言案》，请秘书长将原文朗读。

这个宣言，系此次大会之精神生命。此宣言发表后，应大家同负责任。诸君系本党各省代表，宣言通过后，须要负责回各省报告宣传。此宣言将国民党之精神、主义、政纲完全发表，并应使之实现。此宣言今后即可管束吾人之一切举动，故须详细审慎研究。大家通过后，不能随意改变，都应遵守，完全达到目的，才算大功告成。

据《中国国民党全国代表大会会议录》第二号

《中国之现状及国民党改组问题》

关于组织国民政府案之说明

（一九二四年一月二十日）

现在此处已经是政府，不过不是如前年之护法政府。因前护法政府成立时，出师北伐，已至江西，进行极称胜利，忽遇后方陈炯明叛变，将护法政府推倒。当日南方已无政府，而北方军阀忽赞成护法，声言恢复国会。今年所谓国会，却在北京选举曹锟为总统，这便是护法的结果。

今次本总理再回广州，不是再拿护法问题来做工夫。现在的政府为革命政府，为军事的时期政府，对于发展很有希望，广东地盘亦很巩固，北伐亦已筹备，克日前进。近忽发生关余问题，各国派兵舰二十艘来粤示威，因其有如此大力量来示威，故决心以一种大力量去抵抗。有一时候几濒危险，要同他们即刻开仗，但我们总坚持到底。近各国见武力没有什么效果，乃用文字来战争。日前公使团由领事团转来一牒文，谓地方政府与公使团来往文书须由领事团转达。我政府通牒驳之，谓此处非地方政府，乃北京之对敌政府，最少亦有“交战团”资格。但虽如此说办去，而各国之外交政策，其对于人国，总是于其已国有利益时则承认之为政府，无利益时则否认为政府。今日之事，实缘我们没有正式组织，没有明明白白与北方脱离关系，故组织国民政府实为目前第一问题。当公使团牒文未来以前，我本来即想组织政府，曾派财政部长叶恭绰赴奉、浙两处征求组织政府方法。但现在被公使团轻视，皆因我们无政治地位之故。有了地位，始有政治行动可言；否则反抗政府的举动甚多，例如地方暴动等事，都是反抗政府的举动。但他们的反抗政府，就是土匪，为法律上所不容。现在有一种反抗政府的举动不是土匪，也不犯法，就是革命。何以言之？因我们已经宣布脱离，不承认彼为政府。我们是政治上的行为，和他是对抗的，但此必要有一地位。中国历史上有一习惯，所谓“成则为王，败则为寇”。但近代文明国家不是如此，若有一种政治上行动，即败后也不为寇。中国近来对世界上普通习惯尚不熟悉，做事总是避开名义，成后始来定称谓。但文明各国并不如是，如爱尔兰当欧战时，忽对英宣布独立，此事英政府虽于二点钟内即平定之，但爱尔兰在此二点钟内之举动，各国均认为政治上举动不是犯法举动，因彼于起事时，即占有一邮政局，在此处即宣布组织一完全政府，各部官员都经任命。虽其文告粘在壁上，浆糊未干，即已失败，党人均逃亡于美国军舰，而美舰亦即收留之。其后虽英政府要求引渡，亦遭拒绝。盖即因其曾有正式组织，为政治上的行动之故。否则即为土匪，为暴动，安望美人之如此保护。

现我们有广东、四川数省，土地之大，人民之多，四倍于日本，决不致两点钟内即至灭亡，为什么尚不敢有所表示，以组织一政府？故本总理之意，以为此次大会之目的有二：一改组本党；一建设国家。而于建设国家，尚有应研究之问题二：一立即将大元帅政府变为国民党政府；二先将建国大纲表决后，四出宣传，使人民了解其内容,结合团体,要求政府之实现。一省如是,各省如是。合全国民意以与军阀奋斗,其效果必大。从前我们没有具体条理,今则有之,若以之宣传于士、农、工、商各界,则必表同情。由全国团结成为一体,为一大示威运动,则军阀安有不倒?革命安有不成?以上二问题,随大会择定其一,皆无不可。现尚有一事可为我们模范,即俄国完全以党治国,比英、美、法之政党握权更进一步。我们现在并无国可治,只可说以党建国。待国建好,再去治他。当俄革命时,用独裁政治,诸事均一切不顾,只求革命成功。其最危险时期,为十八面受敌,各国均派兵到俄国,其国内之反革命派亦深受各国援助。故俄国六年前之奋斗,均为民族主义的奋斗。当时我们尚不知道其为民族主义奋斗,今回顾起来,的确如此。故现在俄国对于赞成民族主义诸国皆引为同调。常对波斯、阿富汗、土耳其诸国,劝其不可放弃民族主义。其最初之共产主义,亦由六年间之经验渐与民生主义相暗合。可见俄之革命,事实上实是三民主义。其能成功,即因其将党放在国上。我以为今日是一大纪念日,应重新组织,把党放在国上。但此说初听之似甚骇人听闻,其实现在我们何常〔尝〕有国?应该先由党造出一个国来,以后再去爱之。如今日上海、广州常见之青草地上起洋楼,必先经过一棚寮时代,此棚寮即用以储置建筑材料与工人聚居之所,由此乃可以建筑洋楼。中国现有好多人不明革命党之用意,即如羡慕洋楼者,见棚寮而厌之,不知无此棚寮以储工具材料等物,则所羡慕之洋楼只是空中楼阁,永不能实现。故当洋楼尚未造成之前,此棚寮实为至可宝贵之物。党之于国家,即如棚寮之于洋楼。党有力量,可以建国。故大家应有此思想与力量,以党建国,兹请进而研究建国的方略。

据《中国国民党全国代表大会会议录》第二号《总理对于组织国民政府案之说明》

欢宴国民党各省代表及蒙古代表的演说

（一九二四年一月二十日）

蒙古巴先生和国民党各省代表诸君：

今晚是本总理来欢迎诸君，本总理又来同诸君共同欢迎巴先生。诸君此次到广东来开国民党全国大会，本总理觉得诸君振作的精神、兴旺的气魄，是向来没有的。诸君有这样好的精神和气魄，本党前途有无穷的希望。这是本党应该庆祝的，也是中国前途应该庆祝的。

我们这次革命是先讲方法，然后才去实行。从前革命因为没有好方法，所以不能大功告成。这次开全国代表大会，便是要定一个好方法。诸君在没有得到方法之先，有一件事要诸君留心的，是本总理的学说和古人的学说不同：古人所信仰的是“知之非艰，行之惟艰”；我所信仰的是“知难行易”。我们从前革命本来没有详细方法，但是因为有诸先烈的牺牲和诸君的努力，前仆后起，继续进行，便做成了两件很大的事：一件是把满清两百多年的政府完全推翻，一件是把中国数千年的专制国体根本改变。这两件大事，没有详细方法的时候，尚且可以做成。我们在那个时候，因为没有很详细的方法，所以我常常和人谈革命，总有人问我说：“满清有二十二行省的土地，四万万人民，内有海陆军的镇服，外有列强的帮助，请问你有什么方法可以推翻满清呢？就令能够推翻满清，又有什么方法可以对付列强呢？”并且常用难题来对我说：“满清对外不足，对内有余。”又说：“我们不可革命呵！如果我们起了革命，列强必要把中国瓜分。”我们在那个时候，对付满清，推翻，对付列强，不致瓜分。没有别的长处，方法是在不问成败利钝，只问良心要做，便立志去奋斗。

我从前在英国的时候，有一次在图书馆内看书，遇到几位俄国人，交谈之后，知道彼此都是革命同志。俄国人便问起我来，说：“中国的革命，何时可以成功呢？”我当时得了这句问话之后，便不能不答。但是我那一次亡命到英国，虽是初失败之后，没有办法，然卷土重来之气正高，心中希望一二年内就要再举，再举又必期成功。不过对那些俄国人，又不敢轻于答复，故为最稳健之回复说：“大约三十年可以成功。”俄国人便惊讶起来说：“你们在那样大的国家发起革命，只要三十年便可成功吗？”我当时又问俄国人：“你们俄国的革命，何时可以成功呢？”他们答复说：“大概一百年后能够成功，我们便大满足，此刻正是在奋斗。成功虽然在一百年之后，但是现在不能不奋斗。如果现在不奋斗，就是百年之后也不能成功。因为要希望一百年可以成功，所以我们现在便努力奋斗。”我当时听了他们这番话之后，回想到我的答话，便觉得无以自容。因为我在初失败之后，本希望中国的革命急于成功，不过为对外国人说话稳健起见，故多说三十年；及听到他们的答话，知道他们的计划稳健，气魄雄大，加我好几倍，所以我在当时便非常抱愧。我自那个时候以后，便环绕地球，周游列国，一面考察各国的政治得失和古今国势强弱的道理，一面做我的革命运动。约计每二年绕地球一周，到武昌起义以前，大概绕过了地球六七周。每次到一个地方，总是遇到许多熟人，那些人总是来问我说：“我们看到了你这位先生，不知道失败多少次了，为什么还不丧气，总是这样热心呢？这是什么理由呢？”我每次都没有什么好话可以答复，只有用我在英国图书馆内和俄国人的谈话来答复他们说：“我不管革命失败了有多少次，但是我总要希望中国的革命成功，所以便不能不总是这样奋斗。”

俄国人立志革命，希望一百年成功，现在不过二十多年便完全达到成功的目的。我从前希望数年成功，现在已经到了三十年，还没有大功告成。这是因为中国人革命的方法和气魄不及俄国人。俄国人因为有了这种气魄和方法，所以革命一经发动，得到机会，便大告成功。俄国革命的成功为什么那样大而且快呢？因为俄国人立志稳健，眼光远大，把国家大事算到一百年，什么方法都计划到了，这就是经验多而成功快。无论做什么事，成功都是在有好方法。方法是自何而得呢？是自学问知识而得。先有了学问，便有知识；有了知识，便有方法；有了好方法来革命，一经发动，就马到成功。我们从前受良心上的命令去革命，讲到结果，没有俄国成功那样大而快的原因，就是在没有好学问、好方法。至于实行革命，大家都是各自为战去干，实在是不知而行。做到后来能够推翻满清，且免去列强瓜分，都是无意中做出来的，预先毫没有料到。十三年以来，我们革命的知识进步，有了许多方法，旁边又有俄国的好榜样，此后革命应该要先求知，然后才去行。本总理发明的学说是“知难行易”，如果知得到，便行得到。从前的革命，不知还能行；此后的革命，能知当更能行。知了才去行，那种成功当然象俄国一样。这就是我们今晚可以大大庆祝的。

我们今晚来欢迎巴先生，巴先生是外蒙古人。外蒙古到民国以来脱离中国，内政是很修明的，在陆军一方面也练了很多的骑兵，所以他们现在便是一个独立的国家。这次巴先生到广东的来意，还是想蒙古再同中国联合，造成一个大中华民国。我们是中华民国的大民族，全国人口的总数是四万万，汉族人是多数，蒙古人是少数。中国在帝制时代总是想压制蒙古。在民国时代，北京政府也有徐树铮练边防军去打蒙古，现在又想派冯玉祥带兵去征服蒙古。但是蒙古总不怕北京政府的兵力，总是要脱离中国去独立。我们南方政府向来没有用过兵力去征蒙古的。今晚巴先生尚且不远万里而来，想联合成一个大中华民国，就是因为我们有主义。由此便可见主义大过武力。用主义来建国，万万里都是来朝的；用武力去征服人，近在咫尺都是反叛的。由此便可知主义胜过武力，这便可以大大的庆祝。所以要诸君来公祝巴先生一杯，本总理也来公祝诸君一杯。

据黄昌谷编《孙中山先生演说集》（上海民智书局一九二六年二月版）《主义胜过武力》

给曲同丰的命令*

（一九二四年一月二十日）

组织北洋讨贼军协助北伐。

据广州《现象报》一九二四年一月二十一日《曲同丰组织北洋讨贼军》

给廖仲恺的指令

（一九二四年一月二十日）

大元帅指令第七八号

令广东省长廖仲恺

呈为拟将香山一县收入全数拨解东路军部，其余各县仍照派

* 原令未署日期。按一月二十一日广州《现象报》载：“曲奉令后，昨已在使署附设讨北洋讨贼军第一师司令部”，今据此酌标。

定数目解交省署，经政务会议议决录案，呈请核准由。

呈悉。案经会议决议，自应准如所拟办理。仰即转令广属各县，仍照前次派定数目，按日解交省署核收，以备拨充军饷。并令饬香山县县长，将该县各项收入全行拨解东路军部，以期兼顾。仍候令饬东路讨贼军总司令，即将派赴各县收粮委员撤销可也。此令。

（中华民国陆海军大元帅之印）

中华民国十三年一月二十日

据《大本营公报》第三号《指令》

给许崇智的训令

（一九二四年一月二十日）

大元帅训令第三四号

令东路讨贼军总司令许崇智

为令饬事：据广东省长廖仲恺呈称："为呈请事：现据南海县县长李宝祥具呈：'奉东路讨贼军总司令部令行奉大元帅令：准将各县所欠旧粮拨归本部经收，以补军食。又奉令行奉大元帅令：着财政厅将各县所欠旧粮拨归东路讨贼军总司令部派员直接征收，以补该军伙食各等因。查前奉省署令行由县每日额解银一千二百元，此款全恃征收钱银项下应解，且迭奉筹解军饷，计垫长银十万余元。此项垫款有向商号息借，有将地方款挪解，专望本年冬征归还。若改拨该军部经收，对于额解省署之款，势不能不先行停止。即借垫挪解，亦无从筹还。况钱粮为国库收入正款。甲军截收旧粮，乙军又截收新粮，更恐接踵而起，财政因而紊乱，固无统一之日，请核示遵'等由。又据番禺县县长卫汝基具呈，奉行同前因，请核示饬遵等由前来。查核李县长等所陈系属实情。钱粮关系正供，若改拨军部经收，则甲军开端，乙军效尤，不特财政无统一可期，即论征收亦大蒙影响。且现在广属各县指定按日派解省署之款，系奉帅座特令，省署每日收入，悉经指定拨充军饷，如将各县统归东路催收，则省署解款可停，即按日拨支各饷均无着落。窃维东路军饷固应维持，而各县催征新旧钱粮及省署指定派解各款，亦应统筹兼顾。现东路军队多已移驻香山，计香山县各项征收约计达二十万元左右，拟请将香山一县收入全数划出，拨解东路军部，其余各县仍照前奉帅令派定数目，分饷照解省署核收。其东路派赴各县收粮委员一律撤销，似此两全，既于东路军糈可资挹注，而于各方办事均不致受其牵动。经将办法提出，政务会议议决，陈明帅座照行。理合录案呈请察核，照案核准，指令祇遵，并分行东路讨贼军总司令部遵照"等情。据此，当经指令"呈悉。案经会议议决，自应准如所拟办理。仰即饬令广属各县，仍照前次派定数目，按日解交省署核收，以备拨充军饷。并令饬香山县县长，将该县各项收入全行拨解东路军部，以期兼顾。仍候令饬东路讨贼军总司令，即将派赴各县收粮委员撤销可也。此令"等语。除指令印发外，合行令仰该总司令即便遵照，将派赴各县收粮委员撤销。此令。

（中华民国陆海军大元帅之印）

中华民国十三年一月二十日

据《大本营公报》第三号《训令》

关于民生主义之说明

（一九二四年一月二十一日）

此次开会所定本党全国代表大会宣言，关系于本党改组前途者至为重要。由宣言审查委员会所审查之结果，对于民生主义一项尚有问题，故今日不能即时讨论，即付表决。在未表决宣言之前，尚有一重大问题为本党之基础问题，必须彻底了解，然后宣言便易表决，此重大问题即为民生主义。本党多数同志对于此重要主义，向不甚留心研究，故近日因此主义而生误会，因误会而生怀疑，因怀疑而生暗潮，刻既有此现象，恐兆将来分裂，发生不良结果。故本总理对于此主义，必须再行剖解，庶几本党同志因此主义所发生之误会、怀疑、暗潮可以完全打破，而成一最有力量之国民党。本总理现在十分信任本党党员，每百人中决无一人不服从本总理者。惟各位党员对于本党主义尚不无多少怀疑。须知政党以主义而成立，党中主义，无论是总理与党员，均须绝对服从，不能稍有一点怀疑。本党全体同志现在思想可分两种：一属于老同志，一属于新同志。老同志为稳健思想，新同志为猛进思想；稳健者可说是不及，猛进者可说是太过。其实过与不及之两种思想，均未明白民生主义之真谛。

本总理前闻北京一班新青年非常崇拜新思想。及闻俄国共产之主义，便以此为世界极新鲜之主义，遂派代表往俄，拟与之联合，并代俄宣传主义，认定“共产主义”与“民生主义”为不同之二种主义。我们老同志亦认定“民生”与“共产”为绝对不同之二种主义，于是群起排斥，暗潮便因之而生。然揆诸民生主义之真谛，双方均属误解。譬如在新青年一方面者，各代表抵俄后，俄人对之，便极力称赞国民党新主张之三民主义，故彼党遂悉心研究三民主义，认定救国大计，非此不可，于是诚心悦服本党三民主义，改共产党员为国民党员。本党旧同志骤闻共产党员纷纷加入本党消息，顿起怀礙〔疑〕。盖恐本党名义被彼利用也。对于此事，怀疑尤甚者为海外同志。本总理曾接到海外华侨数次函电，询问此次改组，是否为〔改〕国民党为共产党？如为改成共产党，则华侨同志决不赞成。盖华侨处于帝国主义政府管辖之下，深受帝国主义国家宣传破坏俄国革命论调之毒，故发生种种怀疑，不能自释。世界上从前对于俄国革命之怀疑，本不独华侨为然，即各国人士亦莫不皆然。不过彼一时也，此又一时也。多数华侨不谙外国文字，不能依外国舆论之进步为转移，三四年前传于外国人士者，至今犹以为是。不知外国人士之舆论亦依俄国内政之进步而变迁。近来俄国内政进步之神速，与前大不相同，故英、美、法、日等国之国会均欲提议承认新俄罗斯。至于意大利则已议决承认，其他各国在此一二年后亦必相继承认。俄国既为各国所承认，故就利害而言，本党与之联合，将来必能得中俄互助之益，决无大害，此为海外同志所宜放心者也。即就是非而言，本党既服从民生主义，则所谓“社会主义”、“共产主义”与“集产主义”，均包括其中。兹将各主义连带关系与范围用图示之：

“民生”二字，为数千年已有之名词。至用之于政治经济上，则本总理始，非独中国向无新闻，即在外国亦属罕见。数年前，有一服从马克思主义之学者研究社会问题，发现社会上之生计问题，与马克思学说有不符合之点，于是提出疑义，逐条并举，征求同党解答，历时一年之久，而应征者无一人，乃将其著作公之于世，名之曰“历史之社会观”。其要点之大意有云：“在今日社会进化中，其经济问题之生产与分配，悉当以解决民生问题为依归”云云。由此可见本总理所创民生主义之名词，至今已有学者赞同矣。由此亦可知“民生”二字，实已包括一切经济主义。

至共产主义之实行，并非创自俄国，我国数十年前，洪秀全在太平天国已经实行，且其功效较俄国尤大；后为英国戈登所破坏，故今日无从考证。若俄国今日所行之政策，实非纯粹共产主义，不过为解决民生问题之政策而已。本党同志于此便可十分了解共产主义与民生主义毫无冲突，不过范围有大小耳。诸君既能明白民生主义生之真义，则新旧同志误会、怀疑而生之暗潮，从此便可打消。

民生主义尚须慎重审查，现指派宣言审查委员会委员、临时中央执行委员会委员及原起草员共同再行审查，俟详细审查之后，明日再付议表决。此刻时间已晚，宣告散会。

据《中国国民党全国代表大会会议录》第四号
《总理关于民生主义之演说》

准任杨述凝职务令

（一九二四年一月二十一日）

大元帅令

大本营参谋长李烈钧呈请任命杨述凝为大本营参谋处秘书。应照准。此令。

（中华民国陆海军大元帅之印）

中华民国十三年一月廿一日

据《大本营公报》第三号《命令》

给赵士觐的训令

（一九二四年一月二十一日）

大元帅训令第三五号

令两广盐运使赵士觐

为令饬事：查韶关吉昌庄等盐店八间，及船户袁兴福等，私买未经缴税领照之盐斤，擅行运销，影响盐税前途甚大。为此，令仰该运使迅即派员前往曲江县，将本案人犯、卷宗提解回省严行讯办，以昭炯戒，而儆效尤。此令。

（中华民国陆海军大元帅之印）

中华民国十三年一月廿一日

据《大本营公报》第三号《训令》

中国国民党第一次全国代表大会宣言*

（一九二四年一月二十三日）

一　中国之现状

中国之革命，发轫于甲午以后，盛于庚子，而成于辛亥，卒颠覆君政。夫革命非能突然发生也。自满洲入据中国以来，民族间不

---

* 这个宣言由孙中山提交代表大会审查讨论，在他主持下于一月二十三日表决通过。随后几天，大会对宣言仍有讨论，并补入一些条款。

平之气，抑郁已久。海禁既开，列强之帝国主义如怒潮骤至，武力的掠夺与经济的压迫，使中国丧失独立，陷于半殖民地之地位。满洲政府既无力以御外侮，而钤制家奴之政策，且行之益厉，适足以侧媚列强。吾党之士，追随本党总理孙先生之后，知非颠覆满洲，无由改造中国，乃奋然而起，为国民前驱；激进不已，以至于辛亥，然后颠覆满洲之举始告厥成。故知革命之目的，非仅仅在于颠覆满洲而已，乃在于满洲颠覆以后，得从事于改造中国。依当时之趋向，民族方面，由一民族之专横宰制过渡于诸民族之平等结合；政治方面，由专制制度过渡于民权制度；经济方面，由手工业的生产过渡于资本制度的生产。循是以进，必能使半殖民地的中国，变而为独立的中国，以屹然于世界。

然而当时之实际，乃适不如所期，革命虽号成功，而革命政府所能实际表现者，仅仅为民族解放主义。曾几何时，已为情势所迫，不得已而与反革命的专制阶级谋妥协。此种妥协，实间接与帝国主义相调和，遂为革命第一次失败之根源。夫当时代表反革命的专制阶级者实为袁世凯，其所挟持之势力初非甚强，而革命党人乃不能胜之者，则为当时欲竭力避免国内战争之延长，且尚未能获一有组织、有纪律、能了解本身之职任与目的之政党故也。使当时而有此政党，则必能抵制袁世凯之阴谋，以取得胜利，而必不致为其所乘。夫袁世凯者，北洋军阀之首领，时与列强相勾结，一切反革命的专制阶级如武人官僚辈，皆依附之以求生存；而革命党人乃以政权让渡于彼，其致失败，又何待言！

袁世凯既死，革命之事业仍屡遭失败，其结果使国内军阀暴戾恣睢，自为刀俎，而以人民为鱼肉，一切政治上民权主义之建设，皆无可言。不特此也，军阀本身与人民利害相反，不足以自存，故凡为军阀者，莫不与列强之帝国主义发生关系。所谓民国政府，已为军阀所控制，军阀即利用之结欢于列强，以求自固。而列强亦即利用之，资以大借款，充其军费，使中国内乱纠缠〔纷〕不已，以攫取利权，各占势力范围。由此点观测，可知中国内乱，实有造于列强；列强在中国利益相冲突，乃假手于军阀，杀吾民以求逞。不特此也，内乱又足以阻滞中国实业之发展，使国内市场充斥外货。坐是之故，中国之实业即在中国境内，犹不能与外国资本竞争。其为祸之酷，不止吾国人政治上之生命为之剥夺，即经济上之生命亦为之剥夺无余矣。环顾国内，自革命失败以来，中等阶级频经激变，尤为困苦；小企业家渐趋破产，小手工业者渐致失业，沦为游氓，流为兵匪；农民无力以营本业，至以其土地廉价售人，生活日以昂，租税日以重。如此惨状，触目皆是，犹得不谓已濒绝境乎？

由是言之，自辛亥革命以后，以迄于今，中国之情况不但无进步可言，且有江河日下之势。军阀之专横，列强之侵蚀，日益加厉，令中国深入半殖民地之泥犁地狱。此全国人民所为疾首蹙额，而有识者所以徬徨日夜，急欲为全国人民求一生路者也。

然所谓生路者果如何乎？国内各党派以至于个人暨外国人多有拟议及此者，试简单归纳各种拟议，以一评骘其当否，而分述于下：

一曰立宪派。此派之拟议，以为今日中国之大患在于无法，苟能借宪法以谋统一，则分崩离析之局庶可收拾。曾不思宪法之所以能有效力，全恃民众之拥护，假使只有白纸黑字之宪法，决不能保证民权，俾不受军阀之摧残。元年以来尝有约法矣，然专制余孽、军阀官僚僭窃擅权，无恶不作，此辈一日不去，宪法即一日不生效力，无异废纸，何补民权？迩者曹锟以非法行贿，尸位北京，亦尝借所谓宪法以为文饰之具矣，而其所为，乃与宪法若风马牛不相及。故知推行宪法之先决问题，首在民众之能拥护宪法与否。舍本求末，无有是处。不特此也，民众果无组织，虽有宪法，即民众自身亦不能运用之，纵无军阀之摧残，其为具文自若也。故立宪派只知求宪法，而绝不顾及将何以拥护宪法，何以运用宪法，即可知其无组织、无方法、无勇气以真为宪法而奋斗。宪法之成立，唯在列强及军阀之势力颠覆之后耳。

二曰联省自治派。此派之拟议，以为造成中国今日之乱象，由于中央政府权力过重，故当分其权力于各省；各省自治已成，则中央政府权力日削，无所恃以为恶也。曾不思今日北京政府权力初非法律所赋予、人民所承认，乃由大军阀攘夺而得之。大军阀既挟持暴力以把持中央政府，复利用中央政府以扩充其暴力。吾人不谋所以毁灭大军阀之暴力，使不得挟持中央政府以为恶，乃反欲借各省小军阀之力，以谋削减中央政府之权能，是何为耶？推其结果，不过分裂中国，使小军阀各占一省，自谋利益，以与挟持中央政府之大军阀相安于无事而已，何自治之足云！夫真正的自治，诚为至当，亦诚适合吾民族之需要与精神；然此等真正的自治，必待中国全体独立之后，始能有成。中国全体尚未能获得自由，而欲一部分先能获得自由，岂可能耶？故知争回自治之运动，决不能与争回民族独立之运动分道而行。自由之中国以内，始能有自由之省。一省以内所有经济问题、政治问题、社会问题，惟有于全国之规模中始能解决。则各省真正自治之实现，必在全国国民革命胜利之后，亦已显然，愿国人一思之也。

三曰和平会议派。国内苦战争久矣，和平会议之说，应之而生。提倡而赞和者，中国人有然，外国人亦有然。果能循此道而得和平，宁非国人之所望，无如其不可能也。何则？构成中国之战祸者，实为互相角立之军阀，此互相角立之军阀各顾其利益，矛盾至于极端，已无调和之可能。即使可能，亦不过各军阀间之利益得以调和而已，于民众之利益固无与也。此仅军阀之联合，尚不得谓为国家之统一也，民众果何需于此乎？此等和平会议之结果，必无以异于欧战议和所得之结果。列强利益相冲突，使欧洲各小国不得和平统一；中国之不能统一，亦此数国之利益为之梗也。至于知调和之不可能，而惟冀各派之势力保持均衡，使不相冲突，以苟安于一时者，则更为梦想。何则？盖事实上不能禁军阀中之一派不对于他派而施以攻击，且凡属军阀莫不拥有雇佣军队，推其结果，不能不出于争战，出于掠夺。盖掠夺于邻省，较之掠夺于本省为尤易也。

四曰商人政府派。为此说者，盖鉴于今日之祸由军阀官僚所造成，故欲以资本家起而代之也。虽然，军阀官僚所以为民众厌恶者，以其不能代表民众也；商人独能代表民众利益乎？此当知者一也。军阀政府托命于外人，而其恶益著，民众之恶之亦益深；商人政府若亦托命于外人，则亦一丘之貉而已。此所当知者二也。故吾人虽不反对商人政府，而吾人之要求则在于全体平民自己组织政府，以代表全体平民之利益，不限于商界。且其政府必为独立的不求助于外人，而惟恃全体平民自己之意力。

如上所述，足知各种拟议，虽或出于救国之诚意，然终为空谈；其甚者则本无诚意，而徒出于恶意的讥评而已。

吾国民党则夙以国民革命、实行三民主义为中国唯一生路。兹综观中国之现状，益知进行国民革命之不可懈。故再详阐主义，发布政纲，以宣告全国。

二　国民党之主义

国民党之主义维何？即孙先生所提倡之三民主义是已。本此主义以立政纲，吾人以为救国之道，舍此末由。国民革命之逐步进行，皆当循此原则。此次毅然改组，于组织及纪律特加之意，即期于使党员各尽所能，努力奋斗，以求主义之贯彻。去年十一月二十五日孙先生之演说，及此次大会孙先生对于中国现状及国民党改组问题之演述，言之綦详。兹综合之，对于三民主义为郑重之阐明。盖必了然于此主义之真释，然后对于中国之现状而谋救济之方策，始得有所依据也。

（一）民族主义：国民党之民族主义，有两方面之意义：一则中国民族自求解放；二则中国境内各民族一律平等。

第一方面，国民党之民族主义，其目的在使中国民族得自由独立于世界。辛亥以前，满洲以一民族宰制于上，而列强之帝国主义复从而包围之，故当时民族主义之运动，其作用在脱离满洲之宰制政策与列强之瓜分政策。辛亥以后，满洲之宰制政策已为国民运动所摧毁，而列强之帝国主义则包围如故，瓜分之说变为共管，易言之，武力之掠夺变为经济的压迫而已，其结果足使中国民族失其独立与自由则一也。国内之军阀既与帝国主义相勾结，而资产阶级亦眈眈然欲起而分其馂余，故中国民族政治上、经济上皆日即于憔悴。国民党人因不得不继续努力，以求中国民族之解放。其所恃为后盾者，实为多数之民众，若知识阶级、若农夫、若工人、若商人是已。盖民族主义对于任何阶级，其意义皆不外免除帝国主义之侵略。其在实业界，苟无民族主义，则列强之经济的压迫，自国生产永无发展之可能。其在劳动界，苟无民族主义，则依附帝国主义而生存之军阀及国内外之资本家，足以蚀其生命而有余。故民族解放之斗争，对于多数之民众，其目标皆不外反帝国主义而已。帝国主义受民族主义运动之打击而有所削弱，则此多数之民众，即能因而发展其组织，且从而巩固之，以备继续之斗争，此则国民党能于事实上证明之者。吾人欲证实民族主义实为健全之反帝国主义,则当努力于赞助国内各种平民阶级之组织,以发扬国民之能力。盖惟国民党与民众深切结合之后,中国民族之真正自由与独立始有可望也。

第二方面,辛亥以前,满洲以一民族宰制于上,具如上述。辛亥以后,满洲宰制政策既已摧毁无余,则国内诸民族宜可得平等之结合,国民党之民族主义所要求者即在于此。然不幸而中国之政府乃为专制余孽之军阀所盘据,中国旧日之帝国主义死灰不免复燃,于是国内诸民族因以有杌陧不安之象,遂使少数民族疑国民党之主张亦非诚意。故今后国民党为求民族主义之贯彻,当得国内诸民族之谅解,时时晓示其在中国国民革命运动中之共同利益。今国民党在宣传主义之时,正欲积集其势力,自当随国内革命势力之伸张,而渐与诸民族为有组织的联络,及讲求种种具体的解决民族问题之方法矣。国民党敢郑重宣言,承认中国以内各民族之自决权,于反对帝国主义及军阀之革命获得胜利以后,当组织自由统一的(各民族自由联合的)中华民国。

(二)民权主义:国民党之民权主义,于间接民权之外,复行直接民权,即为国民者不但有选举权,且兼有创制、复决、罢官诸权也。民权运动之方式,规定于宪法,以孙先生所创之五权分立为之原则,即立法、司法、行政、考试、监察五权分立是已。凡此既以济代议政治之穷,亦以矫选举制度之弊。近世各国所谓民权制度,往往为资产阶级所专有,适成为压迫平民之工具。若国民党之民权主义,则为一般平民所共有,非少数者所得而私也。于此有当知者:国民党之民权主义,与所谓“天赋人权”者殊科,而唯求所以适合于现在中国革命之需要。盖民国之民权,唯民国之国民乃能享之,必不轻授此权于反对民国之人,使得借以破坏民国。详言之,则凡真正反对帝国主义之个人及团体，均得享有一切自由及权利；而凡卖国罔民以效忠于帝国主义及军阀者，无论其为团体或个人，皆不得享有此等自由及权利。

（三）民生主义：国民党之民生主义，其最要之原则不外二者：一曰平均地权；二曰节制资本。盖酿成经济组织之不平均者，莫大于土地权之为少数人所操纵。故当由国家规定土地法、土地使用法、土地征收法及地价税法。私人所有土地，由地主估价呈报政府，国家就价征税，并于必要时依报价收买之，此则平均地权之要旨也。凡本国人及外国人之企业，或有独占的性质，或规模过大为私人之力所不能办者，如银行、铁道、航路之属，由国家经营管理之，使私有资本制度不能操纵国民之生计，此则节制资本之要旨也。举此二者，则民主主义之进行，可期得良好之基础。于此犹有当为农民告者：中国以农立国，而全国各阶级所受痛苦，以农民为尤甚。国民党之主张，则以为农民之缺乏田地沦为佃户者，国家当给以土地，资其耕作，并为之整顿水利，移殖荒徼，以均地力。农民之缺乏资本至于高利借贷以负债终身者，国家为之筹设调剂机关，如农民银行等，供其匮乏，然后农民得享人生应有之乐。又有当为工人告者：中国工人之生活绝无保障，国民党之主张，则以为工人之失业者，国家当为之谋救济之道，尤当为之制定劳工法，以改良工人之生活。此外如养老之制、育儿之制、周恤废疾者之制、普及教育之制，有相辅而行之性质者，皆当努力以求其实现。凡此皆民生主义所有事也。

中国以内，自北至南，自通商都会以至于穷乡僻壤，贫乏之农夫，劳苦之工人，所在皆是。因其所处之地位与所感之痛苦，类皆相同，其要求解放之情至为迫切，则其反抗帝国主义之意亦必至为强烈。故国民革命之运动，必恃全国农夫、工人之参加，然后可以决胜，盖无可疑者。国民党于此，一方面当对于农夫、工人之运动，以全力助其开展，辅助其经济组织，使日趋于发达，以期增进国民革命运动之实力；一方面又当对于农夫、工人要求参加国民党，相与为不断之努力，以促国民革命运动之进行。盖国民党现正从事于反抗帝国主义与军阀，反抗不利于农夫、工人之特殊阶级，以谋农夫、工人之解放。质言之，即为农夫、工人而奋斗，亦即农夫、工人为自身而奋斗也。

中国为农业的国家，故军队多由农民征集补充而成，乃不为民利捍卫，又不助人民抵抗帝国主义，而反为帝国主义所操纵之军阀，以戕贼人民之利益。国民党于此，认为有史以来莫大之矛盾。其所以然之故，在于中国经济落后，农民穷苦，不得已而受佣于军阀，以图几微之生存。其结果，乃至更增贫困，加人民以压迫，使流为土匪而不顾。欲除此种矛盾，使军队中农民真实之利益与其现在所争之利益无相妨之弊，国民党将于一般士兵及下级军官中极力宣传运动，使知真利所在，立成革命的军队，为人民利益而奋斗。

凡助国民党奋斗以驱除民贼、建设自卫的革命政府之革命军，国民对之当有特殊待遇。每革命军人于革命完全成功之后，愿意归农，革命政府行将给以广田，俾能自给而赡家族。

国民党之三民主义，其真释具如此。自本党改组后，以严格之规律的精神，树立本党组织之基础，对于本党党员，用各种适当方法施以教育及训练，使成为能宣传主义、运动群众、组织政治之革命的人才。同时以本党全力，对于全国国民为普遍的宣传，使加入革命运动，取得政权，克服民敌。至于既取得政权树立政府之时，为制止国内反革命运动及各国帝国主义压制吾国民众胜利之阴谋，芟除实行国民党主义之一切障碍，更应以党为掌握政权之中枢。盖惟有组织、有权威之党，乃为革命的民众之本据，能为全国人民尽此忠实之义务故耳。

三　国民党之政纲

吾人于党纲固悉力以求贯彻，顾以道途之远，工程之巨，诚未敢谓咄嗟有成；而中国之现状危迫已甚，不能不立谋救济。故吾人所以刻刻不忘者，尤在准备实行政纲，为第一步之救济方法。谨列举具体的要求作为政纲，凡中国以内，有能认国家利益高出于一人或一派之利益者，幸相与明辨而公行之。

甲　对外政策

（一）一切不平等条约，如外人租借地、领事裁判权、外人管理关税权以及外人在中国境内行使一切政治的权力侵害中国主权者，皆当取消，重订双方平等、互尊主权之条约。

（二）凡自愿放弃一切特权之国家，及愿废止破坏中国主权之条约者，中国皆将认为最惠国。

（三）中国与列强所订其他条约有损中国之利益者，须重新审定，务以不害双方主权为原则。

（四）中国所借外债，当在使中国政治上、实业上不受损失之范围内，保证并偿还之。

（五）庚子赔款，当完全划作教育经费。

（六）中国境内不负责任之政府，如贿选、僭窃之北京政府，其所借外债，非以增进人民之幸福，乃为维持军阀之地位，俾得行使贿买，侵吞盗用。此等债款，中国人民不负偿还之责任。

（七）召集各省职业团体（银行界、商会等）、社会团体（教育机关等）组织会议，筹备偿还外债之方法，以求脱离因困顿于债务而陷于国际的半殖民地之地位。

乙 对内政策

(一)关于中央及地方之权限,采均权主义。凡事务有全国一致之性质者,划归中央;有因地制宜之性质者,划归地方。不偏于中央集权制或地方分权制。

(二)各省人民得自定宪法,自举省长;但省宪不得与国宪相抵触。省长一方面为本省自治之监督,一方面受中央指挥,以处理国家行政事务。

(三)确定县为自治单位。自治之县,其人民有直接选举及罢免官吏之权,有直接创制反复决法律之权。

土地之税收,地价之增益,公地之生产,山林川泽之息,矿产水力之利,皆为地方政府之所有,用以经营地方人民之事业,及应育幼、养老、济贫、救灾、卫生等各种公共之需要。

各县之天然富源及大规模之工商事业,本县资力不能发展兴办者,国家当加以协助。其所获纯利,国家与地方均之。

各县对于国家之负担,当以县岁入百分之几为国家之收入,其限度不得少于百分之十,不得超过于百分之五十。

(四)实行普通选举制,废除以资产为标准之阶级选举。

(五)厘订各种考试制度,以救选举制度之穷。

(六)确定人民有集会、结社、言论、出版、居住、信仰之完全自由权。

(七)将现时募兵制度渐改为征兵制度。同时注意改善下级军官及兵士之经济状况,并增进其法律地位。施行军队中之农业教育及职业教育,严定军官之资格,改革任免军官之方法。

(八)政府当设法安置土匪游民,使为社会有益之工作。而其所以达此目的之一法，计可以租界交还中国国民后所得之收入充此用途。此之所谓租界，乃指设有领事裁判权之特别地区，发生“国中有国”之特别现象者而言。此种“国中有国”之现象，当在清除之列。至关于外人在租界内住居及营业者，其权利当由国民政府按照中国与外国特行缔结之条约规定之。

（九）严定田赋地税之法定额，禁止一切额外征收，如厘金等类当一切废绝之。

（十）清查户口，整理耕地，调正粮食之产销，以谋民食之均足。

（十一）改良农村组织，增进农人生活。

（十二）制定劳工法，改良劳动者之生活状况，保障劳工团体，并扶助其发展。

（十三）于法律上、经济上、教育上、社会上确认男女平等之原则，助进女权之发展。

（十四）励行教育普及，以全力发展儿童本位之教育。整理学制系统，增高教育经费，并保障其独立。

（十五）由国家规定土地法、土地使用法、土地征收法及地价税法。私人所有土地，由地主估价呈报政府，国家就价征税，并于必要时依报价收买之。

（十六）企业之有独占的性质者，及为私人之力所不能办者，如铁道、航路等，当由国家经营管理之。

以上所举细目，皆吾人所认为党纲之最小限度，目前救济中国之第一步方法。

据《中国国民党第一次全国代表大会宣言》
（大会秘书处一九二四年二月印发本）

对于中国国民党宣言旨趣之说明*

（一九二四年一月二十三日）

现在本党大会宣言已经表决，这是本党成立以来破天荒的举动。但是我们表决宣言之后，大家必须依宣言而进行，担负此项实行责任。此次宣言，不只在场代表共同负责，就是各省及海外的同志，均有负担此项革命的责任。我们从前革命均未收到好结果，就是因为革命没有彻底成功，其原因大都是我们同志负担责任没有始终如一，所以不能贯彻革命主义。现在本党召集此次代表大会，发表此项宣言，就是表示以后革命与从前不同。前几次革命，均因半路上与军阀官僚相妥协、相调和，以致革命成功之后，仍不免于失败。当袁世凯做皇帝的时候，本党的同志在山东、在广东、在四川、在福建、在长江一带的纷纷起事，用种种力量来抵抗袁氏的帝制，那时候并不用鲜明的革命旗帜。以后袁世凯自毙，总算我们反对袁世凯的成功；但是按之革命的真精神，仍是失败。后来护法之役，也没把革命旗帜竖起，做了五六年的护法工夫，最后曹锟、吴佩孚也赞成护法，弄得护法的问题又归调和妥协。大抵我们革命在起初的时候奋斗均极猛烈，到后结果无一次不是妥协。即举排满、倒袁、护法三役而言，我们做革命都是有头无尾，都是有始无终，所以终归失败。

此次我们通过宣言，就是从新担负革命的责任，就是计划彻底

* 这是《中国国民党第一次全国代表大会宣言》通过以后，孙中山在大会上的发言。

的革命。终要把军阀来推倒，把受压的人民完全来解放，这是关于对内的责任。至对外的责任，有要反抗帝国侵略主义，将世界受帝国主义所压迫的人民来联络一致，共同动作，互相扶助，将全世界受压迫的人民都来解放。我们有此宣言，决不能又蹈从前之覆辙，做到中间又来妥协。以后应当把妥协调和的手段一概打消，并且要知道，妥协是我们做彻底革命的大错。所以今天通过宣言之后，必须大家努力前进，有始有终，来做彻底成功的革命！

据《中国国民党全国代表大会会议录》第八号
《总理对于宣言旨趣之说明》

国民政府建国大纲*

（一九二四年一月二十三日）

一　国民政府本革命之三民主义、五权宪法，以建设中华民国。

二　建设之首要在民生。故对于全国人民之食衣住行四大需要，政府当与人民协力，共谋农业之发展，以足民食；共谋织造之发展，以裕民衣；建筑大计划之各式屋舍，以乐民居；修治道路、运河，以利民行。

三　其次为民权。故对于人民之政治知识能力，政府当训导之，以行使其选举权，行使其罢官权，行使其创制权，行使其复决权。

四　其三为民族。故对于国内之弱小民族，政府当扶植之，使

* 本件由孙中山起草后提交代表大会，与大会宣言并案审议。今所收录的是孙中山事后手写件。

之能自决自治。对于国外之侵略强权，政府当抵御之；并同时修改各国条约，以恢复我国际平等、国家独立。

五　建设之程序分为三期：一曰军政时期；二曰训政时期；三曰宪政时期。

六　在军政时期，一切制度悉隶于军政之下。政府一面用兵力以扫除国内之障碍，一面宣传主义以开化全国之人心，而促进国家之统一。

七　凡一省完全底定之日，则为训政开始之时，而军政停止之日。

八　在训政时期，政府当派曾经训练考试合格之员，到各县协助人民筹备自治。其程度以全县人口调查清楚，全县土地测量完竣，全县警卫办理妥善，四境纵横之道路修筑成功，而其人民曾受四权使用之训练，而完毕其国民之义务，誓行革命之主义者，得选举县官以执行一县之政事，得选举议员以议立一县之法律，始成为一完全自治之县。

九　一完全自治之县，其国民有直接选举官员之权，有直接罢免官员之权，有直接创制法律之权，有直接复决法律之权。

十　每县开创自治之时，必须先规定全县私有土地之价，其法由地主自报之，地方政府则照价征税，并可随时照价收买。自此次报价之后，若土地因政治之改良、社会之进步而增价者，则其利益当为全县人民所共享，而原主不得而私之。

十一　土地之岁收，地价之增益，公地之生产，山林川泽之息，矿产水力之利，皆为地方政府之所有，而用以经营地方人民之事业，及育幼、养老、济贫、救灾、医病与夫种种公共之需。

十二　各县之天然富源与及大规模之工商事业，本县之资力不能发展与兴办，而须外资乃能经营者，当由中央政府为之协助；

而所获之纯利，中央与地方政府各占其半。

十三 各县对于中央政府之负担，当以每县之岁收百分之几为中央岁费，每年由国民代表定之；其限度不得少于百分之十，不得加于百分之五十。

十四 每县地方自治政府成立之后，得选国民代表一员，以组织代表会，参预中央政事。

十五 凡候选及任命官员，无论中央与地方，皆须经中央考试铨定资格者乃可。

十六 凡一省全数之县皆达完全自治者，则为宪政开始时期。国民代表会得选举省长，为本省自治之监督；至于该省内之国家行政，则省长受中央之指挥。

十七 在此时期，中央与省之权限采均权制度。凡事务有全国一致之性质者，划归中央；有因地制宜之性质者，划归地方。不偏于中央集权或地方分权。

十八 县为自治之单位，省立于中央与县之间，以收联络之效。

十九 在宪政开始时期，中央政府当完成设立五院，以试行五权之治。其序列如下：曰行政院，曰立法院，曰司法院，曰考试院，曰监察院。

二十 行政院暂设如下各部：一、内政部；二、外交部；三、军政部；四、财政部；五、农矿部；六、工商部；七、教育部；八、交通部。

二十一 宪法未颁布以前，各院长皆归总统任免而督率之。

二十二 宪法草案当本于建国大纲及训政、宪政两时期之成绩，由立法院议订，随时宣传于民众，以备到时采择施行。

二十三 全国有过半数省份达至宪政开始时期，即全省之地方自治完全成立时期，则开国民大会，决定宪法而颁布之。

二十四　宪法颁布之后，中央统治权则归于国民大会行使之，即国民大会对于中央政府官员有选举权、有罢免权，对于中央法律有创制权、有复决权。

二十五　宪法颁布之日，即为宪政告成之时，而全国国民则依宪法行全国大选举。国民政府则于选举完毕之后三个月解职。而授政于民选之政府，是为建国之大功告成。

民国十三年四月十二日　孙文书（印）

据上海《民国日报》一九二四年四月十二日《追悼专号》影印手迹原件

与北京《东方时报》记者的谈话*

（一九二四年一月二十三日）

记者问：建国政策如何？

孙答：建国宣言不日即当正式发表，条目悉载大纲中，阅者当知其详。

记者问：关余问题近日如何主张？

孙答：此事纯为中国内政，外人无干涉余地。如外交团抗不交付，复以兵力威胁，不独为吾国民之辱，亦所谓自号文明国者可耻之事。此事良由总税务司安格联脑筋中深印帝国主义，欲图援助北方军阀，使中国内乱无已，抗不交与，极不合理，西南政府自当坚持到底，非达到收回关余目的不止。即以海关言，乃中国之海关，不过用客卿办理耳，仍为中国之官吏，受政府之指挥管辖。中国欲促进工商事业之发展，非进而收回海关不可。希望全国一致力争，

---

* 这是一月二十三日孙中山于中国国民党第一次全国代表大会会议休息隙间与记者的谈话。

以为政府外交之后盾，并望报界力任故〔鼓〕吹，务贯〔贯〕彻主张。至世界大势，则欧战而后，公理战胜。各国人民亦大有觉悟，大势亦因有变迁。现在英、美、义、法等国已将争先承认苏联，可知帝国主义压迫弱小万难适存，军阀专横又可能久恃耶？

据上海《民国日报》一九二四年二月九日《东方时报记者之“粤游纪实”》

复苏联代表加拉罕电*

（一九二四年一月二十四日）

北京全俄苏维埃代表加拉罕君：

尊电致祝全国国民党代表大会，情词恳挚，不胜感谢！

本会目的，在继续辛亥革命事业，以底于完成，使中国脱除军阀与夫帝国主义之压迫，以遂其再造。夫以积弱而分裂之中国，而自然之富甲于天下，实为亚洲之巴尔干，十年之内，或以此故而肇启世界之纷争；故为保障亚洲及世界之平和计，其最善及唯一之方，惟有速图中国之统一及解放。

本会深信，全世界之自由民族必将予以同情，而俄国人民来此先声，尤为吾人所感激。中俄两国人民行将共同提挈，以进于自由正义之途。文谨代表国民党全国代表大会，致敬于邻友全俄苏维埃。

孙　文

据《中国国民党全国代表大会会议录》第十七号《附录》《复北京全俄苏维埃代表加拉罕电》

* 一月二十三日，孙中山接到苏联驻华代表加拉罕从北京拍来的贺电。这是大会主席团为孙中山代拟的复电，由广州大本营外交部译成英文发出。

委派汪精卫提出补充提案令

（一九二四年一月二十四日）

派汪精卫代表提出宣言补遗一条①于大会，请表决。

总理孙　文

中华民国十三年一月廿四日

据中华民国各界纪念国父百年诞辰筹备委员会学术论著编纂委员会主编《国父墨迹》（台北一九六五年版）影印原稿

委派陈兴汉职务令

（一九二四年一月二十四日）

大元帅令

派陈兴汉为财政委员会委员。此令。

（中华民国陆海军大元帅之印）

中华民国十三年一月廿四日

据《大本营公报》第三号《命令》

委派卢师谛职务令

（一九二四年一月二十四日）

大元帅令

---

① 指"厘定各种考试制度"一条，拟补充于已删之第五项下。该条经汪向大会说明后，代表当即举手通过。

派卢师谛为禁烟会办。此令。

（中华民国陆海军大元帅之印）

中华民国十三年一月廿四日

据《大本营公报》第三号《命令》

委派黄范一等职务令

（一九二四年一月二十四日）

大元帅令

派黄范一、阎凤冈、王心耕为禁烟帮办。此令。

（中华民国陆海军大元帅之印）

中华民国十三年一月廿四日

据《大本营公报》第三号《命令》

准派陈伯任职务令

（一九二四年一月二十四日）

大元帅令

禁烟督办杨西岩呈请派陈伯任为秘书。应照准。此令。

（中华民国陆海军大元帅之印）

中华民国十三年一月廿四日

据《大本营公报》第三号《命令》

委派刘毅职务令

（一九二四年一月二十四日）

大元帅令

派刘毅为粤闽湘军招抚使。此令。

（中华民国陆海军大元帅之印）

中华民国十三年一月廿四日

据《大本营公报》第四号（广州一九二四年二月十日版）《命令》

委派潘鸿图李维珩职务令

（一九二四年一月二十四日）

大元帅令

派潘鸿图、李维珩为禁烟帮办。此令。

（中华民国陆海军大元帅之印）

中华民国十三年一月廿四日

据《大本营公报》第四号《命令》

给孙科的指令

（一九二四年一月二十四日）

大元帅指令第八一号

令广州市市长孙科

呈请令饬卫戍总司令部撤销联和公司承案由。

呈悉。准予令行广州卫戍总司令查照撤销。仰即知照。此令。

（中华民国陆海军大元帅之印）

中华民国十三年一月廿四日

据《大本营公报》第三号《指令》

给杨希闵的训令

（一九二四年一月二十四日）

大元帅训令第三六号

令广州卫戍总司令杨希闵

据广州市市长孙科呈称：“窃职厅现据省河全体横水渡埗业公所代表黄元呈称：‘窃省河横水渡操业微贱，无权无势，只知自食其力，历来无异。近因附加横水渡捐，卫戍司令部则批准联和公司罗有成承办；财政厅则批准联安公司梁浩然承办；市财局则批准同益公司张伯平承办。以一捐务而有三公司，民全体横水渡埗业不知何去何从。故连日将收得捐饷代为存贮，以为静候官厅解决。不料迄今数日，仍未见有解决办法，而卫戍司令部批准之联和公司，强健有力，索取急如星火。微弱如民，横水渡各埗业何有抗阻能力？故附加之新捐四文，连同警费一文，昨日皆被尽数收去。不特此也，此项捐务现系开始创办，搭客多有不遵照给，计七日间已短收二百余元，亦要各横水渡埗业赔垫，迫得亦已如数赔垫矣。惨苦情形，真个为人作马牛践踏者不若也。为此，公举代表据实呈明察核’等情前来。查省河横水渡捐依照公布条例，应属市政管理范围，早经职厅咨由财政厅饬属移交接管在案。兹据该代表呈称：现在卫戍司令部及财政厅均有招商承办，并分立公司名目征收。似此权限分歧，不惟有妨市库收入，且有碍财权统一。市长为整顿市内捐务以应要需起见，除经另案具呈广东省长公署令饬财政厅撤销承案外，理合备文呈请帅座俯准，令饬卫戍司令部迅将联和公司承案撤销，以清权限，实为公便”等情。据此，除指令照准外，合行令仰该总司令查照，即将联和公司承办省河横水渡一案撤销，以符例案。此令。

（中华民国陆海军大元帅之印）

中华民国十三年一月廿四日

据《大本营公报》第三号《训令》

给赵士觐的指令

（一九二四年一月二十四日）

大元帅指令第八二号

令两广盐运使赵士觐

呈盐斤增抽军饷一元一案，碍难遵行，恳请准予批销由。

呈悉。所有前令将盐斤每包增抽军饷一元一案，应准予取消。仰即遵照办理。此令。

（中华民国陆海军大元帅之印）

中华民国十三年一月廿四日

据《大本营公报》第三号《指令》

关于列宁逝世的演说*

（一九二四年一月二十五日）

方才得俄代表报告，俄国行政首领列宁先生已于前日去世。国民党的同志们当然非常哀悼，应该乘此次大会时，正式表决去一

* 列宁于一月二十一日在莫斯科逝世。一月二十五日上午，孙中山获悉后，即在中国国民党第一次全国代表大会上作此演说。

电报，以表哀忱。未表决之前，有几句话与诸君先说一下。

大家都知道，俄国革命在中国之后，而成功却在中国之前，其奇功伟绩，真是世界革命史上前所未有。其所以能至此的缘故，实全由其首领列宁先生个人之奋斗，及条理与组织之完善。故其为人，由革命观察点看起来，是一个革命之大成功者，是一个革命中之圣人，是一个革命中最好的模范。彼今已逝世，我们对之有何种感想和何种教训？我觉得于中国的革命党有很大的教训。什么教训呢？就是大家应把党基巩固起来，成为一有组织的、有力量的机关，和俄国的革命党一样。此次大会之目的也是在此。现在俄国的首领列宁先生去世了，于俄国和国际上会生出什么影响来，我相信是决没有的。因为列宁先生之思想魄力、奋斗精神，一生的工夫全结晶在党中。他的身体虽不在，他的精神却仍在。此即为我们最大之教训。

本总理为三民主义之首创人，亦即中国革命党之发起人。我们的革命虽有几次成功，但均是军事奋斗的成功，革命事业并没有完成，就是因为党之本身不巩固的缘故。所以党中的党员，均不守党中的命令，各自为政，既没有盲从一致信服的旧道德，又没有活泼于自由中的新思想。二次失败，逃亡至日本的时候，我就想设法改组，但未成功。因为那时各同志均极灰心，以为我们已得政权尚且归于失败，此后中国实不能再讲革命。我费了很多的时间和唇舌，其结果亦只是"中国即要革命，亦应在二十年以后"。那时我没有法子，只得我一个人肩起这革命的担子，从新组织一个中华革命党。凡入党的人，须完全服从我一个人，其理由即是鉴于前次失败，也是因为当时国内的新思想尚未发达，非由我一人督率起来，不易为力。到现在已经十年了，诸同志都已习惯了，有人以此次由总理制改为委员制，觉得不大妥当。但须知彼一时，此一时。当前回大家灰心的时候,我没有法子,只得一人起来担负革命的责任。现在有很多有新思想的青年出来了,人民的程度也增高起来了,没有人觉得中国的革命应在二十年以后了。我们从事革命的事业,国民只以为太慢,不以为太快了。故此次改组,即把本党团结起来,使力量加大,使革命容易成功,以迎合全国国民的心理。

从前在日本虽想改组,未能成功,就是因为没有办法。现在有俄国的方法以为模范,虽不能完全仿效其办法,也应仿效其精神,才能学得其成功。本党此次改组,就是本总理把个人负担的革命重大责任分之众人,希望大家起来奋斗,使本党不要因为本总理个人而有所兴废,如列宁先生之于俄国革命党一样。这是本总理的最大希望。

现在提出用本大会名义致电莫斯科,对列宁先生之死表示哀忱案,请大家表决。至于各行政机关,已由政府通令下旗三日。本会亦应休会三日。此三日内,每日下午本总理均在此演述民族主义。此讲题,从前曾对高师学生演过一次,再有两三次,即可从大体讲之。若详细的讲演,非长久时间不可。今乘此机会,尽三天之内摘要把他讲完,诸位回去后,即可以之为宣传的资料。其余民权主义与民生主义,目前没有时间来讲,将来讲后再刊为单行本寄与诸位。

现在请俄国代表鲍尔登①先生讲列宁先生之为人,请伍朝枢君翻译。俟讲完后,我们再来表决本问题。

据《中国国民党全国代表大会会议录》第十一号

① 鲍尔登:今译鲍罗廷。

哀悼列宁提案*

(一九二四年一月二十五日)

现提议用大会全体名义发一电报哀悼列宁先生,并延会三日。电文如下:

中华民国十三年一月廿五日,中国国民党全国代表大会致北京苏俄代表加拉罕君:本日国民党全国代表大会通过下列决议案,请转贵党本部及贵政府:列宁同志为新俄之创造人。此时本大会之目的为统一全国,在民治之下,增进国民之幸福,则其事业正为本大会之精神。本大会特休会三日以志哀悼。中国国民党全国代表大会。

据《中国国民党全国代表大会会议录》第十一号

致加拉罕电

(一九二四年一月二十五日)

当伟大的列宁离开苏俄朝气蓬勃的生活之际,我请求您向您的政府代达我的深切的哀悼。然而他的名字和对他的纪念将永世长存,人们将继续珍视他那种造成最高度的政治家和有创造力的领袖的英雄品质。他的著作也将永存,因为他的著作是建立在一定会掌握和统治未来人类的思想和希望的这样的社会观念

* 一月二十五日,孙中山以会议主席身份向中国国民党第一次全国代表大会提出此案。

上的。

孙逸仙

据北京《人民日报》一九五六年十一月六日
影印英文唁电原稿附载译文

给叶恭绰廖仲恺的指令

（一九二四年一月二十五日）

大元帅指令第八五号

令财政委员会主席委员叶恭绰、廖仲恺

呈请将该会议决财政部提出：凡一切军费，须由军政部核定，再行交议支配，以昭划一一案，核准施行由。

呈悉。候令行军政部转行各军事机关遵照办理可也。此令。

（中华民国陆海军大元帅之印）

中华民国十三年一月廿五日

据《大本营公报》第三号《指令》

给叶恭绰廖仲恺的训令

（一九二四年一月二十五日）

大元帅训令第三八号

令大本营财政部长叶恭绰、广东省长廖仲恺

为令行事：据财政委员会主席委员叶恭绰、廖仲恺呈称："为呈请事：本月十四日本会第六次常会会议，财政部提出：以后各征收机关举办新税，所有章程条例，须交财政委员会通过，方准施行，免与其他机关所办税则有所抵触，致碍进行一案。经众讨论议决，呈请大元帅训令各征收机关遵照办理在案，理合呈请大元帅核准施行”等情前来。据此，除指令“呈悉。准如所请施行。候令行财政部长、广东省长转行所属各征收机关遵照办理可也。此令”印发外，合行令仰该部长、首长即便转饬所属各征收机关，遵照办理为要。此令。

（中华民国陆海军大元帅之印）

中华民国十三年一月廿五日

据《大本营公报》第三号《训令》

给程潜的训令

（一九二四年一月二十五日）

大元帅训令第三九号

令大本营军政部长程潜

为令行事：据财政委员会主席委员叶恭绰、廖仲恺呈称：“为呈请事：本月十四日本会第六次常会会议，财政部提出：‘凡一切军费须由军政部核定，再行交议支配，以昭划一一案，经众讨论，议决呈请大元帅训令军政部，转行各军事机关遵照办理’等因。理合呈请大元帅核准施行”等情前来。据此，除指令“呈悉。候令行军政部转行各军事机关遵照办理可也。此令”印发外，合行令仰该部长即便遵照转行各军事机关查照办理为要。此令。

（中华民国陆海军大元帅之印）

中华民国十三年一月廿五日

据《大本营公报》第三号《训令》

给梅光培的指令

（一九二四年一月二十五日）

大元帅指令第八三号

令广东财政厅长梅光培

呈请令行军政部转饬西江五邑各属驻防军队，不得任意提拨税款由。

呈悉。西江财政业经令交该厅接收，所有五邑驻防军队，自不得径向该处征收机关提拨款项。据呈前情，仰候令行军政部转饬西江五邑驻防军队遵照办理可也。此令。

（中华民国陆海军大元帅之印）

中华民国十三年一月廿五日

据《大本营公报》第三号《指令》

给程潜的训令

（一九二四年一月二十五日）

大元帅训令第三七号

令大本营军政部长程潜

据广东财政厅长梅光培呈称："为呈请事：前奉大元帅令：'西江财政仍交回财政厅接收管理'等因。当经派委李榕阶为西江下游恩、开、新、台、赤五邑[①]财政整理处处长，饬令将五邑征收

① 五邑：指广东省属恩平、开平、新会、台山、赤溪五县。

正杂一切官款解厅拨用在案。兹据呈称：'伏思职处并无直接征收杂款，其所恃以解济省库者，皆五邑各县局承商等将征收税饷缴处转解。在各征收机关遵奉明令整理，本自无难，而在驻防各军或过境军队饷项伙食之需，其奉准核拨者，固当由职处照拨；其未经准拨有案者，亦应由职处呈明候示核办，不得强迫拨解，乃有统一之可言。现查近日征收机关，非由军队截收，即由各军提取；虽有印据可抵，而财政紊乱，着手殊难。拟请呈明大元帅饬下军政部、省长令行五邑驻防各军队暨各县长，嗣后军队需支饷项、伙食，必须核准有案，方予拨支，并不得由各征收机关任意提拨，庶可有款解缴，而收整理统一之效'等情。据此，查各属驻防军队，必须军政部、省长核准拨支数目，方得由各征收机关就近拨交，不能任意提拨，庶可收财政统一之效。所呈自属实情，理合据情呈请大元帅令行军政部，转饬西江五邑各属驻防军队，一体遵照办理，实为公便"等情。除指令"呈悉。西江财政业经令交该厅接收，所有五邑驻防军队，自不得径向该处征收机关提拨款项。据呈前情，仰候令行军政部转饬西江五邑驻防军队遵照办理可也。此令"印发外，仰该部长转行西江五邑驻防军队一体遵办。此令。

（中华民国陆海军大元帅之印）

中华民国十三年一月廿五日

据《大本营公报》第三号《训令》

着广州市政厅长汇款令

（一九二四年一月二十五日）

着市政厅长即汇旅费贰千元。

民国十三年一月二十五日

据黄季陆等编《研究中山先生的史料与史学》(台北一九七五年十一月版)许师慎《国父全集未刊载的重要史料》(转录史委会藏原件)

给叶恭绰廖仲恺的指令

(一九二四年一月二十五日)

大元帅指令第八四号

令财政委员会主席委员叶恭绰、廖仲恺

呈报该会议决财政部提出以后各征收机关举办新税,所有章程条例须交由该会会议通过,方准施行,免与其他机关所办税则有所抵触,致碍进行一案。请核准施行由。

呈悉。准如所请施行。候令行财政部长及广东省长转行所属各征收机关遵照办理可也。此令。

(中华民国陆海军大元帅之印)

中华民国十三年一月廿五日

据《大本营公报》第三号《指令》

给程潜的指令

(一九二四年一月二十五日)

大元帅指令第八六号

令大本营军政部长程潜

呈东路讨贼军营长梁寿恺积劳病故,请援例追赠并给恤由。

呈悉。已故东路讨贼军营长梁寿恺准如所议,着追赠陆军炮兵中校,仍照例给予少校恤金。此令。

(中华民国陆海军大元帅之印)

中华民国十三年一月廿五日

据《大本营公报》第三号《指令》

给杨西岩的指令

(一九二四年一月二十五日)

大元帅指令第八七号

令禁烟督办杨西岩

呈报就职及启用关防日期由。

呈悉。此令。

(中华民国陆海军大元帅之印)

中华民国十三年一月廿五日

据《大本营公报》第三号《指令》

给黄明堂的指令

(一九二四年一月二十五日)

大元帅指令第八八号

令中央直辖第二军军长黄明堂

呈报就职及启用印信日期由。

呈悉。此令。

(中华民国陆海军大元帅之印)

中华民国十三年一月廿五日

据《大本营公报》第三号《指令》

给廖仲恺的训令

（一九二四年一月二十六日）

大元帅训令第四〇号

令广东省长廖仲恺

据湘军总司令谭延闿呈称："据职军第五军司令部主任参谋余泽籛由仁化元代电称：'（衔略）顷据第十五旅旅长陈寅报告：一、据第二十九团团附叶良报称：昨十一日职团奉令派第二营开赴百顺、扶溪一带截阻逃兵，特先派副官一员持函赴扶溪通知，以免误会。讵该地团防竟将团兵调齐，于距扶溪六七里之地登山实行抗拒，并将该副官等及第二营之前站兵数名一律扣留，声称该地不准驻兵，若强欲前来，即行开火，并即将该副官等斩首等语。嗣经该副官等再三解说，始肯放归。适第二营全部到达，与该团防前哨相遇，该团兵等竟亦高呼如前。曾营长因恐一时冲突，不分皂白，故仍一律开回长江，静待后命。二、据土人报称：该地团防局长李飞龙曾在陈炯明部下充当营长云云。三、昨南雄方面逃兵经过该村时，被缴枪五十余枝，故该团防势力澎〔膨〕涨〔胀〕，更为刁抗。四、扶溪地为长江、仁化、南雄等处之要道交叉之点，极为重要，由长江至仁化及由仁化至南雄，皆所必经。当此军事期内，军队调动往来不时，该地人民如此野蛮，动行阻抗，为害匪轻。一旦有事，雷团既处进退维谷之势，定有妨碍。尤恐该团防局长李飞龙既系陈逆旧人，暗与陈逆勾结，我军即应谋解决之法各等情。据此，查扶溪人民野蛮久成习性，犹或可原，今竟无端阻拒官军，难保其无越轨行动。应如何办理之处，伏祈钧裁施行'等由前来。伏查职所部各军，均驻防粤湘、粤赣两方交界之处，仁化为通南雄达曲江交通孔道，军队往来移动自系恒情。且闻迩来唐生智派遣奸徒多名，潜入我军防地，勾引鼓惑，以致职部各军日来间有持械潜逃情事发生。百顺、扶溪地方为南始经仁化入湘必由之地，故迭电该军派队驻扎百顺、扶溪一带，堵截在逃士兵。乃该地方人民不察内容，任意阻抗，影响所及，遗害匪轻。且据称李飞龙系陈逆旧部，有无他项危害阴谋，殊难思揣。理合缕叙各情由，呈恳钧座俯赐察核，令饬该县转令该地士绅，不得拒绝防军驻扎及通过。不胜惶悚待命之至”等情。据此，除指令外，合行令仰该省长迅饬该县长，严令该地士绅团防不得阻抗防军，致碍戎机。此令。

（中华民国陆海军大元帅之印）

中华民国十三年一月廿六日

据《大本营公报》第四号《训令》

给杨希闵等的训令

（一九二四年一月二十六日）

大元帅训令第四一号

令中央直辖滇军总司令兼广州卫戍总司令杨希闵、湘军总司令谭延闿、桂军总司令刘震寰、豫军讨贼军总司令樊钟秀、粤军总司令许崇智、广东省长廖仲恺、中央直辖第一军军长朱培德、中央直辖第二军军长黄明堂、中央直辖第三军军长卢师谛、中央直辖第七军军长刘玉山

为令饬事：据中央直辖滇军第二军军长范石生呈称：“窃职部自入粤而后，即委任杨少甫充江防司令部军需，旋兼第三师部军需处长。所有一切收入皆由该员经管，统计先后存储收入公款一百

余万元。昨年十一月间，军事吃紧之际，该员尽将存储公款席卷而逃，致杨前师长廷培愧对袍泽，投河毕命。又第六旅旅长朱泽民临阵畏缩，复潜回省垣，将该旅七八两月薪饷及九十两月伙食共十余万元，航政局、烟酒公卖局收入七万余元，统计二十余万元席卷潜逃。又第十团团长季树萱于出发石龙时，临阵借病潜回省垣，私开杂赌，得规约二十余万元。复敢蛊惑队伍，图谋捣乱。查该逃员杨少甫监守自盗，朱泽民、季树萱临阵退缩，均属罪无可逭，亟应严缉归案究办，以维纲纪。理合具该逃犯杨少甫等年貌，备文呈请钧府察核，俯赐通令严缉，务获归案究办，实为公便"等情前来。据此，除指令"呈悉。候令行各军长官严缉究办可也。此令"即发外，合行令仰该总司令、省长、军长即转饬所属，一体缉拿务获究办，以重公款，而儆官邪为要。切切。此令。

（中华民国陆海军大元帅之印）

中华民国十三年一月廿六日

据《大本营公报》第四号《训令》

给伍学熀的指令

（一九二四年一月二十六日）

大元帅指令第八九号

令兼广东全省船民自治联防督办伍学熀

呈为遵令修正条文，改缮章程，请赐核准由。

呈悉。所有该督办拟呈之《船民输纳自治联防经费暂行章程》九条、《查验枪炮照暂行章程》十一条，又《发给旗灯暂行章程》八条，既据遵照前次指令，逐一修正改缮，呈核前来，应准如拟施行。仰仍由该督办将条文及收费数目，明白布告各船民一体周知。章程暨附件均存。此令。

（中华民国陆海军大元帅之印）

中华民国十三年一月廿六日

据《大本营公报》第四号《指令》

给谭延闿的指令

（一九二四年一月二十六日）

大元帅指令第九一号

令湘军总司令谭延闿

呈请令饬仁化县转令扶溪团防不得拒绝防军驻扎及通过由。

呈悉。已令行广东省长转饬该县遵照办理。此令。

（中华民国陆海军大元帅之印）

中华民国十三年一月廿六日

据《大本营公报》第四号《指令》

给范石生的指令

（一九二四年一月二十六日）

大元帅指令第九二号

令中央直辖滇军第二军军长范石生

呈报该军第三师军需处长杨少甫等挟款潜逃，请通缉归案究办由。

呈悉。候令行各军民长官严缉究办可也。此令。

（中华民国陆海军大元帅之印）

中华民国十三年一月廿六日

据《大本营公报》第四号《指令》

与克拉克的谈话*

（一九二四年一月二十七日）

中国农民的文化

中国农民虽然没有知识，究竟与那些没有受过教化的人不同。换言之，就是与未受教育者不同。中国普通的农民不能与澳洲丛林中的土人、印度的山人，或非列宾人一例看待——中国人绝不象这些人们一般，文化已比他们高几百年——其实中国文化不以近代文化发达的情形比，却较西方各国的文化高的多。

中国谦逊的农民却有一种成熟的智慧(Ripe intellect)。

中国人亲悉民主国

中国人民亲悉一种民主概念，已经四千余年——从彼时起实际上已经建设了这样的民主政府。中国古时民主国被人推翻，如罗马共和国被凯撒(Caesar)推翻了一般，后来中国人看着民主政府如乌托〈邦〉(Utopia)似的。但是他们得着一种机会，看见美国、法国的民主国都成立了。他们对于乌托邦的意义也就了解了。

因为这种观念刚刚抚养，从专制政体改到共和政体的问题简

---

* 克拉克(Clark)：北京大学教授。谈话地点不详，所标时间系《政治评论》发表日期。

单极了——这种概念在中国人看来，非常简单，比别国未把乌托邦当作共和国的理想的简单的多。

虽然共和的概念由学者灌输的普通人民，有点游移惶惚，但是这种概念是中国大部分人民的基本文化，普遍于各方。不顾人民之智愚贤不肖，只要把政府置于普通人民之志愿上，不会不成功的。

人民可听人言

他们虽不能写读，无论怎样都容易说给他们罢〔听〕。他们很有了解政治的能力，经一度之说明，他们便恍然大悟。

在帝国管辖之下，人民未尝表示一种政治的兴趣，以及各种事体进行的流利。但是到了政府征税太苛，他们对于政治才表示一种厚浓的兴趣——强迫管理者允许他们的要求。

在帝国管辖之下，这些人民也管理他们本地的事，一如他们管理家庭、协会和村庄的事。在这点看来，这种制度是极端的共和，他方面国家政府是绝对的专制。因此中国人民一部分使用共和，一部分受制于专制。

停滞的原因

这样参差的政治情况，不但得一种纷扰的结局，并且阻碍进步。几世纪以前，中国为现代世界上各文明国之冠。到了现在，中国文化停滞，西方各国驾乎我上，我反瞠乎其后。这全由于中国政治背道而驰。

列强都在中国竞争，欲得一点主权而后甘心，所以把我们人民的统辖权占了去。

〈我〉过去的事业是建设中华民国，把管辖权交给人民。宣言推翻满清，不是为〈我〉自己的权利，并且可以表明，一个民主国当属于人民团体。因此之故，一旦民国告成，〈我〉就下野，人民得有自由另选贤能做民国的大总统。

中国不能独立

倘使中国人民能够独立，民主国可以成功。可是他们未能独立，北京政府完全寄生于外人管辖之下，破坏共和。因此，〈我〉奋斗的精神不辍，接续〈我〉的事业，从不平和压迫里寻出自由来，造成一个真正的民主国。

据北京大学政治研究会编《政治评论》第五号（上海民国日报馆一九二四年一月二十七日版）宋我真《北大教授 Clark 和孙中山先生非正式的谈话》（宋转译《北京导报》Clark 原著）

中国国民党总章

（一九二四年一月二十八日）

中国国民党第一次全国代表大会为促进三民主义之实现，五权宪法之创立，特制定中国国民党总章如左。

第一章　党　员

第一条　中国国民党不分性别，凡志愿接收〔受〕本党党纲，实行本党议决，加入本党所辖之党部，依时缴纳党费者，均得为本党党员。

第二条　党员入党时，须有本党党员二人以上之介绍，填具入党志愿书，经向所请求之区分部党员大会之通过，区党部执行委员会之认可，方得为本党党员。

第三条　凡本党党员须在所属党部领取党员证书；其证书由中央执行委员会制定之。

第四条　党员移居时，须即时在原住地方区分部报告，向所到地方之区分部登记，同时即为所到地方之党员。

第二章　党部组织

第五条　范围包括一个地方之党部，为上级机关；范围包括该地方一部分之党部，为下级机关。

第六条　各党部以全国代表大会、地方代表大会、地方党员大会为各该党部之高级机关。

第七条　地方党员大会、地方代表大会及全国代表大会须各选出执行委员，组织执行委员会，执行党务。

第八条　本党党部之组织系统如下：

（甲）全国　全国代表大会——中央执行委员会。

（乙）全省　全省代表大会——全省执行委员会。

（丙）全县　全县代表大会——全县执行委员会。

（丁）全区　全区党员大会或代表大会——全区执行委员会。

（戊）区分部　区分部党员大会区分部执行委员会——区分部为本党基本组织。

第九条　本党之权力机关如下：

（甲）全国代表大会；但闭会期间为中央执行委员会。

（乙）全省代表大会；但闭会期间为全省执行委员会。

(丙)全县代表大会;但闭会期间为全县执行委员会。

(丁)全区党员大会或代表大会;但闭会期间为全区执行委员会。

(戊)区分部党员大会;但闭会期间为区分部执行委员会。

各权力机关对于其上级机关应执行党之纪律及决议,但得提出抗议。

第十条　中央执行委员会得分设各部,执行本党之通常或非常党务。各部受中央执行委员会之管理。各部之职务及组织法,由中央执行委员会决定之。省及等于省之党部应设各部,由中央执行委员会决定之。

第十一条　各下级党部执行委员会须受上级党部执行委员会管辖。

第十二条　各下级党部之成立、启用印信,须经上级机关之核准。

第三章　特别地方党部组织

第十三条　热河、察哈尔、绥远三特别行政区域及蒙古、西藏、青海等处之党部组织与省同。

第十四条　各地关于党务有设置特别区之必要者,由最高党部决定之。

第十五条　特别区党部之组织,与省党部同等,直接受最高党部之指挥监督。

第十六条　重要市镇党部之组织,与县党部同等,直接受省党部之指挥监督。

第十七条　重要市镇党部之设置,由各该省党部开具计划,经中央执行委员会之许可，方得设立。

第十八条 国外党部组织，总支部等于省，支部等于县，分部等于区，通讯处等于区分部。

第四章 总 理

第十九条 本党以创行三民主义、五权宪法之孙先生为总理。

第二十条 党员须从总理之指导，以努力于主义之进行。

第二十一条 总理为全国代表大会之主席。

第二十二条 总理为中央执行委员会之主席。

第二十三条 总理对于全国代表大会之议决，有交复议之权。

第二十四条 总理对于中央执行委员会之议决，有最后决定之权。

第五章 最高党部

第二十五条 本党最高机关为全国代表大会，常会每年举行一次；但中央执行委员会认为必要，或有省及等于省三分之一以上请求时，得召集临时全国代表大会。

第二十六条 全国代表大会常会开会日期，重要议题，须于两个月前通告各党员。

第二十七条 全国代表大会之组织法及选举法，及各地方应派代表之人数，得由中央执行委员会规定之。

第二十八条 全国代表大会之职权如下：

（甲）接纳及采行中央执行委员会及其他中央各部之报告。

（乙）修改本党政纲及章程。

（丙）决定对于时事问题应取之政策及政略。

（丁）选举中央执行委员、候补执行委员与监督〔察〕委员、候补监察委员。

第二十九条　中央执行委员及监察委员之人数，由全国代表大会决定之。

第三十条　中央执行委员会委员遇故离任时，由候补委员依次充任。

第三十一条　中央执行委员会之职权如下：

（甲）代表本党对外关系。

（乙）组织各地方党部并指挥之。

（丙）委任本党中央机关报人员。

（丁）组织本党之中央机关各部。

（戊）支配本党党费及财政。

第三十二条　在政府机关、俱乐部、会社、工会、商会、市议会、县议会、省议会、国议会等内部特别组织之国民党党团，中央执行委员会得指挥之。

第三十三条　中央执行委员会每两星期至少开会一次；候补委员得列席会议，但只有发言权。

第三十四条　中央执行委员会互选常务委员三人，组织秘书处，执行日常党务。

第三十五条　全国代表大会闭会期间，中央执行委员会应召集各省执行委员会及其他直辖党部之代表，开全国会议一次。

第三十六条　中央执行委员会须将其活动经过情形，通告各省执行委员会及其他直辖党部，每月一次。

第三十七条　中央执行委员会得派遣中央执行委员于指定地点，组织执行部；其组织及职权，由中央执行委员会另定之。

第三十八条 中央监察委员会之职权如下：

(甲)稽核中央执行委员会财政之出入。

(乙)审查党务之进行情形及部员之勤惰；训令下级党部，审核财政与党务。

(丙)稽核在党中央政府任职之党员，其施政之方针及政绩是否根据本党政纲及本党制定之政策。

第六章 省党部

第三十九条 全省代表大会六个月举行一次；但遇中央执行委员会训令、或县执行委员会三分之一以上请求时，得召集临时全省代表大会。

第四十条 省执行委员会认为必要、或全省党员半数请求时，亦得召集临时全省代表大会。

第四十一条 全省代表大会组织法、选举法及人数，由省执行委员会规定之。

第四十二条 全省代表大会接纳及采行省执行委员会及本党省机关各部之报告，决定本省党务进行之方策，选出执行委员并监察委员。

第四十三条 省执行委员会之职权如下：

(甲)互选常务委员三人，组织秘书处。

(乙)设立全省各地方党部，并指挥其活动。

(丙)任命该省党机关报人员。

(丁)组织本省机关各部。

(戊)支配党费及财政。

第四十四条 省执行委员会每月须将其活动经过情形，报告中央执行委员会一次。

第四十五条 省执行委员会每星期至少开会一次；候补委员得列席会议，但只有发言权。

第四十六条 省执行委员会委员遇故离任时，由候补委员依次充任之。

第四十七条 省监察委员会稽核省执行委员会财政之收支；及审查省执行委员会之党务及部员之勤惰；稽核在党省政府任职之党员，其施政方针及政绩是否根据本党政纲及本党制定之政策。

第七章 县党部

第四十八条 县代表大会每三个月举行一次；若遇省执行委员会训令及各区执行委员会三分之一请求时，得召集临时全县代表大会。

第四十九条 县执行委员会认为必要、或有该县党员半数请求时，亦得召集临时全县代表大会。

第五十条 县代表大会之组织法、选举法及人数，由县执行委员会审定后，经省执行委员会核准决定之。

第五十一条 县代表大会接纳及采行县执行委员会及其他本党县机关各部之报告，决定本县党务进行之方策，选举县执行委员、候补委员及监察委员。

第五十二条 县执行委员会选举常务委员一人，执行日常党务。

第五十三条 县执行委员会设立全县各地方党部而指挥其活动；任命该县党部机关报职员，但须经省执行委员会之核准；组织全县性质之事务各部；支配县内党费及财政。

第五十四条 县执行委员会须每两星期将其活动经过情形，报告省执行委员会一次。

第五十五条 县执行委员会每星期会议一次;候补委员得列席会议,但只有发言权。

第五十六条 县执行委员会委员遇故离任时,由候补委员依次充任之。

第五十七条 县监察委员稽核县执行委员会财政之收支及审查县执行委员会之党务,稽核在党县政府任职党员之政绩。

第八章 区党部

第五十八条 区之高级机关为全区党员大会或代表大会。区以下为乡、为村。全区党员大会包括乡村党员在内;但因乡村离市区太远或党员太多,不能召集党员时,得召集全区代表大会,此全区代表大会即作为该区高级权力机关;但于可能时,须召集全区党员大会。

第五十九条 区党员大会或代表大会每月举行一次,讨论党务,其范围如下:

(甲)接纳及采行区执行委员会之报告。

(乙)代表大会之代表及党员大会之党员,在会议内报告区内党务之进行,解决党务之困难,及发表关于政治经济之意见。

(丙)训练党员问题、党员补习教育问题。

(丁)征求党费问题、讨论县执行委员会决议案之实行方法。

(戊)选举该区执行委员会委员。

第六十条 区执行委员会之职权如左:

(甲)指挥区内各区分部或其下各特别党务机关之活动事宜。

(乙)召集全区党员大会或全区代表大会。

(丙)组织区分部;但须得县执行委员会核准。

(丁)支配党费及财政。

第六十一条　区执行委员会互选常务委员一人执行日常党务,每两星期须将活动经过情形,报告县执行委员会。

第九章　区分部

第六十二条　区分部为本党之基本组织,由区执行委员会或其他代理机关组织之、或自组织之;但须经县执行委员会之核准。区分部人数无定,但须在五人以上。

第六十三条　区分部作用,为党员间或党员与本党主要机关间之联络;但在只有区分部成立之地方,区分部可作为主要机关。其职务如下:

(甲)执行党之决议。

(乙)征求党费。

(丙)帮助区执行委员会进行党务。

(丁)分配本党宣传品。

(戊)收集党捐、分售本党印花、本党纪念相片、本党表记等。

(己)选派出席区大会、县大会之代表及初选省大会、全国大会之代表。

(庚)执行上级机关之命令。

第六十四条　区分部党员大会,至少两星期开会一次。

第六十五条　区分部须选举执行委员三人,组织区分部执行委员会,由执行委员会中互选常务委员一人,执行日常党务。每两星期须将其活动经过情形,报告区执行委员会一次。

第十章 任 期

第六十六条 代表于会期终了时，其任务即为终了；但须向新代表之党部，报告大会之经过及结果。

第六十七条 中央执行委员、省执行委员、县执行委员、区执行委员任期定为一年；区分部执行委员任期定为六个月。

第六十八条 中央及各省各县监察委员任期定为一年。

第六十九条 各省、各区、各县执行委员人数，与各省、各县监察委员人数，由中央执行委员会规定之。

第七十条 党部执行委员、监察委员不得兼任其他党部执行委员、监察委员。

第十一章 纪 律

第七十一条 凡党员须恪守纪律，入党后即须遵守党章，服从党义；其在本党执政地方及在军事时期，尤须严行遵守。党内各问题，各得自由讨论；但一经决议定后，即须一致进行。

（注意）本党为历史的使命而奋斗，我国领土之完全自由及和平，全赖本党奋斗之成功；欲求此次成功，必赖纪律之森严。党之成败，全系于此，望共勉之。

第七十二条 凡不执行本党决议者、破坏本党章程者、违反本党党义及党德者，须受以下处分：党内惩戒；或公开惩戒并在党报上详细登出原委；及暂时或永久开除党籍。已开除党籍之党员，不得在本党执政地方之政府机关服务。如地方全部有上述行动者，须受以下处分：

(甲)全部党员再行登记,分别去取。

(乙)全部解散,并在党报上登出原委。

第七十三条　凡党员个人或全部被弹劾时,须由该部监察委员会详细审查后,由该部执行委员会判决处分。对于执行委员会之处分,如认为不当时,得上控于上级执行委员会以及全国代表大会;但未得全国代表大会表示意见以前,此处分仍须执行。全国代表大会得判决个人或全部恢复党籍;但中央执行委员会尚未执行时,此判决仍不发生效力。

第十二章　经　费

第七十四条　本党党费由党员所纳之党费、党之高级机关之补助及其他收入充之。

第七十五条　党费每月每人应缴银二角。党员遇失业、疾病等事故时,经在所属党部登记后,得免缴党费;但该部须将此情由,报告上级执行委员会。

第七十六条　党员未得允许而不缴纳党费至三个月者,即停止其党员资格。

第十三章　国民党党团

第七十七条　在秘密、公开或半公开之非党团体,如工会、俱乐部、会社、商会、学校、市议会、县议会、省议会、国议会之内,本党党员须组成国民党党团,在非党中扩大本党势力,并指挥其活动。

第七十八条　在非党团体中本党党团之行动,由中央执行委员会详细规定之。

第七十九条 党团须受所属党部执行委员会之指挥及管辖；例如省议会内之党团，受该省党部执行委员会之指挥及管辖；国议会内之党团，受中央执行委员会之指挥及管辖；俱乐部等团体内之党团，受该地党部执行委员会之指挥及管辖。

第八十条 执行委员会各党团间意见有不合时，须开联合会议解决之；不能解决时，得报告上级委员会决定；未得上级委员会决定时，党团须执行所属党部执行委员会之议决。

第八十一条 党团内党员个人得党团允许时，得于所在活动之团体内受职，并得调任他职。国会内党团之委员受委阁员时，必须先得所属党团及中央执行委员会之允许。

第八十二条 党团内须选举职员，组织干部，执行党务。

第八十三条 所在活动之团体一切议题，须本本党政策政略，先在党团内讨论，以决定对各问题应取之方法。所定方法，并在该团体议场上一致主张及表决。党团在所在活动之团体内，须有一致及严密之组织，各种意见，可在党团秘密会议中发表；但对外须有一致之意见行动；如违反时，即作为违反党之纪律，须受党之处分。

第八十四条 党员在议会者，须先自具向议会辞职书，贮在所属党部执行委员会处；如与党之纪律大有违反时，其辞职书即在党报上发表，并且须本人脱离该议会。

附 则

第八十五条 本章程解释之权在最高党部。

第八十六条 本章程由全国代表大会议决，及公布之日起，发生效力。

据《中国国民党第一次全国代表大会宣言及决议案》（一九二四年二月中央执行委员会版）

致麦克唐纳电*

（一九二四年一月二十八日）

中国国民党各省区及华侨代表大会，现开会于广州，通过议决案如下：查本党政纲关于促进民治、增益社会幸福诸大端，皆与英国劳工党之宗旨相同。今英国劳工党已获得在英国历史上空前未有之胜利，中国于潜势上实世界之最大商场，亟需机械工具为经济上之发展，故深足资助英国劳工政府以解决种种经济问题，尤以失业问题为最要。惟中国政治上、经济上之发展，现因北京及中国大部为军阀与反动派所盘据，以致妨碍进行。兹特决议致电英国劳工党杰出之首领，庆贺其成功及其党之成功。并希望此后英国之对华政策，不复援助军阀与反动派，而能予中国之民治主义与解放运动以自由发展之一切机会焉。中国国民党代表大会主席孙文叩。

据《广州民国日报》一九二四年一月二十九日《国民党电贺英首相》

给湘军的命令**

（一九二四年一月二十八日）

于此亟谋财政统一之时，忽闻滇、湘、朱三军又设局于黄沙车

---

* 麦克唐纳时任英国劳工党首相。所据版本未署原电日期。按广州《现象报》和北京《晨报》均有孙中山于一月二十八日致电英劳工党首相的报导，今据此酌定。

** 此件所标时间系广州《现象报》发表日期。

站以加收盐税之事，殊深诧异。盐商今日已罢市，运使明日便无税可收，政府将无从再负给养各军之责，大事将不可为矣！有无挽救之法？特着运使来商。

据广州《现象报》一九二四年一月二十八日《湘军撤回协饷局委员》

给广东地方善后委员会的指令

（一九二四年一月二十八日）

大元帅指令第九四号

令广东地方善后委员会

呈为遵令改缮《民业审查规则》乞予核准，并请改声请书为证明书由。

呈及修正规则均悉。准予如拟施行。仰候令行财政部转咨广东省长分令该省官产市产各主管机关查照。附件存。此令。

（中华民国陆海军大元帅之印）

中华民国十三年一月廿八日

据《大本营公报》第四号《指令》

给叶恭绰的训令

（一九二四年一月二十八日）

大元帅训令第四三号

令大本营财政部长叶恭绰

为令饬事：案查前据广东地方善后委员会拟具《民业审查规则》十条呈请核准前来，当以所拟规则第六条侵及官产、市产主管机关权限，酌予修改，指令改缮呈核去讫。兹据呈称："为呈请事：

案奉帅座第二十九号指令，据委员等呈为组设民业审查会，谨将办事规则及委员名单呈请鉴核由。奉令开：‘呈及附件均悉。该会有鉴于广东民有产业每被人妄报为官产，致受损累，拟就善后委员会中互选五人组织民业审查会，凡人民产业被人举报，均可请求该会审查，借昭慎重而杜妄报，用意甚善，自可准其设立。另单开报选定委员五人姓名，应予备案。惟查官产、市产等各有主管机关，清理变卖是其应有之权。该会审查结果，用以备主管官厅之参考则可；若照拟呈规则第六条，不免侵及主管官厅权限。如虑官厅处分不当，尽可由当事人依法提起诉愿或行政诉讼，以图救济。不必另定办法，致涉纷歧。今本此旨，将原拟规则第六条酌加修改，随令抄发。其余各条原文大致尚妥，仰即查照妥缮，另文呈候核准施行可也。附件存。此令’等因，计抄发修正条文一纸。奉此，委员等遵即将修正条文列交第二十四次常会讨论，佥以为案经核准，自可依章受理审查事项。惟修正条例第六条，附项事件决定后，应由列席各委员即席将审查结果拟具声请书交由秘书，于廿四小时内函送于主管机关。主管机关接收前项声请书后，应参考其所列证据理由详加审核，于三日内将审定结果揭示。委员等以为，本会系人民代表机关，对于主管官产、市产官厅，系属对等性质，似无声请之必要。拟将声请书三字酌改为证明书较为妥适，一致议决呈请帅座准予备案施行。奉令前因，理合将议决对于修正审查会规条酌改缘由呈候鉴核，伏乞指令祗遵”等情。据此，当经指令“呈及修正规则均悉。准予如拟施行。仰候令行财政部转咨广东省长，分令该省官产、市产各主管机关查照。附件存。此令”等语。除指令印发外，合行令仰该部长即便遵照办理。此令。

（中华民国陆海军大元帅之印）

中华民国十三年一月廿八日

据《大本营公报》第四号《训令》

给赵士觐的指令

（一九二四年一月二十八日）

大元帅指令第九五号

令两广盐运使赵士觐

呈为卸香安局长梅放洲抗不交代，私发渔票，恳请令饬许总司令拿办由。

呈悉。已令行许总司令着严密缉拿，务获究办矣。仰即知照。此令。

（中华民国陆海军大元帅之印）

中华民国十三年一月廿八日

据《大本营公报》第四号《指令》

给许崇智的训令

（一九二四年一月二十八日）

大元帅训令第四四号

令东路讨贼军总司令许崇智

为令饬事：据两广盐运使赵士觐呈称："案据新委香安局局长陆志云呈称：'奉到委任，遵即前赴该局接事。讵该卸局长梅放洲挟带关防离职，匿不交代'等情。当经令饬将原日所用关防注销，由职署另刊关防发交该局长前往接办启用，并布告在案。旋复据该局长呈称：'卸局长梅放洲抗不交代，尚潜匿香安境内，继续私发渔票'等情。据此,查该卸局长梅放洲奉令销差,胆敢挟带关防离职,匿不交代,以致新任局长陆志云无从接事。关于公款公物等项不能[能]收存保管,且现值冬销畅旺之际,局务遽尔停顿,于缉私疏销一切事务,贻误良多。况复潜匿香安境内继续私发渔票,舞弊图利,置国家法律于不顾。似此不法行为,若非严拿究办,不足以儆官邪而重公币。用特据情呈明钧座,恳请令行粤军总司令迅饬驻香行营,就地查缉。务将卸香安局长梅放洲拿获,归案讯办,以儆官邪而维鹾政。除指令该局长陆志云,将梅放洲请领渔票按号取消外,所有卸局长抗不交代、私发渔票,恳请令饬拿办各缘由,理合备文呈请鉴核,伏候指令祇遵,实深公便"等情前来。据此,查盐务行政最重统一,该卸香安局长梅放洲抗不交代,并私发渔票侵蚀正税,殊属藐法。仰该总司令即严饬所部,密为缉拿,务获归案究办,以儆官邪而维鹾政为要。切切。此令。

(中华民国陆海军大元帅之印)

中华民国十三年一月廿八日

据《大本营公报》第四号《训令》

感化并收容游民土匪提案*

(一九二四年一月二十九日)

中国为农业的国家,近代受经济的帝国主义之压迫及国内军阀官僚之刮削,遂至失业日多,饥寒所迫,或行劫掠,以图苟全;或入行伍,以求幸存。良好之农民,化而为强暴之兵匪,直接

* 此提案由孙中山提出,戴季陶受托于一月二十九日下午在中国国民党第一次全国代表大会上宣读,当即经表决通过。

则受军阀之虐待及驱使，间接则为列强所利用，使吾国产业基础日就崩坏。吾中国国民党第一次全国代表大会对于此全国产业基础崩坏，人民生活动摇之惨状，认为封建制度破坏后，二千年来吾国历史上之第一重大时代，主张以党之全力宣传，并实行下列二项：

（一）国家对于游民、土匪，于惩服的方法之外，须设法加以感化及收容，使即能获得从事于社会有益之工作之机会。

（二）吾人当努力宣传，于一切军队中使了然于其自身之地位，变反动的兵力为革命的兵力。至革命军揭国民党之旗帜，为人民而战，以从事于捍卫国家、克服民敌者，当受国家之殊遇。兵士于革命胜利之后，国家应给与适当之土地，使复归于善良之农民。

在此重大问题上，本大会并认本党总理所主张之兵工政策及实业的建国方略，为最适合于中国改造之政策。本党应本此政策，负努力宣传及实行之责任。

据《中国国民党全国代表大会会议录》第十五号

训勉各军电*

（一九二四年一月二十九日）

奠定大局已及时机，肃清东江更宜速进。已令第一路联军总指挥杨希闵，督率各军即时进剿，先行扫荡北岸之敌，规复惠州、河源之线，进定潮梅作战要领。并已由参谋处函达联军总指挥部总参谋长周自得转报分达。频年戎马，本大元帅暨诸将领所以始终靡懈者，为救人民于水火、奠国基于盘石也。现对外展布，对内肃

* 此件所标时间系《广州民国日报》发表日期。

清。时机两好,正吾人达此目的之时。特〔时〕势造英雄,而吾辈则应造时势也。惟诸将领勉焉。特此令达,仰即遵照。奋勉图功,勿疏勿懈。此令。

据《广州民国日报》一九二四年一月二十九日《大元帅训勉各军电》

给滇军的命令*

(一九二四年一月二十九日)

肃清东江,曾令大举。会师北伐,并已动员。第二路联军各部移动开拔在即,所有以后湘粤边境卫戍事宜,应即责成滇军分兵担任,用固疆圉。此令。

据《广州民国日报》一九二四年一月三十日《滇军卫戍湘粤边境》

免杨庶堪职务令

(一九二四年一月二十九日)

大元帅令

大本营秘书长杨庶堪另有任用,应免本职。此令。

(中华民国陆海军大元帅之印)

中华民国十三年一月廿九日

据《大本营公报》第四号《命令》

---

* 原件未署日期。今据一月三十日《广州民国日报》云:"滇军总司令部昨奉大元帅第十五号手令,云……"酌定时间。

免廖仲恺职务令

(一九二四年一月二十九日)

大元帅令

广东省长廖仲恺另有任用,应免本职。此令。

(中华民国陆海军大元帅之印)

中华民国十三年一月廿九日

据《大本营公报》第四号《命令》

特任杨庶堪职务令

(一九二四年一月二十九日)

大元帅令

特任杨庶堪为广东省长。此令。

(中华民国陆海军大元帅之印)

中华民国十三年一月廿九日

据《大本营公报》第四号《命令》

特任廖仲恺职务令

(一九二四年一月二十九日)

大元帅令

特任廖仲恺为大本营秘书长。此令。

(中华民国陆海军大元帅之印)

中华民国十三年一月廿九日

据《大本营公报》第四号《命令》

着谭延闿代职令

（一九二四年一月二十九日）

大元帅令

大本营秘书长廖仲恺未到任以前，着谭延闿兼代。此令。

（中华民国陆海军大元帅之印）

中华民国十三年一月廿九日

据《大本营公报》第四号《命令》

给赖天球的训令

（一九二四年一月二十九日）

大元帅训令第四五号

令大本营第七路游击司令赖天球

据中央直辖滇军总司令杨希闵呈称："案据职军第一师长赵成梁呈称：'案据职师第二旅长韦杵呈称：窃据南始联防游击总局长卢焜呈称：案奉钧部第二五〇号训令开：为令饬查办事。案据南雄和安约团董叶允藏等呈称：除原文有案邀免冗叙外，后开：除批示外，合行令仰该局长迅速查办，以安闾阎。切切。此令。计钞匪首邓跳山历次劫掳案，及匪姓名一纸等因。奉此，自应遵照办理。惟邓跳山即林杨，现经大本营第七路司令赖天球收编，所有匪徒均编入营伍，其迭次焚杀劫掳，实属罪不容诛。但其挂大本营招牌，欲行查办，似非职局职权势力所能及，自应呈请转呈大元帅严令制止。所有呈请将叶允藏呈称各节，转呈大元帅严令赖司令查办，并请示祗遵缘由，理合具文呈请察核施行，实为公便等情。据此，旅长复查属实，除令该局知照外，理合备文呈请钧部衡核，俯赐转请严令制止，实为公便等情。据此，师长复查该匪首邓跳山，迭次焚杀劫掳，实属不法已极。惟据称该匪现经大本营第七路游击司令赖天球收编，亟应转请严令制止，以安黎庶。理合将转请严令制止各缘由，备文呈请钧座衡核，俯赐转请施行'等情。据此，查匪首邓跳山，经该师长查明，现归大本营第七路游击司令赖天球收编，应否饬令该司令查办，将该邓部立予解散，或严加约束之处，理合据情转呈前情。"据此，除指令外，合行令仰该司令，即将该部严行淘汰，认真约束。如再有不法行为，当严办不贷。仰即遵照。此令。

（中华民国陆海军大元帅之印）

中华民国十三年一月廿九日

据《大本营公报》第四号《训令》

给杨希闵的指令

（一九二四年一月二十九日）

大元帅指令第九六号

令中央直辖滇军总司令杨希闵

呈查办南雄叶允藏等挖匪首邓跳山历次劫掳一案，该匪现受赖天球收编，请示办法由。

呈悉。已令饬赖天球将所部严行汹〔淘〕汰，并加约束。如再有不法行为，当严办不贷。仰即转令知照。此令。

（中华民国陆海军大元帅之印）

中华民国十三年一月廿九日

据《大本营公报》第四号《指令》

给赵士北的指令

（一九二四年一月二十九日）

大元帅指令第九七号

令大理院长兼管司法行政事务赵士北

呈为拟请将琼山、罗定等十七厅庭①已决人犯减刑列册，请指令遵行由。

呈及清册均悉。准如所拟办理。清册十七本存。此令。

（中华民国陆海军大元帅之印）

中华民国十三年一月廿九日

据《大本营公报》第四号《指令》

给张开儒的指令

（一九二四年一月二十九日）

大元帅指令第九八号

令大本营参军长张开儒

呈副官黎工佽于伪造行使印花税票案，确无嫌疑，请免予处分由。

呈悉。照准。此令。

（中华民国陆海军大元帅之印）

① 十七厅庭：指琼山、罗定、三水、新丰、陆丰、阳春、连平、五华、广宁、钦县、阳山、郁南、徐闻、海丰、兴宁、海康、德庆等厅庭。

中华民国十三年一月廿九日

据《大本营公报》第四号《指令》

给张开儒的指令

（一九二四年一月二十九日）

大元帅指令第九九号

令大本营参军长张开儒

呈称副官朱全德因回籍完婚，续请准给长假，乞核夺由。

呈悉。照准。此令。

（中华民国陆海军大元帅之印）

中华民国十三年一月廿九日

据《大本营公报》第四号《指令》

给叶恭绰的指令

（一九二四年一月二十九日）

大元帅指令第一〇〇号

令大本营财政部长叶恭绰

呈复广东财政厅《确定民业执照条例》与《广东全省民产保证章程》抵触，请示办法由。

呈悉。着将广东财政厅呈准《确定民业执照条例》取消，以归划一。仰即遵照，转令办理。此令。

（中华民国陆海军大元帅之印）

中华民国十三年一月廿九日

据《大本营公报》第四号《指令》

给赖天球的指令

(一九二四年一月二十九日)

大元帅指令第一〇一号

令大本营第七路游击司令赖天球

呈所部伙食困迫,请即给发并指拨长期的款由。

呈悉。着先将所部前日滥行收编者严加淘汰,再行呈夺。此令。

(中华民国陆海军大元帅之印)

中华民国十三年一月廿九日

据《大本营公报》第四号《指令》

对《依法连署提案》的意见*

(一九二四年一月三十日)

本案加入政纲中,本总理非常赞成。当初起草宣言之时,本总理曾嘱于对外政策应列举事项。现在政纲中之对外政策,乃将此三件事情忘却,虽有概括之规定,犹嫌未能明白。本总理以为应将这三件事大书特书。如今虽有说收回主权的话,都是空空洞洞,一无办法,未闻有说收回租界者。我们现在有了办法,实属可喜,亟

* 《依法连署提案》为廖仲恺一月三十日在中国国民党全国代表大会所提出。提案旨趣为:"一、租界制度于二十世纪之今日尚任其存在于中国,实为中国人民族之耻辱,应由中国收回管理。二、外国人在中国领土内应服从中华民国之法律。三、庚子赔款当完全划作教育经费。"这是孙中山在讨论提案时的发言。

应加入以补充之。犹忆我在南京解职回到上海之第一天，有十六国之外国人与外交官在尚贤堂开欢迎会，我曾说：你们外国要帮助我们收回租界。当时有许多外人不敢说话，亦有赞成我此说者，而外国报纸，则加以攻击论调。尚有一次，我曾作论主张收回租界，综计我提倡收回租界前后有两次：一次在大庭广众之外国人欢迎会中；一则著书立说，并发行于租界中。要知租界原是我们的土地，外人则认租界是他们的，此实大错。如上海地方已认为是他们的殖民地，真是令人痛惜。现在趁大会尚未闭会，赶紧将这个意思加入政纲对外政策中实为主要，本总理对此提案亦加入附议。

据《中国国民党全国代表大会会议录》第十六号

中国国民党第一次全国代表大会闭幕词

（一九二四年一月三十日）

同志诸君：

今天是我们国民党代表大会开会的第十天，也是这次大会闭会的一天。这次开会以来，所办的重要事项，秘书长刚才已经报告了。至于会中所办重要的事，即刻要拿去做宣传材料的，是《中国国民党第一次全国代表大会宣言》。

宣言全体分作三段：第一段是讲中国国内的现状。第二段是解释本党的三民主义。这一段在宣言中尤其重要，因为我们所主张的三民主义是永远不变的，要大家自始至终去实行。这个主义在同盟会没有成立以前，已经是确定了，成立同盟会就是要实行这个主义。后来推翻满清以至于建立民国，也是为实行这个主义。

但是自民国成立以至于今日，已经有了十三年，还没有完全达到这主义的目的。原因是在什么地方呢？一是由于我们的办法不完全；二是由于各位同志不能同心协力，一致行动。我们这次开全国代表大会，订一个完全办法，划一同志的步骤，并议定党中的纪律，就是要大家能够实行三民主义，把这个主义的言论一定做成事实。推究这个主义的来源，是我从前和各位同志经过了许久的讨论与研究，然后才确定出来的。在革命党没有成立以前，便有少数同志很赞同去实行；后来革命党成立了，就有多数同志赞同去实行；到了今日，便有极多的先觉先知赞同去实行。由此便可见本党的三民主义是始终都不改变的。大家对于三民主义以后要心悦诚服，完全担负实行的责任。

宣言中的第三段，是本党的政纲，是实行三民主义的节目。我们因为要实行三民主义，所以不得不照中国的现状，依人民的要求，来规定这个政纲。人民所做不到的，我们要替他们去做；人民没有权利的，我们要替他们去争。所以三民主义是为人民而设的，是为人民求幸福的。我们从前革命，为三民主义去牺牲，就是为人民求幸福而牺牲。政纲既是依人民的要求来规定的，人民今年有什么要求，我们便要规定一种什么政纲；如果人民明年有别种要求，我们的政纲便要依他们的新要求重新去规定。但是人民的要求在短时期中决无大变动，所以我们订定的政纲，至少也要维持一年。在这一年之中，便要大家遵守，一致行动，照所订定的条件去实行。我们在这次大会所订定的政纲，或者有见不到的地方。诸君以后对于自己定的政纲以外，不能说没有新见解，所以这次所定出来的，不能说是完全周到，没有遗漏。但是诸君如果有了新见解，必须等到明年开第二次大会的时候才去修改。在没有开第二次大会之先，我们对于这次大会所定的政纲就万不可违背；如果有了违背，便是乱大众的步骤。而且此次大会所定的政纲，是从前经过了临时中央执行委员会许多的研究，又再经过大会中诸君的聪明才力才订定出来。订定的条件，是预算在今年之内要实行的办法。我们在这一年中的言论行动，便要和这个办法相符合。如果不然，便是这个办法没有效力，这个办法没有效力，便是枉费了这次大会的工夫。

政纲和主义的性质本来是不同的。主义是永远不能更改的，政纲是随时可以修正的。但是修改的时期最少都要一年，除非遇了很重大事情，对于政纲是发生根本变动的，我们临时才可以召集特别大会去修改。由此便可知，政纲的修改是有一定时间，因为预定了一定时期大家进行的步骤，才有秩序，不致纷乱。本党党员从前看见政纲有不对的地方，做事就立刻和政纲相矛盾，这是本党自乱的大毛病。此后大家必须要除去这个毛病。各位同志，以后纵然看见政纲有不对的地方，或者中途得了新见解，或者有特别聪明的人一时发见政纲中有不合理的地方，都不可以自作自为。如果一二人自作自为，便是乱了全党的一致行动。

党员的奋斗是和军队的奋斗一样。军队在奋斗的时候，如果司令官的命令一时不对，当兵士的都要服从，照原命令去共同前进。若是都能前进，或者将错就错，也能打胜仗。如果一部的军队看出了命令不对便单独行动，以致牵动全军不能一致前进，弄到结果不是首尾不能相顾，自乱阵线，便要被敌人各个击破，全军就要覆没了。本党党员从前常有自以为是的，便要独断独行，所以弄到全党的精神非常涣散，革命事业不能成功。以后要我们革命事业完全成功，便要大家一致行动，固结精神。自根本上讲起来，革命事业是大家的事，不是一个人的事，既是大家的事，必要大家同心协力才可以实行；如果不能同心协力，便永远不能实行。所以这次所定的政纲，是本党临时的号令，至少要行一年。在此一年之中，不是要一两位党员去实行的，是要大家共同去实行的。大家共同去实行，便是一致行动，一致行动就是党员的好道德。

我们这次在广州开会，是重新来研究国家的现状，重新来解释三民主义，重新来改组国民党的全体。从此以后，大家分散到各地方，便要希望一致奋斗。奋斗的方法，在中央的有中央执行委员会，在各地方的，大家要组织区委员会或各地方委员会，把我们国民党布满到全国。诸君此次不远千里万里而来，在此开了十日大会，议决了许多议案，是已经受了奋斗的任务，得了奋斗的材料，散会之后带回到本地方去，应该分给本地的各位同志，教各位同志都要拿这种材料分途去奋斗。所以这次的大会好象是一个大军事会议，定了种种作战计划，下了许多攻击命令，交各将领带回去实行作战一样。又好象是一个大兵工厂，制了许多枪炮，出了很多子弹，诸君在此领了很多枪炮子弹，回到本地方去，便要分给到各位同志去补充他们。各位同志得了补充，便要他们实行攻击，不可空耗了这些补充。到了实行攻击的时候，必须审察敌情，临机应变，对于敌人要能够收效，那才算是不枉费了这些补充。

这次的大会是头一次试办，只决定了中央执行委员会去办理中央的事务，各地方委员会和地方上的事务就要大家分途去办理。至于中央执行委员会的名单，是由多数同志推举，再交本总理向今日大会中通过了的。大家不能说只有中央执行委员会的委员便能够做事，也不能说只有本总理所提出来的人便能够做事，各位同志中有很能够做事，在此次委员名单中没有提出来的自然很多。大家如果知道了是很能够做事的，在下次大会中还可以推举出来。

我们不能说做了委员的才可以做事，不做委员的便不能做事。只要大家各尽各的责任去实行，各尽各的能力去奋斗，都可以说是做事。

至于讲到做事的结果，此时更不能预定谁是能够做事、谁是不能够做事，必要各位有了成绩贡献到党内，到来年再开大会的时候才可以决定。各位要将来的成绩如何，散会之后便要努力去奋斗。到了来年开大会的时候，把自己奋斗的成绩都报告到大会，让大家去比较。到了那个时候，我们才知道是谁的成绩顶好。因为成绩是由于奋斗而来的，如果多数人不奋斗，当然不能有成绩；若是一个人尽力去奋斗，也可以得一个大成绩。能奋斗不能奋斗，是在有没有武器。诸君从这次大会已经补充了很多的武器，回到各地方上尽力去奋斗，将来的成绩一定是很好。在来年大会中，拿诸君的成绩去比较，知道了谁的成绩是顶好的，自然可以知道是谁的奋斗顶多。我们要本党的成绩都好，就要从今以后，大家一齐去奋斗。

现在已经是民国十三年，就是国民党在各地方公开奋斗了十三年。因为见到从前的奋斗尚不充分，所以这次要开大会，把全党来改组。从前奋斗不充分的原因是由于没有办法；从此以后有了办法，就要诸君担负责任，拿这个办法去替国人发生一个新希望。我们从前革命因为没有好办法，所以成功与失败各有一半；从今以后拿了好办法去革命，便可一往直前，有胜无败，天天成功，把三民主义、五权宪法宣布到全国的民众。在今年之内，一定可把革命事业做到彻底的大成功！

据《中国国民党全国代表大会会议录》第十七号《总理致闭会词》

中国国民党第一届中央执行委员名单

（一九二四年一月三十日）

中央执行委员廿四人

胡汉民　汪精卫　张静江　廖仲恺　李烈钧　居　正
戴季陶　林　森　柏文蔚　丁惟汾　石　瑛　邹　鲁
谭延闿　覃　振　谭平山　石青阳　熊克武　李守常
恩克巴图　王法勤　于右任　杨希闵　叶楚伧　于树德

中央执行委员候补十七人

邵元冲　邓家彦　沈定一　林祖涵　茅祖权　李宗黄
白云梯　张知本　彭素民　毛泽东　傅汝霖　于方舟
张苇村　瞿秋白　张秋白　韩麟符　张国焘

据广东省社会科学院藏原件照片

给杨西岩的指令

（一九二四年一月三十一日）

大元帅指令第一〇二号

令禁烟督办杨西岩

呈请修正督办署章程由。

呈及章程均悉。查所拟《修正督办署章程》第五条规定督察处之职掌，其二款为关于缉获烟犯及处罚判决事项，核与《禁烟条例》第二十条移送司法机关审讯治罪之规定不符，应即将此款删削，并将同条三四两款改为二三，以符顺序。其余均准如拟施行。仰即知照。章程存。此令。

（中华民国陆海军大元帅之印）

中华民国十三年一月卅一日

据《大本营公报》第四号《指令》

与鲍罗廷等的谈话*

（一九二四年一月）

我们的首要任务是按照苏联式样建立一支军队，准备好北伐的根据地。

我们希望你们把在反对帝国主义者武装干涉、并把他们赶出本国的斗争中积累的丰富经验传授给我们的学生——革命军队的未来军官。

据亚历山大·伊凡诺维奇·切列潘诺夫《一个驻华军事顾问的札记(1924—1925)》转录自《中国国民革命军的北伐》(中国社会科学院近代史研究所翻译室译，一九八一年北京版)

---

* 谈话具体时间不详，据参加会谈者亚历山大·伊凡诺维奇·切列潘诺夫回忆，谈话时间在国民党第一次全国代表大会刚刚闭幕。参加会见的有鲍罗廷、瞿秋白、尼古拉·捷列沙托夫、雅可夫·格尔曼、弗拉基米尔·波里亚克。谈话地点在广州河南大元帅府。

批加拉罕函*

（一九二四年一月）

交中央执行委员会译出发表。文。

据《国父全集》第四册（转录史委会藏原件）

三民主义**

（一九二四年一月至八月）

民族主义

自　　序

自《建国方略》之《心理建设》、《物质建设》、《社会建设》三书出版之后，予乃从事于草作《国家建设》，以完成此帙。《国家建设》一书，较前三书为独大，内涵有《民族主义》、《民权主义》、《民生主义》、《五权宪法》、《地方政府》、《中央政府》、《外交政策》、《国防计划》八册。而《民族主义》一册已经脱稿，《民权主义》、《民生主义》二册亦草就大部。其他各册，于思想之线索、研究之门径亦大略规划就绪，俟

* 此件所标时间系据《国父全集》第四册。

** 孙中山从一月二十七日起，在广州国立高等师范学校礼堂演讲三民主义，至八月二十四日以后，因对付商团叛乱及准备北伐而中辍，民生主义部分未讲完。演讲的笔记稿经孙中山修改后于一九二四年四月、八月、十二月由中国国民党中央执行委员会分编印行，同年底出版合订本。

有余暇,便可执笔直书,无待思索。方拟全书告竣,乃出而问世。不期十〈一〉年六月十六陈炯明叛变,炮击观音山,竟将数年心血所成之各种草稿,并备参考之西籍数百种,悉被毁去,殊可痛恨!

兹值国民党改组,同志决心从事攻心之奋斗,亟需三民主义之奥义、五权宪法之要旨为宣传之资,故于每星期演讲一次,由黄昌谷君笔记之,由邹鲁君读校之。今民族主义适已讲完,特先印单行本,以饷同志。惟此次演讲既无暇晷以预备,又无书籍为参考,只于登坛之后随意发言,较之前稿,遗忘实多。虽于付梓之先,复加删补,然于本题之精义与叙论之条理及印证之事实,都觉远不如前。尚望同志读者,本此基础,触类引伸,匡补阙遗,更正条理,使成为一完善之书,以作宣传之课本,则其造福于吾民族、吾国家诚无可限量也。

民国十三年三月三十日

孙文序于广州大本营

(大元帅章)(孙文之印)

第一讲

(一月二十七日)

诸君:

今天来同大家讲三民主义。什么是三民主义呢?用最简单的定义说,三民主义就是救国主义。什么是主义呢?主义就是一种思想、一种信仰和一种力量。大凡人类对于一件事,研究当中的道理,最先发生思想;思想贯通以后,便起信仰,有了信仰,就生出力量。所以主义是先由思想再到信仰,次由信仰生出力量,然后完全成立。何以说三民主义就是救国主义呢？因为三民主义系促进中国之国际地位平等、政治地位平等、经济地位平等，使中国永久适存于世界。所以说三民主义就是救国主义。三民主义既是救国主义，试问我们今日中国是不是应该要救呢？如果是认定应该要救，那么便应信仰三民主义。信仰三民主义便能发生出极大势力，这种极大势力便可以救中国。

今天先讲民族主义。这次国民党改组所用救国方法，是注重宣传，要对国人做普遍的宣传，最要的是演明主义。中国近十余年来，有思想的人对于三民主义都听惯了，但是要透彻了解他，许多人还做不到。所以今天先把民族主义来同大家详细的讲一讲。

什么是民族主义呢？按中国历史上社会习惯诸情形讲，我可以用一句简单话说，民族主义就是国族主义。中国人最崇拜的是家族主义和宗族主义，所以中国只有家族主义和宗族主义，没有国族主义。外国旁观的人说中国人是一片散沙，这个原因是在什么地方呢？就是因为一般人民只有家族主义和宗族主义，没有国族主义。中国人对于家族和宗族的团结力非常强大，往往因为保护宗族起见，宁肯牺牲身家性命。象广东两姓械斗，两族的人无论牺牲多少生命财产，总是不肯罢休，这都是因为宗族观念太深的缘故。因为这种主义深入人心，所以便能替他牺牲。至于说到对于国家，从没有一次具极大精神去牺牲的。所以中国人的团结力，只能及于宗族而止，还没有扩张到国族。

我说民族主义就是国族主义，在中国是适当的，在外国便不适当。外国人说民族和国家便有分别。英文中民族的名词是“哪逊”[①]。“哪逊”这一个字有两种解释：一是民族，一是国家。这一

① nation 的译音。

个字虽然有两个意思，但是他的解释非常清楚，不容混乱。在中国文中，一个字有两个解释的很多。即如“社会”两个字，就有两个用法：一个是指一般人群而言，一个是指一种有组织之团体而言。本来民族与国家相互的关系很多，不容易分开，但是当中实在有一定界限，我们必须分开什么是国家，什么是民族。我说民族就是国族，何以在中国是适当，在外国便不适当呢？因为中国自秦汉而后，都是一个民族造成一个国家。外国有一个民族造成几个国家的，有一个国家之内有几个民族的。象英国是现在世界上顶强的国家，他们国内的民族是用白人为本位，结合棕人、黑人等民族，才成“大不列颠帝国”。所以在英国说民族就是国族，这一句话便不适当。再象香港，是英国的领土，其中的民族有几十万人是中国的汉人参加在内，如果说香港的英国国族就是民族，便不适当。又象印度，现在也是英国的领土，说到英国国族起来，当中便有三万万五千万印度人。如果说印度的英国国族就是民族，也是不适当。大家都知道英国的基本民族是盎格鲁撒逊人。但是盎格鲁撒逊人不只英国有这种民族，就是美国也有很多盎格鲁撒逊人。所以在外国便不能说民族就是国族。但民族和国家是有一定界限的，我们要把他来分别清楚有什么方法呢？最适当的方法，是民族和国家根本上是用什么力造成的。用中国的政治历史来证明，中国人说王道是顺乎自然，换一句话说，自然力便是王道。用王道造成的团体，便是民族。武力就是霸道，用霸道造成的团体，便是国家。象造成香港的原因，并不是几十万香港人欢迎英国人而成的，是英国人用武力割据得来的。因为从前中国和英国打仗，中国打败了，把香港人民和土地割归到英国，久而久之，才造成现在的香港。又象英国造成今日的印度，经过的情形也是同香港一样。英国现在的领土扩张到全世界，所以英国人有一句俗话说“英国无日落”。

换一句话说，就是每日昼夜，日光所照之地，都有英国领土。譬如我们在东半球的人，由日出算起，最先照到纽丝兰[①]、澳洲、香港、星加坡，西斜照到锡兰、印度，再西到阿颠、马儿打[②]，更西便照到本国。再轮到西半球，便有加拿大，而循环到香港、星加坡。故每日夜二十四点钟，日光所射之时，必有英国领土。象英国这样大的领土，没有一处不是用霸道造成的。自古及今，造成国家没有不是用霸道的。至于造成民族便不相同，完全是由于自然，毫不能加以勉强。象香港的几十万中国人，团结成一个民族，是自然而然的。无论英国用什么霸道，都是不能改变的。所以一个团体，由于王道自然力结合而成的是民族，由于霸道人为力结合而成的便是国家，这便是国家和民族的分别。

再讲民族的起源。世界人类本是一种动物，但和普通的飞禽走兽不同。人为万物之灵。人类的分别，第一级是人种，有白色、黑色、红色、黄色、棕色五种之分。更由种细分，便有许多族。象亚洲的民族，著名的有蒙古族、巫来族[③]、日本族、满族、汉族。造成这种种民族的原因，概括的说是自然力，分析起来便很复杂。当中最大的力是“血统”。中国人黄色的原因，是由于根源黄色血统而成。祖先是什么血统，便永远遗传成一族的人民，所以血统的力是很大的。次大的力是“生活”。谋生的方法不同，所结成的民族也不同。象蒙古人逐水草而居，以游牧为生活，什么地方有水草，便游牧到甚么地方，移居到什么地方。由这种迁居的习惯，也可结合成一个民族。蒙古能够忽然强盛，就本于此。当蒙古族最强盛的

① 今译新西兰，下同。

② 今译亚丁、马耳他。

③ 今译马来族。

时候，元朝的兵力，西边征服中央亚细亚、阿剌伯及欧洲之一部分，东边统一中国，几几乎征服日本，统一欧亚。其他民族最强盛的象汉族，当汉唐武力最大的时候，西边才到里海。象罗马民族武力最大的时候，东边才到黑海。从没有那一个民族的武力，能够及乎欧亚两洲，象元朝的蒙古民族那样强盛。蒙古民族之所以能够那样强盛的原因，是由于他们人民的生活是游牧，平日的习惯便有行路不怕远的长处。第三大的力是“语言”。如果外来民族得了我们的语言，便容易被我们感化，久而久之，遂同化成一个民族。再反过来，若是我们知道外国语言，也容易被外国人同化。如果人民的血统相同，语言也同，那么同化的效力便更容易。所以语言也是世界上造成民族很大的力。第四个力是“宗教”。大凡人类奉拜相同的神，或信仰相同的祖宗，也可结合成一个民族。宗教在造成民族的力量中，也很雄大。象阿剌伯和犹太两国已经亡了许久，但是阿剌伯人和犹太人至今还是存在。他们国家虽亡，而民族之所以能够存在的道理，就是因为各有各的宗教。大家都知道现在的犹太人散在各国的极多，世界上极有名的学问家象马克思，象爱因斯坦，都是犹太人。再象现在英美各国的资本势力，也是被犹太人操纵。犹太民族的天质是很聪明的，加以宗教之信仰，故虽流离迁徙于各国，犹能维持其民族于长久。阿剌伯人所以能够存在的道理，也是因为他们有谟罕墨德的宗教。其他信仰佛教极深的民族象印度，国家虽然亡到英国，种族还是永远不能消灭。第五个力是“风俗习惯”。如果人类中有一种特别相同的风俗习惯，久而久之，也可自行结合成一个民族。我们研究许多不相同的人种，所以能结合成种种相同民族的道理，自然不能不归功于血统、生活、语言、宗教和风俗习惯这五种力。这五种力，是天然进化而成的，不是用武力征服得来的。所以用这五种力和武力比较，便可以分别民族和国家。

我们鉴于古今民族生存的道理，要救中国，想中国民族永远存在，必要提倡民族主义。要提倡民族主义，必要先把这种主义完全了解，然后才能发挥光大，去救国家。就中国的民族说，总数是四万万人，当中参杂的不过是几百万蒙古人，百多万满洲人，几百万西藏人，百几十万回教之突厥人。外来的总数不过一千万人。所以就大多数说，四万万中国人可以说完全是汉人。同一血统、同一言语文字、同一宗教、同一习惯，完全是一个民族。我们这种民族，处现在世界上是什么地位呢？用世界上各民族的人数比较起来，我们人数最多，民族最大，文明教化有四千多年，也应该和欧美各国并驾齐驱。但是中国的人只有家族和宗族的团体，没有民族的精神，所以虽有四万万人结合成一个中国，实在是一片散沙，弄到今日，是世界上最贫弱的国家，处国际中最低下的地位。人为刀俎，我为鱼肉，我们的地位在此时最为危险。如果再不留心提倡民族主义，结合四万万人成一个坚固的民族，中国便有亡国灭种之忧。我们要挽救这种危亡，便要提倡民族主义，用民族精神来救国。

我们要提倡民族主义来挽救中国危亡，便先要知道我们民族的危险是在什么地方。要知道这种危险的情形，最好是拿中国人和列强的人民比较，那便更易清楚。欧战以前，世界上号称列强的有七八国，最大的有英国，最强的有德国、奥国、俄国，最富的有美国，新起的有日本和意大利。欧战以后，倒了三国，现在所剩的头等强国，只有英国、美国、法国、日本和意大利。英国、法国、俄国、美国都是以民族立国。英国发达，所用民族的本位是盎格鲁撒逊人，所用地方的本位是英格兰和威尔斯，人数只有三千八百万，可以叫做纯粹英国的民族。这种民族在现在世界上是最强盛的民族，所造成的国家是世界上最强盛的国家。推到百年以前，人数只有一千二百万，现在才有三千八百万，在此百年之内便加多三倍。

我们东方有个岛国,可以说是东方的英国,这个国家就是日本。日本国也是一个民族造成的,他们的民族叫做大和民族。自开国到现在,没有受过外力的吞并,虽然以元朝蒙古的强盛,还没有征服过他。他们现在的人口,除了高丽、台湾以外,是五千六百万。百年以前人口的确数,很难稽考,但以近来人口增加率之比例计算,当系增加三倍。故百年以前的日本人口,约计在二千万上下。这种大和民族的精神,至今还没有丧失。所以乘欧化东渐,在欧风美雨中,利用科学新法发展国家,维新五十年,便成现在亚洲最强盛的国家,和欧美各国并驾齐驱,欧美人不敢轻视。我们中国的人口比那一国都要多,至今被人轻视的原故,就是一则有民族主义,一则无民族主义。日本未维新之前,国势也是很衰微,所有的领土不过四川一省大,所有的人口不及四川一省多,也受过外国压制的耻辱。因为他们有民族主义的精神,所以便能发奋为雄,当中经过不及五十年,便由衰微的国家变成强盛的国家。我们要中国强盛,日本便是一个好模范。

用亚洲人和欧洲人比,从前以为世界上有聪明才智的只有白人,无论什么事都被白人垄断。我们亚洲人因为一时无法可以得到他们的长处,怎样把国家变成富强?所以对于要国家富强的心思,不但中国人失望,就是亚洲各民族的人都失望。到了近来忽然兴起一个日本,变成世界上头等富强的国家。因为日本能够富强,故亚洲各国便生出无穷的希望,觉得日本从前的国势也是和现在的安南、缅甸一样,现在的安南、缅甸便比不上日本。因为日本人能学欧洲,所以维新之后便赶上欧洲。当欧战停止之后,列强在华尔赛[①]讨论世界和平,日本的国际地位列在五大强国之一。提起

① 今译凡尔赛,下同。

关于亚洲的事情,列强都是听日本主持,惟日本马首是瞻。由此便可知,白人所能做的事,日本人也可以做。世界上的人种虽然有颜色不同,但是讲到聪明才智,便不能说有什么分别。亚洲今日因为有了强盛的日本,故世界上的白种人不但是不敢轻视日本人,并且不敢轻视亚洲人。所以日本强盛之后,不但是大和民族可以享头等民族的尊荣,就是其他亚洲人也可抬高国际的地位。从前以为欧洲人能够做的事,我们不能够做。现在日本人能够学欧洲,便知我们能够学日本。我们可以学到象日本,也可知将来可以学到象欧洲。

俄国在欧战的时候发生革命,打破帝制,现在成了一个新国家,是社会主义的国家,和从前大不相同。他们的民族叫做斯拉夫,百年以前的人口是四千万,现在有一万〈万〉六千万,比从前加多四倍,国力也比从前加大四倍。近百年以来,俄国是世界上顶强的国家,不但是亚洲的日本、中国怕他侵入,就是欧洲的英国、德国也怕他侵入。他们在帝国时代,专持侵略政策,想扩张领土。现在俄国的疆土占欧洲一半,占亚洲也到一半,领土跨占欧亚两洲;他们这样大的领土,都是从侵略欧亚两洲而来。当日俄之战时,各国人都怕俄国侵略中国的领土。他们所以怕俄国侵占中国领土的原故,是恐怕中国被俄国侵占之后,又再去侵略世界各国,各国都要被俄国侵占。俄国人本有并吞世界的志气,所以世界各国便想法来抵制,英日联盟就是为抵制这项政策。日俄战后,日本把俄国赶出高丽、南满以外,遂推翻俄国侵略世界的政策,保持东亚的领土,世界上便生出一个大变化。自欧战以后,俄国人自己推翻帝国主义,把帝国主义的国家变成新社会主义的国家,世界上又生出一个更大的变化。这种变化,成功不过六年。他们在这六年之中,改组内部,把从前用武力的旧政策,改成用和平的新政策。这种新政策，不但是没有侵略各国的野心，并且抑强扶弱，主持公道。于是世界各国又来怕俄国，现在各国怕俄国的心理，比从前还要厉害。因为那种和平新政策，不但是打破俄国的帝国主义，并且是打破世界的帝国主义；不但是打破世界的帝国主义，并且打破世界的资本主义。因为现在各国表面上的政权，虽由政府作主，但是实在由资本家从中把持。俄国的新政策要打破这种把持，故世界上的资本家便大恐慌，所以世界上从此便生出一个很大的变动。因为这个大变动，此后世界上的潮流也随之改变。

就欧洲战争的历史说，从前常发生国际战争，最后的欧战是德、奥、土、布[①]诸同盟国和英、法、俄、日、意、美诸协商国两方战争，经过四年的大战，始筋疲力尽，双方停止。经过这次大战之后，世界上先知先觉的人，逆料将来欧洲没有烧点可以引起别种国际战争，所不能免的或者是一场人种的战争，象黄人和白人战争之例。但自俄国新变动发生之后，就我个人观察已往的大势，逆料将来的潮流，国际间大战是免不了的。但是那种战争，不是起于不同种之间，是起于同种之间，白种与白种分开来战，黄种同黄种分开来战。那种战争是阶级战争，是被压迫者和横暴者的战争，是公理和强权的战争。俄国革命以后，斯拉夫民族生出了什么思想呢？他们主张抑强扶弱，压富济贫，是专为世界上伸张公道打不平的。这种思想宣传到欧洲，各种弱小民族都很欢迎，现在最欢迎的是土耳其。土耳其在欧战之前，最贫最弱，不能振作，欧洲人都叫他做“近东病夫”，应该要消灭。到了欧战，加入德国方面，被协商国打败了，各国更想把他瓜分，土耳其几乎不能自存。后来俄国出来打不平，助他赶走希腊，修改一切不平等的条约。到了现在，土耳其

① 今译保，指保加利亚。

虽然不能成世界上的头等强国，但是已经成了欧洲的二三等国。这是靠什么力量呢？是全靠俄国人的帮助。由此推论出来，将来的趋势，一定是无论那一个民族或那一个国家，只要被压迫的或委曲的，必联合一致，去抵抗强权。那些国家是被压迫的呢？当欧战前，英国、法国要打破德意志的帝国主义，俄国也加入他们一方面，后来不知道牺牲了多少生命财产，中途还要回师，宣布革命。这是什么原故呢？是因为俄国人受压迫太甚，所以要去革命，实行他们的社会主义，反抗强权。当时欧洲列强都反对这种主义，所以共同出兵去打他，幸而俄国有斯拉夫民族的精神，故终能打破列强。至今列强对于俄国，武力上不能反对，便不承认他是国家，以为消极的抵制(现在英国已正式承认俄国)[①]。欧洲各国何以反对俄国的新主义呢？因为欧洲各国人是主张侵略，有强权，无公理。俄国的新主义是主张以公理扑灭强权的。因为这种主张和列强相反，所以列强至今还想消灭他。俄国在没有革命之前也主张有强权无公理，是一个很顽固的国家，现在便反对这项主张。各国因俄国反对这项主张，便一齐出兵去打俄国。因为这个原故，所以说以后战争是强权和公理的战争。今日德国是欧洲受压迫的国家；亚洲除日本以外，所有的弱小民族都是被强暴的压制，受种种痛苦，他们同病相怜，将来一定联合起来去抵抗强暴的国家。那些被压迫的国家联合，一定去和那些强暴的国家拚命一战。推到全世界，将来白人主张公理的和黄人主张公理的一定是联合起来，白人主张强权的和黄人主张强权的也一定是联合起来。有了这两种联合，便免不了一场大战，这便是世界将来战争之趋势。

---

① 括号内的注文，是孙中山修改时加上去的。英国宣布承认苏联，是一九二四年二月一日；但到八月，两国才正式建立外交关系。

德国在一百年前，人口有二千四百万，经过欧战之后，虽然减少了许多，但现在还有六千万。这一百年内增加了两倍半。他们的人民叫做条顿民族，这种民族和英国人相近，是很聪明的，所以他们的国家便很强盛。经过欧战以后，武力失败，自然要主张公理，不能主张强权。

美国人口，一百年前不过九百万，现在有一万万以上。他们的增加率极大，这百年之内加多十倍。他们这些增加的人口，多半是由欧洲移民而来，不是在本国生育的。欧洲各国的人民，因为近几十年来，欧洲地狭人稠，在本国没有生活，所以便搬到美国来谋生活。因为这个原故，美国人口便增加得非常快。各国人口的增加多是由于生育，美国人口的增加多是由于容纳。美国人的种族比那一国都要复杂，各洲各国的移民都有，到了美国之后就熔化起来，所谓合一炉而冶之，自成一种民族。这种民族，既不是原来的英国人、法国人、德国人，又不是意大利人和其他南欧洲人，另外是一种新民族，可以叫做美利坚民族。美国因为有独立的民族，所以便成世界上独立的国家。

法国人是拉丁民族。拉丁民族散在欧洲的国家有西班牙、葡萄牙、意大利，移到美洲的国家有墨西哥、比鲁、芝利、哥仑比亚[①]、巴西、阿根廷和其他中美洲诸小国。因为南美洲诸国的民族都是拉丁人，所以美国人都把他们叫做拉丁美利坚。法国人口增加很慢，百年之前有三千万，现在有三千九百万，一百年内不过增加四分之一。

我们现在把世界人口的增加率，拿来比较一比较。近百年之内，在美国增加十倍，英国增加三倍，日本也是三倍，俄国是四倍，德国是两倍半，法国是四分之一。这百年之内人口增加许多的原

① 今译秘鲁、智利、哥伦比亚。

故，是由科学昌明，医学发达，卫生的设备一年比一年完全，所以减少死亡，增加生育。他们人口有了这样增加的迅速，和中国有什么关系呢？用各国人口的增加数和中国的人口来比较，我觉得毛骨耸然！譬如美国人口百年前不过九百万，现在便有一万万多，再过一百年，仍然照旧增加，当有十万万多。中国人时常自夸，说我们人口多，不容易被人消灭。在元朝入主中国以后，蒙古民族不但不能消灭中国人，反被中国人同化。中国不但不亡，并且吸收蒙古人。满洲人征服中国，统治二百六十多年，满洲民族也没有消灭中国人，反为汉族所同化，变成汉人，象现在许多满人都加汉姓。因为这个原故，许多学者便以为纵让日本人或白人来征服中国，中国人只有吸收日本人或白种人的，中国人可以安心罢。殊不知百年之后，美国人口可加到十万万，多过我们人口两倍半。从前满洲人不能征服中国民族，是因为他们只有一百几十万人，和中国的人口比较起来，数目太少，当然被中国人吸收。如果美国人来征服中国，那么百年之后，十个美国人中只参杂四个中国人，中国人便要被美国人所同化。诸君知道，中国四万万人是什么时候调查得来的呢？是满清乾隆时候调查得来的。乾隆以后没有调查，自乾隆到现在将及二百年，还是四万万人。百年之前是四万万，百年之后当然也是四万万。法国因为人口太少，奖励生育，如果一个人生三子的便有奖，生四五子的便有大奖，如果生双胎的更格外有奖。男子到了三十岁不娶，和女子到了二十岁不嫁的，便有罚。这是法国奖励生育的方法。至于法国人口，并不减少，不过他们的增加率没有别国那一样大罢了。且法国以农业立国，国家富庶，人民家给户足，每日都讲究快乐。百年前有一个英国学者叫做马尔赛斯[1]，他

① 今译马尔萨斯，下同。

因为忧世界上的人口太多,供给的物产有限,主张减少人口。曾创立一种学说,谓:"人口增加是几何级数,物产增加是数学级数。"法国人因为讲究快乐,刚合他们的心理,便极欢迎马氏的学说,主张男子不负家累,女子不要生育。他们所用减少人口的方法,不但是用这种种自然方法,并且用许多人为的方法。法国在百年以前的人口比各国都要多,因为马尔赛斯的学说宣传到法国之后很被人欢迎,人民都实行减少人口。所以弄到今日,受人少的痛苦,都是因为中了马尔赛斯学说的毒。中国现在的新青年也有被马尔赛斯学说所染,主张减少人口的。殊不知法国已经知道了减少人口的痛苦,现在施行新政策,是提倡增加人口,保存民族,想法国的民族和世界上的民族永久并存。

我们的人口到今日究竟有多少呢?增加的人数虽然不及英国、日本,但自乾隆时算起,至少也应该有五万万。从前有一位美国公使叫做乐克里耳,到中国各处调查,说中国的人口最多不过三万万。我们的人口到底有多少呢?在乾隆的时候已经有了四万万,若照美国公使的调查,则已减少四分之一。就说是现在还是四万万,以此类推,则百年之后恐怕仍是四万万。

日本人口现在有了六千万,百年之后,应该有二万万四千万。因为在本国不能生活,所以现在便向各国诉冤,说岛国人口太多,不能不向外发展。向东走到美国,加利佛尼亚省便闭门不纳;向南走到澳洲,英国人说:"澳洲是白色人的澳洲,别色人种不许侵入。"日本人因为到处被人拒绝,所以便向各国说情,说日本人无路可走,所以不能不经营满洲、高丽。各国也明白日本人的意思,便容纳他们的要求,以为日本殖民到中国于他们本国没有关系。

一百年之后,全世界人口一定要增加好几倍。象德国、法国因为经过此次大战之后,死亡太多,想恢复战前状态,奖励人口生育,一定要增加两三倍。就现在全世界的土地与人口比较,已经有了人满之患。象这次欧洲大战,便有人说是"打太阳"的地位。因为欧洲列强多半近于寒带,所以起战争的原故,都是由于互争赤道和温带的土地,可以说是要争太阳之光。中国是全世界气候最温和的地方,物产顶丰富的地方,各国人所以一时不能来吞并的原因,是由他们的人口和中国的人口比较还是太少。到一百年以后,如果我们的人口不增加,他们的人口增加到很多,他们便用多数来征服少数,一定要并吞中国。到了那个时候,中国不但是失去主权,要亡国,中国人并且要被他们民族所消化,还要灭种。象从前蒙古、满洲征服中国,是用少数征服多数,想利用多数的中国人做他们的奴隶。如果列强将来征服中国,是用多数征服少数,他们便不要我们做奴隶,我们中国人到那个时候连奴隶也做不成了!

第二讲

(二月三日)

自古以来,民族之所以兴亡,是由于人口增减的原因很多,此为天然淘汰。人类因为遇到了天然淘汰力,不能抵抗,所以古时有很多的民族和很有名的民族,在现在人类中都已经绝迹了。我们中国的民族也很古,从有稽考以来的历史讲,已经有了四千多年。故推究我们的民族,自开始至今,至少必有五六千年。当中受过了许多天然力的影响,遗传到今日,天不但不来消灭我们,并且还要令我们繁盛,生长了四万万人。和世界的民族比较,我们还是最多最大的,是我们民族所受的天惠,比较别种民族独厚。故经过天时人事种种变更,自有历史四千多年以来,只见文明进步,不见民族衰微。代代相传,到了今天,还是世界最优秀的民族。所以一般乐观的人，以为中国民族，从前不知经过了多少灾害，至今都没有灭亡，以后无论经过若何灾害，是决不至灭亡的。这种论调，这种希望，依我看来，是不对的。因为就天然淘汰力说，我们民族或者可以生存，但是世界中的进化力，不止一种天然力，是天然力和人为力凑合而成。人为的力量，可以巧夺天工，所谓人事胜天。这种人为的力，最大的有两种：一种是政治力，一种是经济力，这两种力关系于民族兴亡，比较天然力还要大。我们民族处在今日世界潮流之中，不但是受这两种力的压迫，并且深中这两种力的祸害了。

中国几千年以来，受过了政治力的压迫以至于完全亡国，已有了两次，一次是元朝，一次是清朝。但是这两次亡国，都是亡于少数民族，不是亡于多数民族。那些少数民族，总被我们多数民族所同化。所以中国在政权上，虽然亡过了两次，但是民族还没有受过大损失。至于现在列强民族的情形，便和从前大不相同。一百年以来，列强人口增加到很多，上次已经比较过了。象英国、俄国的人口增加三四倍，美国增加十倍。照已往一百年内的增加，推测以后一百年的增加，我们民族在一百年以后，无论所受的天惠怎么样深厚，就很难和列强的民族并存于世界。比如美国的人口，百年前不过九百万，现在便有一万万以上，再过一百年就有十万万以上。英、德、俄、日的人口都是要增加好几倍。由此推测，到百年之后，我们的人口便变成了少数，列强人口便变成了多数。那时候中国民族纵然没有政治力和经济力的压迫，单以天然进化力来推论，中国人口便可以灭亡。况且在一百年以后，我们不但是要受天然力的淘汰，并且要受政治力和经济力的压迫，此两种力比较天然力还要快而且烈。天然力虽然很慢，也可以消灭很大的民族。在百年前，有一个先例可以用来证明的是南北美洲的红番民族。美洲在二三百年前完全为红番之地，他们的人数很多，到处皆有；但从白人搬到美洲之后，红番人口就逐渐减少，传到现在，几乎尽被消灭。由此便可见天然淘汰力也可以消灭很大的民族。政治力和经济力比较天然淘汰力还要更快，更容易消灭很大的民族。此后中国民族如果单受天然力的淘汰，还可以支持一百年，如果兼受了政治力和经济力的压迫，就很难渡过十年。故在这十年之内，就是中国民族的生死关头。如果在这十年以内有方法可以解脱政治力和经济力的压迫，我们民族还可以和列强的民族并存。如果政治力和经济力的压迫，我们没有方法去解脱，我们的民族便要被列强的民族所消灭，纵使不至于全数灭亡，也要被天然力慢慢去淘汰。故此后中国的民族，同时受天然力、政治力和经济力的三种压迫，便见得中国民族生存的地位非常危险。

中国受欧美政治力的压迫，将及百年。百年以前，满人据有我们的国家，仍是很强盛的。当时英国灭了印度，不敢来灭中国，还恐中国去干涉印度。但是这百年以来，中国便失去许多领土。由最近推到从前，我们最近失去的领土是威海卫、旅顺、大连、青岛、九龙、广州湾。欧战以后，列强想把最近的领土送回，象最先送回的有青岛，最近将要送回的有威海卫，但这不过是中国很小的地方。从前列强的心理，以为中国永远不能振作，自己不能管理自己，所以把中国沿海的地方象大连、威海卫、九龙等处来占领，做一个根据地，以便瓜分中国。后来中国起了革命，列强知道中国还可以有为，所以才打消瓜分中国的念头。当列强想瓜分中国的时候，一般中国反革命的人，说革命足以召瓜分；不知后来革命的结果，不但不召列强瓜分，反打消列强要瓜分中国的念头。再推到前一点的失地，是高丽、台湾、澎湖。这些地方是因为日清之战才割到日本，中国因为日清一战，才引出列强要瓜分的论调。更前一点的失地，是缅甸、安南。安南之失，中国当时还稍有抵抗，镇南关一战，中国还获胜仗。后来因被法国恐吓，中国才和法国讲和，情愿把安南让与法国。但是刚在讲和之前几天，中国的军队正在镇南关、谅山大胜，法国几乎全军覆没。后来中国还是求和，法国人便以为很奇怪。尝有法国人对中国人说，“中国人做事真是不可思议，就各国的惯列，凡是战胜之国一定要表示战胜的尊荣，一定要战败的割地赔偿。你们中国战胜之日，反要割地求和，送安南到法国，定种种苛虐条件，这真是历史上战胜求和的先例”。中国之所以开这个先例的原因，是由于满清政府太糊涂。安南和缅甸本来都是中国的领土，自安南割去以后，同时英国占据缅甸，中国更不敢问了。又更拿前一点的失地说，就是黑龙江、乌苏里。又再推到前一点的失地，是伊犁流域。霍罕和黑龙江以北诸地，就是前日俄国远东政府所在的地方，中国都拱手送去外人，并不敢问。此外更有琉球、暹罗、蒲鲁尼、苏绿[①]、爪哇、锡兰、尼泊尔、布丹[②]等那些小国，从前都是来中国朝贡过的。故中国最强盛时代领土是很大的，北至黑龙江以北，南至喜马拉雅山以南，东至东海以东，西至葱岭以西，都是中国的领土。尼泊尔到了民国元年，还到四川来进贡，元年以后，以西藏道路不通，便不再来了。象这样讲来，中国最强盛时候，政治力量也威震四邻，亚洲西南各国无不以称藩朝贡为荣。那时欧洲的帝国主义还没有侵入亚洲。当时亚洲之中，配讲帝国主义的只是中国。所以那些弱小国家都怕中国，怕中国用政治力去压迫。至今亚洲各弱小民族，对于中国还是不大放心。这回我们国民党在广州开大会，蒙古派得有代表来，是看我们南方政府对外的主张是否仍旧用帝国主义。他们代表到了之后，看见我

① 今译婆罗洲、苏门答腊。

② 今译不丹。

们大会中所定的政纲是扶持弱小民族，毫无帝国主义的意思，他们便很赞成，主张大家联络起来，成一个东方的大国。象这项要赞成我们主张的情形，不但是蒙古如此，就是其他弱小民族都是一样。现在欧洲列强正用帝国主义和经济力量来压迫中国，所以中国的领土便逐渐缩小，就是十八行省以内也失了许多地方。

自中国革命以后，列强见得用政治力来瓜分中国是很不容易的，以为从前满洲征服过了中国，我们也晓得革命，如果列强还再用政治力来征服中国，中国将来一定是要反抗，对于他们是很不利的。所以他们现在稍缓其政治力来征服我们，便改用经济力来压迫我们。他们以为不用政治力来瓜分中国，各国便可以免冲突。但是他们在中国的冲突虽然是免了，可是在欧洲的冲突到底还免不了。故由巴尔干半岛问题，便生出了欧洲大战。他们自己受了许多损失，许多强国象德国、奥国都倒下来了。但是他们的帝国主义，现在还没有改革，英国、法国、意大利仍旧〈把〉帝国主义继续进行。美国也抛弃"门罗主义"，去参加列强，一致行动。经过了欧战以后，他们在欧洲或者把帝国主义一时停止进行，但是对于中国，象前几日各国派二十多只兵舰到广州来示威，还是用帝国主义的力量，来进行他们经济的力量。经济力的压迫，比较帝国主义，就是政治力的压迫还要厉害。政治力的压迫是容易看得见的，好比此次列强用二十多只兵船来示威，广州人民便立时觉得痛痒，大家生出公愤，就是全国人民也起公愤。故政治力的压迫，是容易觉得有痛痒的，但是受经济力的压迫，普通人都不容易生感觉，象中国已经受过了列强几十年经济力的压迫，大家至今还不大觉得痛痒。弄到中国各地都变成了列强的殖民地，全国人至今还只知道是列强的半殖民地。这半殖民地的名词，是自己安慰自己，其实中国所受过了列强经济力的压迫，不只是半殖民地，比较全殖民地还要厉害。比方高丽是日本的殖民地，安南是法国的殖民地；高丽人做日本的奴隶，安南人做法国的奴隶。我们动以“亡国奴”三字讥诮高丽人、安南人，我们只知道他们的地位，还不知道我们自己所处的地位实在比不上高丽人、安南人。由刚才所说的概括名义，中国是半殖民地，但是中国究竟是那一国的殖民地呢？是对于已经缔结了条约各国的殖民地，凡是和中国有条约的国家，都是中国的主人。所以中国不只做一国的殖民地，是做各国的殖民地。我们不只做一国的奴隶，是做各国的奴隶。比较起来，是做一国的奴隶好些呀，还是做各国的奴隶好些呢？如果做一国的奴隶，遇到了水旱天灾，做主人的国家，就要拨款来赈济。他们拨款赈济，以为这是自己做主人的义务，分内所当为的。做奴隶的人民，也视为这是主人应该要救济的。但是中国北方前几年受了天灾，各国不视为应该要尽的义务，拨款来赈济，只有在中国内地的各国人，来提倡捐助赈济灾民。中国人看见了，便说是各国很大的慈善。不是他们的义务，和主人的国家对于奴隶的人民，便差得很远。由此便可见中国还比不上安南、高丽。所以做一国的奴隶，比较做各国的奴隶的地位是高得多，讲到利益来又是大得多。故叫中国做半殖民地，是很不对的。依我定一个名词，应该叫做“次殖民地”。这个“次”字，是由于化学名词中得来的，如次亚磷便是。药品中有属磷质而低一等者名为亚磷，更低一等者名为次亚磷。又如各部官制，总长之下低一级的，就叫做次长一样。中国人从前只知道是半殖民地，便以为很耻辱，殊不知实在的地位还要低过高丽、安南。故我们不能说是半殖民地，应该要叫做次殖民地。

此次广东和外国争关余，关税余款本该是我们的，为什么要争呢？因为中国的海关被各国拿去了。我们从前并不知道有海关，总是闭关自守，后来英国到中国来叩关，要和中国通商，中国便闭关拒绝。英国用帝国主义和经济力量联合起来,把中国的关打开,破了中国的门户。当时英国军队已经占了广州,后来见广州站不住,就不要广州,去要香港,并且又要赔款。中国在那个时候,没有许多现钱来做赔款,就把海关押到英国,让他们去收税。当时满清政府计算,以为很长久的时间才可以还清,不料英国人得了海关,自己收税,不到数年便把要求的赔款还清了。清朝皇帝才知道清朝的官吏很腐败,从前经理征收关税有中饱的大毛病,所以就把全国海关都交给英国人管理,税务司也尽派英国人去充当。后来各国因为都有商务的关系,便和英国人争管海关的权利,英国人于是退让,依各国商务之大小为用人之比例。所以弄到现在,全国海关都在外人的手内。中国同外国每立一回条约,就多一回损失,条约中的权利总是不平等,故海关税则都是由外国所定,中国不能自由更改。中国的关税,中国人不能自收自用,所以我们便要争。

现在各国对于外来经济力的压迫,又是怎样对待呢?各国平时对于外国经济力的侵入,都是用海关作武器,来保护本国经济的发展。好比在海口上防止外来军队的侵入,便要筑炮台一样。所以,保护税法就是用关税去抵制外货,本国的工业才可以发达。象美国自白人灭了红番以后,和欧洲各国通商,当时美国是农业国,欧洲各国多是工业国,以农业国和工业国通商,自然是工业国占胜利,故美国就创出保护税法,来保护本国的工商业。保护税法的用意,是将别国的入口货特别加以重税,如进口货物值一百元的,海关便抽税一百元或八十元,各国通例都是五六十元。抽这样重的税,便可以令别国货物的价贵,在本国不能销行;本国货物无税,因之价平,便可以畅销。我们中国现在怎么样的情形呢?中国没有和外国通商以前,人民所用货物,都是自己用手工制造,古人说"男耕女织",便可见农业和纺织工业是中国所固有的。后来外国货物进口，因为海关税轻，所以外来的洋布价贱，本地的土布价贵，一般人民便爱穿洋布，不穿土布，因之土布工业就被洋布打灭了。本国的手工工业便从此失败，人民无职业，便变成了许多游民。这就是外国经济力压迫的情形。现在中国虽然仍有手工织布，但是原料还要用洋纱。近来渐有用本国棉花和外国机器来纺纱织布的。象上海有很多的大纱厂、大布厂，用这些布厂纱厂本来逐渐可抵制洋货，但是因为海关还在外国人手中，他们对于我们的土布还要抽重税，不但海关要抽重税，进到内地各处还要抽厘金。所以中国不独没有保护税法，并且是加重土货的税去保护洋货。当欧战时，各国不能制造货物输入中国，所以上海的纱厂布厂一时是很发达的，由此所得的利益便极大，对本分利，资本家极多。但欧战以后，各国货物充斥中国，上海的纱厂布厂，从前所谓赚钱的，至今都变成亏本了，土货都被洋货打败了。中国关税不特不来保护自己，并且要去保外人，好比自己挖了战壕，自己不但不能用去打敌人，并且反被敌人用来打自己。所以政治力的压迫是有形的，最愚蠢的人也容易看见的；经济力的压迫是无形的，一般人都不容易看见，自己并且还要加重力量来压迫自己。所以中国自通商以后，出入口货物之比较，有江河日下之势。前十年调查中国出入口货物，相差不过二万万元。近来检查海关报告表，一九二一年进口货超过出口货是五万万元，比较十年前已加多两倍半。若照此推算，十年后也加多两倍半，那么进口税〔货〕超过出口货便要到十二万万五千万。换一句话说，就是十年之后，中国单贸易一项，每一年要进贡到外国的是十二万万五千万元。汝看这个漏卮是大不大呢！

经济力的压迫，除了海关税以外还有外国银行。现在中国人的心理，对于本国银行都不信用，对于外国银行便非常信用。好比此刻在我们广东的外国银行便极有信用，中国银行毫无信用。从前我们广东省立银行发出纸币尚可通用，此刻那种纸币毫不能用，我们现在只用现银。从前中国纸币的信用不及外国纸币，现在中国的现银仍不及外国银行的纸币。现在外国银行的纸币，销行于广东的总数当有几千万，一般人民都情愿收藏外国纸币，不情愿收藏中国现银。推之上海、天津、汉口各通商口岸，都是一样。推究此中原因，就是因为中了经济压迫的毒。我们平常都以为外国人很有钱，不知道他们是用纸来换我们的货物，他们本来没有几多钱，好多都是我们送到他们的一样。外国人现在所用的钱，不过印出几千万纸，我们信用他，他们便有了几千万钱。那些外国银行的纸币，每印一元只费几文钱印成的纸，他的价值便称是一元或十元或一百元，所以外国人不过是用最少之价值去印几千万元的纸，用那几千万元的纸便来换我们几千万块钱的货物。诸君试想这种损失是大不大呢？为什么他们能够多印纸，我们不能够照样去印呢？因为普通人都中了外国经济压迫的毒，只信用外国，不信用自己，所以我们印的纸便不能通行。

外国纸币之外，还有汇兑。我们中国人在各通商口岸汇兑钱，也是信用外国银行，把中国的钱都交外国银行汇兑。外国银行代中国人汇兑，除汇钱的时候赚千分之五的汇水以外，并强赚两地的钱价，在交钱的时候又赚当地银元合银两的折扣。象这样钱价折扣的损失，在汇钱和交钱的两处地方总算起来，必须过百分之二三。象由广东外国银行汇一万块钱到上海，外国银行除了赚五十元汇水以外，另外由毫银算成上海规〈元〉银的钱价，他们必定把广东毫银的价格算低，把上海规元银的价格抬高，由他们自由计算，最少必要赚一二百元。到了上海交钱的时候，他们不交规元银，只肯交大洋钱，他们用规元银折成大洋钱，必压低银两的市价抬高洋钱的市价，至少又要赚一二百元。故上海、广州两地之间，汇兑一万块钱，每次至少要〈损〉失二三百元。所以用一万块钱在上海、广州两地之间汇来汇去，最多不过三十余次，便完全化为乌有。人民所以要受这些损失的原因，是因为中了外国经济压迫的毒。

外国银行在中国的势力，除了发行纸币和汇兑以外，还有存款。中国人有了钱，要存到银行内。不问中国银行的资本是大是小，每年利息是多是少，只要知道是中国人办的，便怕不安全，便不敢去存款。不问外国银行是有信用没有信用，他们所给的利息是多是少，只要听到说是外国人办的，有了洋招牌，便吃了定心丸，觉得极安全，有钱便送进去；就是利息极少，也是很满意。最奇怪的是辛亥年武昌起义以后，一般满清皇室和满清官僚怕革命党到了，要把他们的财产充公，于是把所有的金银财宝都存到各处外国银行，就是没有利息，只要外国人收存，便心满意足。甚至象清兵和革命军在武汉打仗，打败了的那几日，北京东交民巷的外国银行所收满人寄存的金银财宝不计其数，至弄到北京所有的外国银行都有钱满之患，无余地可以再存；于是后来存款的，外国银行对于存款人不但不出息钱，反要向存款人取租钱，存款人只要外国银行收存款，说到租钱，外国银行要若干便给若干。当时调查全国的外国银行所收中国人的存款，总计一二十万万。从此以后，中国人虽然取回了若干，但是十几年以来，一般军阀官僚象冯国璋、王占元、李纯、曹锟到处搜括，所发的横财，每人动辄是几千万，他们因为想那些横财很安全，供子子孙孙万世之用，也是存入外国银行。所以至今外国银行所收中国人存款的总数，和辛亥年的总数还是没有什么大加减。外国银行收了这一二十万万存款，每年付到存款人的利息是很少的，最多不过四五厘。外国银行有了这一二十万〈万〉钱，又转借到中国小商家，每年收到借款人的利息是很多的，最少也有七八厘，甚至一分以上。因此外国银行只任经理之劳，专用中国人的资本来赚中国人的利息,每年总要在数千万。这是中国人因为要存款到外国银行,无形中所受的损失。普通人要把钱存到外国银行内的心理,以为中国银行不安全,外国银行很安全,把款存进去,不怕他们倒闭。试问现在的中法银行停止营业,把中国人的存款没有归还,中法银行是不是外国银行呢?外国银行的存款是不是安全呢?外国银行既是不安全,为什么我们中国人还是甘心情愿,要把中国的钱存到外国银行,每年要损失这样大的利息呢?推究这个原因,也是中了外国经济压迫的毒。外国银行一项,在中国所获之利,统合纸票、汇兑、存款三种算之,当在一万万元左右。

外国银行之外,还有运费。中国货物运去外国固然是要靠洋船,就是运往汉口、长沙、广州各内地,也是靠洋船的多。日本的航业近来固然是很发达,但是日本最先的时候只有一个日本邮船会社,后来才有东洋汽船会社、大阪商船会社、日清汽船公司航行于中国内地,航行于全世界。日本航业之所以那样发达,是因为他们政府有津贴来补助,又用政治力特别维持。在中国看起来,国家去津贴商船,有甚么利益呢?不知日本是要和各国的经济势力相竞争,所以在水上交通一方面也和各国缔结条约,订出运货的运费,每吨有一定的价钱。比方由欧洲运货到亚洲,是先到上海,再到长崎、横滨。由欧洲到上海,比较由欧洲到长崎、横滨的路程是近得多的。但是由欧洲运货到长崎、横滨,每吨的运费,各船公司定得很平,至于由欧洲运货到上海的运费,中国无航业与他抵抗,各船公司定得很贵,故由欧洲运货到长崎、横滨,比较由欧洲运货到上海,每吨的运费还要便宜。因此,欧洲货物在日本出卖的市价,还要比在上海的平。反过来,如果中国货物由上海运去欧洲,也是比由长崎、横滨运去欧洲所费的运费贵得多。若是中国有值一万万块钱的货物运往欧洲，中国因为运费的缘故，就要加多一千万。照此计算，就是一万万之中要损失一千万，中国出入口货物的价值每年已至十余万万以上，此十余万万中，所损失也当不下一万万元了。

此外还有租界与割地的赋税、地租、地价三项，数目亦实在不少。譬如香港、台湾、上海、天津、大连、汉口那些租界及割地内的中国人，每年纳到外国人的赋税，至少要在二万万以上。象从前台湾纳到日本人的税，每年只有二千万，现在加到一万万。香港从前[①]纳到英国人的税，每年只有几百万，现在加到三千万。以后当然照此例更行增加。其地租一项，则有中国人所收者，有外国人所收者，各得几何，未曾切实调查，不得而知，然总以外国人所收为多，则不待问了。这地租之数，总比之地税十倍。至于地价又年年增加，外人既握经济之权，自然是多财善贾，把租界之地平买贵卖。故此赋税、地租、地价三项之款，中国人之受亏每年亦当不下四五万万元。

又在中国境内外人之团体及个人营业，恃其条约之特权来侵夺我们利权的，更难以数计。单就南满铁路一个公司说，每年所赚纯利已达五千余万。其他各国人之种种营业，统而推之，当在万万以上。

更有一桩之损失，即是投机事业。租界之外人，每利用中国人之贪婪弱点，日日有小投机，数年一次大投机，尽量激发中国人之赌性热狂。如树胶的投机，马克的投机，每次之结果，则中国人之亏累至少都有数千万元。而天天之小投机事业，积少成多，更不知其数了。象这样的损失，每年亦当数千万元。

---

① 此处原有一“衹”字，当为衍文，已删。

至于战败的赔款，甲午赔于日本者二万万五千万两，庚子赔于各国者九万万两，是属于政治上武力压迫的范围，当不能与经济压迫同论，且是一时的，不是永久的，尚属小事了。其他尚有藩属之损失、侨民之损失，更不知其几何矣。这样看来，此种经济的压迫，真是厉害得很了。

统共算起来：其一，洋货之侵入，每年夺我权利的五万万元；其二，银行之纸票侵入我市场，与汇兑之扣折、存款之转借等事，夺我利权者或至一万万元；其三，出入口货物运费之增加，夺我利权者约数千万至一万万元；其四，租界与割地之赋税、地租、地价三桩，夺我利权者总在四五万万元；其五，特权营业一万万元；其六，投机事业及其他种种之剥夺者当在几千万元。这六项之经济压迫，令我们所受的损失总共不下十二万万元。此每年十二万万元之大损失，如果无法挽救，以后只有年年加多，断没有自然减少之理。所以今日中国已经到了民穷财尽之地位了，若不挽救，必至受经济之压迫至于国亡种灭而后已。

当中国强盛时代，每要列邦年年进贡，岁岁来朝。而列邦的贡品，每年所值大约也不过百数十万元，我们便以为非常的荣耀了。到了宋朝中国衰弱的时候，反要向金人进贡，而纳于金人的贡品每年大约也不过百数十万元，我们便以为奇耻大辱。我们现在要进贡到外国每年有十二万万元，一年十二万万，十年就一百二十万万。这种经济力的压迫，这样大的进贡，是我们梦想不到的，不容易看见的，所以大家还不觉得是大耻辱。如果我们没有这样大的进贡，每年有十二万万一宗大款，那么，我们应该做多少事业呢？我们的社会要如何进步呢？因为有了这种经济力的压迫，每年要受这样大的损失，故中国的社会事业都不能发达，普通人民的生机也没有了。专就这一种压迫讲，比用几百万兵来杀我们还要厉害。

况且外国背后更拿帝国主义来实行他们经济的压迫，中国人民的生机自然日蹙，游民自然日多，国势自然日衰了！

中国近来一百年以内，已经受了人口问题的压迫。中国人口总是不加多，外国人口总是日日加多。现在又受政治力和经济力一齐来压迫。我们同时受这三种力的压迫，如果再没有办法，无论中国领土是怎么样大，人口是怎么样多，百年之后一定是要亡国灭种的，我们四万万人的地位是不能万古长存的。试看美洲的红番，从前到处皆有，现在便要全数灭亡。所以我们晓得政治压迫的厉害，还要晓得经济的压迫更厉害。不能说我们有四万万人，就不容易被人消灭。因为中国几千年以来，从没有受过这三个力量一齐来压迫的。故为中国民族的前途设想，就应该要设一个什么方法，去打消这三个力量。

第三讲

（二月十日）

民族主义这个东西，是国家图发达和种族图生存的宝贝。中国到今日已经失去了这个宝贝。为什么中国失去了这个宝贝呢？我在今天所讲的大意，就是把中国为什么失去了民族主义的原故来推求，并且研究我们中国的民族主义是否真正失去。

依我的观察，中国的民族主义是已经失去了，这是很明白的，并且不只失去了一天，已经失去了几百年。试看我们革命以前，所有反对革命很厉害的言论，都是反对民族主义的。再推想到几百年前，中国的民族思想完全没有了。在这几百年中，中国的书里头简直是看不出民族主义来，只看见对于满洲的歌功颂德。什么“深仁厚泽”，什么“食毛践土”，从没有人敢说满洲是什么东西。近年革命思想发生之后,还有许多自命为中国学士文人的,天天来替满洲说话。譬如从前在东京办《民报》时代,我们提倡民族主义,那时候驳我们民族主义的人,便说满洲种族入主中华,我们不算是亡国;因为满洲受过了明朝龙虎将军的封号,满洲来推翻明朝,不过是历代朝廷相传的接替,可说是易朝,不是亡国。然则从前做过中国税务司的英国人赫德,他也曾受过了中国户部尚书的官衔,比如赫德来灭中国,做中国的皇帝,我们可不可以说中国不是亡国呢?这些人不独是用口头去拥护满洲,还要结合一个团体叫做保皇党,专保护大清皇帝,来消灭汉人的民族思想的。所有保皇党的人,都不是满洲人,完全是汉人。欢迎保皇党的人,多是海外华侨。后遇革命思想盛行之时,那些华侨才渐渐变更宗旨,来赞成革命。华侨在海外的会党极多,有洪门三合会,即致公堂。他们原来的宗旨,本是反清复明,抱有种族主义的;因为保皇主义流行到海外以后,他们就归化保皇党,专想保护大清皇室的安全。故由有种族主义的会党,反变成了去保护满洲皇帝。把这一件事看来,便可证明中国的民族主义完全亡了。

我们讲到会党,便要知道会党的起源。会党在满清康熙时候最盛。自顺治打破了明朝,入主中国,明朝的忠臣义士在各处起来抵抗,到了康熙初年还有抵抗的。所以中国在那个时候,还没有完全被满洲征服。康熙末年以后,明朝遗民逐渐消灭,当中一派是富有民族思想的人,觉得大事去矣,再没有能力可以和满洲抵抗,就观察社会情形,想出方法来结合会党。他们的眼光是很远大的,思想是很透澈的,观察社会情形也是很清楚的。他们刚才结合成种种会党的时候,康熙就开"博学鸿词科",把明朝有知识学问的人几乎都网罗到满洲政府之下。那些有思想的人,知道了不能专靠文人去维持民族主义,便对于下流社会和江湖上无家可归的人,收罗起来，结成团体，把民族主义放到那种团体内去生存。这种团体的分子，因为是社会上最低下的人，他们的行动很鄙陋，便令人看不起，又用文人所不讲的言语，去宣传他们的主义，便令人不大注意。所以那些明朝遗老实在有真知灼见。至于他们所以要这样保存民族主义的意思，好比在太平时候，富人的宝贝自然要藏在很贵重的铁箱里头。到了遇着强盗入室的时候，主人恐怕强盗先要开贵重的铁箱，当然要把宝贝藏在令人不注意的地方。如果遇到极危急的时候，或者要投入极污秽之中，也未可知。故当时明朝遗老，想保存中国的宝贝，便不得不把他藏在很鄙陋的下流社会中。所以满洲二百多年以来，无论是怎样专制，因为是有这些会党口头的遗传，还可以保存中国的民族主义。当日洪门会中要反清复明，为什么不把他们的主义保存在知识阶级里头呢？为什么不做文章来流传，如太史公所谓“藏之名山，传之其人”呢？因为当时明朝的遗老看见满洲开博学鸿词科，一时有知识有学问的人差不多都被收罗去了，便知道那些有知识阶级的靠不住，不能“藏之名山，传之其人”。所以，要在下流社会中藏起来，便去结合那些会党。在会党里头，他们的结纳是很容易、很利便的。他们结合起来，在满洲专制之下保存民族主义，是不拿文字来传，拿口头来传的。所以我们今天要把会党源源本本讲起来，很为困难。因为他们只有口头传下来的片段故事，就是当时有文字传下来，到了乾隆时候也被销毁了。在康熙、雍正时候，明朝遗民排满之风还是很盛。所以康熙、雍正时候便出了多少书，如《大义觉迷录》等，说汉人不应该反对满洲人来做皇帝。他所持的理由，是说舜是东夷之人，文王是西夷之人，满洲人虽是夷狄之人，还可以来做中国的皇帝。由此便可见康熙、雍正还自认为满洲人，还忠厚一点。到了乾隆时代，连满汉两个字都不准人提起了，把史书都要改过，凡是当中关于宋元历史的关系和明清历史的关系，都通通删去。所有关于记载满洲、匈奴、鞑靼的书，一概定为禁书，通通把他消灭，不准人藏，不准人看。因为当时违禁的书，兴过了好几回文字狱之后，中国的民族思想保存在文字里头的，便完全消灭了。

到了清朝中叶以后，会党中有民族思想的只有洪门会党。当洪秀全起义之时，洪门会党多来相应，民族主义就复兴起来。须注意：洪门不是由洪秀全而得此称，当是由朱洪武或由朱洪祝（康熙时有人奉朱洪祝起义）而得此称谓，亦未可定。洪秀全失败以后，民族主义更流传到军队，流传到游民。那时的军队如湘军、淮军多属会党，即如今日青帮、红帮等名目，也是由军队流传而来。明朝遗老宣传民族主义到下流社会里头，但是下流社会的知识太幼稚，不知道自己来利用这种主义，反为人所利用。比方在洪秀全时代，反清复明的思想已经传到了军队里头，但因洪门子弟不能利用他们，故他们仍然是清兵。又有一段故事，也可以引来证明。当时左宗棠带兵去征新疆，由汉口起程到西安，带了许多湘军、淮军，经过长江。那时会党散在珠江流域的叫做三合会，散在长江的叫做哥老会。哥老会的头目，叫做“大龙头”。有一位大龙头在长江下游犯了法，逃到汉口。那时清朝的驿站通消息固然很快，但是哥老会的马头通消息更快。左宗棠在途上，有一天忽然看见他的军队自己移动集中起来，排起十几里的长队，便觉得非常诧异。不久接到一件两江总督的文书，说有一个很著名的匪首，由汉口逃往西安，请他拿办。左宗棠当时无从拿办，只算是官样文章，把这件事搁起来。后来看见他的军队移动得更厉害，排的队更长，个个兵士都说去欢迎大龙头，他还莫名其妙。后来知道了兵士要去欢迎的大龙头，就是两江总督要他拿办的匪首，他便慌起来了。当时问他的幕客某人说：“什么是哥老会呢？哥老会的大龙头和这个匪首有什么关系呢?”幕客便说:“我们军中自兵士以至将官,都是哥老会。那位拿办的大龙头,就是我们军中哥老会的首领。”左宗棠说:“如果是这样,我们的军队怎样可以维持呢?”幕客说:“如果要维持这些军队,便要请大帅也去做大龙头。大帅如果不肯做大龙头,我们便不能出新疆。”左宗棠想不到别的方法,又要利用那些军队,所以便赞成幕客的主张,也去开山堂做起大龙头来,把那些会党都收为部下。由此便可见左宗棠后来能够平定新疆,并不是利用清朝的威风,还是利用明朝遗老的主义。中国的民族主义,自清初以来保存了很久。从左宗棠做了大龙头之后,他知道其中的详情,就把马头破坏了,会党的各机关都消灭了。所以到我们革命的时候,便无机关可用。这个洪门会党都被人利用了,所以中国的民族主义,真是老早亡了。

中国的民族主义既亡,今天就把亡的原因拿来说一说。此中原因是很多的。尤其以被异族征服的原因为最大。凡是一种民族征服别种民族,自然不准别种民族有独立的思想。好比高丽被日本征服了,日本现在就要改变高丽人的思想,所有高丽学校里的教科书,凡是关于民族思想的话都要删去。由此三十年后,高丽的儿童便不知有高丽了,便不知自己是高丽人了。从前满洲对待我们也是一样。所以民族主义灭亡的头一个原因,就是我们被异族征服。征服的民族,要把被征服的民族所有宝贝,都要完全消灭。满洲人知道这个道理,从前用过了很好的手段,康熙时候兴过了文字狱,但是康熙还不如乾隆狡猾,要把汉人的民族思想完全消灭。康熙说他是天生来做中国皇帝的,劝人不可逆天。到了乾隆便更狡猾,就把满汉的界限完全消灭。所以自乾隆以后,知识阶级的人多半不知有民族思想,只有传到下流社会。但是下流社会虽然知道要杀鞑子,只知道当然,不知道所以然。所以中国的民族思想便消灭了几百年,这种消灭是由于满洲人的方法好。

中国民族主义之所以消灭,本来因为是亡国,因为被外国人征服。但是世界上民族之被人征服的,不只中国人,犹太人也是亡国。犹太人在耶稣未生之前已经被人征服了。及耶稣传教的时候,他的门徒当他是革命,把耶稣当作革命的首领,所以当时称他为犹太人之王。耶稣门徒的父母,曾有对耶稣说:“若是我主成功,我的大儿子便坐在主的左边,二儿子便坐在主的右边。”俨然以中国所谓左右丞相来相比拟。所以犹太人亡了国之后,耶稣的门徒以为耶稣是革命。当时耶稣传教,或者是含有政治革命也未可知,但是他的十二位门徒中,就有一个以为耶稣的政治革命已经失败了,就去卖他的老师。不知耶稣的革命,是宗教革命,所以称其国为天国。故自耶稣以后,犹太的国虽然灭亡,犹太的民族至今还在。又象印度也是亡国,但是他们的民族思想,就不象中国的民族思想一样,一被外国的武力压服了,民族思想便随之消灭。再象波兰从前也亡国百多年,但是波兰的民族思想永远存在,所以到欧战之后,他们就把旧国家恢复起来,至今成了欧洲的二三等国。象这样讲来,中国和犹太、印度、波兰比较,都是一样的亡国,何以外国亡国,民族主义不至于亡,为什么中国经过了两度亡国,民族思想就灭亡了呢?这是很奇怪的,研究当中的道理是很有趣味的。

中国在没有亡国以前,是很文明的民族,很强盛的国家,所以常自称为“堂堂大国”,声名“文物之邦”,其他各国都是“蛮夷”。以为中国是居世界之中,所以叫自己的国家做“中国”,自称“大一统”。所谓“天无二日,民无二王”,所谓“万国衣冠拜冕旒”,这都是由于中国在没有亡国以前,已渐由民族主义而进于世界主义。所以历代总是用帝国主义去征服别种民族,象汉朝的张博望、班定远灭过了三十多国,好象英国印度公司的经理卡来呼把印度的几十国都收服了一样。中国几千年以来总是实行“平天下”的主义，把亚洲的各小国完全征服了。但是中国征服别国，不是象现在的欧洲人专用野蛮手段，而多用和平手段去感化人，所谓“王道”，常用王道去收服各弱小民族。由此推寻，便可以得到我们民族思想之所以灭亡的道理出来。从什么方面知道别的种族如犹太亡了国二千年，他们的民族主义还是存在，我们中国亡国只有三百多年，就把民族主义完全亡了呢？考察此中原因，好象考察人受了病一样。一个人不论是受了什么病，不是先天不足，就是在未受病之前身体早起了不健康的原因。中国在没有亡国以前，已经有了受病的根源，所以一遇到被人征服，民族思想就消灭了。这种病的根源，就是在中国几千年以来都是帝国主义的国家。

如现在的英国和没有革命以前的俄国，都是世界上顶强盛的国家；到了现在，英国的帝国主义还是很发达。我们中国从前的帝国主义，或者还要驾乎英国之上。英俄两国现在生出了一个新思想，这个思想是有知识的学者提倡出来的，这是什么思想呢？是反对民族主义的思想。这种思想说民族主义是狭隘的，不是宽大的；简直的说，就是世界主义。现在的英国和以前的俄国、德国，与及中国现在提倡新文化的新青年，都赞成这种主义，反对民族主义。我常听见许多新青年说，国民党的三民主义不合现在世界的新潮流，现在世界上最新最好的主义是世界主义。究竟世界主义是好是不好呢？如果这个主义是好的，为甚么中国一经亡国，民族主义就要消灭呢？世界主义，就是中国二千多年以前所讲的天下主义。我们现在研究这个主义，他到底是好不好呢？照理论上讲，不能说是不好。从前中国知识阶级的人，因为有了世界主义的思想，所以满清入关，全国就亡。康熙就是讲世界主义的人，他说：舜，东夷之人也；文王，西夷之人也，东西夷狄之人都可以来中国做皇帝，就是中国不分夷狄华夏。不分夷狄华夏，就是世界主义。大凡一种思想，不能说是好不好，只看他是合我们用不合我们用。如果合我们用便是好，不合我们用便是不好；合乎全世界的用途便是好，不合乎全世界的用途便是不好。世界上的国家，拿帝国主义把人征服了，要想保全他的特殊地位，做全世界的主人翁，便是提倡世界主义，要全世界都服从。中国从前也想做全世界的主人翁，总想站在万国之上，故主张世界主义。因为普通社会有了这种主义，故满清入关便无人抵抗，以致亡国。当满清入关的时候，人数是很少的，总数不过十万人。拿十万人怎么能够征服数万万人呢？因为那时候，中国大多数人很提倡世界主义，不讲民族主义，无论什么人来做中国皇帝都是欢迎的。所以史可法虽然想反对满人，但是赞成他的人数太少，还是不能抵抗满人。因全国的人都欢迎满人，所以满人便得做中国安稳皇帝。当那个时候，汉人不但是欢迎满人，并且要投入旗下，归化于满人，所以有所谓“汉军旗”。

现在世界上顶强盛的国家，是英国、美国。世界上不只一个强国，有几个强国，所谓列强。但是列强的思想性质，至今还没有改变。将来英国、美国或者能够打破列强成为独强。到那个时候，中国或者被英国征服。中国的民族变成英国民族，我们是好是不好呢？如果中国人入英国籍或美国籍，帮助英国或美国来打破中国，便说我们是服从世界主义，试问我们自己的良心是安不安呢？如果我们的良心不安，便是因为有了民族主义。民族主义能够令我们的良心不安，所以民族主义就是人类图生存的宝贝。好比读书的人，是拿什么东西来谋生呢？是拿手中的笔来谋生的。笔是读书人谋生的工具，民族主义便是人类生存的工具。如果民族主义不能存在，到了世界主义发达之后，我们就不能生存，就要被人淘汰。中国古时说“窜三苗于三危”，汉人把他们驱逐到云南、贵州的边境，现在几几乎要灭种，不能生存。说到这些三苗，也是中国当日原有的土民。我们中国民族的将来情形，恐怕也要象三苗一样。

讲到中国民族的来源，有人说百姓民族是由西方来的，过葱岭到天山，经新疆以至于黄河流域。照中国文化的发祥地说，这种议论似乎是很有理由的。如果中国文化不是外来，乃由本国发生的，则照天然的原则来说，中国文化应该发源于珠江流域，不应该发源于黄河流域。因为珠江流域气候温和，物产丰富，人民很容易谋生，是应该发生文明的。但是考究历史，尧舜禹汤文武时候，都不是生在珠江流域，都是生在西北。珠江流域在汉朝还是蛮夷。所以中国文化是由西北方来的，是由外国来的。中国人说人民是“百姓”，外国人说西方古时有一种“百姓”民族，后来移到中国，把中国原来的苗子民族或消灭或同化，才成中国今日的民族。

照进化论中的天然公例说：适者生存，不适者灭亡；优者胜，劣者败。我们的民族到底是优者呢，或是劣者呢；是适者呢，或是不适者呢？如果说到我们的民族要灭亡要失败，大家自然不愿意，要本族能够生存能够胜利，那才愿意。这是人类的天然思想。现在我们民族处于很为难的地位，将来一定要灭亡。所以灭亡的缘故，就是由于外国人口增加和政治、经济三个力量一齐来压迫。我们现在所受政治力、经济力两种压迫已达极点，惟我们现在的民族还大，所受外国人口增加的压迫还不容易感觉，要到百年之后，才能感觉。我们现在有这样大的民族，可惜失去了民族思想。因为失去了民族思想，所以外国的政治力和经济力才能打破我们。如果民族思想没有失去，外国的政治力和经济力一定打不破我们。

但是我们何以失去民族主义呢？要考究起来是很难明白的，我可以用一件故事来比喻。这个比喻或者是不伦不类，和我们所讲的道理毫不相关，不过借来也可以说明这个原因。这件故事是我在香港亲见过的。从前有一个苦力，天天在轮船码头，拿一枝竹杠和两条绳子去替旅客挑东西。每日挑东西，就是那个苦力谋生之法。后来他积存了十多块钱，当时吕宋彩票盛行，他就拿所积蓄的钱买了一张吕宋彩票。那个苦力因为无家可归，所有的东西都没有地方收藏，所以他买得的彩票也没有地方收藏。他谋生的工具只是一枝竹杠和两条绳子，他到什么地方，那枝竹杠和两条绳子便带到什么地方。所以他就把所买的彩票，收藏在竹杠之内。因为彩票藏在竹杠之内，不能随时拿出来看，所以他把彩票的号数死死记在心头，时时刻刻都念着。到了开彩的那一日，他便到彩票店内去对号数，一见号单，知道是自己中了头彩，可以发十万元的财。他就喜到上天，几几乎要发起狂来，以为从此便可不用竹杠和绳子去做苦力了，可以永久做大富翁了。由于这番欢喜，便把手中的竹杠和绳子一齐投入海中。用这个比喻说，吕宋彩票好比是世界主义，是可以发财的。竹杠好比是民族主义，是一个谋生的工具。中了头彩的时候，好比是中国帝国主义极强盛的时代，进至世界主义的时代。我们的祖宗以为中国是世界的强国，所谓“天无二日，民无二王”，“万国衣冠拜冕旒”，世界从此长太平矣。以后只要讲世界主义，要全世界的人都来进贡，从此不必要民族主义。所以不要竹杠，要把他投入海中。到了为满洲所灭的时候，不但世界上的大主人翁做不成，连自己的小家产都保守不稳，百姓的民族思想一齐消灭了，这好比是竹杠投入了海中一样。所以满清带兵入关，吴三桂便作向导。史可法虽然想提倡民族主义，拥戴福王，在南京图恢复，满洲的多尔衮便对史可法说：“我们的江山，不是得之于大明，是得之于闯贼。”他的意思，以为明朝的江山，是明朝自己人失去了的，好比苦力自己丢了竹杠一样。近来讲新文化的学生，也提倡世界主义，以为民族主义不合世界潮流。这个论调，如果是发自英国、美国，或发自我们的祖宗，那是很适当的；但是发自现在的中国人，这就不适当了。德国从前不受压迫，他们不讲民族主义，只讲世界主义。我看今日的德国，恐怕不讲世界主义，要来讲一讲民族主义罢。我们的祖宗如果不把竹杠丢了，我们还可以得回那个头彩。但是他们把竹杠丢得太早了，不知道发财的彩票还藏在里面。所以一受外国的政治力和经济力来压迫，以后又遭天然的淘汰，我们便有亡国灭种之忧。

此后我们中国人如果有方法恢复民族主义，再找得一枝竹杠，那么就是外国的政治力和经济力无论怎么样来压迫，我们民族就是在千万年之后，决不至于灭亡。至于讲到天然淘汰，我们民族更是可以长存。因为天生了我们四万万人，能够保存到今日，是天从前不想亡中国。将来如果中国亡了，罪恶是在我们自己，我们就是将来世界上的罪人。天既付托重任于中国人，如果中国人不自爱，是谓逆天。所以中国到这个地位，我们是有责任可负的。现在天既不要淘汰我们，是天要发展世界的进化。如果中国将来亡了，一定是列强要亡中国，那便是列强阻止世界的进化。

昨日有一位俄国人说：列宁为什么受世界列强的攻击呢？因为他敢说了一句话，他说世界上有两种人：一种是十二万万五千万人，一种是二万万五千万人。这十二万万五千万人，是受那二万万五千万人的压迫。那些压迫人的人，是逆天行道，不是顺天行道。我们去抵抗强权，才是顺天行道。我们要能够抵抗强权，就要我们四万万人和十二万万五千万人联合起来。我们要能够联合十二万万五千万人，就要提倡民族主义，自己先联合起来，推己及人，再把各弱小民族都联合起来，共同去打破二万万五千万人，共同用公理去打破强权。强权打破以后，世界上没有野心家，到了那个时候，我们便可以讲世界主义。

第四讲

（二月十七日）

现在世界上所有的人数大概在十五万万左右。在这十五万万人中，中国占了四分之一，就是世界上每四个人中有一个中国人。欧洲所有白种民族的人数，合计起来也是四万万。现在世界上民族最发达的是白人。白种人中有四个民族：在欧洲中、北的有条顿民族，条顿民族建立了好几个国家，最大的是德国；其次奥国、瑞典、那威、和兰①、丹麦，都是条顿民族所建立的。在欧洲之东的有斯拉夫民族，也建立了好几个国家，最大的是俄国；欧战后发生的，有捷克斯拉夫和佐哥斯拉夫②两个新国。在欧洲之西的有撒克逊民族，叫做“盎格鲁撒克逊”，这个民族建立了两个大国，一个是英国，一个是美国。在欧洲之南的有拉丁民族，这个民族也建立了好几个国家，顶大的是法国、意大利、西班牙、葡萄牙；拉丁民族移到南美洲，也建立了几个国家，和盎格鲁撒克逊民族移到北美洲建立了加拿大和美国一样。欧洲白种民族不过是四万万人，分开成四个大民族，由这四个大民族建立了许多国家，原因是白种人的民族主义很发达。因为白种人的民族主义很发达，所以他们在欧洲住满了，便扩充到西半球的南北美洲，东半球东南方的非洲、澳洲。现在世界上的民族，占地球上领土最多的是撒克逊民族。这个民族最初发源的地方是欧洲，但是在欧洲所占的领土不过是大不列颠三岛，象英格兰、苏格兰和爱尔兰。这三岛在大西洋的位置，好

① 今译挪威、荷兰。

② 今译南斯拉夫。

象日本在太平洋一样。撒克逊人所扩充的领土，西到北美洲，东到澳州、钮丝兰，南到非洲。所以说占世界上领土最多的是撒克逊民族，世界上最富最强的人种也是撒克逊民族。欧战以前，世界上最强盛的民族是条顿和斯拉夫，尤其以条顿民族的聪明才力为最大，所以德国能够把二十几国小邦联合起来，成立了一个大德意志联邦。成立之初，本来是农业国，后来变成工业国，因为工业发达，所以陆海军也随之强盛。

欧战之前，欧洲民族都受了帝国主义的毒。什么是帝国主义呢？就是用政治力去侵略别国的主义，即中国所谓“勤远略”。这种侵略政策，现在名为帝国主义。欧洲各民族都染了这种主义，所以常常发生战争，几几乎每十年中必有一小战，每百年中必有一大战。其中最大的战争就是前几年的欧战，这次战争可以叫做世界的大战争。何以叫做世界的大战争呢？因为这次战事扩充、影响到全世界，各国人民都被卷入旋涡之中。这次大战争所以构成的原因：一是撒克逊民族和条顿民族互争海上的霸权。因为德国近来强盛，海军逐渐扩张，成世界上第二海权的强国，英国要自己的海军独霸全球，所以要打破第二海权的德国。英德两国都想在海上争霸权，所以便起战争。二是各国争领土。东欧有一个弱国，叫做土耳其，即突厥。土耳其百年以来，世人都说他是近东病夫，因为内政不修明，皇帝很专制，变成了很衰弱的国家。欧洲各国都要把他瓜分，百余年以来不能解决。欧洲各国要解决这个问题，所以发生战争。故欧战的原因，第一是白种人互争雄长，第二是解决世界的问题。如果战后是德国获胜，世界上的海权便要归德国占领，英国的大领土便要完全丧失，必成罗马一样，弄至四分五裂而亡。但是战争的结果，德国是打败了，德国想行帝国主义的目的便达不到。

这次欧洲的战争,是世界上有史以来最剧烈的。军队的人〈数〉有四五千万,时间经过了四年之久,到战争最后的时候两方远不能分胜负。在战争的两方面,一方叫做协商国,一方叫做同盟国。在同盟国之中,初起时有德国、奥国,后来加入土耳其、布加利亚①。在协商国之中,初起时有塞维亚②、法国、俄国、英国及日本,后来加入意大利及美国。美国之所以参加的原因,全为民族问题。因在战争之头一二年,都是德奥二国获胜,法国的巴黎和英国的海峡都几乎被德奥两国军队攻入。条顿民族便以为英国必亡,英国人便十分忧虑,见得美国的民族是和他们相同,于是拿撒克逊民族的关系去煽动美国。美国见得和自己相同民族的英国将要被异族的德国灭亡,也不免物伤其类,所以加入战争去帮助英国,维持撒克逊人的生存;并且恐怕自己的力量单薄,遂竭全力去鼓动全世界的中立民族,共同参加去打败德国。

当战争时,有一个大言论最被人欢迎的,是美国威尔逊所主张的"民族自决"。因为德国用武力压迫欧洲协商国的民族,威尔逊主张打灭德国的强权,令世界上各弱小民族以后都有自主的机会,于是这种主张便被世界所欢迎。所以印度虽然被英国灭了,普通人民是反对英国的,但是有好多小民族听见威尔逊说这回战争是为弱小民族争自由的,他们便很喜欢去帮英国打仗。安南虽然是被法国灭了,平日人民痛恨法国的专制,但当欧战时仍帮法国去打仗,也是因为听到威尔逊的主张是公道的原故。他若欧洲的弱小民族象波兰、捷克斯拉夫、罗米尼亚③一齐加入协商国去打同盟国

① 今译保加利亚。

② 今译塞尔维亚。

③ 今译罗马尼亚。

的原因,也是因为听见了威尔逊所主张的民族自决那一说。我们中国也受了美国的鼓动,加入战争,虽然没有出兵,但是送了几十万工人去挖战壕,做后方的勤务。协商国因为创出这项好题目,所以弄到无论欧洲、亚洲一切被压迫的民族,都联合起来去帮助他们打破同盟国。当时威尔逊主张维持以后世界的和平,提出了十四条,其中最要紧的是让各民族自决。当战事未分胜负的时候,英国、法国都很赞成。到了战胜之后开和议的时候,英国、法国和意大利觉得威尔逊所主张的民族开放和帝国主义利益的冲突太大,所以到要和议的时候,便用种种方法骗去威尔逊的主张。弄到和议结局所定出的条件,最不公平。世界上的弱小民族不但不能自决,不但不能自由,并且以后所受的压迫比从前更要厉害。由此可见,强盛的国家和有力量的民族已经雄占全球,无论什么国家和什么民族的利益,都被他们垄断。他们想永远维持这种垄断的地位,再不准弱小民族复兴,所以天天鼓吹世界主义,谓民族主义的范围太狭隘。其实他们主张的世界主义,就是变相的帝国主义与变相的侵略主义。但是威尔逊的主张提出以后,便不能收回,因为各弱小民族帮助协商国打倒同盟国,是希望战胜之后可以自由的。后来在和议所得的结果,令他们大为失望。所以安南、缅甸、爪哇、印度、南洋群岛以及土耳其、波斯、阿富汗、埃及与夫欧洲的几十个弱小民族,都大大的觉悟,知道列强当日所主张的民族自决完全是骗他们的。所以他们便不约而同,自己去实行民族自决。

欧洲数年大战的结果,还是不能消灭帝国主义。因为当时的战争,是一国的帝国主义和别国的帝国主义相冲突的战争,不是野蛮和文明的战争,不是强权和公理的战争。所以战争的结果,仍是一个帝国主义打倒别国帝国主义,留下来的还是帝国主义。但是由这一次战争,无意中发生了一个人类中的大希望。这个希望就是俄国革命。

俄国发起革命本来很早，在欧战前一千九百零五年的时候曾经起过了革命，不过没有成功，到欧战的时候，便大功告成。他们所以当欧战时再发生革命的原故，因为他们民族经过这次欧战，便生出了大觉悟。俄国本是协商国之一，协商国打德国的时候，俄国所出的兵约计有千余万，可谓出力不少。如果协商国不得俄国参加，当日欧洲西方的战线老早被德国冲破了。因为有了俄国在东方牵制，所以协商国能够和德国相持两三年，反败为胜。俄国正当战争之中，自己思索，觉得帮助协商国去打德国，就是帮助几个强权去打一个强权，料到后来一定没有好结果。所以一般兵士和人民便觉悟起来，脱离协商国，单独和德国讲和。况且说到国家的地位，俄国和德国人民的利害毫无冲突。不过讲到帝国主义的地位，彼此都想侵略，自然发生冲突；而且德国侵略太过，俄国为自卫计，不得不与英法各国一致行动。后来俄国人民觉悟，知道帝国主义不对，所以便对本国革命，先推翻本国的帝国主义，同时又与德国讲和，免去外患的压迫。不久协商国也与德国讲和，共同出兵去打俄国。为什么协商国要出兵去打俄国呢？因为俄国人民发生了新觉悟，知道平日所受的痛苦完全是由于帝国主义，现在要解除痛苦，故不得不除去帝国主义，主张民族自决。各国反对这项主张，所以便共同出兵去打他。俄国的主张和威尔逊的主张是不约而同的，都是主张世界上的弱小民族都能够自决，都能够自由。俄国这种主义传出以后，世界上各弱小民族都很赞成，共同来求自决。欧洲经过这次大战的灾害，就帝国主义一方面讲，本没有什么大利益；但是因此有了俄国革命，世界人类便生出一个大希望。

世界上的十五万万人之中，顶强盛的是欧洲和美洲的四万万白种人。白种人以此为本位，去吞灭别色人种。如美洲的红番已经消灭；非洲的黑人不久就要消灭；印度的棕色人正在消灭之中；亚洲黄色人现在受白人的压迫，不久或要消灭。但是俄国革命成功，他们一万万五千万人脱离了白种，不赞成白人的侵略行为，现在正想加入亚洲的弱小民族，去反抗强暴的民族。那么强暴的民族只剩得二万万五千万人，还是想用野蛮手段，拿武力去征服十二万万五千万人。故此后世界人类要分为两方面去决斗：一方面是十二万万五千万人，一方面是二万万五千万人。第二方面的人数虽然很少，但是他们占了世界上顶强盛的地位，他们的政治力和经济力都很大，总是用这两种力量去侵略弱小的民族。如果政治的海陆军力不够，便用经济力去压迫；如果经济力有时而穷，便用政治的海陆军力去侵略。他们的政治力帮助经济力，好比左手帮助右手一样，把多数的十二万万五千万人民压迫得很厉害。但是天不从人愿，忽然生出了斯拉夫民族的一万万五千万人去反对帝国主义和资本主义，为世界人类打不平。所以我前次说，有一位俄国人说：世界列强所以诋毁列宁的原因，是因为他敢说世界多数的民族十二万万五千万人，为少数的民族二万万五千万人所压迫。列宁不但是说出这种话，并且还提倡被压迫的民族去自决，为世界上被压迫的人打不平。列强之所以攻击列宁，是要消灭人类中的先知先觉，为他们自己求安全。但是现在人类都觉悟了，知道列强所造的谣言都是假的，所以再不被他们欺骗。这就是世界民族的政治思想进步到光明地位的情况。

我们今日要把中国失去了的民族主义恢复起来，用此四万万人的力量为世界上的人打不平，这才算是我们四万万人的天职。列强因为恐怕我们有了这种思想，所以便生出一种似是而非的道理，主张世界主义来煽惑我们。说世界的文明要进步，人类的眼光要远大，民族主义过于狭隘，太不适宜，所以应该提倡世界主义。

近日中国的新青年，主张新文化，反对民族主义，就是被这种道理所诱惑。但是这种道理，不是受屈民族所应该讲的。我们受屈民族，必先要把我们民族自由平等的地位恢复起来之后，才配得来讲世界主义。我前次所讲苦力买彩票的比喻，已发挥很透辟了。彩票是世界主义，竹杠是民族主义，苦力中了头彩就丢去谋生的竹杠，好比我们被世界主义所诱惑，便要丢去民族主义一样。我们要知道世界主义是从什么地方发生出来的呢？是从民族主义发生出来的。我们要发达世界主义，先要民族主义巩固才行。如果民族主义不能巩固，世界主义也就不能发达。由此便可知世界主义实藏在民族主义之内，好比苦力的彩票藏在竹杠之内一样，如果丢弃民族主义去讲世界主义，好比是苦力把藏彩票的竹杠投入海中，那便是根本推翻。我从前说，我们的地位还比不上安南人、高丽人。安南人、高丽人是亡国的人，是做人奴隶的，我们还比不上，就是我们的地位连奴隶也比不上。在这个地位，还要讲世界主义，还说不要民族主义，试问诸君是讲得通不通呢？

就历史上说，我们四万万汉族是从那一条路走来的呢？也是自帝国主义一条路走来的。我们的祖宗从前常用政治力去侵略弱小民族。不过那个时候，经济力还不很大，所以我们向未有用经济力去压迫他民族。再就文化说，中国的文化比欧洲早几千年。欧洲文化最好的时代是希腊、罗马，到了罗马才最盛。罗马不过与中国的汉朝同时。那个时候，中国的政治思想便很高深，一般大言论家都极力反对帝国主义。反对帝国主义的文字很多，其中最著名的有《弃珠崖议》。此项文章就是反对中国去扩充领土，不可与南方蛮夷争地方。由此便可见在汉朝的时候，中国便不主张与外人战争，中国的和平思想到汉朝时已经是很充分的了。到了宋朝，中国不但不去侵略外人，反为外人所侵略，所以宋朝被蒙古所灭。宋亡之后，到明朝才复国。明朝复国之后，更是不侵略外人。

当时南洋各小国要来进贡，归化中国，是他们仰慕中国的文化，自己愿意来归顺的，不是中国以武力去压迫他们的。象巫来由及南洋群岛那些小国，以中国把他们收入版图之中，许他们来进贡，便以为是很荣耀；若是不要他们进贡，他们便以为很耻辱。象这项尊荣，现在世界上顶强盛的国家还没有做到。象美国待菲律宾：在菲律宾之内，让菲人自行组织议会及设官分治，在华盛顿的国会也让菲人选派议员。美国每年不但不要菲律宾用钱去进贡，反津贴菲律宾以大宗款项，修筑道路，兴办教育。象这样仁慈宽厚，可算是优待极了。但是菲律宾人至今还不以归化美国为荣，日日总是要求独立。又象印度的尼泊尔国：尼泊尔的民族叫做廓尔额[①]，这种民族是很勇敢善战的，英国虽然是征服了印度，但至今还是怕廓尔额人，所以很优待他，每年总是送钱到他，象中国宋朝怕金人，常送钱到金人一样。不过宋朝送钱到金人说是进贡，英国送钱到廓尔额人，或者说是津贴罢了。但是廓尔额人对于中国，到了民国元年还来进贡。由此可见，中国旁边的小民族羡慕中国，至今还是没有绝望。十余年前，我有一次在暹罗的外交部和外交次长谈话，所谈的是东亚问题。那位外交次长说："如果中国能够革命，变成国富民强，我们暹罗还是情愿归回中国，做中国的一行省。"我和他谈话的地点，是在暹罗政府之公署内，他又是外交次长，所以他这种说话，不只是代表他个人的意见，是代表暹罗全国人的意见。由此足见暹罗当那个时候，还是很尊重中国。但是这十几年以来，暹罗在亚洲已经成了独立国，把各国的苛酷条约都已修改了，国家的地位也提高了，此后恐怕不愿意再归回中国了。

① 今译廓尔喀(Gorkha)，下同。

再有一段很有趣味的故事,可以和诸君谈谈。当欧战最剧烈的时候,我在广东设立护法政府。一天,有一位英国领事到大元帅府来见我,和我商量南方政府加入协商国,出兵到欧洲。我就向那位英国领事说:“为什么要出兵呢?”他说:“请你们去打德国,因为德国侵略了中国土地,占了青岛,中国应该去打他,把领土收回来。”我说:“青岛离广州还很远,至于离广州最近的有香港,稍远一点的有缅甸、布丹、尼泊尔,象那些地方从前是那一国的领土呢?现在你们还要来取西藏。我们中国此刻没有收回领土的力量,如果有了力量,恐怕要先收回英国占去了的领土罢。德国所占去的青岛,地方还是很小,至于缅甸便比青岛大,西藏比青岛更要大。我们如果要收回领土,当先从大的地方起。”他受了我这一番反驳,就怒不可遏,便说:“我来此地是讲公事的呀!”我立刻回他说:“我也是讲公事呀!”两人面面相对,许久不能下台。后来我再对他说:“我们的文明已经比你们进步了二千余年,我们现在是想你们上前,等你们跟上来。我们不可退后,让你们拖下去。因为我们二千多年以前,便丢去了帝国主义,主张和平,至今中国人思想已完全达到这种目的。你们现在战争所竖的目标,也是主张和平,我们本来很欢迎的。但是实际上,你们还是讲打不讲和,专讲强权不讲公理。我以为你们专讲强权的行为,是很野蛮的,所以让你们去打,我们不必参加。等到你们打厌了,将来或者有一日是真讲和平,到了那个时候,我们才参加到你们的一方面,共求世界的和平。而且我反对中国参加出兵,还有一层最大的理由,是我很不愿意中国也变成你们一样不讲公理的强国。如果依你的主张,中国加入协商国,你们便可以派军官到中国来练兵,用你们有经验的军官,又补充极精良的武器,在六个月之内,一定可以练成三五十万精兵,运到欧洲去作战,打败德国。到了那个时候,便不好了。”英国领事说:“为什么不好呢?”我说:“你们从前用几千万兵和几年的时候都打不败德国,只要加入几十万中国兵便可以打败德国,由此便可以提起中国的尚武精神。用这几十万兵做根本,可以扩充到几百万精兵,于你们就大大的不利了。现在日本加入你们方面,已经成了世界上列强之一,他们的武力雄霸亚洲,他们的帝国主义和列强一样,你们是很怕他的。说道日本的人口和富源,不及中国远甚。如果依你今天所说的办法,我们中国参加你们一方面,中国不到十年便可以变成日本;照中国的人口多与领土大,中国至少可以变成十个日本。到了那个时候,以你们全世界的强盛,恐怕都不够中国人一打了。我们因为已经多进步了二千多年,脱离了讲打的野蛮习气,到了现在才是真和平。我希望中国永远保守和平的道德,所以不愿意加入这次大战。”那位英国领事,半点钟前几几乎要和我用武,听了这番话之后,才特别佩服,并且说:“如果我也是中国人,一定也是和你的思想相同。”

诸君知道革命本是流血的事,象汤武革命,人人都说他们是顺乎天应乎人,但是讲到当时用兵的情况,还有人说他们曾经过了血流漂杵。我们辛亥革命推翻满洲,流过了多少血呢?所以流血不多的原因,就是因为中国人爱和平。爱和平就是中国人的一个大道德,中国人才是世界中最爱和平的人。我从前总劝世界人要跟上我们中国人。现在俄国斯拉夫民族也是主张和平的,这就是斯拉夫人已经跟上了我们中国人。所以俄国的一万万五千万人,今日就要来和我们合作。

我们中国四万万〈人〉不但是很和平的民族,并且是很文明的民族。近来欧洲盛行的新文化和所讲的无政府主义与共产主义,都是我们中国几千年以前的旧东西。譬如黄老的政治学说,就是无政府主义。列子所说华胥氏之国,“其人无君长,无法律,自然而已”,是不是无政府主义呢?我们中国的新青年,未曾过细考究中国的旧学说,便以为这些学说就是世界上顶新的了。殊不知道在欧洲是最新的,在中国就有了几千年了。从前俄国所行的,其实不是纯粹共产主义,是马克斯主义。马克斯主义不是真共产主义,蒲鲁东、巴古宁[①]所主张的,才是真共产主义。共产主义在外国只有言论,还没有完全实行,在中国,洪秀全时代便实行过了。洪秀全所行的经济制度,是共产的事实,不是言论。欧洲之所以驾乎我们中国之上的,不是政治哲学,完全是物质文明。因为他们近来的物质文明很发达,所以关于人生日用的衣食住行种种设备,便非常便利,非常迅速;关于海陆军的种种武器毒〔弹〕药便非常完全,非常猛烈。所有这些新设备和新武器,都是由于科学昌明而来的。那种科学就是十七八世纪以后培根、纽顿[②]那些大学问家,所主张用观察和实验研究万事万物的学问。所以说到欧洲的科学发达、物质文明的进步,不过是近来二百多年的事。在数百年以前,欧洲还是不及中国。我们现在要学欧洲,是要学中国没有的东西。中国没有的东西是科学,不是政治哲学。至于讲到政治哲学的真谛,欧洲人还要求之于中国。诸君都知道世界上学问最好的是德国,但是现在德国研究学问的人,还要研究中国的哲学,甚至于研究印度的佛理,去补救他们科学之偏。

世界主义在欧洲是近世才发表出来的,在中国,二千多年以前便老早说过了。我们固有的文明,欧洲人到现在还看不出。不过讲到政治哲学的世界文明,我们四万万人从前已经发明了很多;就是讲到世界大道德,我们四万万人也是很爱和平的。但是因为失

① 今译巴枯宁。

② 今译牛顿。

了民族主义，所以固有的道德文明都不能表彰，到现在便退步。至于欧洲人现在所讲的世界主义，其实就是有强权无公理的主义。英国话所说的能力就是公理，就是以打得的为有道理。中国人的心理，向来不以打得为然，以讲打的就是野蛮。这种不讲打的好道德，就是世界主义的真精神。我们要保守这种精神，扩充这种精神，是用什么做基础呢？是用民族主义做基础。象俄国的一万万五千万人是欧洲世界主义的基础，中国四万万人是亚洲世界主义的基础，有了基础，然后才能扩充。所以我们以后要讲世界主义，一定要先讲民族主义，所谓欲平天下者先治其国。把从前失去了的民族主义从新恢复起来，更要从而发扬光大之，然后再去谈世界主义，乃有实际。

第五讲

（二月二十四日）

今天所讲的问题，是要用什么方法来恢复民族主义。照以前所讲的情形，中国退化到现在地位的原因，是由于失了民族的精神。所以我们民族被别种民族所征服，统治过了两百多年。从前做满洲人的奴隶，现在做各国人的奴隶。现在做各国人的奴隶所受的痛苦，比从前还要更甚。长此以往，如果不想方法来恢复民族主义，中国将来不但是要亡国，或者要亡种。所以我们要救中国，便先要想一个完善的方法，来恢复民族主义。

今天所讲恢复民族主义的方法有两种：头一种是要令四万万人皆知我们现在所处的地位。我们现在所处的地位是生死关头，在这个生死关头须要避祸求福，避死求生。要怎么能够避祸求福、避死求生呢？须先要知道很清楚了，那便自然要去行。诸君要知道知难行易的道理，可以参考我的学说。中国从前因为不知道要亡国，所以国家便亡，如果预先知道或者不至于亡。古人说："无敌国外患者国恒亡。"又说："多难可以兴邦。"这两句话完全是心理作用。譬如就头一句话说，所谓"无敌国外患"，是自己心理上觉得没有外患，自以为很安全，是世界中最强大的国家，外人不敢来侵犯，可以不必讲国防，所以一遇有外患，便至亡国。至于"多难可以兴邦"，也就是由于自己知道国家多难，故发奋为雄，也完全是心理作用。照从前四次所讲的情形，我们要恢复民族主义，就要自己心理中知道现在中国是多难的境地，是不得了的时代，那末已经失了的民族主义才可以图恢复。如果心中不知，要想图恢复，便永远没有希望，中国的民族不久便要灭亡。统结从前四次所讲的情形，我们民族是受什么祸害呢？所受的祸害是从那里来的呢？是从列强来的。所受的祸害，详细的说，一是受政治力的压迫，二是受经济力的压迫，三是受列强人口增加的压迫。这三件外来的大祸已经临头，我们民族处于现在的地位，是很危险的。

譬如就第一件的祸害说，政治力亡人的国家，是一朝可以做得到的。中国此时受列强政治力的压迫，随时都可以亡，今日不知道明日的生死。应用政治力去亡人的国家，有两种手段：一是兵力，一是外交。怎么说兵力一朝可以亡国呢？拿历史来证明，从前宋朝怎么样亡国呢？是由于崖门一战，便亡于元朝。明朝怎么样亡国呢？是由于扬州一战，便亡于清朝。拿外国来看，华铁路①一战，那破仑第一之帝国便亡；斯丹②一战，那破仑第三之帝国便亡。照这样看，只要一战便至亡国，中国天天都可以亡。因为我们的海

① 今译滑铁卢。

② 今译色当。

陆军和各险要地方没有预备国防，外国随时可以冲入，随时可以亡中国。最近可以亡中国的是日本。他们的陆军，平常可出一百万，战时可加到三百万。海军也是很强的，几乎可以和英美争雄。经过华盛顿会议之后，战斗舰才限制到三十万吨，日本的大战船象巡洋舰、潜水艇、驱逐舰都是很坚固，战斗力都是很大的。譬如日本此次派到白鹅潭来的两只驱逐舰，中国便没有更大战斗力的船可以抵抗。象这种驱逐舰在日本有百几十只，日本如果用这种战舰来和我们打仗，随时便可以破我们的国防，制我们的死命。而且我们沿海各险要地方，又没有很大的炮台可以巩固国防，所以，日本近在东邻，他们的海陆军随时可以长驱直入。日本或者因为时机未至，暂不动手；如果要动手，便天天可以亡中国。从日本动员之日起，开到中国攻击之日止，最多不过十天。所以中国假若和日本绝交，日本在十天以内便可以亡中国。再由日本更望太平洋东岸，最强的是美国。美国海军从前多过日本三倍，近来因为受华盛顿会议的束缚，战斗舰减少到五十万吨，其他潜水艇、驱逐舰种种新战船都要比日本多。至于陆军，美国的教育是很普及的，小学教育是强迫制度，通国无论男女都要进学校去读书，全国国民多数受过中学教育及大学教育。他们国民在中学、大学之内，都受过军事教育，所以美国政府随时可以加多兵。当参加欧战的时候，不到一年便可以出二百万兵。故美国平时常备军虽然不多，但是军队的潜势力非常之大，随时可以出几百万兵。假若中美绝交，美国自动员之日起，到攻击中国之日止，只要一个月。故中美绝交，在一个月之后美国便可以亡中国。再从美国更向东望，位于欧洲大陆与大西洋之间的，便是英伦三岛。英国从前号称海上的霸王，他们的海军是世界上最强的。自从华盛顿会议之后，也限制战斗舰不得过五十万吨，至于普通巡洋舰、驱逐舰、潜水艇都比美国多。英国到中国不过四五十天，且在中国已经有了根据地。象香港已经经营了几十年，地方虽然很小，但是商务非常发达，这个地势，在军事上掌握中国南方几省的咽喉。练得有陆军，驻得有海军，以香港的海陆军来攻，我们一时虽然不至亡国，但是没有力量可以抵抗。除了香港以外，还有极接近的印度、澳洲，用那些殖民地的海陆军一齐来攻击，自动员之日起，不过两个月都可以到中国。故中英两国如果绝交，最多在两个月之内，英国便可以亡中国。再来望到欧洲大陆，现在最强的是法国。他们的陆军是世界上最强的，现在有了两三千架飞机，以后战时还可以增加。他们在离中国最近的地方，也有安南的根据地，并且由安南筑成了一条铁路，通到云南省城。假若中法绝交，法国的兵也只要四五十日便可以来攻击中国。所以法国也和英国一样，最多不过两个月便可以亡中国。

照这样讲来，专就军事上的压迫说，世界上无论那一个强国都可以亡中国。为什么中国至今还能够存在呢？中国到今天还能够存在的理由，不是中国自身有力可以抵抗，是由于列强都想亡中国，彼此都来窥伺，彼此不肯相让。各国在中国的势力成了平衡状态，所以中国还可以存在。中国有些痴心妄想的人，以为列强对于中国的权利，彼此之间总是要妒忌的，列强在中国的势力总是平均，不能统一的，长此以往，中国不必靠自己去抵抗便不至亡国。象这样专靠别人，不靠自己，岂不是望天打卦吗？望天打卦是靠不住的，这种痴心妄想是终不得了的，列强还是想要亡中国。不过，列强以为专用兵力来亡中国，恐怕为中国的问题又发生象欧洲从前一样的大战争，弄到结果，列强两败俱伤，于自身没有大利益。外国政治家看到很明白，所以不专用兵力。就是列强专用兵力来亡中国，彼此之间总免不了战争。其余权利上平均不平均的一切问题，或者能免冲突，到了统治的时候，还是免不了冲突。既免不了冲突，于他们自身还是有大大的不利。列强把这层利害看得也很清楚，所以他们现在便不主张战争，主张减少军备。日本的战斗舰只准三十万吨的海军，英美两国海军的战斗舰只准各五十万吨。那次会议，表面上为缩小军备问题，实在是为中国问题。要瓜分中国的权利，想用一个什么方法彼此可以免去冲突，所以才开那次会议。

我刚才已经说过了，用政治力亡人国家，本有两种手段：一是兵力，二是外交。兵力是用枪炮，他们用枪炮来，我们还知道要抵抗。如果用外交，只要一张纸和一枝笔。用一张纸和一枝笔亡了中国，我们便不知道抵抗。在华盛顿会议的时候，中国虽然派了代表，所议关于中国之事，表面都说为中国谋利益。但是华盛顿散会不久，各国报纸便有共管之说发生。此共管之说，以后必一日进步一日，各国之处心积虑，必想一个很完全的方法来亡中国。他们以后的方法，不必要动陆军、要开兵船，只要用一张纸和一枝笔，彼此妥协，便可以亡中国。如果动陆军、开兵船，还要十天或者四五十天，才可以亡中国。至于用妥协的方法，只要各国外交官坐在一处，各人签一个字，便可以亡中国。签字只是一朝，所以用妥协的方法来亡中国，只要一朝。一朝可以亡人国家，从前不是没有先例的。譬如从前的波兰，是俄国、德国、奥国瓜分了的。他们从前瓜分波兰的情形，是由于彼此一朝协商停妥之后，波兰便亡。照这个先例，如果英、法、美、日几个强国一朝妥协之后，中国也要灭亡。故就政治力亡人国家的情形讲，中国现在所处的地位是很危险的。

就第二件的祸害说，中国现在所受经济压迫的毒，我前说过，每年要被外国人夺去十二万万元的金钱。这种被夺去的金钱，还是一天增多一天。若照海关前十年出入口货相抵亏蚀二万万元，现在出入口货相抵亏蚀五万万元，每十年增加两倍半，推算比例起来，那么十年之后，我们每年被外国人夺去金钱应为三十万万元。若将此三十万万元分担到我们四万万人身上，我们每年每人应担七元五角。我们每年每人要担七元五角与外国人，换一句话说，就是我们每年每人应纳七元五角人头税与外国。况且四万万人中除了二万万是女子，照现在女子能力状况而论，不能担负此项七元五角之人头税，甚为明白，则男子方面应该多担一倍，当为每年每人应担十五元。男子之中又有三种分别，一种是老弱的，一种是幼稚的，此二种虽系男子，但是只能分利，不能生利，更不能希望其担负此项轮到男子应担之十五元人头税。除去三分二不能担负，则担负的完全系中年生利之男子。此中年生利之男子，应将老幼应担之十五元一齐担下，则一中年生利之男子每年每人应担四十五元之人头税。试想我们一中年生利之男子，应担负四十五元之人头税与外国，汝说可怕不可怕呢？这种人头税还是有加无已的。所以依我看起来，中国人再不觉悟，长此以往，就是外国的政治家天天睡觉，不到十年便要亡国。因为现在已经是民穷财尽，再到十年，人民的困穷更可想而知，还要增加比较现在的负担多两倍半。汝想中国要亡不要亡呢？

列强经过这次欧洲大战之后，或者不想再有战争，不想暴动，以后是好静恶动，我们由此可以免去军事的压迫，但是外交的压迫便不能免去。就令外交的压迫可以徼幸免去，专由这样大的经济压迫天天侵入，天天来吸收，而我们大家犹在睡梦之中，如何可免灭亡呢！

再就第三件的祸害说，我们中国人口在已往一百年没有加多。以后一百年若没有振作之法，当然难得加多。环看地球上，那美国增多十倍，俄国增多四倍，英国、日本增多三倍，德国增多两倍半，至少的法国还有四分之一的增多。若他们逐日的增多，我们却仍然故我，甚或减少。拿我国的历史来考查，汉族大了，原来中国的土人苗、傜、僚、僮等族便要灭亡。那么我们民族，被他们的人口增加的压迫，不久亦要灭亡，亦是显然可见的事。

故中国现在受列强的政治压迫，是朝不保夕的；受经济的压迫，刚才算出十年之后便要亡国；讲到人口增加的问题，中国将来也是很危险的。所以中国受外国的政治、经济和人口的压迫，这三件大祸是已经临头了，我们自己便先要知道。自己知道了这三件大祸临头，便要到处宣传，使人人都知道亡国惨祸，中国是难逃于天地之间的。到了人人都知道大祸临头，应该要怎么样呢？俗话说“困兽犹斗”，逼到无可逃免的时候，当发奋起来和敌人拚一死命。我们有了大祸临头，能斗不能斗呢？一定是能斗的。但是要能斗，便先要知道自己的死期将至。知道了自己的死期将至，才能够奋斗。所以我们提倡民族主义，便先要四万万人都知道自己的死期将至。知道了死期将至，困兽尚且要斗，我们将死的民族是要斗不要斗呢！诸君是学生，是军人，是政治家，都是先觉先知，要令四万万人都知道我们民族现在是很危险的。如果四万万人都知道了危险，我们对于民族主义便不难恢复。

外国人常说，中国人是一片散沙。中国人对于国家观念，本是一片散沙，本没有民族团体。但是除了民族团体之外，有没有别的团体呢？我从前说过了，中国有很坚固的家族和宗族团体，中国人对于家族和宗族的观念是很深的。譬如中国人在路上遇见了，交谈之后，请问贵姓大名，只要彼此知道是同宗，便非常之亲热，便认为同姓的伯叔兄弟。由这种好观念推广出来，便可由宗族主义扩充到国族主义。我们失了的民族主义要想恢复起来，便要有团体，要有很大的团体。我们要结成大团体，便先要有小基础，彼此联合起来，才容易做成功。我们中国可以利用的小基础，就是宗族团体。此外还有家乡基础，中国人的家乡观念也是很深的。如果是同省同县同乡村的人，总是特别容易联络。依我看起来，若是拿这两种好观念做基础，很可以把全国的人都联络起来。要达到这个目的，便先要大家去做。中国人照此做去，恢复民族主义比较外国人是容易得多。因为外国是以个人为单位，他们的法律，对于父子、兄弟、姊妹、夫妇各个人的权利都是单独保护的。打起官司来，不问家族的情形是怎么样，只问个人的是非是怎么样。再由个人放大便是国家，在个人和国家的中间，再没有很坚固很普遍的中间社会。所以说，国民和国家结构的关系，外国不如中国。因为中国个人之外注重家族，有了什么事便要问家长。这种组织，有的说是好，有的说是不好。依我看起来，中国国民和国家结构的关系，先有家族，再推到宗族，再然后才是国族，这种组织一级一级的放大，有条不紊，大小结构的关系当中是很实在的；如果用宗族为单位，改良当中的组织，再联合成国族，比较外国用个人为单位当然容易联络得多。若是用个人做单位，在一国之中，至少有几千万个单位，象中国便有四万万个单位。要想把这样多数的单位都联络起来，自然是很难的。如果用宗族做单位，中国人的姓普通都说是百家姓，不过经过年代太久，每姓中的祖宗或者有不同，由此所成的宗族或者不只一百族，但是最多不过四百族。各族中总有连带的关系，譬如各姓修家谱，常由祖宗几十代推到从前几百代，追求到几千年以前。先祖的姓氏，多半是由于别姓改成的，考求最古的姓是很少的。象这样宗族中穷源极流的旧习惯，在中国有了几千年，牢不可破。在外国人看起来，或者以为没有用处，但是敬宗亲族的观念入了中国人的脑，有了几千年。国亡他可以不管，以为人人做皇帝，他总是一样纳粮。若说到灭族，他就怕祖宗血食断绝，不由得不拚命奋斗。闽粤向多各姓械斗的事，起因多是为这一姓对于那一姓名分上或私人上小有凌辱侵占，便不惜牺牲无数金钱生命，求为姓中吐气。事虽野蛮，义至可取。若是给他知了外国目前种种压迫，民族不久即要亡，民族亡了，家族便无从存在。譬如中国原来的土人苗、傜等族，到了今日祖宗血食早断绝了。若我们不放大眼光，合各宗族之力来成一个国族以抵抗外国，则苗、傜等族今日祖宗之不血食，就是我们异日祖宗不能血食的样子。那么，一方可以化各宗族之争而为对外族之争，国内野蛮的各姓械斗可以消灭；一方他怕灭族，结合容易而且坚固，可以成就极有力量的国族。用宗族的小基础，来做扩充国族的工夫，譬如中国现有四百族，好象对于四百人做工夫一样。在每一姓中，用其原来宗族的组织，拿同宗的名义，先从一乡一县联络起，再扩充到一省一国，各姓便可以成一个很大的团体。譬如姓陈的人，因其原有组织，在一乡一县一省中专向姓陈的人去联络，我想不过两三年，姓陈的人便有很大的团体。到了各姓有很大的团体之后，再由有关系的各姓互相联合起来，成许多极大的团体。更令各姓的团体都知道大祸临头，死期将至，都结合起来，便可以成一个极大中华民国的国族团体。有了国族团体，还怕什么外患，还怕不能兴邦吗！《尚书》所载尧的时候，“克明俊德，以亲九族；九族既睦，平章百姓；百姓昭明，协和万邦。黎民于变时雍。”他的治平工夫，亦是由家族入手，逐渐扩充到百姓，使到万邦协和，黎民于变时雍，岂不是目前团结宗族造成国族以兴邦御外的好榜样吗？如果不从四百个宗族团体中做工夫，要从四万万人中去做工夫，那么，一片散沙便不知道从那里联络起。从前日本用藩阀诸侯的关系，联络成了大和民族。当时日本要用藩阀诸侯那些关系的原因，和我主张联成中国民族要用宗族的关系是一样。

大家如果知道自己是受压迫的国民，已经到了不得了的时代，把各姓的宗族团体先联合起来，更由宗族团体结合成一个民族的大团体。我们四万万人有了民族的大团体，要抵抗外国人，积极上自然有办法。现在所以没有办法的原因，是由于没有团体。有了团体，去抵抗外国人不是难事。譬如印度现在受英国人的压迫，被英国人所统治，印度人对于政治的压迫没有办法，对于经济的压迫，便有康第[①]主张"不合作"。什么是不合作呢？就是英国人所需要的，印度人不供给；英国人所供给的，印度人不需要。好比英国人需要工人，印度人便不去和他们作工；英国人供给印度许多洋货，印度人不用他们的洋货，专用自制的土货。康第这种主张，初发表的时候，英国人以为不要紧，可以不必理他。但是久而久之，印度便有许多不合作的团体出现，英国经济一方面便受极大的影响，故英国政府捕康第下狱。推究印度所以能够收不合作之效果的原因，是由于全国国民能够实行。但是印度是已经亡了的国家，尚且能够实行不合作。我们中国此刻还没有亡，普通国民对于别的事业不容易做到，至于不做外国人的工，不去当洋奴，不用外来的洋货，提倡国货，不用外国银行的纸币，专用中国政府的钱，实行经济绝交，是很可以做得到的。他若人口增加的问题，更是容易解决。中国的人口向来很多，物产又很丰富。向来所以要受外国压迫的原因，毛病是由于大家不知，醉生梦死。假若全体国民都能够和印度人一样的不合作，又用宗族团体做基础联成一个大民族团体，无论外国用什么兵力、经济和人口来压迫，我们都不怕他。所以救中国危亡的根本方法，在自己先有团体，用三四百个宗族的团体来顾国家，便有办法。无论对付那一国，都可以抵抗。抵抗外国的方法有两种：一是积极的，这种方法就是振起民族精神，求民权、

① 今译甘地，下同。

民生之解决，以与外国奋斗。二是消极的，这种方法就是不合作。不合作是消极的抵制，使外国的帝国主义减少作用，以维持民族的地位，免致灭亡。

第六讲

（三月二日）

今天所讲的问题，是怎么样可以恢复我们民族的地位。

我们想研究一个什么方法去恢复我们民族的地位，便不要忘却前几次所讲的话。我们民族现在究竟是处于什么地位呢？我们民族和国家在现在世界中究竟是什么情形呢？一般很有思想的人所谓先知先觉者，以为中国现在是处于半殖民地的地位，但是照我前次的研究，中国现在不止是处于半殖民地的地位。依殖民地的情形讲，比方安南是法国的殖民地，高丽是日本的殖民地，中国既是半殖民地，和安南、高丽比较起来，中国的地位似乎要高一点，因为高丽、安南已经成了完全的殖民地。到底中国现在的地位，和高丽、安南比较起来究竟是怎么样呢？照我的研究，中国现在还不能够到完全殖民地的地位，比较完全殖民地的地位更要低一级。所以我创一个新名词，说中国是“次殖民地”，这就是中国现在的地位。这种理论，我前次已经讲得很透彻了，今天不必再讲。

至于中国古时在世界中是处于什么地位呢？中国从前是很强盛很文明的国家，在世界中是头一个强国，所处的地位比现在的列强象英国、美国、法国、日本还要高得多。因为那个时候的中国，是世界中的独强。我们祖宗从前已经达到了那个地位，说到现在还不如殖民地，为什么从前的地位有那么高，到了现在便一落千丈呢？此中最大的原因，我从前已经讲过了，就是由于我们失了民族的精神，所以国家便一天退步一天。我们今天要恢复民族的地位，便先要恢复民族的精神。

我们想要恢复民族的精神，要有两个条件：第一个条件是要我们知道现在处于极危险的地位；第二个条件是我们既然知道了处于很危险的地位，便要善用中国固有的团体，象家族团体和宗族团体，大家联合起来，成一个大国族团体。结成了国族团体，有了四万万人的大力量，共同去奋斗，无论我们民族是处于什么地位，都可以恢复起来。所以，能知与合群，便是恢复民族主义的方法。大家先知道了这个方法的更要去推广，宣传到全国的四万万人，令人人都要知道；到了人人都知道了，那末，我们从前失去的民族精神便可以恢复起来。从前失去民族精神，好比是睡着觉，现在要恢复民族精神，就要唤醒起来。醒了之后，才可以恢复民族主义。到民族主义恢复了之后，我们便可以进一步去研究怎么样才可以恢复我们民族的地位。

中国从前能够达到很强盛的地位，不是一个原因做成的。大凡一个国家所以能够强盛的原故，起初的时候都是由于武力发展，继之以种种文化的发扬，便能成功。但是要维持民族和国家的长久地位，还有道德问题，有了很好的道德，国家才能长治久安。亚洲古时最强盛的民族，莫过于元朝的蒙古人。蒙古人在东边灭了中国，在西边又征服欧洲。中国历代最强盛的时代，国力都不能够过里海的西岸，只能够到里海之东，故中国最强盛的时候，国力都不能达到欧洲。元朝的时候，全欧洲几乎被蒙古人吞并，比起中国最强盛的时候还要强盛得多，但是元朝的地位没有维持很久。从前中国各代的国力虽然比不上元朝，但是国家的地位各代都能够长久，推究当中的原因，就是元朝的道德不及中国其余各代的道德那样高尚。从前中国民族的道德因为比外国民族的道德高尚得多,所以在宋朝,一次亡国到外来的蒙古人,后来蒙古人还是被中国人所同化。在明朝,二次亡国到外来的满洲人,后来满洲人也是被中国人同化。因为我们民族的道德高尚,故国家虽亡,民族还能够存在;不但是自己的民族能够存在,并且有力量能够同化外来的民族。所以穷本极源,我们现在要恢复民族的地位,除了大家联合起来做成一个国族团体以外,就要把固有的旧道德先恢复起来。有了固有的道德,然后固有的民族地位才可以图恢复。

讲到中国固有的道德,中国人至今不能忘记的,首是忠孝,次是仁爱,其次是信义,其次是和平。这些旧道德,中国人至今还是常讲的。但是,现在受外来民族的压迫,侵入了新文化,那些新文化的势力此刻横行中国。一般醉心新文化的人,便排斥旧道德,以为有了新文化,便可以不要旧道德。不知道我们固有的东西,如果是好的,当然是要保存,不好的才可以放弃。

此刻中国正是新旧潮流相冲突的时候,一般国民都无所适从。前几天我到乡下进了一所祠堂,走到最后进的一间厅堂去休息,看见右边有一个"孝"字,左边一无所有,我想从前一定有个"忠"字。象这些景象,我看见了的不止一次,有许多祠堂或家庙都是一样的。不过我前几天所看见的"孝"字是特别的大,左边所拆去的痕迹还是很新鲜。推究那个拆去的行为,不知道是乡下人自己做的,或者是我们所驻的兵士做的,但是我从前看到许多祠堂庙宇没有驻过兵,都把"忠"字拆去了。由此便可见现在一般人民的思想,以为到了民国,便可以不讲忠字。以为从前讲忠字是对于君的,所谓忠君;现在民国没有君主,忠字便可以不用,所以便把他拆去。这种理论,实在是误解。因为在国家之内,君主可以不要,忠字是不能不要的。如果说忠字可以不要,试问我们有没有国呢?我们的忠字可不可以用之于国呢?我们到现在说忠于君固然是不可以,说忠于民是可不可呢？忠于事又是可不可呢？我们做一件事，总要始终不渝，做到成功，如果做不成功，就是把性命去牺牲亦所不惜，这便是忠。所以古人讲忠字，推到极点便是一死。古时所讲的忠，是忠于皇帝，现在没有皇帝便不讲忠字，以为什么事都可以做出来，那便是大错。现在人人都说，到了民国什么道德都破坏了，根本原因就是在此。我们在民国之内，照道理上说，还是要尽忠，不忠于君，要忠于国，要忠于民，要为四万万人去效忠。为四万万人效忠，比较为一人效忠，自然是高尚得多。故忠字的好道德还是要保存。讲到孝字，我们中国尤为特长，尤其比各国进步得多。《孝经》所讲孝字，几乎无所不包，无所不至。现在世界中最文明的国家讲到孝字，还没有象中国讲到这么完全。所以孝字更是不能不要的。国民在民国之内，要能够把忠孝二字讲到极点，国家便自然可以强盛。

仁爱也是中国的好道德。古时最讲爱字的莫过于墨子。墨子所讲的“兼爱”，与耶稣所讲的“博爱”是一样的。古时在政治一方面所讲爱的道理，有所谓“爱民如子”，有所谓“仁民爱物”，无论对于什么事，都是用爱字去包括。所以古人对于仁爱究竟是怎么样实行，便可以知道。中外交通之后，一般人便以为中国人所讲的仁爱不及外国人，因为外国人在中国设立学校，开办医院，来教育中国人、救济中国人，都是为实行仁爱的。照这样实行一方面讲起来，仁爱的好道德，中国现在似乎远不如外国。中国所以不如的原故，不过是中国人对于仁爱没有外国人那样实行，但是仁爱还是中国的旧道德。我们要学外国，只要学他们那样实行，把仁爱恢复起来，再去发扬光大，便是中国固有的精神。

讲到信义。中国古时对于邻国和对于朋友都是讲信的。依我看来，就信字一方面的道德，中国人实在比外国人好得多。在什么地方可以看得出来呢？在商业的交易上便可以看得出。中国人交易，没有什么契约，只要彼此口头说一句话，便有很大的信用。比方外国人和中国人订一批货，彼此不必立合同，只要记入帐簿便算了事。但是中国人和外国人订一批货，彼此便要立很详细的合同。如果在没有律师和没有外交官的地方，外国人也有学中国人一样只记入帐簿便算了事的，不过这种例子很少，普通都是要立合同。逢着没有立合同的时〈候〉，彼此定了货，到交货的时候如果货物的价格太贱，还要去买那一批货，自然要亏本。譬如定货的时候那批货价订明是一万元，在交货的时候只值五千元，若是收受那批货，便要损失五千元。推到当初订货的时候没有合同，中国人本来把所定的货可以辞却不要，但是中国人为履行信用起见，宁可自己损失五千元，不情愿辞去那批货。所以外国在中国内地做生意很久的人，常常赞美中国人，说中国人讲一句话比外国人立了合同的还要守信用得多。但是外国人在日本做生意的，和日本人订货，纵然立了合同，日本人也常不履行。譬如定货的时候那批货订明一万元，在交货的时候价格跌到五千元，就是原来有合同，日本人也不要那批货、去履行合同，所以外国人常常和日本人打官司。在东亚住过很久的外国人，和中国人与日本人都做过了生意的，都赞美中国人，不赞美日本人。至于讲到义字，中国在很强盛的时代也没有完全去灭人国家。比方从前的高丽，名义上是中国的藩属，实在是一个独立国家，就是在二十年以前，高丽还是独立。到了近来一二十年，高丽才失去自由。从前有一天，我和一位日本朋友谈论世界问题，当时适欧战正剧，日本方参加协商国去打德国。那位日本朋友说，他本不赞成日本去打德国，主张日本要守中立，或者参加德国来打协商国。但说因为日本和英国是同盟的，订过了国际条约的，日本因为要讲信义，履行国际条约，故不得不牺牲国家的权利，去参加协商国,和英国共同去打德国。我就问那位日本人说:“日本和中国不是立过了马关条约吗?该条约中最要之条件不是要求高丽独立吗?为什么日本对于英国能够牺牲国家权利去履行条约,对于中国就不讲信义,不履行马关条约呢?对于高丽独立是日本所发起、所要求、且以兵力胁迫而成的,今竟食言而肥,何信义之有呢?简直是说,日本对于英国主张履行条约,对于中国便不主张履行条约,因为英国是很强的,中国是很弱的。日本加入欧战,是怕强权,不是讲信义罢!”中国强了几千年而高丽犹在,日本强了不过二十年便把高丽灭了,由此便可见日本的信义不如中国,中国所讲的信义,比外国要进步得多。

中国更有一种极好的道德,是爱和平。现在世界上的国家和民族,止有中国是讲和平;外国都是讲战争,主张帝国主义去灭人的国家。近年因为经过许多大战,残杀太大,才主张免去战争,开了好几次和平会议,象从前的海牙会议,欧战之后的华赛尔会议、金那瓦[①]会议、华盛顿会议,最近的洛桑会议。但是这些会议,各国人共同去讲和平,是因为怕战争,出于勉强而然的,不是出于一般国民的天性。中国人几千年酷爱和平,都是出于天性。论到个人便重谦让,论到政治便说“不嗜杀人者能一之”,和外国人便有大大的不同。所以中国从前的忠孝、仁爱、信义种种的旧道德固然是驾乎外国人,说到和平的道德更是驾乎外国人。这种特别的好道德,便是我们民族的精神。我们以后对于这种精神不但是要保存,并且要发扬光大,然后我们民族的地位才可以恢复。

我们旧有的道德应该恢复以外,还有固有的智能也应该恢复起来。我们自被满清征服了以后,四万万人睡觉,不但是道德睡了

① 今译日内瓦。

觉，连知识也睡了觉。我们今天要恢复民族精神，不但是要唤醒固有的道德，就是固有的知识也应该唤醒他。中国有什么固有的知识呢？就人生对于国家的观念，中国古时有很好的政治哲学。我们以为欧美的国家近来很进步，但是说到他们的新文化，还不如我们政治哲学的完全。中国有一段最有系统的政治哲学，在外国的大政治家还没有见到，还没有说到那样清楚的，就是《大学》中所说的“格物、致知、诚意、正心、修身、齐家、治国、平天下”那一段的话。把一个人从内发扬到外，由一个人的内部做起，推到平天下止。象这样精微开展的理论，无论外国什么政治哲学家都没有见到，都没有说出，这就是我们政治哲学的知识中独有的宝贝，是应该要保存的。这种正心、诚意、修身、齐家的道理，本属于道德的范围，今天要把他放在知识范围内来讲，才是适当。我们祖宗对于这些道德上的功夫，从前虽然是做过了的，但是自失了民族精神之后，这些知识的精神当然也失去了。所以普通人读书，虽然常用那一段话做口头禅，但是多是习而不察，不求甚解，莫名其妙的。正心、诚意的学问是内治的功夫，是很难讲的。从前宋儒是最讲究这些功夫的，读他们的书，便可以知道他们做到了什么地步。但是说到修身、齐家、治国那些外修的功夫，恐怕我们现在还没有做到。专就外表来说，所谓修身、齐家、治国，中国人近几百年以来都做不到，所以对于本国便不能自治。外国人看见中国人不能治国，便要来共管。

我们为什么不能治中国呢？外国人从什么地方可以看出来呢？依我个人的眼光看，外国人从齐家一方面或者把中国家庭看不清楚，但是从修身一方面来看，我们中国人对于这些功夫是很缺乏的。中国人一举一动都欠检点，只要和中国人来往过一次，便看得很清楚。外国人对于中国的印象，除非是在中国住过了二三十年的外国人,或者是极大的哲学家象罗素那一样的人有很大的眼光,一到中国来,便可以看出中国的文化超过于欧美,才赞美中国。普通外国人,总说中国人没有教化,是很野蛮的。推求这个原因,就是大家对于修身的功夫太缺乏。大者勿论,即一举一动,极寻常的功夫都不讲究。譬如中国人初到美国时候,美国人本来是平等看待,没有什么中美人的分别。后来美国大旅馆都不准中国人住,大的酒店都不许中国人去吃饭,这就是由于中国人没有自修的功夫。我有一次在船上和一个美国船主谈话,他说:"有一位中国公使前一次也坐这个船,在船上到处喷涕吐痰,就在这个贵重的地毡上吐痰,真是可厌。"我便问他:"你当时有什么办法呢?"他说:"我想到无法,只好当他的面,用我自己的丝巾把地毡上的痰擦干净便了。当我擦痰的时候,他还是不经意的样子。"象那位公使在那样贵重的地毡上都吐痰,普通中国人大都如此,由此一端,便可见中国人举动缺乏自修的功夫。孔子从前说"席不正不坐",由此便可见他平时修身虽一坐立之微,亦很讲究的。到了宋儒时代,他们正心、诚意和修身的功夫,更为谨严。现在中国人便不讲究了。

为什么外国的大酒店都不许中国人去吃饭呢?有人说:有一次,一个外国大酒店当会食的时候,男男女女非常热闹、非常文雅,跻〔济〕跻〔济〕一堂,各乐其乐。忽然有一个中国人放起屁来,于是同堂的外国人哗然哄散,由此店主便把那位中国人逐出店外。从此以后,外国大酒店就不许中国人去吃饭了。又有一次,上海有一位大商家请外国人来宴会,他也忽然在席上放起屁来,弄到外国人的脸都变红了。他不但不检点,反站起来大拍衫裤,且对外国人说:"嗌士巧士咪。"[①]这种举动,真是野蛮陋劣之极!而中国之文

① 英文 Excuse me 的音译,意思是"对不起"。

人学子，亦常有此鄙陋行为，实在难解。或谓有气必放，放而要响，是有益卫生，此更为恶劣之谬见。望国人切当戒之，以为修身的第一步功夫。此外中国人每爱留长指甲，长到一寸多长都不剪去，常以为要这样便是很文雅。法国人也有留指甲的习惯，不过法国人留长指甲，只长到一两分，他们以为要这样，便可表示自己是不做粗工的人。中国人留长指甲也许有这个意思，如果人人都不想做粗工，便和我们国民党尊重劳工的原理相违背了。再者中国人牙齿是常常很黄墨的，总不去洗刷干净，也是自修上的一个大缺点。象吐痰、放屁、留长指甲、不洗牙齿，都是修身上寻常的功夫，中国人都不检点。所以我们虽然有修身、齐家、治国、平天下的大知识，外国人一遇见了便以为很野蛮，便不情愿过细来考察我们的知识。外国人一看到中国，便能够知道中国的文明，除非是大哲学家象罗素一样的人才能见到；否则便要在中国多住几十年，方可以知道中国几千年的旧文化。假如大家把修身的功夫做得很有条理，诚中形外，虽至举动之微亦能注意，遇到外国人，不以鄙陋行为而侵犯人家的自由，外国人一定是很尊重的。所以今天讲到修身，诸位新青年便应该学外国人的新文化。只要先能够修身，便可来讲齐家、治国。现在各国的政治都进步了，只有中国是退步，何以中国要退步呢？就是因为受外国政治经济的压迫，推究根本原因，还是由于中国人不修身。不知道中国从前讲修身，推到正心、诚意、格物、致知，这是很精密的知识，是一贯的道理。象这样很精密的知识和一贯的道理，都是中国所固有的。我们现在要能够齐家、治国，不受外国的压迫，根本上便要从修身起，把中国固有知识一贯的道理先恢复起来，然后我们民族的精神和民族的地位才都可以恢复。

我们除了知识之外，还有固有的能力。现在中国人看见了外国的机器发达，科学昌明，中国人现在的能力当然不及外国人。但是在几千年前,中国人的能力是怎么样呢?从前中国人的能力还要比外国人大得多。外国现在最重要的东西,都是中国从前发明的。比如指南针,在今日航业最发达的世界,几乎一时一刻都不能不用他。推究这种指南针的来源,还是中国人几千年以前发明的。如果从前的中国人没有能力,便不能发明指南针。中国人固老早有了指南针,外国人至今还是要用他。可见中国人固有的能力还是高过外国人。其次,在人类文明中最重要的东西便是印刷术。现在外国改良的印刷机,每点钟可以印几万张报纸,推究他的来源,也是中国发明的。再其次,在人类中日用的磁器更是中国发明的,是中国的特产。至今外国人极力仿效,犹远不及中国之精美。近来世界战争用到无烟火药,推究无烟药的来源,是由于有烟黑药改良而成的,那种有烟黑药也是中国发明的。中国发明了指南针、印刷术和火药这些重要的东西,外国今日知道利用他,所以他们能够有今日的强盛。至若人类所享衣食住行的种种设备,也是我们从前发明的。譬如就饮料一项说,中国人发明茶叶,至今为世界之一大需要,文明各国皆争用之。以茶代酒,更可免了酒患,有益人类不少。讲到衣一层,外国人视为最贵重的是丝织品。现在世界上穿丝的人一天多过一天,推究用蚕所吐的丝而为人衣服,也是中国几千年前发明的。讲到住一层,现在外国人建造的房屋自然是很完全,但是造房屋的原理和房屋中各重要部分都是中国人发明的,譬如拱门就是以中国的发明为最早。至于走路,外国人现在所用的吊桥,便以为是极新的工程、很大的本领。但是外国人到中国内地来,走到川边、西藏,看见中国人经过大山,横过大河,多有用吊桥的。他们从前没有看见中国的吊桥,以为这是外国先发明的,及看见了中国的吊桥,便把这种发明归功到中国。由此可见中国古时不是没有能力的,因为后来失了那种能力,所以我们民族的地位也逐渐退化。现在要恢复固有的地位，便先要把我们固有的能力一齐都恢复起来。

但是恢复了我们固有的道德、知识和能力，在今日之世，仍未能进中国于世界一等的地位，如我们祖宗之当时为世界之独强的。恢复我一切国粹之后，还要去学欧美之所长，然后才可以和欧美并驾齐驱。如果不学外国的长处，我们仍要退后。我们要学外国到底是难不难呢？中国人向来以为外国的机器很难，是不容易学的。不知道外国所视为最难的是飞上天，他们最新的发明的飞机，现在我们天天看见大沙头的飞机飞上天，飞上天的技师是不是中国人呢；中国人飞上天都可以学得到，其余还有什么难事学不到呢？因为几千年以来，中国人有了很好的根底和文化，所以去学外国人，无论什么事都可以学得到。用我们的本能，很可以学外国人的长处。外国的长处是科学，用了两三百年的功夫去研究发明，到了近五十年来，才算是十分进步。因为这种科学进步，所以人力可以巧夺天工，天然所有的物力，人工都可以做得到。最新发明的物力是用电。从前物力的来源是用煤，由于煤便发动汽力，现在进步到用电。所以外国的科学，已经由第一步进到第二步。现在美国有一个很大的计划，是要把全国机器厂所用的动力即马力都统一起来。因为他们全国的机器厂有几万家，各家工厂都有一个发动机，都要各自烧煤去发生动力，所以每天各厂所烧的煤和所费的人工都是很多。且因各厂用煤太多，弄到全国的铁路虽然有了几十万英里，还不敷替他们运煤之用，更没有工夫去运农产，于是各地的农产便不能运出畅销。因为用煤有这两种的大大不利，所以美国现在想做一个中央电厂，把几万家工厂用电力去统一。将来此项计划如果成功，那几万家工厂的发动机都统一到一个总发动机，各工厂可以不必用煤和许多工人去烧火，只用一条铜线，便可以传导动力，各工厂便可以去做工。行这种方法的利益，好比现在讲堂内的几百人，每一个人单独用锅炉去煮饭吃，是很麻烦的，是很浪费的；如果大家合拢起来，只用一个大锅炉去煮饭吃，就便当得多，就节省得多。现在美国正是想用电力去统一全国工厂的计划。如果中国要学外国的长处，起首便应该不必用煤力而用电力，用一个大原动力供给全国。这样学法，好比是军事家的迎头截击一样，如果能够迎头去学，十年之后，虽然不能超过外国，一定可以和他们并驾齐驱。

我们要学外国，是要迎头赶上去，不要向后跟着他。譬如学科学，迎头赶上去，便可以减少两百多年的光阴。我们到了今日的地位，如果还是睡觉，不去奋斗，不知道恢复国家的地位，从此以后便要亡国灭种。现在我们知道了跟上世界的潮流，去学外国之所长，必可以学得比较外国还要好，所谓“后来者居上”。从前虽然是退后了几百年，但是现在只要几年便可以赶上，日本便是一个好榜样。日本从前的文化是从中国学去的，比较中国低得多。但是日本近来专学欧美的文化，不过几十年便成世界中列强之一。我看中国人的聪明才力不亚于日本，我们此后去学欧美，比较日本还要容易。所以这十年中，便是我们的生死关头。如果我们醒了，象日本人一样，大家提心吊胆去恢复民族的地位，在十年之内，就可以把外国的政治、经济和人口增加的种种压迫和种种祸害都一齐消灭。日本学欧美不过几十年便成世界列强之一，但是中国的人口比日本多十倍，领土比日本大三十倍，富源更是比日本多，如果中国学到日本，就要变成十个列强。现在世界之中，英、美、法、日、意大利等不过五大强国，以后德、俄恢复起来，也不过六七个强国；如果中国能够学到日本，只要用一国便变成十个强国。到了那个时候，中国便可以恢复到头一个地位。

但是中国到了头一个地位，是怎么样做法呢？中国古时常讲“济弱扶倾”，因为中国有了这个好政策，所以强了几千年，安南、缅甸、高丽、暹罗那些小国还能够保持独立。现在欧风东渐，安南便被法国灭了，缅甸被英国灭了，高丽被日本灭了。所以，中国如果强盛起来，我们不但是要恢复民族的地位，还要对于世界负一个大责任。如果中国不能够担负这个责任，那末中国强盛了，对于世界便有大害，没有大利。中国对于世界究竟要负什么责任呢？现在世界列强所走的路是灭人国家的，如果中国强盛起来，也要去灭人国家，也去学列强的帝国主义，走相同的路，便是蹈他们的覆辙。所以我们要先决定一种政策，要济弱扶倾，才是尽我们民族的天职。我们对于弱小民族要扶持他，对于世界的列强要抵抗他。如果全国人民都立定这个志愿，中国民族才可以发达。若是不立定这个志愿，中国民族便没有希望。我们今日在没有发达之先，立定扶倾济弱的志愿，将来到了强盛时候，想到今日身受过了列强政治经济压迫的痛苦，将来弱小民族如果也受这种痛苦，我们便要把那些帝国主义来消灭，那才算是治国平天下。

我们要将来能够治国平天下，便先要恢复民族主义和民族地位。用固有的道德和平做基础，去统一世界，成一个大同之治，这便是我们四万万人的大责任。诸君都是四万万人的一份子，都应该担负这个责任，便是我们民族的真精神！

据上海孙中山故民藏《民族主义》(孙中山亲笔改正本)及孙文讲演、中国国民党中央执行委员会编辑《民族主义》(广州一九二四年四月版)互校，卷首“自序”据《国父墨宝》(影印原稿)

民权主义

第一讲

（三月九日）

诸君：

今天开始来讲民权主义。什么叫做民权主义呢？现在要把民权来定一个解释，便先要知道什么是民。大凡有团体有组织的众人，就叫做民。什么是权呢？权就是力量，就是威势。那些力量大到同国家一样，就叫做权。力量最大的那些国家，中国话说“列强”，外国话便说“列权”。又机器的力量，中国话说是“马力”，外国话说是“马权”。所以权和力实在是相同，有行使命令的力量，有制服群伦的力量，就叫做权。把民同权合拢起来说，民权就是人民的政治力量。什么是叫做政治的力量呢？我们要明白这个道理，便先要明白什么是政治。许多人以为政治是很奥妙、很艰深的东西，是通常人不容易明白的。所以中国的军人常常说，我们是军人，不懂得政治。为什么不懂得政治呢？就是因为他们把政治看作是很奥妙、很艰深的，殊不知道政治是很浅白、很明了的。如果军人说不干涉政治，还可以讲得通，但是说不懂得政治，便讲不通了。因为政治的原动力便在军人，所以军人当然要懂得政治，要明白什么是政治。政治两字的意思，浅而言之，政就是众人的事，治就是管理，管理众人的事便是政治。有管理众人之事的力量，便是政权。今以人民管理政事，便叫做民权。

现在民权的定义既然是明白了，便要研究民权是什么作用的。环观近世，追溯往古，权的作用，简单的说，就是要来维持人类的生存。人类要能够生存，就须有两件最大的事：第一件是保，第二件是养。保和养两件大事，是人类天天要做的。保就是自卫，无论是个人或团体或国家，要有自卫的能力，才能够生存。养就是觅食。这自卫和觅食，便是人类维持生存的两件大事。但是人类要维持生存，他项动物也要维持生存；人类要自卫，他项动物也要自卫；人类要觅食，他项动物也要觅食。所以人类的保养和动物的保养冲突，便发生竞争。人类要在竞争中求生存，便要奋斗，所以奋斗这一件事，是自有人类以来天天不息的。由此便知权是人类用来奋斗的。

人类由初生以至于现在，天天都是在奋斗之中。人类奋斗可分作几个时期：第一个时期，是太古洪荒没有历史以前的时期。那个时期的长短，现在虽然不知道，但是近来地质学家由石层研究起来，考查得有人类遗迹凭据的石头不过是两百万年，在两百万年以前的石头便没有人类的遗迹。普通人讲到几百万年以前的事，似乎是很渺茫的，但是近来地质学极发达，地质学家把地球上的石头分成许多层，每层合成若干年代，那一层是最古的石头，那一层是近代的石头，所以用石头来分别。在我们说到两百万年，似乎是很长远，但是在地质学家看起来，不过是一短时期。两百万年以前还有种种石层，更自两百万年以上，推到地球没有结成石头之先，便无可稽考。普通都说没有结成石头之先，是一种流质；更在流质之先，是一种气体。所以照进化哲学的道理讲，地球本来是气体，和太阳本是一体的。始初太阳和气体都是在空中，成一团星云，到太阳收缩的时候，分开许多气体，日久凝结成液体，再由液体固结成石头。最老的石头有几千万年，现在地质学家考究得有凭据的石头是二千多万年。所以他们推定地球当初由气体变成液体要几千万年，由液体变成石头的固体又要几千万年。由最古之石头至于今日,至少有二千万年。在二千万年的时代,因为没有文字的历史,我们便以为很久远,但是地质学家还以为很新鲜。我要讲这些地质学,和我们今日的讲题有什么关系呢?因为讲地球的来源,便由此可以推究到人类的来源。地质学家考究得人类初生在二百万年以内,人类初生以后到距今二十万年才生文化。二十万年以前,人和禽兽没有什么大分别,所以哲学家说人是由动物进化而成,不是偶然造成的。人类庶物由二十万年以来逐渐进化,才成今日的世界。现在是什么世界呢?就是民权世界。

民权之萌芽虽在二千年前之希腊、罗马时代,但是确立不摇,只有一百五十年。前此仍是君权时代。君权之前便是神权时代。而神权之前便是洪荒时代,是人和兽相斗的时代。在那个时候,人类要图生存,兽类也要图生存。人类保全生存的方法,一方面是觅食,一方面是自卫。在太古时代,人食兽,兽亦食人,彼此相竞争。遍地都是毒蛇猛兽,人类的四周都是祸害,所以人类要图生存,便要去奋斗。但是那时的奋斗,总是人兽到处混乱的奋斗,不能结合得大团体,所谓各自为战。就人类发生的地方说,有人说不过是在几处地方。但是地质学家说,世界上有了人之后,便到处都有人,因为无论自什么地方挖下去,都可以发见人类的遗迹。至于人和兽的竞争,至今还没有完全消灭。如果现在走到南洋很荒野的地方,人和兽斗的事还可以看见。又象我们走到荒山野外没有人烟的地方,便知道太古时代人同兽是一个什么景象。

象这样讲,我们所以能够推到古时的事,是因为有古代的痕迹遗存。如果没有古迹遗存,我们便不能够推到古时的事。普通研究古时的事,所用的方法是读书看历史。历史是用文字记载来的,所以人类文化,是有了文字之后才有历史。有文字的历史,在中国至今不过五六千年,在埃及不过一万多年。世界上考究万事万物,在中国是专靠读书，在外国人却不是专靠读书。外国人在小学、中学之内是专靠读书的，进了大学便不专靠读书，要靠实地去考察。不专看书本的历史，要去看石头、看禽兽和各地方野蛮人的情状，便可推知我们祖宗是一个什么样的社会。比方观察非洲和南洋群岛的野蛮人，便可知道从前没有开化的人是一个什么情形。所以近来大科学家考察万事万物不是专靠书。他们所出的书，不过是由考察的心得贡献到人类的记录罢了。他们考察的方法有两种：一种是用观察，即科学；一种是用判断，即哲学。人类进化的道理，都是由此两学得来的。

古时人同兽斗，只有用个人的体力，在那个时候只有同类相助。比方在这个地方有几十个人同几十个猛兽奋斗，在别的地方也有几十个人同几十个猛兽奋斗，这两个地方的人类见得彼此都是同类的，和猛兽是不同的，于是同类的就互相集合起来，和不同类的去奋斗。决没有和不同类的动物集合，共同来食人的，来残害同类的。当时同类的集合，不约而同去打那些毒蛇猛兽。那种集合是天然的，不是人为的。把毒蛇猛兽打完了，各人还是散去。因为当时民权没有发生，人类去打那些毒蛇猛兽，各人都是各用气力，不是用权力。所以在那个时代，人同兽争是用气力的时代。

后来毒蛇猛兽差不多都被人杀完了，人类所处的环境较好，所住的地方极适于人类的生存，人群就住在一处，把驯伏的禽兽养起来，供人类的使用。故人类把毒蛇猛兽杀完了之后，便成畜牧时代，也就是人类文化初生的时代，差不多和现在中国的蒙古同亚洲西南的阿刺伯人还是在畜牧时代一样。到了那个时代，人类生活的情形便发生一个大变动。所以人同兽斗终止，便是文化初生。这个时代可以叫做太古时代。到了那个时代，人又同什么东西去奋斗呢？是同天然物力去奋斗。

简而言之，世界进化，当第一个时期是人同兽争，所用的是气力，大家同心协力杀完毒蛇猛兽；第二个时期是人同天争。

在人同兽争的时代，因为不知道何时有毒蛇猛兽来犯，所以人类时时刻刻不知生死，所有的自卫力只有双手双足。不过在那个时候，人要比兽聪明些，所以同兽奋斗，不是用双手双足，还晓得用木棍和石头。故最后的结果，人类战胜，把兽类杀灭净尽，人类的生命才可以一天一天的计算。在人同兽斗的时期，人类的安全几乎一时一刻都不能保。到了没有兽类的祸害，人类才逐渐蕃盛，好地方都被人住满了。

当那个时代，什么是叫做好地方呢？可以避风雨的地方便叫做好地方，就是风雨所不到的地方。象埃及的尼罗河两旁和亚洲马斯波他米亚[①]地方，土地极其肥美，一年四季都不下雨。尼罗河水每年涨一次，水退之后，把河水所带的肥泥都散布到沿河两旁的土地，便容易生长植物，多产谷米。象这种好地方，只有沿尼罗河岸和马斯波他米亚地方，所以普通都说尼罗河和马斯波他米亚是世界文化发源的地方。因为那两岸的土地肥美，常年没有风雨，既可以耕种，又可以畜牧，河中的水族动物又丰富，所以人类便很容易生活，不必劳心劳力便可以优游度日，子子孙孙便容易蕃盛。

到了人类过于蕃盛之后，那些好地方便不够住了。就是在尼罗河与马斯波他米亚之外，稍为不好的地方也要搬到去住。不好的地方就有风雨的天灾。好比黄河流域，是中国古代文化发源的地方。在黄河流域，一来有风雨天灾，二来有寒冷，本不能够发生文化，但是中国古代文化何以发生于黄河流域呢？因为沿河两岸的人类是由别处搬来的。比方马斯波他米亚的文化，便早过中国

① 今译美索不达米亚。

万多年，到了中国的三皇五帝以前，便由马斯波他米亚搬到黄河流域，发生中国的文明。在这个地方，驱完毒蛇猛兽之后，便有天灾，便要受风雨的祸患。遇到天灾，人类要免去那种灾害，便要与天争。因为要避风雨，就要做房屋；因为要御寒冷，就要做衣服。人类到了能够做房屋做衣服，便进化到很文明。

但是，天灾是不一定的，也不容易防备。有时一场大风便可把房屋推倒，一场大水便可把房屋淹没，一场大火便可把房屋烧完，一场大雷便可把房屋打坏。这四种——水、火、风、雷的灾害，古人实在莫名其妙。而且古人的房屋都是草木做成的，都不能抵抗水、火、风、雷四种天灾。所以古人对于这四种天灾，便没有方法可以防备。说到人同兽争的时代，人类还可用气力去打，到了同天争的时代，专讲打是不可能的，故当时人类感觉非常的困难。后来便有聪明的人出来替人民谋幸福，象大禹治水，替人民除去水患；有巢氏教民在树上做居室，替人民谋避风雨的灾害。自此以后，文化便逐渐发达，人民也逐渐团结起来。又因为当时地广人稀，觅食很容易，他们单独的问题只有天灾，所以要和天争。但是和天争，不比是和兽争可以用气力的，于是发生神权。极聪明的人便提倡神道设教，用祈祷的方法去避祸求福。他们所做祈祷的工夫，在当时是或有效或无效，是不可知。但是既同天争，无法之中，是不得不用神权，拥戴一个很聪明的人做首领。好比现在非洲野蛮的酋长，他的职务便专是祈祷。又象中国的蒙古、西藏都奉活佛做皇帝，都是以神为治。所以古人说："国之大事，在祀与戎。"说国家的大事，第一是祈祷，第二是打仗。

中华民国成立了十三年，把皇帝推翻，现在没有君权。日本至今还是君权的国家，至今还是拜神，所以日本皇帝，他们都称天皇。中国皇帝，我们从前亦称天子。在这个时代，君权已经发达了很久,还是不能脱离神权。日本的皇帝,在几百年以前已经被武人推倒了。到六十年前明治维新,推翻德川,恢复天皇,所以日本至今还是君权、神权并用。从前罗马皇帝也是一国的教主,罗马亡了之后,皇帝被人推翻,政权也被夺去了;但是教权仍然保存,各国人民仍然奉为教主,好比中国的春秋时候列国尊周一样。

由此可见,人同兽争以后,便有天灾,要和天争,便发生神权。

由有历史到现在,经过神权之后,便发生君权。有力的武人和大政治家把教皇的权力夺了,或者自立为教主,或者自称为皇帝。于是由人同天争的时代,变成人同人争。到了人同人相争,便觉得单靠宗教的信仰力不能维持人类社会,不能够和人竞争,必要政治修明、武力强盛才可以和别人竞争。世界自有历史以来都是人同人争。从前人同人争,一半是用神权,一半是用君权。后来神权渐少,罗马分裂之后,神权渐衰,君权渐盛,到了法王路易十四便为极盛的时代。他说:“皇帝和国家没有分别,我是皇帝,所以我就是国家。”把国家的什么权都拿到自己手里,专制到极点,好比中国秦始皇一样。君主专制一天厉害一天,弄到人民不能忍受。到了这个时代,科学也一天发达一天,人类的聪明也一天进步一天,于是生出了一种大觉悟,知道君主总揽大权,把国家和人民做他一个人的私产,供他一个人的快乐,人民受苦他总不理会。人民到不能忍受的时候,便一天觉悟一天,知道君主专制是无道,人民应该要反抗。反抗就是革命。所以百余年来,革命的思潮便非常发达,便发生民权的革命。民权革命是谁同谁争呢?就是人民同皇帝相争。所以推求民权的来源,我们可以用时代来分析。

再概括的说一说:第一个时期,是人同兽争,不是用权,是用气力。第二个时期,是人同天争,是用神权。第三个时期,是人同人争,国同国争,这个民族同那个民族争,是用君权。到了现在的第四个时期，国内相争，人民同君主相争。

在这个时代之中，可以说是善人同恶人争，公理同强权争。到这个时代，民权渐渐发达，所以叫做民权时代。这个时代是很新的。我们到了这个很新的时代，推倒旧时代的君权，究竟是好不好呢？从前人类的知识未开，赖有圣君贤相去引导，在那个时候君权是很有用的。君权没有发生以前，圣人以神道设教去维持社会，在那个时候神权也是很有用的。现在神权、君权都是过去的陈迹，到了民权时代。就道理上讲起来，究竟为什么反对君权，一定要用民权呢？因为近来文明很进步，人类的知识很发达，发生了大觉悟。好比我们在做小孩子的时候，便要父母提携，但是到了成人谋生的时候，便不能依靠父母，必要自己去独立。但是现在还有很多学者要拥护君权，排斥民权。日本这种学者是很多，欧美也有这种学者，中国许多旧学者也是一样。所以一般老官僚至今还是主张复辟，恢复帝制。现在全国的学者有主张君权的，有主张民权的，所以弄到政体至今不能一定。我们是主张民权政治的，必要把全世界各国民权的情形，考察清楚才好。

从二十万年到万几千年以前是用神权，神权很适宜于那个时代的潮流。比如现在西藏，如果忽然设立君主，人民一定是要反对的，因为他们崇信教主，拥戴活佛，尊仰活佛的威权，服从活佛的命令。欧洲几千百年前也是这样。中国文化发达的时期早过欧洲，君权多过神权，所以中国老早便是君权时代。民权这个名词是近代传进来的。大家今天来赞成我的革命，当然是主张民权的。一般老官僚要复辟要做皇帝，当然是反对民权、主张君权的。君权和民权，究竟是那一种和现在的中国相宜呢？这个问题很有研究的价值。根本上讨论起来，无论君权和民权，都是用来管理政治，为众人办事的，不过政治上各时代的情形不同，所用的方法也各有不同。到底中国现在用民权是适宜不适宜呢？有人说，中国人民的程度太低，不适宜于民权。美国本来是民权的国家，但是在袁世凯要做皇帝的时候，也有一位大学教授叫做古德诺，到中国来主张君权，说中国人民的思想不发达，文化赶不上欧美，所以不宜用民权。袁世凯便利用他这种言论，推翻民国，自己称皇帝。现在我们主张民权，便要对于民权认得很清楚。中国自有历史以来，没有实行过民权，就是中国十三年来也没有实行过民权。但是我们的历史经过了四千多年，其中有治有乱，都是用君权。到底君权对于中国是有利或有害呢？中国所受君权的影响，可以说是利害参半。但是根据中国人的聪明才智来讲，如果应用民权，比较上还是适宜得多。所以，两千多年前的孔子、孟子便主张民权。孔子说："大道之行也，天下为公。"便是主张民权的大同世界。又"言必称尧舜"，就是因为尧舜不是家天下。尧舜的政治，名义上虽然是用君权，实际上是行民权，所以孔子总是宗仰他们。孟子说："民为贵，社稷次之，君为轻。"又说："天视自我民视，天听自我民听。"又说"闻诛一夫纣矣，未闻弑君也。"他在那个时代，已经知道君主不必一定是要的，已经知道君主一定是不能长久的，所以便判定那些为民造福的就称为"圣君"，那些暴虐无道的就称为"独夫"，大家应该去反抗他。由此可见，中国人对于民权的见解，二千多年以前已经早想到了。不过那个时候还以为不能做到，好象外国人说"乌托邦"是理想上的事，不是即时可以做得到的。

至于外国人对于中国人的印象，把中国人和非洲、南洋的野蛮人一样看待，所以中国人和外国人讲到民权，他们便极不赞成，以为中国何以能够同欧美同时来讲民权！这些见解的错误，都是由于外国学者不考察中国的历史和国情，所以不知道中国实在是否适宜于民权。中国在欧美的留学生，也有跟外国人一样说中国不适宜于民权的。这种见解实在是错误。依我看来，中国进化比较欧美还要在先，民权的议论在几千年以前就老早有了。不过当时只是见之于言论，没有形于事实。现在欧美既是成立了民国，实现民权，有了一百五十年，中国古人也有这种思想，所以我们要希望国家长治久安，人民安乐，顺乎世界的潮流，非用民权不可。但是民权发生至今还不甚久，世界许多国家还有用君权的。各国实行民权，也遭过了许多挫折、许多失败的。民权言论的发生在中国有了两千多年，在欧美恢复民权不过一百五十年，现在风行一时。

近代事实上的民权，头一次发生是在英国。英国在那个时候发生民权革命，正当中国的明末清初。当时革命党的首领叫做格林威尔[①]，把英国皇帝查理士第一杀了。此事发生以后，便惊动欧美一般人，以为这是自有历史以来所没有的，应该当作谋反叛逆看待。暗中弑君，各国是常有的；但是格林威尔杀查理士第一，不是暗杀，是把他拿到法庭公开裁判，宣布他不忠于国家和人民的罪状，所以便把他杀了。当时欧洲以为英国人民应该赞成民权，从此民权便可以发达。谁知英国人民还是欢迎君权，不欢迎民权。查理士第一虽然是死了，人民还是思慕君主，不到十年，英国便发生复辟，把查理士第二迎回去做皇帝。那个时候，刚是满清入关，明朝还没有亡，距今不过两百多年。所以两百多年以前，英国发生过一次民权政治，不久便归消灭，君权还是极盛。

一百年之后，便有美国的革命，脱离英国独立，成立美国联邦政府，到现在有一百五十年。这是现在世界中头一个实行民权的国家。

美国建立共和以后不到十年，便引出法国革命。法国当时革

---

① 今译克伦威尔。

命的情形，是因为自路易十四总揽政权，厉行专制，人民受非常的痛苦。他的子孙继位，更是暴虐无道，人民忍无可忍，于是发生革命，把路易十六杀了。法国人杀路易十六，也是和英国人杀查理士第一一样，把他拿到法庭公开审判，宣布他不忠于国家和人民的罪状。法国皇帝被杀了之后，欧洲各国为他复仇，大战十多年。所以那次的法国革命还是失败，帝制又恢复起来了。但是法国人民民权的思想，从此更极发达。

讲到民权史，大家都知道法国有一位学者叫做卢梭。卢梭是欧洲主张极端民权的人。因有他的民权思想，便发生法国革命。卢梭一生民权思想最要紧的著作是《民约论》。《民约论》中立论的根据，是说人民的权利是生而自由平等的，各人都有天赋的权利，不过人民后来把天赋的权利放弃罢了。所以这种言论，可以说民权是天生出来的。但就历史上进化的道理说，民权不是天生出来的，是时势和潮流所造就出来的。故推到进化的历史上，并没有卢梭所说的那种民权事实，这就是卢梭的言论没有根据。所以反对民权的人便拿卢梭没有根据的话去做材料。但是我们主张民权的不必要先主张言论，因为宇宙间的道理，都是先有事实然后才发生言论，并不是先有言论然后才发生事实。

比方陆军的战术学现在已经成了有系统的学问，研究这门学问的成立，是先有学理呢，或是先有事实呢？现在的军人都是说入学校，研究战〈术〉学，学成了之后为国家去战斗。照这种心理来讲，当然是先有言论，然后才有事实。但是照世界进化的情形说，最初人同兽斗，有了百几万年，然后那些毒蛇猛兽才消灭。在那个时候，人同兽斗，到底有没有战术呢？当时或者有战术，不过因为没有文字去记载，便无可稽考，也未可知。后来人同人相争，国同国相争，有了两万多年，又经过了多少战事呢？因为没有历史记载，所以后世也不知道。就中国历史来考究，二千多年前的兵书有十三篇，那十三篇兵书便是解释当时的战理。由于那十三篇兵书，便成立中国的军事哲学。所以照那十三篇兵书讲，是先有战斗的事实，然后才成那本兵书。就是现在的战术，也是本于古人战斗的事实，逐渐进步而来。自最近发明了无烟枪之后，我们战术便发生一个极大的变更。从前打仗，是兵士看见了敌人，尚且一排一排的齐进；近来打仗，如果见了敌人，便赶快伏在地下放枪。到底是不是因为有了无烟枪，我们才伏在地下呢？是不是先有了事实，然后才有书呢？还是先有书，然后才有事实呢？外国从前有这种战术，是自南非洲英波之战始。当时英国兵士同波人[①]打仗，也是一排一排去应战，波人则伏在地下，所以英国兵士便受很大的损失。"伏地战术"是由波人起的。波人本是由荷兰搬到非洲的，当时的人数只有三十万，常常和本地的土人打仗。波人最初到非洲和本地的土人打仗，土人总是伏在地下打波人，故波人从前吃亏不少，便学土人伏地的战术。后来学成了，波人和英国人打仗，英国人也吃亏不少，所以英国人又转学波人的伏地战术。后来英国兵士回本国，转教全国，更由英国传到全世界，所以现在各国的战术学都采用他。

由此可见，是先有事实才发生言论，不是先有言论才发生事实。卢梭《民约论》中所说民权是由天赋的言论，本是和历史上进化的道理相冲突，所以反对民权的人便拿他那种没有根据的言论来做口实。卢梭说民权是天赋的，本来是不合理。但是反对他的人，便拿他那一句没有根据的言论来反对民权，也是不合理。我们要研究宇宙间的道理，须先要靠事实，不可专靠学者的言论。卢梭

---

① 今译布尔人（Boer）。

的言论既是没有根据，为什么当时各国还要欢迎呢？又为什么卢梭能够发生那种言论呢？因为他当时看见民权的潮流已经涌到了，所以他便主张民权。他的民权主张刚合当时人民的心理，所以当时的人民便欢迎他。他的言论虽然是和历史进化的道理相冲突，但是当时的政治情形已经有了那种事实；因为有了那种事实，所以他引证错了的言论还是被人欢迎。至于说到卢梭提倡民权的始意，更是政治上千古的大功劳。

世界上自有历史以来，政治上所用的权，因为各代时势的潮流不同，便各有不得不然的区别。比方在神权时代，非用神权不可；在君权时代，非用君权不可。象中国君权到了秦始皇的时候，可算是发达到了极点。但是后来的君主还要学他，就是君权无论怎么样大，人民还是很欢迎。

现在世界潮流到了民权时代，我们应该要赶快去研究，不可因为前人所发表民权的言论稍有不合理，象卢梭的《民约论》一样，便连民权的好意也要反对；也不可因为英国有格林威尔革命之后仍要复辟，和法国革命的延长，便以为民权不能实行。法国革命经过了八十年，才能够成功。美国革命不过八年，便大功告成。英国革命经过了二百多年，至今还有皇帝。但是就种种方面来观察，世界一天进步一天，我们便知道现在的潮流已经到了民权时代，将来无论是怎么样挫折，怎么样失败，民权在世界上总是可以维持长久的。所以在三十年前，我们革命同志便下了这个决心，主张要中国强盛，实行革命，便非提倡民权不可。但是当时谈起这种主张，不但是许多中国人反对，就是外国人也很反对。当中国发起革命的时候，世界上还有势力很大的专制君主，把君权、教权统在一个人身上的，象俄国皇帝就是如此。其次，把很强的海陆军统在一个人身上的，便有德国、奥国的皇帝。当时大家见得欧洲还有那样强大的君权，亚洲怎么样可以实行民权呢？所以袁世凯做皇帝，张勋复辟，都容易发动出来。但是最有力的俄国、德国皇帝，现在都推翻了，俄德两国都变成了共和国家，可见世界潮流实在到了民权时代。中国人从前反对民权，常常问我们革命党有什么力量可以推翻满清皇帝呢？但是满清皇帝在辛亥年一推就倒了，这就是世界潮流的效果。

世界潮流的趋势，好比长江、黄河的流水一样，水流的方向或者有许多曲折，向北流或向南流的，但是流到最后一定是向东的，无论是怎么样都阻止不住的。所以世界的潮流，由神权流到君权，由君权流到民权；现在流到了民权，便没有方法可以反抗。如果反抗潮流，就是有很大的力量象袁世凯，很蛮悍的军队象张勋，都是终归失败。现在北方武人专制，就是反抗世界的潮流。我们南方主张民权，就是顺应世界的潮流。虽然南方政府的力量薄弱，军队的训练和饷弹的补充都不及北方，但是我们顺着潮流做去，纵然一时失败，将来一定成功，并且可以永远的成功。北方反抗世界的潮流，倒行逆施，无论力量是怎么样大，纵然一时侥幸成功，将来一定是失败，并且永远不能再图恢复。现在供奉神权的蒙古已经起了革命，推翻活佛，神权失败了。将来西藏的神权，也一定要被人民推翻。蒙古、西藏的活佛，便是神权的末日，时期一到了，无论是怎么样维持都不能保守长久。现在欧洲的君权也逐渐减少，比如英国是用政党治国，不是用皇帝治国，可以说是有皇帝的共和国。由此可见，世界潮流到了现在，不但是神权不能够存在，就是君权也不能够长久。

现在之民权时代，是继续希腊、罗马之民权思想而来。自民权复兴以至于今日，不过一百五十年，但是以后的时期很长远，天天应该要发达。所以我们在中国革命，决定采用民权制度，一则为顺应世界之潮流，二则为缩短国内之战争。因为自古以来，有大志之人多想做皇帝。如刘邦见秦皇出外，便曰："大丈夫当如是也。"项羽亦曰："彼可取而代也。"此等野心家代代不绝。当我提倡革命之初，其来赞成者，十人之中，差不多有六七人是有一种皇帝思想的。但是我们宣传革命主义，不但是要推翻满清，并且要建设共和，所以十中之六七人都逐渐化除其皇帝思想了。但是其中仍有一二人，就是到了民国十三年，那种做皇帝的旧思想还没有化除，所以跟我革命党的人也有自相残杀，即此故也。我们革命党于宣传之始，便揭出民权主义来建设共和国家，就是想免了争皇帝之战争。惜乎尚有冥顽不化之人，此亦实在无可如何！

从前太平天国便是前车之鉴。洪秀全当初在广西起事，打过湖南、湖北、江西、安徽，建都南京，满清天下大半归他所有。但是太平天国何以终归失败呢？讲起原因有好几种。有人说他最大的原因是不懂外交。因为当时英国派了大使波丁渣到南京，想和洪秀全立约，承认太平天国，不承认大清皇帝。但是波丁渣到了南京之后，只能见东王杨秀清，不能见天王洪秀全，因为要见洪秀全，便要叩头。所以波丁渣不肯去见，便到北京和满清政府立约，后来派戈登带兵去打苏州，洪秀全便因此失败。所以有人说他的失败，是由于不懂外交。这或者是他失败的原因之一，也未可知。又有人说洪秀全之所以失败，是由于他得了南京之后，不乘势长驱直进去打北京。所以洪秀全不北伐，也是他失败的原因之一。但是依我的观察，洪秀全之所以失败，这两个原因都是很小的。最大的原因，是他们那一班人到了南京之后，就互争皇帝，闭起城来自相残杀。第一是杨秀清和洪秀全争权。洪秀全既做了皇帝，杨秀清也想做皇帝。杨秀清当初带到南京的基本军队有六七万精兵，因为发生争皇帝的内乱，韦昌辉便杀了杨秀清，消灭他的军队。韦昌辉把杨秀清杀了之后，也专横起来，又和洪秀全争权。后来大家把韦昌辉消灭。当时石达开听见南京发生了内乱，便从江西赶进南京，想去排解；后来见事无可为，并且自己也被人猜疑，都说他也想做皇帝，他就逃出南京，把军队带到四川，不久也被清兵消灭。因为当时洪秀全、杨秀清争皇帝做，所以太平天国的洪秀全、杨秀清、韦昌辉、石达开那四部分基本军队都完全消灭，太平天国的势力便由此大衰。推究太平天国势力之所以衰弱的原因，根本上是由于杨秀清想做皇帝一念之错。洪秀全当时革命尚不知有民权主义，所以他一起义时便封了五个王。后来到了南京，经过杨秀清、韦昌辉内乱之后，便想不再封王了。后因李秀成、陈玉成屡立大功，有不得不封之势，而洪秀全又恐封了王，他们或靠不住，于是同时又封了三四十个王，使他们彼此位号相等，可以互相牵掣。但是从此以后，李秀成、陈玉成等对于各王便不能调动，故洪秀全便因此失败。所以那种失败，完全是由于大家想做皇帝。

陈炯明前年在广州造反，他为什么要那样做法呢？许多人以为他只是要割据两广，此实大不然。当陈炯明没有造反之先，我主张北伐，对他剀切说明北伐的利害，他总是反对。后来我想他要争的是两广，或者恐怕由于我北伐，和他的地盘有妨碍，所以我最后一天老实不客气，明白对他说："我们北伐如果成功，将来政府不是搬到武汉，就是搬到南京，一定是不回来的；两广的地盘当然是付托于你，请你做我们的后援。倘若北伐不幸失败，我们便没有脸再回来。到了那个时候，任凭你用什么外交手段和北方政府拉拢，也可以保存两广的地盘。就是你投降北方，我们也不管汝，也不责备你。"他当时似还有难言之隐。由此观之，他之志是不只两广地盘的。后来北伐军进了赣州，他就造起反来。他为什么原因要在那个时候造反呢？就是因为他想做皇帝，先要消灭极端与皇帝不相容之革命军，彼才可有办法去做成其基础，好去做皇帝。此外尚有一件事实证明陈炯明是有皇帝思想的：辛亥革命以后他常向人说，他少年时常常做梦，一手抱日，一手抱月。他有一首诗，内有一句云“日月抱持负少年”，自注这段造梦的故事于下，遍以示人。他取他的名字，也是想应他这个梦的。你看他的部下，象叶举、洪兆麟、杨坤如、陈炯光那一般人，没有一个是革命党，只有邓铿一个人是革命党，他便老早把邓铿暗杀了。陈炯明是为做皇帝而来附和革命的，所以想做皇帝的心至今不死。此外还有几个人从前也是想做皇帝的，不知道到了民国十三年他们的心理是怎么样，我现在没有工夫去研究他。

我现在讲民权主义，便要大家明白民权究竟是什么意思。如果不明白这个意思，想做皇帝的心理便永远不能消灭。大家若是有了想做皇帝的心理，一来同志就要打同志，二来本国人更要打本国人。全国长年相争相打，人民的祸害便没有止境。我从前因为要免去这种祸害，所以发起革命的时候便主张民权，决心建立一个共和国。共和国家成立以后，是用谁来做皇帝呢？是用人民来做皇帝，用四万万人来做皇帝。照这样办法，便免得大家相争，便可以减少中国的战祸。就中国历史讲，每换一个朝代，都有战争。比方秦始皇专制，人民都反对他，后来陈涉、吴广起义，各省都响应，那本是民权的风潮。到了刘邦、项羽出来，便发生楚汉相争。刘邦、项羽是争什么呢？他们就是争皇帝。汉唐以来，没有一朝不是争皇帝的。中国历史常是一治一乱，当乱的时候，总是争皇帝。外国尝有因宗教而战、自由而战的，但中国几千年以来所战的都是皇帝一个问题。我们革命党为免将来战争起见，所以当初发起的时候，便主张共和，不要皇帝。现在共和成立了，但是还有想做皇帝的，象南方的陈炯明是想做皇帝的，北方的曹锟也是想做皇帝的，广西的陆荣廷是不是想做皇帝呢？此外还更有不知多少人，都是想要做皇帝的。中国历代改朝换姓的时候，兵权大的就争皇帝，兵权小的就争王争侯。现在一般军人已不敢“大者王，小者侯”，这也是历史上竞争的一个进步了。

第二讲

（三月十六日）

民权这个名词，外国学者每每把他和自由那个名词并称，所以在外国很多的书本或言论里头，都是民权和自由并列。欧美两三百年来，人民所奋斗的所竞争的，没有别的东西，就是为自由，所以民权便由此发达。法国革命的时候，他们革命的口号是“自由、平等、博爱”三个名词，好比中国革命，用民族、民权、民生三个主义一样。由此可说自由、平等、博爱是根据于民权，民权又是由于这三个名词然后才发达。所以我们要讲民权，便不能不先讲自由、平等、博爱这三个名词。

近来革命思潮传到东方之后，自由这个名词也传进来了。许多学者志士提倡新思潮的，把自由讲到很详细，视为很重要。这种思潮，在欧洲两三百年以前占很重要的地位。因为欧洲两三百年来的战争，差不多都是为争自由，所以欧美学者对于自由看得很重要，一般人民对于自由的意义也很有心得。但是这个名词近来传进中国，只有一般学者曾用工夫去研究过的，才懂得什么叫做自由。至于普通民众，象在乡村街道上的人，如果我们对他们说自由，他们一定不懂得。所以中国人对于自由两个字，实在是完全没有心得。因为这个名词传到中国不久，现在懂得的，不过是一般新青年和留学生，或者是留心欧美政治时务的人。常常听到和在书本上看见这两个字，但是究竟什么是自由，他们还是莫名其妙。所以外国人批评中国人，说中国人的文明程度真是太低，思想太幼稚，连自由的知识都没有，自由的名词都没有。但是外国人一面既批评中国人没有自由的知识，一面又批评中国人是一片散沙。外国人的这两种批评，在一方面说中国人是一片散沙，没有团体；又在一方面说中国人不明白自由。这两种批评，恰恰是相反的。为什么是相反的呢？比方外国人说中国人是一片散沙，究竟说一片散沙的意思是什么呢？就是个个有自由和人人有自由。人人把自己的自由扩充到很大，所以成了一片散沙。什么是一片散沙呢？如果我们拿一手沙起来，无论多少，各颗沙都是很活动的，没有束缚的，这便是一片散沙。如果在散沙内参加士敏土，便结成石头，变为一个坚固的团体。变成了石头，团体很坚固，散沙便没有自由。所以拿散沙和石头比较，马上就明白，石头本是由散沙结合而成的，但是散沙在石头的坚固团体之内，就不能活动，就失却自由。自由的解释，简单言之，在一个团体中能够活动，来往自如，便是自由。因为中国没有这个名词，所以大家都莫名其妙。但是我们有一种固有名词，是和自由相仿佛的，就是"放荡不羁"一句话。既然是放荡不羁，就是和散沙一样，各个有很大的自由。所以外国人批评中国人，一面说没有结合能力，既然如此，当然是散沙，是很自由的；又一面说中国人不懂自由。殊不知大家都有自由，便是一片散沙；要大家结合成一个坚固团体，便不能象一片散沙。所以外国人这样批评我们的地方，就是陷于自相矛盾了。

最近二三百年以来，外国用了很大的力量争自由。究竟自由是好不好呢？到底是一个什么东西呢？依我看来，近来两三百年，外国人说为自由去战争，我中国普通人也总莫名其妙。他们当争自由的时候，鼓吹自由主义，说得很神圣，甚至把"不自由，毋宁死"

的一句话成了争自由的口号。中国学者翻译外国人的学说，也把这句话搬进到中国来，并且拥护自由，决心去奋斗，当初的勇气差不多和外国人从前是一样。但是中国一般民众，还是不能领会什么是叫做自由。大家要知道，自由和民权是同时发达的，所以今天来讲民权，便不能不讲自由。我们要知道欧美为争自由，流了多少血，牺牲了许多性命，我前一回讲过了的。现在世界是民权时代，欧美发生民权已经有了一百多年。推到民权的来历，由于争自由之后才有的。最初欧美人民牺牲性命，本来是为争自由，争自由的结果才得到民权。当时欧美学者提倡自由去战争，好比我们革命提倡民族、民权、民生三个主义的道理是一样的。由此可见，欧美人民最初的战争是为自由，自由争得之后，学者才称这种结果为民权。所谓"德谟克拉西"[①]，此乃希腊之古名词。而欧美民众至今对这个名词亦不大关心，不过视为政治学中之一句术语便了；比之自由二个字，视为性命所关，则相差远了。民权这种事实，在希腊、罗马时代已发其端。因那个时候的政体是贵族共和，都已经有了这个名词，后来希腊、罗马亡了，这个名词便忘记了。最近二百年内为自由战争，又把民权这个名词再恢复起来。近几十年来讲民权的人更多了，流行到中国也有很多人讲民权。但是欧洲一二百多年以来的战争，不是说争民权，是说争自由。提起自由两个字，全欧洲人便容易明白。当时欧洲人民听了自由这个名词容易明白的情形，好象中国人听了"发财"这个名词一样，大家的心理都以为是很贵重的。现在对中国人说要他去争自由，他们便不明白，不情愿来附和。但是对他要说请他去发财，便有很多人要跟上来。欧洲当时战争所用的标题是争自由，因为他们极明白这个名词，所以

① 英文 democracy 的译音。

人民便为自由去奋斗、为自由去牺牲，大家便很崇拜自由。何以欧洲人民听到自由便那样欢迎呢？现在中国人民何以听道自由便不理会，听道发财便很欢迎呢？其中有许多道理，要详细去研究才可以明白。中国人听到说发财就很欢迎的原故，因为中国现在到了民穷财尽的时代，人民所受的痛苦是贫穷，因为发财是救穷独一无二的方法，所以大家听到了这个名词便很欢迎。发财有什么好处呢？就是发财便可救穷，救了穷便不受苦，所谓救苦救难。人民正是受贫穷的痛苦时候，忽有人对他们说发财把他们的痛苦可以解除，他们自然要跟从，自然拼命去奋斗。欧洲一二百年前为自由战争，当时人民听道自由便象现在中国人听道发财一样。

他们为什么要那样欢迎自由呢？因为当时欧洲的君主专制发达到了极点。欧洲的文明和中国周末列国相同，中国周末的时候是和欧洲罗马同时，罗马统一欧洲正在中国周、秦、汉的时代。罗马初时建立共和，后来变成帝制。罗马亡了之后，欧洲列国并峙，和中国周朝亡了之后变成东周列国一样。所以很多学者把周朝亡后的七雄争长和罗马亡后变成列国的情形相提并论。罗马变成列国，成了封建制度。那个时候，大者王，小者侯，最小者还有伯、子、男，都是很专制的。那种封建政体，比较中国周朝的列国封建制度还要专制得多。欧洲人民在那种专制政体之下所受的痛苦，我们今日还多想不到，比之中国历朝人民所受专制的痛苦还要更厉害。这个原故，由于中国自秦朝专制直接对于人民"诽谤者族，偶语者弃市"，遂至促亡，以后历朝政治，大都对于人民取宽大态度，人民纳了粮之外几乎与官吏没有关系。欧洲的专制，却一一直接专制到人民，时间复长，方法日密。那专制的进步，实在比中国厉害得多。所以欧洲人在二百年以前，受那种极残酷专制的痛苦，好象现在中国人民受贫穷的痛苦是一样。人民受久了那样残酷的专制，深感不自由的痛苦，所以他们唯一的方法，就是要奋斗去争自由，解除那种痛苦，一听道有人说自由，便很欢迎。

中国古代封建制度破坏之后，专制淫威不能达到普通人民。由秦以后历代皇帝专制的目的，第一是要保守他们自己的皇位，永远家天下，使他们子子孙孙可以万世安享。所以对于人民的行动，于皇位有危险的，便用很大的力量去惩治。故中国一个人造反，便连到诛九族。用这样严重的刑罚去禁止人民造反，其中用意就是专制皇帝要永远保守皇位。反过来说，如果人民不侵犯皇位，无论他们是做什么事，皇帝便不理会。所以中国自秦以后，历代的皇帝都只顾皇位，并不理民事；说到人民的幸福，更是理不到。现在民国有了十三年，因为政体混乱，还没有功夫去建设，人民和国家的关系还没有理会。我们回想民国以前，清朝皇帝的专制是怎么样呢？十三年以前，人民和清朝皇帝有什么关系呢？在清朝时代，每一省之中，上有督抚，中有府道，下有州县佐杂，所以人民和皇帝的关系很小。人民对于皇帝只有一个关系，就是纳粮，除了纳粮之外，便和政府没有别的关系。因为这个原故，中国人民的政治思想便很薄弱。人民不管谁来做皇帝，只要纳粮，便算尽了人民的责任。政府只要人民纳粮，便不去理会他们别的事，其余都是听人民自生自灭。由此可见，中国人民直接并没有受过很大的专制痛苦，只有受间接的痛苦。因为国家衰弱，受外国政治经济的压迫，没有力量抵抗，弄到民穷财尽，人民便受贫穷的痛苦。这种痛苦，就是间接的痛苦，不是直接的痛苦。所以当时人民对于皇帝的怨恨还是少的。

但是欧洲的专制就和中国的不同。欧洲由罗马亡后到两三百年以前，君主的专制是很进步的，所以人民所受的痛苦也是很厉害的，人民是很难忍受的。当时人民受那种痛苦，不自由的地方极多，最大的是思想不自由、言论不自由、行动不自由。这三种不自由，现在欧洲是已经过去了的陈迹，详细情形是怎么样，我们不能看见，但是行动不自由还可以知道。譬如现在我们华侨在南洋荷兰或法国的领土，所受来往行动不自由的痛苦，便可以知道。象爪哇本来是中国的属国，到中国来进过了贡的，后来才归荷兰。归荷兰政府管理之后，无论是中国的商人，或者是学生，或者是工人，到爪哇的地方，轮船一抵岸，便有荷兰的巡警来查问，便把中国人引到一间小房子，关在那个里头，脱开衣服，由医生从头到脚都验过，还要打指模，量身体，方才放出，准他们登岸。登岸之后，就是住在什么地方，也要报明。如果想由所住的地方到别的地方去，便要领路照。到了夜晚九时以后，就是有路照也不准通行，要另外领一张夜照，并且要携手灯。这就是华侨在爪哇所受荷兰政府的待遇，便是行动不自由。象这种行动不自由的待遇，一定是从前欧洲皇帝对人民用过了的，留存到今日，荷兰人就用来对待中国华侨。由于我们华侨现在受这种待遇，便可想见从前欧洲的专制是怎么样情形。此外还有人民的营业工作和信仰种种都不自由。譬如就信仰不自由说，人民在一个什么地方住，便强迫要信仰一种什么宗教，不管人民是情愿不情愿。由此人民都很难忍受。欧洲人民当时受那种种不自由的痛苦，真是水深火热，所以一听到说有人提倡争自由，大家便极欢迎，便去附和。这就是欧洲革命思潮的起源。欧洲革命是要争自由，人民为争自由流了无数的碧血，牺牲了无数的身家性命，所以一争得之后，大家便奉为神圣，就是到今日也还是很崇拜。

这种自由学说近来传进中国，一般学者也很热心去提倡，所以许多人也知道在中国要争自由。今天我们来讲民权，民权的学说是由欧美传进来的，大家必须明白民权是一件什么事，并且还要明白民权同类的自由又是一件什么事。从前欧洲人民受不自由的痛苦，忍无可忍，于是万众一心去争自由，达到了自由目的之后，民权便随之发生。所以我们讲民权,便不能不先讲明白争自由的历史。近年欧美之革命风潮传播到中国,中国新学生及许多志士都发起来提倡自由。他们以为欧洲革命象从前法国都是争自由,我们现在革命,也应该学欧洲人来争自由。这种言论,可说是人云亦云,对于民权和自由没有用过心力去研究,没有彻底了解。

我们革命党向来主张三民主义去革命,而不主张以革命去争自由,是很有深意的。从前法国革命的口号是自由,美国革命的口号是独立。我们革命的口号就是三民主义,是用了很多时间、做了很多工夫才定出来的,不是人云亦云。为什么说一般新青年提倡自由是不对呢?为什么当时欧洲讲自由是对呢?这个道理已经讲过了。因为提出一个目标,要大家去奋斗,一定要和人民有切肤之痛,人民才热心来附和。欧洲人民因为从前受专制的痛苦太深,所以一经提倡自由,便万众一心去赞成。假若现在中国来提倡自由,人民向来没有受过这种痛苦,当然不理会。如果在中国来提倡发财,人民一定是很欢迎的。我们的三民主义,便是很象发财主义。要明白这个道理,要辗转解释才可成功。我们为什么不直接讲发财呢?因为发财不能包括三民主义,三民主义才可以包括发财。俄国革命之初实行共产,是和发财相近的,那就是直接了当的主张。我们革命党所主张的不止一件事,所以不能用发财两个字简单来包括,若是用自由的名词更难包括了。

近来欧洲学者观察中国,每每说中国的文明程度太低,政治思想太薄弱,连自由都不懂,我们欧洲人在一二百年前为自由战争,为自由牺牲,不知道做了多少惊天动地的事。现在中国人还不懂自由是什么,由此便可见我们欧洲人的政治思想比较中国人高得多。由于中国人不讲自由,便说是政治思想薄弱。这种言论,依我看起来是讲不通的。因为欧洲人既尊重自由,为什么又说中国人是一片散沙呢？欧洲人从前要争自由的时候，他们自由的观念自然是很浓厚；得到了自由之后，目的已达，恐怕他们的自由观念也渐渐淡薄；如果现在再去提倡自由，我想一定不象从前那样的欢迎。而且欧洲争自由的革命，是两三百年前的旧方法，一定是做不通的。就一片散沙而论，有什么精采呢？精采就是在有充分的自由，如果不自由，便不能够成一片散沙。从前欧洲在民权初萌芽的时代，便主张争自由，到了目的已达，各人都扩充自己的自由。于是，由于自由太过，便发生许多流弊。所以英国有一个学者叫做弥勒氏的便说：一个人的自由，以不侵犯他人的自由为范围，才是真自由；如果侵犯他人的范围，便不是自由。欧美人讲自由从前没有范围，到英国弥勒氏才立了自由的范围，有了范围，便减少很多自由了。由此可知，彼中学者已渐知自由不是一个神圣不可侵〈犯〉之物，所以也要定一个范围来限制他了。若外国人批评中国人，一方面说中国人不懂自由，一方面又说中国人是一片散沙，这两种批评实在是互相矛盾。中国人既是一片散沙，本是很有充分自由的。如果成一片散沙，是不好的事，我们趁早就要参加水和士敏土，要那些散沙和士敏土彼此结合来成石头，变成很坚固的团体，到了那个时候，散沙便不能够活动，便没有自由。所以中国人现在所受的病，不是欠缺自由。如果一片散沙是中国人的本质，中国人的自由老早是很充分了。不过中国人原来没有“自由”这个名词，所以没有这个思想。但是中国人没有这个思想，和政治有什么关系呢？到底中国人有没有自由呢？我们拿一片散沙的事实来研究，便知道中国人有很多的自由，因为自由太多，故大家便不注意去理会，连这个名词也不管了。

这是什么道理呢？好比我们日常的生活，最重要是衣食，吃饭每天最少要两餐，穿衣每年最少要两套。但是还有一件事比较衣食更为重要，普通人都以为不吃饭便要死，以吃饭是最重大的事，但是那一件重要的事比较吃饭还要重大过一万倍，不过大家不觉得，所以不以为重大。这件事是什么呢？就是吃空气，吃空气就是呼吸。为什么吃空气比较吃饭重要过一万倍呢？因为吃饭在一天之内，有了两次或者一次就可以养生；但是我们吃空气，要可以养生，每一分钟最少要有十六次才可舒服。如果不然，便不能忍受。大家不信，可以实地试验，把鼻孔塞住一分钟，便停止了十六次的呼吸，象我现在试验不到一分钟，便很难忍受。一天有二十四点钟，每点钟有六十分，每分钟要吃空气十六次，每点钟便要吃九百六十次，每天便要吃二万三千零四十次。所以说吃空气比较吃饭是重要得一万倍，实在是不错的。象这样要紧，我们还不感觉的原因，就是由于天中空气到处皆有，取之不尽，用之不竭，一天吃到晚都不用工夫，不比吃饭要用人工去换得来。所以我们觉得找饭吃是很难的，找空气吃是很容易的。因为太过容易，大家便不注意。个人闭住鼻孔，停止吃空气，来试验吃空气的重要，不过是小试验。如果要行大试验，可以把这个讲堂四围的窗户都关闭起来，我们所吃的空气便渐渐减少，不过几分钟久，现在这几百人便都不能忍受。又把一个人在小房内关闭一天，初放出来的时候，便觉得很舒服，也是一样的道理。中国人因为自由过于充分，便不去理会，好比房中的空气太多，我们便不觉得空气有什么重要；到了关闭门户，没有空气进来，我们才觉得空气是个很重要的。欧洲人在两三百年以前受专制的痛苦，完全没有自由，所以他们人人才知道自由可贵，要拚命去争。没有争到自由之先，好象是闭在小房里一样；既争到了自由之后，好比是从小房内忽然放出来，遇着了空气一样。所以大家便觉得自由是很贵重的东西。所以他们常常说“不自由,毋宁死”那一句话。但是中国的情形就不同了。

中国人不知自由,只知发财。对中国人说自由,好象对广西深山的傜人说发财一样。傜人常有由深山中拿了熊胆、鹿茸到外边的圩场去换东西,初时圩场中的人把钱和他交换,他常常不要,只要食盐或布匹乃乐于交换。在我们的观念内最好是发财。在傜人的观念只要合用东西便心满意足。他们不懂发财,故不喜欢得钱。中国一般的新学者对中国民众提倡自由,就好象和傜人讲发财一样。中国人用不着自由,但是学生还要宣传自由,真可谓不识时务了。欧美人在一百五十年以前,因为难得自由,所以拚命去争。既争到了之后,象法国、美国是我们所称为实行民权先进的国家,在这两个国家之内,人人是不是都有自由呢?但是有许多等人,象学生、军人、官吏和不及二十岁未成年的人,都是没有自由的。所以欧洲两三百年前的战争,不过是三十岁以上的人,和不做军人、官吏、学生的人来争自由。争得了之后,也只有除了他们这几等人以外的才有自由;在这几等人以内的,至今都不得自由。

中国学生得到了自由思想,没有别的地方用,便拿到学校内去用。于是生出学潮,美其名说是争自由。欧美人讲自由,是有很严格界限的,不能说人人都有自由。中国新学生讲自由,把什么界限都打破了。拿这种学说到外面社会,因为没有人欢迎,所以只好搬回学校内去用,故常常生出闹学风潮。此自由之用之不得其所也。外国人不识中国历史,不知道中国人民自古以来都有很充分的自由,这自是难怪。至于中国的学生,而竟忘却了“日出而作,日入而息,凿井而饮,耕田而食,帝力于我何有哉”这个先民的自由歌,却是大可怪的事!由这个自由歌看起来,便知中国自古以来,虽无自由之名,而确有自由之实,且极其充分,不必再去多求了。

我们要讲民权，因为民权是由自由发生的。所以不能不讲明白欧洲人民当时争自由的情形。如果不明白，便不知道自由可贵。欧洲人当时争自由，不过是一种狂热。后来狂热渐渐冷了，便知道自由有好的和不好的两方面，不是神圣的东西。所以外国人说中国人是一片散沙，我们是承认的；但是说中国人不懂自由，政治思想薄弱，我们便不能承认。中国人为什么是一片散沙呢？由于什么东西弄成一片散沙呢？就是因为是各人的自由太多。由于中国人自由太多，所以中国要革命。中国革命的目的与外国不同，所以方法也不同。到底中国为什么要革命呢？直接了当说，是和欧洲革命的目的相反。欧洲从前因为太没有自由，所以革命要去争自由。我们是因为自由太多，没有团体，没有抵抗力，成一片散沙。因为是一片散沙，所以受外国帝国主义的侵略，受列强经济商战的压迫，我们现在便不能抵抗。要将来能够抵抗外国的压迫，就要打破各人的自由，结成很坚固的团体，象把士敏土参加到散沙里头，结成一块坚固石头一样。中国人现在因为自由太多，发生自由的毛病，不但是学校内的学生是这样，就是我们革命党里头也有这种毛病。所以从前推倒满清之后，至今无法建设民国，就是错用了自由之过也。我们革命党从前被袁世凯打败亦是为这个理由。当民国二年袁世凯大借外债，不经国会通过，又杀宋教仁，做种种事来破坏民国。我当时催促各省马上去讨袁，但因为我们同党之内，大家都是讲自由，没有团体。譬如在西南，无论那一省之内，自师长、旅长以至兵士，没有不说各有各的自由，没有彼此能够团结的。大而推到各省，又有各省的自由，彼此不能联合。南方各省，当时乘革命的余威，表面虽然是轰轰烈烈，内容实在是四分五裂，号令不能统一。说到袁世凯，他有旧日北洋六镇的统系，在那六镇之内，所有的师长、旅长和一切兵士都是很服从的,号令是一致的。简单的说,袁世凯有很坚固的团体,我们革命党是一片散沙,所以袁世凯打败革命党。由此可见,一种道理在外国是适当的,在中国未必是适当。外国革命的方法是争自由,中国革命便不能说是争自由。如果说争自由,便更成一片散沙,不能成大团体,我们的革命目的便永远不能成功。

外国革命是由争自由而起,奋斗了两三百年,生出了大风潮,才得到自由,才发生民权。从前法国革命的口号,是用自由、平等、博爱。我们革命的口号,是用民族、民权、民生。究竟我们三民主义的口号,和自由、平等、博爱三个口号有什么关系呢?照我讲起来,我们的民族可以说和他们的自由一样,因为实行民族主义就是为国家争自由。但欧洲当时是为个人争自由,到了今天,自由的用法便不同。在今天,自由这个名词究竟要怎么样应用呢?如果用到个人,就成一片散沙。万不可再用到个人上去,要用到国家上去。个人不可太过自由,国家要得完全自由。到了国家能够行动自由,中国便是强盛的国家。要这样做去,便要大家牺牲自由。当学生的能够牺牲自由,就可以天天用功,在学问上做工夫,学问成了,知识发达,能力丰富,便可以替国家做事。当军人能够牺牲自由,就能够服从命令,忠心报国,使国家有自由。如果学生、军人要讲自由,便象中国自由的对待名词,成为放任、放荡,在学校内便没有校规,在军队内便没有军纪。在学校内不讲校规,在军队内不讲军纪,那还能够成为学校、号称军队吗?我们为什么要国家自由呢?因为中国受列强的压迫,失去了国家的地位,不只是半殖民地,实在已成了次殖民地,比不上缅甸、安南、高丽。缅甸、安南、高丽不过是一国的殖民地,只做一个主人的奴隶;中国是各国的殖民地,要做各国的奴隶。中国现在是做十多个主人的奴隶,所以现在的国家是很不自由的。要把我们国家的自由恢复起来，就要集合自由成一个很坚固的团体。要用革命的方法，把国家成一个大坚固团体，非有革命主义不成功。我们的革命主义，便是集合起来的士敏土，能够把四万万人都用革命主义集合起来，成一个大团体。这一个大团体能够自由，中国国家当然是自由，中国民族才真能自由。

用我们三民主义的口号和法国革命的口号来比较，法国的自由和我们的民族主义相同，因为民族主义是提倡国家自由的。平等和我们的民权主义相同，因为民权主义是提倡人民在政治之地位都是平等的，要打破君权、使人人都是平等的，所以说民权是和平等相对待的。此外还有博爱的口号，这个名词的原文是“兄弟”的意思，和中国“同胞”两个字是一样解法，普通译成博爱，当中的道理，和我们的民生主义是相通的。因为我们的民生主义是图四万万人幸福的，为四万万人谋幸福就是博爱。这个道理，等到讲民生主义的时候，再去详细解释。

第三讲[①]

民权两个字，是我们革命党的第二个口号，同法国革命口号的平等是相对待的。因为平等是法国革命的第二个口号，所以今天专拿平等做题目来研究。

平等这个名词，通常和自由那个名词都是相提并论的。欧洲各国从前革命，人民为争平等和争自由，都是一样的出力，一样的牺牲，所以他们把平等和自由都是看得一样的重大。更有许多人

① 底本未署第三讲日期。

以为要能够自由,必要得到平等;如果得不到平等,便无从实现自由。用平等和自由比较,把平等更是看得重大的。

什么是叫做平等呢?平等是从那里来的呢?欧美的革命学说都讲平等是天赋到人类的。譬如美国在革命时候的《独立宣言》、法国在革命时候的《人权宣言》,都是大书特书,说平等、自由是天赋到人类的特权,人类不能侵夺的。天生人究竟是否赋有平等的特权呢?请先把这个问题拿来研究清楚。

从前在第一讲中,推溯民权的来源,自人类初生几百万年以前推到近来民权萌芽时代,从没有见过天赋有平等的道理。譬如用天生的万物来讲,除了水面以外,没有一物是平的,就是拿平地来比较,也没有一处是真平的。好象坐粤汉铁路,自黄沙到银盏坳一段本来是属于平原,但是从火车窗外过细考察沿路的高低情况,没有那一里路不是用人工修筑,才可以得平路的。所谓天生的平原,其不平的情形已经是这样。再就眼前而论,拿桌上这一瓶的花来看,此刻我手内所拿的这枝花是槐花,大概看起来,以为每片叶子都是相同,每朵花也是相同。但是过细考察起来,或用显微镜试验起来,没有那两片叶子完全是相同的,也没有那两朵花完全是相同的。就是一株槐树的几千万片叶中,也没有完全相同的。推到空间、时间的关系,此处地方的槐叶和彼处地方的槐叶更是不相同的,今年所生的槐叶和去年所生的槐叶又是不相同的。由此可见,天地间所生的东西总没有相同的。既然都是不相同,自然不能够说是平等。自然界既没有平等,人类又怎么有平等呢?天生人类本来也是不平等的,到了人类专制发达以后,专制帝王尤其变本加厉,弄到结果,比较天生的更是不平等了。这种由帝王造成的不平等,是人为的不平等。人为的不平等究竟是什么情形,现在可就讲坛的黑板上绘一个图来表明。

第一图　不平等

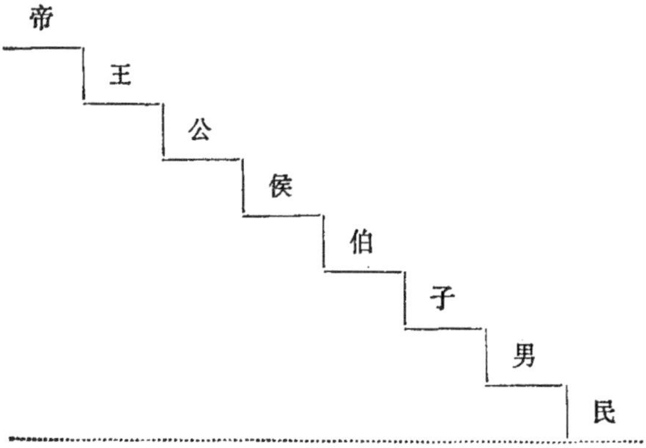

请诸君细看第一图，便可明白。因为有这种人为的不平等，在特殊阶级的人过于暴虐无道，被压迫的人民无地自容，所以发生革命的风潮来打不平。革命的始意，本是在打破人为的不平等，到了平等以后便可了事。但是占了帝王地位的人，每每假造天意做他们的保障，说他们所处的特殊地位是天所授与的，人民反对他们便是逆天。无知识的民众，不晓得研究这些话是不是合道理，只是盲从附和，为君主去争权利，来反对有知识的人民去讲平等自由。因此赞成革命的学者，便不得不创天赋人权的平等自由这一说，以打破君主的专制。学者创造这一说，原来就是想打破人为之不平等的。但是天下的事情，的确是行易知难。当时欧洲的民众都相信帝王是天生的，都是受了天赋之特权的，多数无知识的人总是去拥戴他们。所以少数有知识的学者，无论用什么方法和力量，总是推不倒他们。到了后来，相信天生人类都是平等自由的，争平等自由是人人应该有的事，然后欧洲的帝王便一个一个不推自倒了。不过专制帝王推倒以后，民众又深信人人是天生平等的这一说，便日日去做工夫，想达到人人的平等，殊不知这种事是不可能的。到了近来科学昌明,人类大觉悟了,才知道没有天赋平等的道理。假若照民众相信的那一说去做,纵使不顾真理勉强做成功,也是一种假平等。象第二图一样,必定要把位置高的压下去,成了平头的平等,至于立脚点还是弯曲线,还是不能平等。这种平等,不是真平等,是假平等。

第二图 假平等

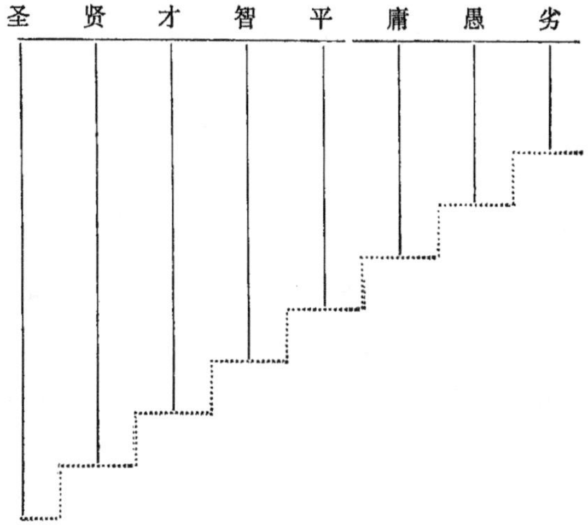

说到社会上的地位平等,是始初起点的地位平等,后来各人根据天赋的聪明才力自己去造就,因为各人的聪明才力有天赋的不同,所以造就的结果当然不同。造就既是不同,自然不能有平等。象这样讲来,才是真正平等的道理。如果不管各人天赋的聪明才力,就是以后有造就高的地位,也要把他们压下去,一律要平等,世界便没有进步,人类便要退化。所以我们讲民权平等,又要世界有进步,是要人民在政治上的地位平等。因为平等是人为的,不是天生的。人造的平等,只有做到政治上的地位平等。故革命以后,必要各人在政治上的立足点都是平等,好象第三图的底线,一律是平的,那才是真平等,那才是自然之真理。

第三图　真平等

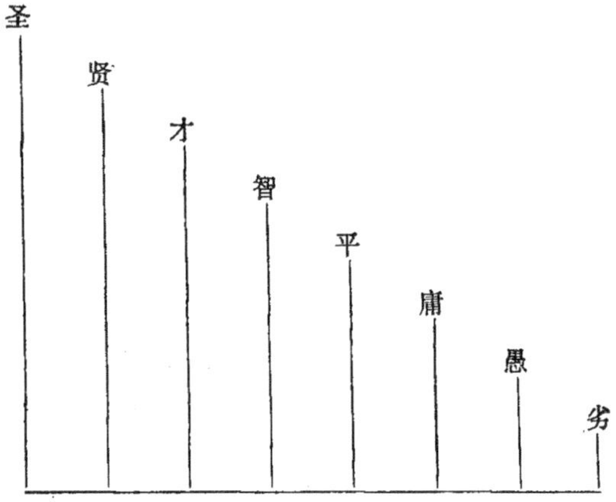

欧洲从前革命，人民争平等自由，出了很大的力量，费了很大的牺牲。我们现在要知道他们为什么要那样出力、那样牺牲，便先要知道欧洲在没有革命以前是怎样不平等的情形。上面所绘的第一图，是表示欧洲在没有革命以前，政治上是怎么样不平等的事实。图中所示帝、王、公、侯、伯、子、男等一级一级的阶梯，就是从前欧洲政治地位上的阶级。这种阶级，中国以前也是有的。到十三年前发生革命，推翻专制，才铲平这种不平的阶级。但是中国以前的不平等，没有从前欧洲的那么厉害。欧洲两百多年以前，还是在封建时代，和中国两千多年以前的时代相同。因为中国政治的进化早过欧洲，所以中国两千多年以前便打破了封建制度。欧洲就是到现在还不能完全打破封建制度，在两三百年之前才知道不平等的坏处，才发生平等的思想。中国在两千多年以前便有了这种思想，所以中国政治的进步是早过欧洲。但是在这两百年以来，欧洲的政治进步不但是赶到中国，并且超过中国，所谓后来者居上。

欧洲没有革命以前的情形，和中国比较起来，欧洲的专制要比中国厉害得多。原因是在什么地方呢？就是在世袭制度。当时欧洲的帝王公侯那些贵族，代代都是世袭贵族，不去做别种事业；人民也代代都是世袭一种事业，不能够去做别种事业。比方耕田的人，他的子子孙孙便要做农夫；做工的人，他的子子孙孙便要做苦工。祖父做一种什么事业，子孙就不能改变。这种职业上不能够改变，就是当时欧洲的不自由。中国自古代封建制度破坏以后，这种限制也完全打破。由此可见，从前中国和外国都是有阶级制度，都是不平等。中国的好处是只有皇帝是世袭，除非有人把他推翻，才不能世袭，如果不被人推翻，代代总是世袭，到了改朝换姓，才换皇帝。至于皇帝以下的公侯伯子男，中国古时都是可以改换的，平民做宰相、封王侯的极多，不是代代世袭一种事业的。欧洲平民间或也有做宰相、封王侯的，但是大多数的王侯都是世袭，人民的职业不能自由，因为职业不自由，所以失了平等。不但是政治的阶级不平等，就是人民彼此的阶级也不平等。由于这个原故，人民一来难到公侯伯子男的那种地位，二来自己的职业又不能自由改变，更求上进，于是感觉非常痛苦，不能忍受。所以不得不拚命去争自由，解除职业不自由的束缚，以求上进；拚命去争平等，打破阶级专制的不平等。那种战争，那种奋斗，在中国是向来没有的。中国人虽然受过了不平等的界限，但是没有牺牲身家性命去做平等的代价。欧洲人民在两三百年以前的革命，都是集中到自由、平等两件事。中国人向来不懂什么是争自由平等，当中原因，就是中国的专制和欧洲比较，实在没有什么厉害。而且中国古时的政治，虽然是专制，二千多年以来虽然没有进步，但是以前改良了很多，专制淫威也减除了不少，所以人民便不觉得十分痛苦，因为不觉得痛苦，便不为这个道理去奋斗。

近来欧洲文化东渐，他们的政治、经济、科学都传到中国来了。

中国人听到欧洲的政治学理,多数都是照本抄誊,全不知道改变。所以欧洲两三百年以前的革命说是争自由,中国人也说要争自由;欧洲从前争平等,中国人也照样要争平等。但是中国今日的弊病,不是在不自由、不平等的这些地方。如果专拿自由、平等去提倡民气,便是离事实太远,和人民没有切肤之痛,他们便没有感觉;没有感觉,一定不来附和。至于欧洲在两三百年以前,人民所受不自由、不平等的痛苦真是水深火热,以为非争到自由平等,什么问题都不能解决,所以拚命去争自由、打平等。因为有这种风潮,所以近两三百年来,一次发生英国革命,二次发生美国革命,三次发生法国革命。美国、法国的革命都是成功的。英国革命算是没有成功,所以国体至今没有改变。英国革命的时候,正当中国明末清初,当时英国人民把皇位推倒,杀了一个皇帝;不到十年,又发生复辟;一直到现在,他们的国体仍旧是君主,贵族阶级也还是存在。美国自脱离英国独立以后,把从前政治的阶级完全打破,创立共和制度。以后法国革命,也是照美国一样,把从前的阶级制度根本推翻。延到现在六年以前,又发生俄国革命,他们也打破阶级制度,变成共和国家。美国、法国、俄国都是世界上很强盛的国家,推原他们强盛的来历,都是由于革命成功的。就这三个革命成功的国家比较,发起最后的是俄国,成功最大的也是俄国。俄国革命的结果,不但是把政治的阶级打到平等,并且把社会上所有资本的阶级都一齐打到平等。

我们再拿美国来讲。美国革命的时候,人民所向的目标是在独立。他们为什么要独立呢?因为他们当时的十三州都是英国的领土,归英国管理。英国是一个专制国家,压迫美国人民比压迫本国人民还要严厉得多。美国人民见得他们自己和英国人民都是同归一个英国政府管理,英国政府待本国人民是那样宽大,待美国人民是这样刻薄，便觉得很不平等，所以要脱离英国，自己去管理自己，成一个独立国家。他们因为独立，反抗英国，和英国战争了八年。后来独立成功，所有在美国的白色人种，政府都一律看待，一律平等。但是对待别色人种便大不相同，比方在美国的非洲黑人，他们便视为奴隶。所以美国独立之后，白人的政治地位虽然是平等，但是黑人和白人比较便不是平等。这种事实，和美国的宪法及独立的宣言便不相符合。因为《独立宣言》开宗明义便说人人是生而平等的，天赋有一定不能少的权利，那些权利便是生命自由和求幸福。后来订定宪法也是根据这个道理。美国注重人类平等的宪法既然成立以后，还要黑人来做奴隶，所以美国主张平等自由的学者，见到那种事实和立国的精神太〔大〕相矛盾，便反对一个平等自由的共和国家里头还用许多人类来做奴隶。美国当时对待黑人究竟是怎么样的情形呢？美国人从前对待黑人是很刻薄的，把黑人当作牛马一样，要他们做奴隶做苦工，每日做很多的工，辛辛苦苦做完了之后，没有工钱，只有饭吃。那种残酷情形，全国人民看见了，觉得是很不公道、很不平等的，和开国宪法的道理太不相容，所以大家提倡人道主义，打破这种不平等的制度。后来这种主张愈传愈广，赞成这种主张的人便非常之多。于是有许多热心的人，调查当时黑奴所受的痛苦，做成了许多记录。其中最著名的一本书，是把黑奴受痛苦的种种事实编成一本小说，令人人看到了之后都很有趣味。这本小说是叫做《黑奴吁天录》。自这本书做出之后，大家都知道黑奴是怎么样受苦，便替黑奴来抱不平。当时全美国之中，北方各省没有畜黑奴的，便主张放奴。南方各省所畜的黑奴是很多的，因为南方各省有许多极大的农场，平常都是专靠黑奴去耕种，如果放黑奴，便没有苦工，便不能耕种。南方的人由于自私自利的思想，便反对放奴，说黑奴制度不是一人〈造〉起来的。美国人从前运非洲的黑人去做奴隶，好象几十年前欧洲人运中国人到美洲和南洋去做“猪仔”一样，黑奴便是当时非洲的“猪仔”。南方各省反对放奴，说黑奴是他们的本钱，如果要解放，他们一定要收回本钱。当时一个黑奴，差不多要值五六千元，南方各省的黑奴有几百万，总算起来要值几百万万元。因为那种价值太大，国家没有那样多钱去偿还黑奴的东家，所以放黑奴的风潮虽然是发生了很久，但是酝酿复酝酿，到了六十年前才爆发出来，构成美国的南北战争。那次战争，两方死了几十万人，打过了五年仗，双方战争是非常激烈的，是世界最大战争之一。那次战争，是替黑奴打不平，替人类打不平等的。可以说是争平等的战争。欧美从前为争平等的问题，都是本身觉悟，为自己的利害去打仗。美国的南北战争，为黑奴争平等，不是黑人自己懂得要争。因为他们做奴隶的时候太久，没有别的知识，只知道主人有饭给他们吃，有衣给他们穿，有屋给他们住，他们便很心满意足。当时主人间或也有很宽厚的，黑奴只知道要有好主人，不致受十分的虐待，并不知道要反抗主人，要求解放，有自己做主人的思想。所以那次美国的南北战争，所争平等的人，是白人替黑人去争，是自己团体以外的人去争，不是本身的觉悟。那次战争的结果，南方打败了，北方打胜了，联邦政府就马上发一个命令，要全国放奴。南方各省因为打败了仗，只有服从那个命令。自此以后，便不理黑奴，从解放的日起便不给饭与黑奴吃，不给衣与黑奴穿，不给屋与黑奴住。黑人从那次以后，虽然是被白人解放，有了自由，成了美国的共和国民，在政治的平等自由上有很大的希望，但是因为从前替主人做工，便有饭吃，有衣穿，有屋住；解放以后不替主人做工，便没有饭吃，没有衣穿，没有屋住，一时青黄不接，黑奴觉得失了泰山之靠，便感非常的痛苦。因此就怨恨放奴的各省份，尤其怨恨北方那位主张放奴的大总统。

那位主张放奴的总统是谁呢？大家都知道，美国有两个极有名的大总统。一位是开国的大总统，叫做华盛顿。现在世界上的人说起开国元勋，便数到华盛顿，因为那位大总统在争人类平等的历史上是很有功劳的。其余一位大总统就是林肯，他就是当时主张放奴最出力的人。因为他解放黑奴，为人类求平等立了很大的功劳，所以世界上的人至今都称颂他。但是当时解放了的黑奴，因为一时没有衣食住的痛苦，便非常怨恨他。现在还有一种歌谣是骂林肯的，说他是洪水猛兽。那些骂林肯的人之心理，好象中国现在反对革命的人来骂革命党一样。现在有知识的黑人，知道解放的好处，自然是称颂林肯；但是无知识的黑人，至今还是恨林肯，学他们的祖宗一样。解放黑奴，是美国历史上一件争平等的事业。所以讲美国最好的历史，第一个时期是由于受英国不平等的待遇，人民发起独立战争，打过了八年仗，才脱离英国，得到平等，成一个独立国家。第二个时期是在六十年前发生南北战争，那次战争的理由，和头一次的独立战争是相同的，打过了五年仗。五年战争的时间，和八年战争的时间虽然是差不多，但是说起损失来，那次五年的战争比较八年的战争牺牲还要大，流血还要多。简单的说起来，美国第一次的大战争，是美国人民自己求独立，为自己争平等。第二次的大战争，是美国人民为黑奴求自由，为黑奴争平等；不是为自己争平等，是为他人争平等。为他人争平等，比较为自己争平等所受的牺牲还要大，流血还要多。所以美国历史是一种争平等的历史。这种争平等的历史，是世界历史中的大光荣。

美国争得平等之后，法国也发生革命，去争平等。当中反复了好几次，争了八十年才算成功。但是平等争成功之后，他们人民把平等两个字走到极端，要无论那一种人都是平等。象第二图所讲的平等，把平等地位不放在立足点，要放在平头点，那就是假平等。

中国的革命思潮是发源于欧美，平等自由的学说也是由欧美传进来的。但是中国革命党不主张争平等自由，主张争三民主义。三民主义能够实行，便有自由平等。欧美为平等自由去战争，争得了之后，常常被平等自由引入歧路。我们的三民主义能够实行，真有自由平等，要什么方法才能够归正轨呢？象第二图，把平等线放在平头上，是不合乎平等正轨的；要象第三图，把平等线放在立足点，才算合乎平等的正轨。所以我们革命，要知道所用的主义是不是适当，是不是合乎正轨，非先把欧美革命的历史源源本本来研究清楚不成功。人民要彻底明白我们的三民主义是不是的的确确〈有〉好处，是不是合乎国情。要能够信仰我们的三民主义始终不变，也非把欧美革命的历史源源本本来研究清楚不成功。

美国为平等、自由两个名词，经过了两次战争，第一次争了八年，第二次争了五年，才达到目的。中国向来没有为平等自由起过战争。几千年来，历史上的战争，都是大家要争皇帝；每次战争，人人都是存一个争皇帝的思想。只有此次我们革命，推倒满清，才是不争皇帝的第一次。但是这种不争皇帝的思想，只限于真革命党以内的人才是。说到革命党以外，象北方的曹锟、吴佩孚，名义上虽然赞成共和，但是主张武力统一，还是想专制。如果他们的武力统一成功，别人不能够反抗，他们一定是想做皇帝的。譬如袁世凯在辛亥年推倒满清的时候，他何尝不赞成共和呢？他又何曾主张帝制呢？当时全国的人民便以为帝制不再发生。到了民国二年，袁世凯用武力打败革命党，把革命党赶出海外，便改变国体，做起皇帝来。这般军阀的思想腐败不堪，都是和袁世凯相同的，将来没有人敢担保这种危险不发生。所以中国的革命至今没有成功，就是因为做皇帝的思想没有完全铲除，没有一概肃清。我们要把这种做皇帝的思想完全铲除，一概肃清，便不得不再来奋斗，再来革命。

中国现在有许多青年志士，还是主张争平等自由。欧洲在一两百年以来，本是争平等自由，但是争得的结果，实在是民权。因为有了民权，平等自由才能够存在；如果没有民权，平等自由不过是一种空名词。讲到民权的来历，发源是很远的，不是近来才发生的。两千多年以前，希腊、罗马便老早有了这种思想。当时希腊、罗马都是共和国家。同时地中海的南方有一个大国叫做克塞支[①]，也是一个共和国。后来有许多小国继续起来，都是共和国家。当时的希腊、罗马名义上虽然是共和国家，但是事实上还没有达到真正的平等自由，因为那个时候，民权还没有实行。譬如希腊国内便有奴隶制度，所有贵族都是畜很多的奴隶，全国人民差不多有三分之二是奴隶。斯巴达的一个武士，国家定例要给五个奴隶去服侍他。所以希腊有民权的人是少数，无民权的是大多数。罗马也是一样的情形。所以二千多年以前，希腊、罗马的国家名义虽然是共和，但是由于奴隶制度，还不能够达到平等自由的目的。到六十年前美国解放黑奴，打破奴隶制度，实行人类的平等以后，在现在的共和国家以内才渐渐有真平等自由的希望。但是真平等自由是在什么地方立足呢？要附属到什么东西呢？是在民权上立足的，要附属于民权。民权发达了，平等自由才可以长存；如果没有民权，什么平等自由都保守不住。所以中国国民党发起革命，目的虽然是要争平等自由，但是所定的主义和口号还是要用民权。因为争得了民权，人民方有平等自由的事实，便可以享平等自由的幸福。所以平等自由，实在是包括于民权之内。因为平等自由是包括在民权之内，所以今天研究民权的问题，便附带来研究平等自由

① 今译迦太基。

的问题。

欧美革命，为求平等自由的问题来战争，牺牲了无数的性命，流了很多的碧血。争到平等自由之后，到了现在，把平等自由的名词应该要看得如何宝贵，把平等自由的事实应该要如何审慎，不能够随便滥用。但是到现在究竟是怎么样呢？就自由一方面的情形说，前次已经讲过了，他们争得自由之后，便生出自由的许多流弊。美国、法国革命至今有了一百多年，把平等争得了，到底是不是和自由一样，也生出许多流弊呢？依我看起来，也是一样的生出许多流弊。由于他们已往所生流弊的经验，我们从新革命，便不可再蹈他们的覆辙，专为平等去奋斗，要为民权去奋斗。民权发达了，便有真正的平等。如果民权不发达，我们便永远不平等。

欧美平等的流弊究竟是怎么样呢？简单的说，就是他们把平等两个字认得太呆了。欧美争得平等以后，为什么缘故要发生流弊呢？就是由于民权没有充分发达，所以自由平等还不能够向正轨道去走。因为自由平等没有归到正轨，所以欧美人民至今还是要为民权去奋斗。因为要奋斗，自然要结团体。人民因为知道结团体的重要，所以由于奋斗的结果，便得到集会、结社的自由。由于得到这种自由，便生出许多团体，在政治上有政党，在工人中有工党。现在世界团体中最大的是工党。工党是在革命以后，人民争得了自由，才发生出来。发生的情形是怎么样呢？最初的时候，工人没有知识，没有觉悟，并不知道自己是处于不平等的地位，也不知道受资本家有很大的压迫。好象美国黑奴只知道自祖宗以来都是做人的奴隶，并不知道奴隶的地位是不好，也不知道除了奴隶以外另外还有自由平等一样。当时各国工人本来不知道自己是处于什么地位，后来于工人之外，得了许多好义之士替工人抱不平，把工人和资本家不平等的道理宣传到工人里头，把他们唤醒了，要他们固结团体和贵族及资本家抵抗，于是世界各国才发生工党。工党和贵族及资本家抵抗，是拿什么造武器呢？工人抵抗的唯一武器，就是消极的不合作，不合作的举动就是罢工。这种武器，比较军人打仗的武器还要厉害得多。如果工人对于国家或资本家有要求不遂的，便大家联合起来，一致罢工。那种罢工，影响到全国人民，比较普通的战争也不相上下。因为在工人之外有知识极高的好义之士做领袖，去引导那些工人，教他们固结团体，去怎么样罢工。所以他们的罢工一经发动，便在社会上发生很大的力量。因为有了很大的力量，工人自己才感觉起来，要讲平等。英国、法国的工人由于这种感觉，要讲平等，看见团体以内引导指挥的领袖都不是本行的工人，不是贵族便是学者，都是从外面来的，所以他们到了团体成功，便排斥那些领袖。这种排斥领袖的风潮，在欧洲近数十年来渐渐发生了。所以起这种风潮的原故，便是由于工人走入平等的迷途，成了平等的流弊。由于这种流弊发生以后，工党便没有好领袖去引导指挥他们，工人又没有知识去引导自己，所以虽然有很大的团体，不但是没有进步，不能发生大力量，并且没有人去维持。于是工党内部渐渐腐败，失却了大团体的力量。

工人的团体不但是在外国很多，近十多年来中国也成立了不少。中国自革命以后，各行的工人都联合起来，成立团体。团体中的领袖也有很多不是工人的。那些团体中的领袖，固然不能说个个都是为工人去谋利益的，其中假借团体的名义、利用工人为自己图私利的当然是很多，但是真为大义去替工人出力的也是不少。所以工人应该要明白，应该要分别领袖的青红皂白。现在中国的工人讲平等，也是发生平等的流弊。譬如前几天我收到由汉口寄来的一种工报，当中有两个大标题，第一个标题是“我们工人不要穿长衣的做领袖”，第二个标题是“我们工人奋斗，只求面包，不问政治”。由于这种标题,便可知和欧美工党排斥非工人做领袖的口调是一样。欧美工人虽然排斥非工人的领袖,但是他们的目标还是要问政治。所以汉口工人的第二个标题,便和欧美工人的口调不能完全相同。因为一国之内,人民的一切幸福都是以政治问题为依归的。国家最大的问题就是政治,如果政治不良,在国家里头无论什么问题都不能解决。比方中国现在受外国政治经济的压迫,一年之内损失十二万万元,这就是由于中国政治不良,经济不能发达,所以每年要受这样大的损失。在这种损失里头,最大的是进口货超过出口货每年有五万万元,这五万万元的货都是工人生产的,因为中国工业不发达,才受这种损失。我们拿这个损失的问题来研究。中国工人所得工价是世界中最便宜的,所做的劳动又是世界中最勤苦的,一天能够做十多点钟工。中国的工价既是最便宜,工人的劳动又是最勤苦,和外国工业竞争,照道理讲,当然可以操胜算。为什么中国工人所生产的出口货,不能敌外国工人所生产的进口货呢?为什么我们由于工业的关系,每年要损失五万万元呢?此中最大的原因,就是中国政治不良,我们的政府没有能力。如果政府有了能力,便可以维持这五万万元的损失。我们能够维持这五万万元的损失,便是每年多了五万万元的面包。中国政府有能力,怎么样可以维持五万万元的损失呢?如果政府有能力,便可以增加关税,关税加重,外国的洋货自然难得进口,中国的土货便可以畅销,由此全国的工人每年便可以多进五万万元。但是照汉口工人寄来报纸上的标题讲,工人不问政治,既然不问政治,自然不要求政府增加关税,抵制洋货,提倡土货;不抵制洋货,提倡土货,中国就不制造土货;不制造土货,工人便没有工做;工人连工都没有做,那里还有面包呢?由此可见,工人无好领袖,总是开口便错。这样的工人团体断不能发达,不久必归消灭。因其太无知识了，不知道面包问题就是经济问题。政治和经济两个问题，总是有连带关系的，如果不问政治，怎么样能够解决经济的面包问题来要求面包呢？汉口工人的那种标题，便是由于错讲平等生出来的流弊。

所以，我们革命不能够单说是争平等，要主张争民权。如果民权不能够完全发达，就是争到了平等，也不过是一时，不久便要消灭的。我们革命主张民权，虽然不拿平等做标题，但是在民权之中便包括得有平等。如果平等有时是好，当然是采用；如果不好，一定要除去。象这样做去，才可以发达民权，才是善用平等。

我从前发明过一个道理，就是世界人类其得之天赋者约分三种：有先知先觉者，有后知后觉者，有不知不觉者。先知先觉者为发明家，后知后觉者为宣传家，不知不觉者为实行家。此三种人互相为用，协力进行，则人类之文明进步必能一日千里。天之生人虽有聪明才力之不平等，但人心则必欲使之平等，斯为道德上之最高目的，而人类当努力进行者。但是要达到这个最高之道德目的，到底要怎么样做法呢？我们可把人类两种思想来比对，便可以明白了。一种就是利己，一种就是利人。重于利己者，每每出于害人亦有所不惜。此种思想发达，则聪明才力之人专用彼之才能，去夺取人家之利益，渐而积成专制之阶级，生出政治上之不平等。此民权革命以前之世界也。重于利人者，每每至到牺牲自己亦乐而为之。此种思想发达，则聪明才力之人专用彼之才能，以谋他人的幸福，渐而积成博爱之宗教慈善之事业。惟是宗教之力有所穷，慈善之事有不济，则不得不为根本之解决，实行革命，推翻专制，主张民权，以平人事之不平了。从此以后，要调和三种之人使之平等，则人人当以服务为目的，而不以夺取为目的。聪明才力愈大者，当尽其能力而服千万人之务，造千万人之福。聪明才力略小者，当尽其能力以服十百人之务，造十百人之福。所谓“巧者拙之奴”，就是这个道理。至于全无聪明才力者，亦当尽一己之能力，以服一人之务，造一人之福。照这样做去，虽天生人之聪明才力有不平等，而人之服务道德心发达，必可使之成为平等了。这就是平等之精义。

第四讲

（四月十三日）

照前几次所讲，我们知道欧美人民争民权已经有了两三百年。他们争过了两三百年，到底得到了多少民权呢？今天所讲的题目，就是欧美人民在近来两三百年之中所争得民权多少，和他们的民权现在进步到什么地方。

民权思想已经传到中国来了。中国人知道民权的意思，是从书本和报纸中得来的。主张民权的书本和报纸，一定是很赞成民权那一方面的。大家平日研究民权，自然都是从赞成一方面的书本和报纸上观察。照赞成一方面的书本和报纸上所说的话，一定是把民权的风潮说得是怎样轰轰烈烈，把民权的思想说得是怎么蓬蓬勃勃。我们看见了这些书报，当然受他们的鼓动，发生民权的思想。以为欧美人民争民权，争过了两三百年，每次都是得到最后的胜利。照这样看起来，以后世界各国的民权一定是要发达到极点，我们中国处在这个世界潮流之中，也当然是应该提倡民权，发达民权。并且有许多人以为提倡中国民权能够象欧美那一样的发达，便是我们争民权已达到目的了，以为民权能够发达到那个地步，国家便算是很文明，便算是很进步。

但是，从书报中观察欧美的民权，和事实上有很多不对的。考察欧美的民权事实，他们所谓先进的国家象美国、法国，革命过了一百多年，人民到底得了多少民权呢？照主张民权的人看，他们所得的民权还是很少。当时欧美提倡民权的人，想马上达到民权的充分目的，所以牺牲一切，大家同心协力，一致拚命去争。到了胜利的时〈候〉，他们所争到的民权，和革命时候所希望的民权两相比较起来，还是差得很多，还不能达到民权的充分目的。

现在可以回顾美国对于英国的独立战争是一个什么情形。那个战争，打过了八年仗，才得到最后的胜利，才达到民权的目的。照美国《独立宣言》来看，说平等和自由是天赋到人类的，无论什么人都不能夺去人人的平等自由。当时美国革命本想要争到很充分的自由平等，但是争了八年，所得的民权还是很少。为什么争了八年之久只得到很少的民权呢？当初反对美国民权的是英国皇帝，美国人民受英国皇帝的压迫，才主张独立，和英国战争。所以那个战争，是君权和民权的战争。战争的结果，本是民权胜利，照道理讲，应该得到充分的民权。为什么不能达到充分的目的呢？因为独立战争胜利之后，虽然打破了君权，但是主张民权的人便生出民权的实施问题，就是要把民权究竟应该行到什么程度？由于研究这种问题，主张民权的同志之见解各有不同，因为见解不同，便生出内部两大派别的分裂。大家都知道美国革命有一个极著名的首领叫做华盛顿，他是美国的开国元勋。当时帮助他去反抗英国君权的人，还有许多英雄豪杰，象华盛顿的财政部长叫做哈美尔顿①，和国务部长叫做遮化臣②。那两位大人物对于民权的实施问题，因为见解各有不同，彼此的党羽又非常之多，便分成为绝对不相同的两大派。

---

① 今译汉密尔顿。

② 今译杰斐逊。

遮氏一派，相信民权是天赋到人类的。如果人民有很充分的民权，由人民自由使用，人民必有分寸，使用民权的时候一定可以做许多好事，令国家的事业充分进步。遮氏这种言论，是主张人性是善的一说。至于人民有了充分的民权，如果有时不能充分发达善性去做好事，反误用民权去作恶，那是人民遇到了障碍，一时出于不得已的举动。总而言之，人人既是有天赋的自由平等，人人便应该有政权；而且人人都是有聪明的，如果给他们以充分的政权，令个个都可以管国事，一定可以做出许多大事业；大家负起责任来，把国家治好，国家便可以长治久安。那就是遮化臣一派对于民权的信仰。

至于哈美尔顿一派所主张的，恰恰和遮氏的主张相反。哈氏以为人性不能完全都是善的，如果人人都有充分的民权，性恶的人便拿政权去作恶。那些恶人拿到了国家大权，便把国家的利益自私自利分到自己同党，无论国家的什么道德、法律、正义、秩序都不去理会。弄到结果，不是一国三公，变成暴民政治；就是把平等自由走到极端，成为无政府。象这样实行民权，不但是不能令国家进步，反要捣乱国家，令国家退步。所以哈氏主张，国家政权不能完全给予人民，要给予政府，把国家的大权都集合于中央，普通人只能够得到有限制的民权。如果给予普通人以无限制的民权，人人都拿去作恶，那种作恶的影响对于国家，比较皇帝的作恶还要厉害得多。因为皇帝作恶，还有许多人民去监视防止；一般人若得到了无限制的民权，大家都去作恶，便再没有人可以监视防止。故哈美尔顿说："从前的君权要限制，现在的民权也应该要限制。"由此创立一派，叫做"联邦派"，主张中央集权，不主张地方分权。

美国在独立战争以前，本有十三邦，都归英国统辖，自己不能统一。后来因为都受英国专制太过，不能忍受，去反抗英国，是大家有同一的目标，所以当时对英国作战便联同一气。到战胜了英国以后，各邦还是很分裂，还是不能统一。在革命的时候，十三邦的人口不过三百万。在那三百万人中，反抗英国的只有二百万人，还有一百万仍是赞成英国皇帝的。就是当时各邦的人民，还有三分之一是英国的保皇党，只有三分之二才是革命党。因为有那三分之一的保皇党在内部捣乱，所以美国独立战争费过了八年的长时间，才能够完全战胜。到了战胜以后，那些著名的保皇党无处藏身，便逃到北方，搬过圣罗伦士河[①]以北，成立了加拿大殖民地，至今仍为英国属地，忠于英国。美国独立之后，国内便没有敌人。但是那三百万人分成十三邦，每邦不过二十多万人，各不相下，大家不能统一。美国的国力还是很弱，将来还是很容易被欧洲吞灭，前途的生存是很危险的。于是各邦的先知先觉想免去此种危险，要国家永远图生存，便不得不加大国力。要加大国力，所以主张各邦联合起来，建设一个大国家。当时所提倡联合的办法，有主张专行民权的，有主张专行国权的。头一派的主张，就是地方分权。后一派的主张，就是中央集权。限制民权，把各邦的大权力都联合起来，集中于中央政府，又可以说是联邦派。这两派彼此用口头文字争论，争了很久，并且是很激烈。最后是主张限制民权的"联邦派"占胜利，于是各邦联合起来，成立一个合众国，公布联邦的宪法。美国自开国一直到现在，都是用这种宪法。这种宪法就是三权分立的宪法，把立法权、司法权和行政权分得清清楚楚，彼此不相侵犯。这是世界上自有人类历史以来第一次所行的完全宪法。美国就是实行三权分立的成文宪法的第一个国家。世界上有成文宪法的国家，美国就是破天荒的头一个。这个宪法，我们叫做《美国联

① 今译圣劳伦斯河(Saint Lawrence R.)。

邦宪法》。美国自结合联邦、成立宪法以后，便成世界上顶富的国家；经过欧战以后，更成世界上顶强的国家。因为美国达到了今日这样富强，是由于成立联邦宪法，地方人民的事让各邦分开自治。

十多年来，我国一般文人志士想解决中国现在的问题，不根本上拿中美两国的国情来比较，只就美国富强的结果而论。以为中国所希望的，不过是在国家富强；美国之所以富强，是由于联邦，中国要象美国一样的富强，便应该联省；美国联邦制度的根本好处，是由于各邦自定宪法、分邦自治，我们要学美国的联邦制度变所〔成〕联省，根本上便应该各省自定宪法，分省自治，等到省宪实行了以后，然后再行联合成立国宪。质而言之，就是将本来统一的中国变成二十几个独立的单位，象一百年以前的美国十几个独立的邦一样，然后再来联合起来。这种见解和思想，真是谬误到极点。可谓人云亦云，习而不察。象这样只看见美国行联邦制度便成世界顶富强的国家，我们现在要中国富强也要去学美国的联邦制度，就是象前次所讲的欧美人民争民权，不说要争民权，只说要争自由平等，我们中国人此时来革命也要学欧美人的口号说去争自由平等，都是一样的盲从！都是一样的莫名其妙！

主张联省自治的人，表面上以为美国的地方基础有许多小邦，各邦联合，便能自治，便能富强；中国的地方基础也有许多行省，也应该可以自治，可以富强。殊不知道美国在独立时候的情形究竟是怎么样。美国当独立之后为什么要联邦呢？是因为那十三邦向来完全分裂，不相统属，所以不能不联合起来。至于我们中国的情形又是怎么样呢？中国本部形式上向来本分作十八省，另外加入东三省及新疆，一共是二十二省，此外还有热河、绥远、青海许多特别区域，及蒙古、西藏各属地。这些地方，在清朝二百六十多年之中，都是统属于清朝政府之下。推到明朝时候，各省也很统一。再推到元朝时候，不但是统一中国的版图，且几几乎统一欧、亚两洲。推到宋朝时候，各省原来也是很统一的；到了南渡以后，南方几省也是统一的。更向上推到唐朝、汉朝，中国的各省没有不是统一的。由此便知中国的各省在历史上向来都是统一的，不是分裂的，不是不能统属的；而且统一之时就是治，不统一之时就是乱的。美国之所以富强，不是由于各邦之独立自治，还是由于各邦联合后的进化所成的一个统一国家。所以美国的富强，是各邦统一的结果，不是各邦分裂的结果。中国原来既是统一的，便不应该把各省再来分开。中国眼前一时不能统一，是暂时的乱象，是由于武人的割据。这种割据，我们要铲除他，万不能再有联省的谬主张，为武人割据作护符。若是这些武人有口实来各据一方，中国是再不能富强的。如果以美国联邦制度就是富强的原因，那便是倒果为因。

外国人现在对于中国为什么要来共管呢？是从什么地方看出中国的缺点呢？就是由于看见中国有知识阶级的人所发表的言论、所贡献的主张，都是这样的和世界潮流相反，所以他们便看中国不起，说中国的事中国人自己不能管，列强应该来代我们共管。我们现在东亚处于此时的潮流，要把“联邦”二个字用得是恰当，便应该说中国和日本要联合起来，或者中国和安南、缅甸、印度、波斯、阿富汗都联合起来。因为这些国家向来都不是统一的。此刻要亚洲富强，可以抵抗欧洲，要联成一个大邦，那才可以说得通。至于中国的十八省和东三省以及各特别区，在清朝时候已经是统一的，已经是联属的。我们推翻清朝，承继清朝的领土，才有今日的共和国，为什么要把向来统一的国家再来分裂呢？提倡分裂中国的人一定是野心家，想把各省的地方自己去割据。象唐继尧割据云南、赵恒惕割据湖南、陆荣廷割据广西、陈炯明割据广东，这种割据式的联省，是军阀的联省，不是人民自治的联省；这种联省不是有利于中国的，是有利于个人的，我们应该要分别清楚。

美国独立时候的十三邦毫不统一，要联成一个统一国家，实在是非常的困难。所以哈氏和遮氏两派的争论便非常之激烈。后来制成联邦宪法，付之各邦自由投票，最后是哈氏一派占胜利，遮氏一派的主张渐渐失败。因为联邦宪法成立之前，全国人有两大派的主张，所以颁布的宪法弄成两派中的一个调和东西。把全国的大政权，如果是属于中央政府的，便在宪法之内明白规定；若是在宪法所规定以外的，便属于地方政府。比方币制，应该中央政府办理，地方政府不能过问。象外交，是规定由中央政府办理，各邦不能私自和外国订约。其余象关于国防上海陆军的训练与地方上民团的调遣等那些大权，都是归中央政府办理。至于极复杂的事业，在宪法未有划归中央政府的，便归各邦政府分别办理。这种划分，便是中央和地方的调和办法。

美国由于这种调和办法，人民究竟得到了多少民权呢？当时所得的民权，只得到一种有限制的选举权，在那个时候的选举权，只是限于选举议员和一部分的地方官吏；至于选举总统和上议院的议员，还是用间接选举的制度，由人民选出选举人，再由选举人才去选总统和那些议员。后来民权遂〔逐〕渐发达，进步到了今日，总统和上议院的议员以及地方上与人民有直接利害关系的各官吏，才由人民直接去选举，这就叫做普通选举。所以美国的选举权，是由限制的选举渐渐变成普通选举。但是这种普通选举，只限于男人才能够享受，至于女子，在一二十年前还是没有这种普通选举权。欧美近二十年以来，女子争选举权的风潮非常激烈。大家都知道，当是〔时〕欧美的女子争选举权，许多人以为不能成功。所持的理由，就是女子的聪明才力不及男子，男子所能做的事女子不能够做，所以很多人反对。不但是男人很反对，许多女子自己也是很反对，就是全国的女人都争得很激烈，还料不到可以成功。到了七八年以前，英国女子才争成功，后来美国也争成功。这个成功的缘故，是由于当欧战的时候男子通同去当兵，效力战场，在国内的许多事业没有男人去做。象兵工厂内的职员、散工，街上电车内的司机、卖票，和后方一切勤务事宜，男子不敷分配，都是靠女子去补充。所以从前反对女子选举权的人，说女子不能做男子事业，，到了那个时候便无法证明，便不敢反对，主张女子有选举权的人才完全占胜利。所以欧战之后，女子的选举权才是确定了。

由此便知，欧美革命的目标本是想达到民权，象美国独立战争就是争民权。战争成功之后，主张民权的同志又分出两派，一派是主张应该实行充分的民权，一派是主张民权应该要限制，要国家应该有极大的政权。后来发生许多事实，证明普通人民的确是没有知识、没有能力去行使充分的民权。譬如遮化臣争民权，他的门徒也争民权，弄到结果，所要争的民权还是失败，便可以证明普通民众不知道运用政权。由于这个原故，欧美革命有了两三百多年，向来的标题都是争民权，所争得的结果，只得到男女选举权。

讲到欧洲的法国革命，当时也是主张争民权。所以主张民权的学者，象卢梭那些人，便说人人有天赋的权利，君主不能侵夺。由于卢梭的学说，便发生法国革命。法国革命以后，就实行民权。于是一般贵族皇室都受大害，在法国不能立足，便逃亡到外国。因为法国人民当时拿充分的民权去做头一次的试验，全国人都不敢说民众没有知识、没有能力，如果有人敢说那些话，大家便说他是反革命，马上就要上断头台。所以那个时候便成暴民专制，弄到无政府，社会上极为恐慌，人人朝不保夕。就是真革命党，也有时因为一言不慎，和大众的意见不对，便要受死刑。故当法国试验充分民权的时期，不但是王公贵族被人杀了的是很多，就是平时很热心的革命志士，象丹顿一流人物一样，因为一言不合，被人民杀了的也是很不少。后来法国人民看到这样的行为是过于暴虐，于是从前赞成民权的人反变成心灰意冷，来反对民权，拥护拿破仑做皇帝，因此生出民权极大的障碍。这种障碍，不是由君权发生的。在一百年以前，民权的风潮便已经是很大，象前几次所讲的情形。现在世界潮流已达到了民权的时代，照道理推测，以后应该一天发达一天，为什么到民权把君权消灭了以后，反生出极大的障碍呢？是什么原因造成的呢？一种原因，是由于赞成民权所谓稳健派的人，主张民权要有一定的限制。这派是主张国家集权，不主张充分民权。这派对于民权的阻力还不甚大，阻碍民权的进步也不很多。最为民权障碍的人，还是主张充分民权的人。象法国革命时候，人民拿到了充分的民权，便不要领袖，把许多有知识、有本事的领袖都杀死了，只剩得一班暴徒。那般暴徒，对于事物的观察既不明了，又很容易被人利用。全国人民既是没有好耳目，所以发生一件事，人民都不知道谁是谁非，只要有人鼓动，便一致去盲从附和。象这样的现象，是很危险的。所以后来人民都觉悟起来，便不敢再主张民权。由于这种反动力，便生出了民权的极大障碍，这种障碍是由于主张民权的人自招出来的。

欧洲自法国以外，象丹麦、荷兰、葡萄牙、西班牙那些小国，于不知不觉之中也发生民权的风潮。民权的风潮在欧美虽然遇了障碍，得到君权的反抗，还是不能消灭；遇到了民权自身的障碍，也是自然发达，不能阻止。那是什么原故呢？因为大势所趋，潮流所至，没有方法可以阻止。由于这个道理，故许多专制国家都是顺应潮流，去看风行事。譬如英国从前革命，杀了皇帝，不到十年再复辟起来，但是英国的贵族知机善变，知道民权的力量太大，不能反抗，那些皇室贵族便不和民权去反抗，要和他去调和。讲到民权的起源，本来是发生于英国的。英国自复辟之后，推翻了民权，便成贵族执政，只有贵族可以理国事，别界人都不能讲话；到了一千八百三十二年以后，在贵族之外，才准普通平民有选举权；到了欧战以后，才许女子也有选举权。至于英国对待属地，更是善用退让的手段，顺应民权的潮流。象爱尔兰是英国三岛中的土地，英国始初本是用武力压迫，后来见到民权的风潮扩大，便不去压迫，反主退让，准爱尔兰独立。英国不独对于三岛的内部是如此，就是对于外部，象对付埃及，也是退让。埃及当欧战时候，为英国是很出力的。英国当时要埃及人去助战，也允许过了埃及许多权利，准他们以后独立。到欧战之后，英国食言，把所许的权利都不履行。埃及便要求独立，履行前约，风潮扩大，英国也是退让，许埃及独立。又象印度现在要求英国扩充选举，英国也是一概允许。至于现在英国国内，容纳工党组织内阁，工人执政，便更足以证明英国贵族的退让，民权的进步。英国贵族知道世界民权的大势，能够顺应潮流，不逆反潮流，所以他们的政体至今还可以维持，国家的现状还是没有大危险。

世界上经过了美国、法国革命之后，民权思想便一日发达一日。但是根本讲起来，最新的民权思想还是发源于德国。德国的人心向来富于民权思想，所以国内的工党便非常之多，现在世界上工党团体中之最大的还是在德国。德国的民权思想发达本早，但到欧战以前，民权的结果还不及法国、英国。这个理由，是因为德国对付民权所用的手段和英国不同，所以得来的结果也是不同。从前德国对付民权是用什么手段呢？德国是谁阻止民权的发达呢？许多学者研究，都说是由于丕士麦[①]。

丕士麦是德国很有名望、很有本领的大政治家。在三四十年前，世界上的大事业都是由于丕士麦造成的。世界上的大政治家都不能逃出丕士麦的范围。所以在三四十年前，德国是世界上顶强的国家。德国当时之所以强，全由丕士麦一手造成。在丕士麦没有执政之先，德国是一个什么景象呢？德国在那个时候有二十几个小邦，那二十几个小邦的民族虽然是相同，但是各自为政，比较美国的十三邦还要分裂，加以被拿破仑征服之后，人民更是穷苦不堪。后来丕士麦出来，运用他的聪明才力和政治手腕，联合附近民族相同的二十几邦，造成一个大联邦，才有后来的大富强。在十年以前，德国是世界上顶强的国家，美国是世界上顶富的国家，他们那两国都是联邦。许多人以为我们中国要富强，也应该学德国、美国的联邦。殊不知德国在三四十年前，根本上只有一个普鲁士，因丕士麦执政以后，拿普鲁士做基础，整军经武，刷新内政，联合其余的二十多邦，才有后来的大德意志。当丕士麦联合各邦的时候，法国、奥国都极力反对。奥国所以反对德国联邦的缘故，是因为奥国和德国虽然是同一条顿民族，但是奥皇也想争雄欧洲，故不愿德国联邦再比奥国还要强盛。无如丕士麦才智过人，发奋图强，于一千八百六十六年用很迅速手段和奥国打仗，一战便打败奥国。德国战胜了以后，本来可以消灭奥国，惟丕士麦以为奥国虽然反对德国，但是奥国民族还是和德国相同，将来不至为德国的大患。丕士麦的眼光很远大，看到将来足为德国大患的是英国、法国，所以丕士麦战胜了奥国以后，便马上拿很宽大的条件和奥国讲和。奥国在新败之余，复得德国的宽大议和，便很感激他。从此只有六〔四〕

① 今译俾斯麦，下同。

年，到一千八百七十年，德国便去打法国，打破拿破仑第三，占领巴黎。到讲和的时候，法国便把阿尔赛士[①]和罗伦[②]两处地方割归德国。从这两次大战以后，德国的二十几个小邦便联合得很巩固，成立一个统一国家。德国自联邦成立了之后，到欧战以前，是世界上最强的国家，执欧洲的牛耳。欧洲各国的事，都惟德国马首是瞻。德国之所以能够达到那个地位，全由丕士麦一手缔造而成。

因为丕士麦执政不到二十年，把很弱的德国变成很强的国家，有了那种大功业，故德国的民权虽然是很发达，但是没有力量去反抗政府。在丕士麦执政的时代，他的能力不但是在政治、军事和外交种种方面战胜全世界，就是对于民权风潮，也有很大的手段战胜一般民众。譬如到了十九世纪的后半，在德法战争以后，世界上不但是有民权的战争，并且发生经济的战争。在那个时候，民权的狂热渐渐减少，另外发生一种什么东西呢？就是社会主义。这种主义，就是我所主张的民生主义。人民得了这种主义，便不热心去争民权，要去争经济权。这种战争，是工人和富人的阶级战争。工人的团体在德国发达最早，所以社会主义在德国也是发达最先。世界上社会主义最大的思想家都是德国人，象大家都知道有一位大社会主义家叫做马克思，他就是德国人。〈从前俄国革命〉就是实行马克思主义，俄国的老革命党都是马克思的信徒。德国的社会主义，在那个时候便非常之发达。社会主义本来是和民权主义相连带的，这两个主义发生了以后，本来应该要同时发达的。欧洲有了民权思想，便发生民权的革命；为什么有了那样发达的社会主义，在那个时候不发生经济的革命呢？因为德国发生社会主义的

① 今译阿尔萨斯。
② 今译洛林。

时候，正是丕士麦当权的时候。在别人一定是用政治力去压迫社会主义，但是丕士麦不用这种手段。他以为德国的民智很开通，工人的团体很巩固，如果用政治力去压迫，便是图〔徒〕劳无功。当时丕士麦本是主张中央集权的独裁政治，他是用什么方法去对付社会党呢？社会党提倡改良社会，实行经济革命，丕士麦知道不是政治力可以打消的，他实行一种国家社会主义，来防范马克思那般人所主张的社会主义。比方铁路是交通上很重要的东西，国内的一种基本实业，如果没有这种实业，什么实业都不能够发达。象中国津浦铁路没有筑成以前，直隶、山东和江北一带地方都是很穷苦的，后来那条铁路筑成功了，沿铁路一带便变成很富饶的地方。又象京汉铁路没有筑成以前，直隶、湖北、河南那几省也是很荒凉的，后来因为得了京汉铁路交通的利便，沿铁路的那几省便变成很富庶。当丕士麦秉政的时候，英国、法国的铁路多半是人民私有，因为基本实业归富人所有，所以全国实业都被富人垄断，社会上便生出贫富不均的大毛病。丕士麦在德国便不许有这种毛病，便实行国家社会主义，把全国铁路都收归国有，把那些基本实业由国家经营。对于工人方面，又定了作工的时间，工人的养老费和保险金都一一规定。这些事业，本来都是社会党的主张，要拿出去实行的，但是丕士麦的眼光远大，先用国家的力量去做了，更用国家经营铁路、银行和各种大实业，拿所得的利益去保护工人，令全国工人都是心满意足。德国从前每年都有几十万工人到外国去做工，到了丕士麦经济政策成功时候，不但没有工人出外国去做工，并且有许多外国工人进德国去做工。丕士麦用这样方法对待社会主义，是用先事防止的方法，不是用当冲打消的方法。用这种防止的方法，就是在无形中消灭人民要争的问题。到了人民无问题可争，社会自然不发生革命。所以这是丕士麦反对民权的很大手段。

现在就世界上民权发达一切经过的历史讲：第一次是美国革命，主张民权的人分成哈美尔顿和遮化臣两派，遮化臣主张极端的民权，哈美尔顿主张政府集权，后来主张政府集权派占胜利，是民权的第一次障碍。第二次是法国革命，人民得到了充分的民权，拿去滥用，变成了暴民政治，是民权的第二次障碍。第三次是丕士麦，用最巧的手段去防止民权，成了民权的第三次障碍。这就是民权思想在欧美发达以来所经过的一切情形。但是民权思想虽然经过了三个障碍，还是不期然而然，自然去发达，非人力所能阻止，也非人力所能助长。民权到了今日，便成世界上的大问题。世界上的学者，无论是守旧派，或者是革新派，都知道民权思想是不能消灭的。不过在发达的时候，民权的流弊还是免不了的，象从前讲平等自由也生出流弊一样。总而言之，欧美从前争平等自由，所得的结果是民权。民权发达了之后，便生出许多流弊。在民权没有发达之先，欧美各国都想压止他，要用君权去打消民权。君权推倒了之后，主张民权的人便生出民权的障碍。后来实行民权，又生出许多流弊，更为民权的障碍。最后丕士麦见到人民主张民权，知道不能压止，便用国家的力量去替代人民，实行国家社会主义，这也是民权的障碍。欧战以后，俄国、德国的专制政府都推倒了，女子选举权也有好几国争到手了，所以民权到了今日更是一个大问题，更不容易解决。

推到实行民权的原始，自美国革命之后，人民所得的头一个民权，是选举权。当时，欧美人民以为民权就是选举权算了，如果人民不论贵贱、不论贫富、不论贤愚都得到了选举权，那就算民权是充分的达到了目的。至于欧战后三四年以来，又究竟是怎么样呢？当中虽然经过了不少的障碍，但是民权仍然是很发达，不能阻止。近来瑞士的人民，除了选举权以外，还有创制权和复决权。人民对于官吏有权可以选举，对于法律也应该有权可以创造、修改。创制权和复决权便是对于法律而言的。大多数人民对于一种法律，以为很方便的，便可以创制，这便是创制权；以为很不方便的，便可以修改，修改便是复决权。故瑞士人民比较别国人民多得了两种民权，一共有三种民权，不只一种民权。近来美国西北几邦新开辟地方的人民，比较瑞士人民更多得一种民权，那种民权是罢官权。在美洲各邦之中，这种民权虽然不能普遍，但有许多邦已经实行过了。所以美国许多人民现在得到了四种民权：一种是选举权，二种是罢官权，三种是创制权，四种是复决权。这四种权在美国西北几州已经行得很有成绩，将来或者可以推广到全美国，或者全世界。将来世界各国要有充分的民权，一定要学美国的那四种民权。由此四种民权实行下去，将来能不能够完全解决民权的问题呢？现在世界学者看见人民有了这四种民权的思想，还不能把民权的问题完全来解决，都以为是时间的问题，以为这种直接的民权思想发生尚不久。从前的神权经过了几万年，君权经过了几千年，现在此刻各国的君权，象英国、日本和意大利的君权还有多少问题，不过这种君权将来一定是消灭的。这些直接的民权，新近发生不过是几十年，所以在今日还是一个不能解决的大问题。

照现在世界上民权顶发达的国家讲，人民在政治上是占什么地位呢？得到了多少民权呢？就最近一百多年来所得的结果，不过是一种选举和被选举权。人民被选成议员之后，在议会中可以管国事。凡是国家的大事，都要由议会通过，才能执行；如果在议会没有通过，便不能行。这种政体叫做“代议政体”，所谓“议会政治”。但是成立了这种代议政体以后，民权是否算得充分发达呢？在代议政体没有成立之先，欧美人民争民权，以为得到了代议政体便算是无上的民权。好象中国革命党希望中国革命以后，能够学到日本或者学到欧美，便以为大功告成一样。如果真是学到了象日本、欧美一样，可不可以算是止境，还要听下文分解。欧美人民从前以为争到了代议政体，便算是心满意足。我们中国革命以后，是不是达到了代议政体呢？所得民权的利益究竟是怎么样呢？大家都知道，现在的代议士都变成了“猪仔议员”，有钱就卖身，分赃贪利，为全国人民所不齿。各国实行这种代议政体都免不了流弊，不过传到中国，流弊更是不堪问罢了。大家对于这种政体如果不去闻问，不想挽救，把国事都付托到一般猪仔议员，让他们去乱作乱为，国家前途是很危险的。所以外国人所希望的代议政体，以为就是人类和国家的长治久安之计，那是不足信的。民权初生本经过了许多困难，后来实行又经过了许多挫折，还是一天一天的发达，但是得到的结果不过是代议政体。各国到了代议政体就算是止境。近来俄国新发生一种政体，这种政体不是代议政体，是“人民独裁”的政体。这种人民独裁的政体究竟是怎么样呢？我们得到的材料很少，不能判断其究竟，惟想这种人民独裁的政体，当然比较代议政体改良得多。但是我们国民党提倡三民主义来改造中国，所主张的民权，是和欧美的民权不同。我们拿欧美已往的历史来做材料，不是要学欧美，步他们的后尘；是用我们的民权主义，把中国改造成一个“全民政治”的民国，要驾乎欧美之上。我们要达到这种大目的，便先要把民权主义研究到清清楚楚。

今天所讲的大意，是要诸君明白欧美的先进国家把民权实行了一百多年，至今只得到一种代议政体。我们拿这种制度到中国来实行，发生了许多流弊。所以民权的这个问题，在今日[的]还是很难解决。我以后对于民权主义还要再讲两次，便把这个问题在中国求一个根本解决的办法。我们不能解决，中国便要步欧美的后尘；如果能够解决，中国便可以驾乎欧美之上。

第五讲

（四月二十日）[①]

中国人的民权思想都是由欧美传进来的。所以我们近来实行革命，改良政治，都是仿效欧美。我们为什么要仿效欧美呢？因为看见了欧美近一百年来的文化，雄飞突进，一日千里，种种文明都是比中国进步得多。

比方就武器一项说，欧美近年的武器便是一天改良一天，要比中国进步得多。中国的武器，几千年以来都是弓箭刀戟，在二三十年以前还是用那几种东西。象庚子年发生义和团，他们的始意是要排除欧美势力的，因为他们要排除欧美的势力，所以和八国联军打仗，当时所用的武器便是大刀。要用大刀去抵抗联军的机关枪和大炮，那种举动就是当时中国人对于欧美的新文化之反动，对于他们的物质进步之抵抗，不相信欧美的文化是比中国进步，并且想表示中国的文化还要好过欧美。甚至于象欧美的洋枪大炮那些精利武器，也不相信比较中国的大刀还要利害，所以发生义和团来反抗欧美。义和团的勇气始初是锐不可当的，在杨村一战，是由于英国提督西摩带了三千联军，想从天津到北京去救那些公使馆，经过杨村就被义和团围住了。当时战斗的情形，义和团没有洋枪大炮，只有大刀；所围住的联军，有很精利的枪炮。在义和团一方面，可说是肉体相搏。西摩因为被他们包围了，便用机关枪去扫射义和团。义和团虽然是被机关枪打死了很多的人，血肉横飞，但是还不畏惧，还不退却，总是前仆后继，死死的把联军围住。弄到西摩带

① 底本缺第五讲日期，此系参照其他版本所补。

那三千联军,终不敢通过杨村直进北京,便要退回天津等候,另外请了大兵来帮助,才能够到达北京,解各国公使馆的围。就那次战争的情形而论,西摩有几句批评说:照当时义和团之勇气,如果他们所用的武器是西式的枪炮,那些联军一定是全军覆没的。但是他们始终不相信外国的新式武器,总是用大刀、肉体和联军相搏,虽然被联军打死了几万人,伤亡枕藉,还是前仆后继,其勇锐之气殊不可当,真是令人惊奇佩服。所以经过那次血战之后,外国人才知道中国还有民族思想,这种民族是不可消灭的。不过庚子年的义和团,是中国人的最后自信思想和最后自信能力去同欧美的新文化相抵抗。由于那次义和团失败以后,中国人便知道从前的弓箭刀戟不能够和外国的洋枪大炮相抵抗,便明白欧美的新文明的确是比中国的旧文明好得多。用外国的新东西和中国的旧东西比较,就武器一项效力,自然是很明显的。至于除了武器之外,象交通上的铁路、电报,也要比中国的挑伕、驿站好得多。我们要转运东西,火车当然是快过挑伕、便利过挑伕;要通消息,电报当然是迅速过驿站、灵通过驿站。再推到其余种种关于人类日常生活的机器,和农工商所用的种种方法,也没有不是比中国进步得多的。所以,从那次义和团失败以后,中国一般有思想的人,便知道要中国强盛,要中国能够昭雪北京城下之盟的那种大耻辱,事事便非仿效外国不可。不但是物质科学要学外国,就是一切政治社会上的事都要学外国。所以经过义和团之后,中国人的自信力便完全失去,崇拜外国的心理便一天高过一天。由于要崇拜外国、仿效外国,便得到了很多的外国思想;就是外国人只才想到、还没有做到的新思想,我们也想拿来实行。十三年前革命,仿效外国改革政治,成立民主政体,目的是在取法乎上,所以把外国很高的政治哲理和最新的政治思想都拿来实行。这是中国政治思想上一个最大的变动。

在义和团以前，中国和外国已经通了商，早知道外国的好处也是很多，但是全国人的心理还不相信外国是真有文明；所以当义和团的时候，便把仿效外国的铁路和电报都毁坏了，就是外国的枪炮也不信仰，在打仗的时候还是要用中国的弓刀。以后因为失败，又反过来信仰外国。在中国所用的无论什么东西，都是要仿效外国。由此可见，中国从前是守旧，在守旧的时候总是反对外国，极端信仰中国要比外国好；后来失败，便不守旧，要去维新，反过来极端的崇拜外国，信仰外国是比中国好。因为信仰外国，所以把中国的旧东西都不要，事事都是仿效外国，只要听到说外国有的东西，我们便要去学，便要拿来实行。对于民权思想也有这种流弊。革命以后举国如狂，总是要拿外国人所讲的民权到中国来实行，至于民权究竟是什么东西，也不去根本研究。

前几次所讲的情形，是把外国争民权的历史和胜利之后所得的什么结果，详细的说明。由于那几次的研究，便知民权政治在外国也不能够充分实行，进行民权在中途也遇到了许多障碍。现在中国主张实行民权，要仿效外国，便要仿效外国的办法。但是民权问题在外国政治上至今没有根本办法，至今还是一个大问题。就是外国人拿最新发明的学问来研究民权、解决民权问题，在学理一方面根本上也没有好发明，也没有得到一个好解决的方法。所以外国的民权办法不能做我们的标准，不足为我们的师导。

自义和团以后，一般中国人的思想，时时刻刻、件件东西总是要学外国。外国的东西到底可不可以学呢？比方用武器讲，到底是外国的机关枪厉害呢，还是中国的弓刀厉害呢？这两种东西没有比较，一定是外国的机关枪要厉害得多。不但是外国的武器要比中国的厉害，就是其他各种东西，外国都是比中国进步得多。就物质一方面的科学讲，外国驾乎中国，那是不可讳言的。但是外国在政治一方面究竟是怎么样呢？外国的政治哲学和物质科学两种学问的进步，又是那一种最快呢？政治的进步远不及科学。譬如兵学就是一种军事科学，专就兵学讲，外国的战术随时发明，随时改良，所谓日新月异。所以拿一百多年以前的外国兵书，今日有没有人还拿去用呢？那是没有的。不但是一百年以前的兵书没有人拿去用，就是十年以前的兵书，到了今日也是无用。外国的武器和战术，每过十年便成一个大变动。换句话讲，就是外国的武器和战术，每过十年便有一次革命。外国最大的武器和价值最贵的武器，就是水上所用的战斗舰。现在外国的战斗舰，每艘要值五千万元以至于一万万元，能够值这些钱的船，才叫做一只兵船。外国物质的进步以武器为最快；武器的进步又以战斗舰为最快。战斗舰的变动最多不过十年，在欧战以前的战斗舰，至今已成废物。不但是海军的战斗舰有这样的大变动，就是陆军的枪炮也是日日进步，每十年一次变动，每十年一次革命，每十年一翻新。现在我们所用的枪，在外国已经成了无用的废物；欧战时各国所用的大炮，到了今日也算是旧式。不但是武器在欧美是日日进步、件件翻新，就是其他机器物品也是天天改良、时时发明。所以外国在物质文明上的进步，真是日新月异，一天比一天的不同。至于在政治上，外国比较中国又是进步了多少呢？欧美两三百年来经过许多次数的革命，政治上的进步虽然是比中国快得多，但是外国的政治书本，象二千多年以前在希腊有一位大政治哲学家叫做柏拉图，他所著的《共和政体》[①]那本书至今还有学者去研究，对于现在的政体还以为有多少价值可以供参考，不象兵船操典，过了十年便成无价值的废物。由此便知外国的物质科学，每十年一变动，十年之前和十年

① 今译《理想国》。

之后大不相同，那种科学的进步是很快的。至于政治理论，在二千年以前，柏拉图所写的《共和政体》至今还有价值去研究，还是很有用处。所以外国政治哲学的进步，不及物质进步这样快的。他们现在的政治思想，和二千多年以前的思想根本上还没有大变动。如果我们仿效外国的政治，以为也是象仿效物质科学一样，那便是大错。

外国的物质文明一天和一天不同，我们要学他，便很不容易赶上。至于外国政治的进步，比较物质文明的进步是差得很远的，速度是很慢的。象美国革命实行民权有了一百五十多年，现在能够实行的民权，和一百多年以前所实行的民权便没有大分别。现在法国所行的民权，还不及从前革命时候所行的民权。法国在从前革命的时候，所行的民权是很充分的。当时一般人民以为不对，大家要去反抗，所以至今有了一百多年，法国的民权还是没有大进步。我们要学外国，便要把这些情形分别清楚。至于外国民权所以没有大进步的原因，是由于外国对于民权的根本办法没有解决。由前几次所讲的情形，便知道欧美的民权政治至今还是没有办法，民权的真理还是没有发明；不过近两三百年以来民权思想逐渐澎涨，在人事上想不通的问题，大家便听其自然，顺着潮流去做罢了。所以近来民权的发达，不是学者从学理上发明出来的，是一般人民顺其自然做出来的。因为总是顺其自然去做，预先没有根本办法，前后没有想过，所以欧美实行民权在中途便遭了许多挫折，遇了许多障碍。中国革命以后，要仿效欧美实行民权，欧美的民权现在发达到了代议政体，中国要跟上外国实行民权，所以也有代议政体。但是欧美代议政体的好处，中国一点都没有学到，所学的坏处却是百十倍，弄到国会议员变成猪仔议员，污秽腐败，是世界各国自古以来所没有的。这真是代议政体的一种怪现象。所以中国学外国的民权政治，不但是学不好，反且学坏了！

照前几回所讲，大家便知道欧美的民权政治根本上还没有办法，所以我们提倡民权，便不可完全仿效欧美。我们不完全仿效欧美，究竟要怎么样去做呢？现在中国还有守旧派，那些守旧派的反动力是很大的。他们的主张是要推翻民国，恢复专制，去图复辟。以为要这样的办法才可以救中国。我们明白世界潮流的人，自然知道这个办法是很不对的，所以要反对这个办法，顺应世界潮流，去实行民权，走政治的正轨。我们要走政治的正轨，便先要知道政治的真意义。什么是叫做政治呢？照民权第一讲的定义说，政是众人的事，治是管理众人的事。中国几千年以来社会上的民情风土习惯，和欧美的大不相同。中国的社会既然是和欧美的不同，所以管理社会的政治自然也是和欧美不同，不能完全仿效欧美，照样去做，象仿效欧美的机器一样。欧美的机器，我们只要是学到了，随时随地都可以使用。譬如电灯，无论在中国的什么房屋，都可以装设，都可以使用。至于欧美的风土人情和中国不同的地方是很多的，如果不管中国自己的风土人情是怎么样，便象学外国的机器一样，把外国管理社会的政治硬搬进来，那便是大错。虽然管理人类之政治法律条理，也是一种无形的机器，所以我们称行政组织为机关。但是有形的机器是本于物理而成的，而无形的机器之政治是本于心理而成的。物理之学近数百年来已发明得甚多，而心理之学近二三十年始起首进步，至今尚未有大发明。此所以有别也，是以管理物的方法，可以学欧美；管理人的方法，当然不能完全学欧美。因欧美关于管理物的一切道理已经老早想通了，至于那些根本办法他们也老早解决了，所以欧美的物质文明，我们可以完全仿效，可以盲从，搬进中国来也可以行得通。至于欧美的政治道理至今还没有想通，一切办法在根本上还没有解决，所以中国今日要实行民权，改革政治，便不能完全仿效欧美，便要重新想出一个方法。如果一味的盲从附和，对于国计民生是很有大害的。因为欧美有欧美的社会，我们有我们的社会，彼此的人情风土各不相同。我们能够照自己的社会情形，迎合世界潮流做去，社会才可以改良，国家才可以进步。如果不照自己社会的情形，迎合世界潮流去做，国家便要退化，民族便受危险。我们要中国进步、民族的前途没有危险，自己来实行民权，自己在根本上便不能不想出一种办法。

我们对于民权政治到底能不能够想出办法呢？我们要能够想出办法，虽然不能完全仿效欧美，但是要借鉴于欧美，要把欧美已往的民权经验研究到清清楚楚。因为欧美民权虽然没有充分发达、根本解决，但是已经有了很多的学者对于民权天天去研究，常常有新学理的发明，而且在实行上也有了一百多年，所得的经验也是很多的。那些经验和学理，根本上都是应该拿来参考的。如果不参考欧美已往的经验、学理，便要费许多冤枉工夫，或者要再蹈欧美的覆辙。

现在各国学者研究已往民权的事实，得到了许多新学理，那是些什么学理呢？最新的对于政治问题的，有一位美国学者说："现在讲民权的国家，最怕的是得到了一个万能政府，人民没有方法去节制他；最好的是得一个万能政府，完全归人民使用，为人民谋幸福。"这一说是最新发明的民权学理。但所怕、所欲，都是在一个万能政府。第一说是人民怕不能管理的万能政府，第二说是为人民谋幸福的万能政府。要怎么样才能够把政府成为万能呢？变成了万能政府，要怎么样才听人民的话呢？在民权发达的国家，多数的政府都是弄到无能的；民权不发达的国家，政府多是有能的。象前次所讲，近几十年来欧洲最有能的政府，就是德国俾士麦当权的政府。在那个时候的德国政府，的确是万能政府。那个政府本是不主张民权的，本是要反对民权的，但是他的政府还是成了万能政府。其他各国主张民权的政府，没有那一国可以叫做万能政府。

又有一位瑞士学者说："各国自实行了民权以后，政府的能力便行退化。这个理由，就是人民恐怕政府有了能力，人民不能管理，所以人民总是防范政府，不许政府有能力，不许政府是万能。所以实行民治的国家，对于这个问题便应该想方法去解决。想解决这个问题，人民对于政府的态度就应该要改变。"从前人民对于政府总是有反抗态度的缘故，是由于经过了民权革命以后，人民所争得的自由平等过于发达，一般人把自由平等用到太没有限制，把自由平等的事做到过于充分，政府毫不能够做事。到了政府不能做事，国家虽然是有政府，便和无政府一样。这位瑞士学者看出了这个流弊，要想挽救，便主张人民要改变对于政府的态度。他究竟要人民变成什么态度呢？人民的态度对于政府有什么关系呢？譬如就中国几千年的历史说，中国人在这几千年中对于政府是什么样的态度呢？我们研究历史，总是看见人称赞尧舜禹汤文武；尧舜禹汤文武的政府是中国人常常羡慕的政府，中国人无论在那个时代，总是希望有那样的政府，替人民来谋幸福。所以欧美的民权思想没有传进中国以前，中国人最希望的就是尧舜禹汤文武，以为有了尧舜禹汤文武那些皇帝，人民便可以得安乐，便可以享幸福，这就是中国人向来对于政府的态度。近来经过了革命以后，人民得到了民权思想，对于尧舜禹汤文武那些皇帝便不满意，以为他们都是专制皇帝，虽美亦不足称。由此便知民权发达了以后，人民便有反抗政府的态度，无论如何良善，皆不满意。如果持这种态度，长此以往，不想办法来改变，政治上是很难望进步的。现在世界上要改变人民对于政府的态度，究竟是用什么办法呢？欧美学者只想到了人民对于政府的态度应该要改变，至于怎么样改变的办法，至今还没有想出。

我们革命主张实行民权，对于这个问题，我想到了一个解决的方法。我的解决方法，是世界上学理中第一次的发明。我想到的方法就是解决这个问题的一个根本办法。我的办法就是象瑞士学者近日的发明一样，人民对于政府要改变态度。近日有这种学理之发明，更足以证明我向来的主张是不错。这是什么办法呢？就是“权”与“能”要分别的道理。这个权能分别的道理，从前欧美的学者都没有发明过。究竟什么是叫做权与能的分别呢？要讲清楚这个分别，便要把我从前对于人类分别的新发明再拿来说一说。

我对于人类的分别，是何所根据呢？就是根据于各人天赋的聪明才力。照我的分别，应该有三种人：第一种人叫做先知先觉。这种人有绝顶的聪明，凡见一件事，便能够想出许多道理，听一句话，便能够做出许多事业。有了这种才力的人，才是先知先觉。由于这种先知先觉的人预先想出了许多办法，做了许多事业，世界才有进步，人类才有文明。所以先知先觉的人是世界上的创造者，是人类中的发明家。第二种人叫做后知后觉。这种人的聪明才力比较第一种人是次一等的，自己不能够创造发明，只能够跟随摹仿，第一种人已经做出来了的事，他便可以学到。第三种人叫做不知不觉。这种人的聪明才力是更次的，凡事虽有人指教他，他也不能知，只能去行。照现在政治运动的言词说，第一种人是发明家，第二种人是宣传家，第三种人是实行家。天下事业的进步都是靠实行，所以世界上进步的责任，都在第三种人的身上。譬如建筑一间大洋楼，不是一种寻常人能够造成的，先要有一个工程师，把想做的洋楼，关于各种工程材料都要通盘计算；等到通盘计算好了，便绘一个很详细的图，再把那个图交给工头去看；等到工头把图看清楚了，才叫工人搬运材料，照那个图样去做。做洋楼的工人，都是不能够看图样的，只有照工头的吩咐，听工头的指挥，或者是某处放一块砖，某处加一片瓦，做那种最简单的事。工头又是不能够通盘计算去绘图的，只有照工程师所绘的图，吩咐工人去砌砖盖瓦。所以绘图的工程师，是先知先觉；看图的工头，是后知后觉；砌砖盖瓦的工人，是不知不觉。现在各城市的洋楼，都是靠工人、工头和工程师三种人共同做出来的。就是世界上的大事，也都是全靠那三种人来做成的。但是其中大部分的人都是实行家，都是不知不觉，次少数的人便是后知后觉，最少数的人才是先知先觉。世界上如果没有先知先觉，便没有发起人；如果没有后知后觉，便没有赞成人；如果没有不知不觉，便没有实行的人。世界上的事业，都是先要发起人，然后又要许多赞成人，再然后又要许多实行者，才能够做成功。所以世界上的进步，都是靠这三种人，无论是缺少了那一种人都是不可能的。现在世界上的国家实行民权、改革政治，那些改革的责任应该是人人都有份的，先知先觉的人要有一份，后知后觉的人要有一份，就是不知不觉的人也要有一份。我们要知道民权不是天生的，是人造成的。我们应该造成民权，交到人民，不要等人民来争才交到他们。

前几天有一位在高丽做官的日本人来见我，和我谈天，谈了颇久之后，我顺便问他一句话说："现在高丽的革命是什么样情形呢？能不能够成功呢？"那位日本人没有什么话可答。我又问他说："日本在高丽的官吏，对于高丽的民权态度又是怎么样呢？"他说："只看高丽人将来的民权思想究竟是怎么样。如果高丽人都晓得来争民权，我们一定是把政权交还他们的。但是现在的高丽人还不晓得争民权，所以我们日本还是不能不代他们治理高丽。"这种说话未尝不冠冕堂皇，但是我们革命党对待全国人民，就不可象日本对待高丽一样，要等到人民晓得争民权的时候才去给他。因为中国人民都是不知不觉的多，就是再过几千年，恐怕全体人民还不晓得要争民权。所以自命为先知先觉和后知后觉的人，便不可象日本人一样专是为自己打算，要预先来替人民打算，把全国的政权交到人民。

照以前所讲的情形，欧美对于民权问题还没有解决的办法。今日我们要解决民权问题，如果仿效欧美，一定是办不通的。欧美既无从仿效，我们自己便应该想一种新方法来解决这个问题。这个新方法，是象瑞士的学者最新的发明，人民对于政府要改变态度，但要改变态度，就是要把权与能来分开。权与能要怎么样分开呢？我们要把他研究到清楚，便应该把前几次所讲的情形，重提起来再说。第一件，什么是叫做民权呢？简单的说，民权便是人民去管理政治。详细推究起来，从前的政治是谁人管理呢？中国有两句古语说："不在其位，不谋其政。"又说"庶人不议。"可见从前的政权完全在皇帝掌握之中，不关人民的事。今日我们主张民权，是要把政权放在人民掌握之中。那么，人民成了一个什么东西呢？中国自革命以后，成立民权政体，凡事都是应该由人民作主的，所以现在的政治又可以叫做"民主政治"。换句话说，在共和政体之下，就是用人民来做皇帝。

照中国几千年的历史看，实在负政治责任为人民谋幸福的皇帝，只有尧舜禹汤文武，其余的那些皇帝，都是不能负政治责任为人民谋幸福的。所以中国几千年的皇帝，只有尧舜禹汤文武能够负政治责任，上无愧于天，下无怍于民。他们所以能够达到这种目的，今〔令〕我们在几千年之后都来歌功颂德的原因，是因为他们有两种特别的长处：第一种长处是他们的本领很好，能够做成一个良政府，为人民谋幸福；第二种长处是他们的道德很好，所谓"仁民爱物”,“视民如伤”,“爱民若子”,有这种仁慈的好道德。因为他们有这两种长处,所以对于政治能够完全负责,完全达到目的。中国几千年来,只有这几个皇帝令后人崇拜,其余的皇帝不知道有多少,甚至于有许多皇帝后人连姓名都不知道。历代的皇帝,只有尧舜禹汤文武有很好的本领、很好的道德,其余都是没有本领、没有道德的多。那些皇帝虽然没有本领、没有道德,但是很有权力的。

大家都把中国历史看得是很多的,尤其是《三国演义》,差不多人人都看过了。我们可以拿《三国演义》来证明。譬如诸葛亮是很有才学的,很有能干的。他所辅的主,先是刘备,后是阿斗。阿斗是很庸愚的,没有一点能干。因为这个原因,所以刘备临死的时候,便向诸葛亮说:“可辅则辅之,不可辅则取而代之。”刘备死了以后,诸葛亮的道德还是很好,阿斗虽然没有用,诸葛亮依然是忠心辅佐,所谓“鞠躬尽瘁,死而后已”。由这样看来,在君权时代,君主虽然没有能干,但是很有权力,象三国的阿斗和诸葛亮便可以明白。诸葛亮是有能没有权的,阿斗是有权没有能的。阿斗虽然没有能,但是把什么政事都付托到诸葛亮去做。诸葛亮很有能,所以在西蜀能够成立很好的政府,并且能够六出祁山去北伐,和吴魏鼎足而三。用诸葛亮和阿斗两个人比较,我们便知道权和能的分别。专制时代,父兄做皇帝,子弟承父兄之业,虽然没有能干也可以做皇帝,所以没有能的人也是很有权。现在成立共和政体,以民为主,大家试看这四万万人是那一类的人呢?这四万万人当然不能都是先知先觉的人,多数的人也不是后知后觉的人,大多数都是不知不觉的人。现在民权政治是要靠人民作主的,所以这四万万人都是很有权的,全国很有权力能够管理政治的人,就是这四万万人。大家想想,现在的四万万人,就政权一方面说是象什么人呢?照我看起来,这四万万人都是象阿斗。中国现在有四万万个阿斗,人人都是很有权的。阿斗本是无能的，但是诸葛亮有能，所以刘备死了以后，西蜀还能够治理。现在欧美人民反对有能的政府，瑞士学者要挽救这种流弊，主张人民改变态度，不可反对有能的政府。但是改变了态度以后，究竟是用什么办法呢？他们还没有发明。我现在所发明的，是要权与能分开，人民对于政府的态度才可以改变。如果权与能不分开，人民对于政府的态度总是不能改变。当时阿斗知道自己无能，把国家全权托到诸葛亮，要诸葛亮替他去治理。所以诸葛亮上"出师表"，便献议到阿斗把宫中和府中的事要分开清楚：宫中的事，阿斗可以去做；府中的事，阿斗自己不能去做。府中的事是什么事呢？就是政府的事。诸葛亮把宫中和府中的事分开，就是把权和能分开。所以我们治理国家，权和能一定是要分开的。究竟要怎么样才可以分开呢？大家要拿一个远大眼光和冷静见解来看世界上的事，才可以把他分别清楚。

大家此时对于政府有一种特别观念，这种观念是怎么样发生的呢？是由于几千年专制政体发生的。因为几千年的专制政体，多是无能力的人做皇帝，人民都是做皇帝的奴隶。在中国的四万万人就做过了几千年奴隶。现在虽然是推翻专制，成立共和政体，表面上固然是解放，但是人民的心目中还有专制的观念，还怕有皇帝一样的政府来专制。因为再怕有皇帝一样的政府来专制，想要打破他，所以生出反对政府的观念，表示反抗政府的态度。所以现在人民反抗政府的态度，还是由于从前崇拜皇帝的心理反动生出来的。换句话说，人民对于政府的态度，就是由于从前崇拜皇帝的心理，一变而为排斥政府的心理。从前崇拜皇帝的心理固然是不对，现在排斥政府的心理也是不对的。我们要打破这种不对的心理，便要回顾到几万年和几千年以前的政治历史，才可以看破。

比方在专制皇帝没有发达以前，中国尧舜是很好的皇帝，他们都是公天下,不是家天下。当时的君权还没有十分发达,中国的君权是从尧舜以后才发达的。推到尧舜以前更没有君权之可言,都是奉有能的人做皇帝,能够替大家谋幸福的人才可以组织政府。譬如从前所讲人同兽争的野蛮时代,国家的组织没有完全,人民都是聚族而居,靠一个有能的人来保护。在那个时候,人民都怕毒蛇猛兽来侵害,所以要奉一个有能的人负保护的责任。当时保护的任务,就是在有能力去打。能够打胜毒蛇猛兽的人,就是当时很有能干的人。当时人同兽打,没有武器,都是靠赤手空拳,要个人体魄很强壮,所以在当时体魄很强壮的人,大家便奉他做皇帝。除了会打的人可以做皇帝以外,中国还有例外。譬如燧人氏钻木取火,教人火食,既可避去生食动植物的危险,复可制出种种美味,适于口腹之欲,所以世人便奉他做皇帝。钻木取火,教人火食,是什么人的事?就是厨子的事。所以燧人氏钻木取火、教人火食便做皇帝,就可以说厨子做皇帝。神农尝百草,发明了许多药性,可以治疾病,可以起死回生,便是一件很奇怪、很有功劳的事,所以世人便奉他做皇帝。尝百草是什么人的事呢?就是医生的事。所以神农由于尝百草便做皇帝,就可以说医生做皇帝。更推到轩辕氏教民做衣服也是做皇帝,那就是裁缝做皇帝;有巢氏教民营宫室也做皇帝,那就是木匠做皇帝。所以由中国几千年以前的历史看起来,都不是专以能够打得的人才做皇帝,凡是有大能干、有新发明、在人类立了功劳的人,都可以做皇帝,都可以组织政府。象厨子、医生、裁缝、木匠那些有特别能干的人,都是做过了皇帝的。

从前有一位美国教授,叫做丁韪良,有一天到北京西山去游玩,遇到了一个农夫,和农夫谈起话来。那个农夫便问丁韪良说:“外国人为什么不到中国来做皇帝呢?”丁韪良反问农夫说:“外国人可以来做皇帝吗?”那个农夫便指田边所挂的电线说:“能做这种东西的人，便可以做中国皇帝了。”那个农夫的思想，以为只有一根铁线便可以通消息、传书信，做这种铁线通消息的人当然是很有本领的，有这样大本领的人当然可以做皇帝。由此便可以证明中国人的一般心理，都以为是大本领的人便可以做皇帝。中国自尧舜以后，那些皇帝便渐渐变成专制，都要家天下，不许人民自由拥戴有本领的人去做皇帝。假若现在四万万人用投票的方法选举皇帝，如果给以充分的民权，人民能够自由投票，丝毫不受别种势力的干涉，同时又有尧舜复生，究竟是选举谁来做皇帝呢？我想一定是选举尧舜来做皇帝。中国人对于皇帝的心理，不象欧美人对于皇帝的那样深恶痛绝，因为中国皇帝的专制没有欧洲皇帝的那么厉害。

欧洲在两三百年以前，皇帝专制达到了极点，人民都视为洪水猛兽，非常的怕他，所以人民不但是对于皇帝要去排斥，就是和皇帝很相近的东西象政府一样，也是一齐要排斥。欧美现在实行了民权，人民有了大权，要排斥政府实在是很容易的。象西蜀的阿斗要排斥诸葛亮，那还不容易吗？如果阿斗要排斥诸葛亮，试问西蜀的政府能不能够长久呢？能不能够六出祁山去北伐呢？阿斗见到了这一层，所以便把政治的全权都付托到诸葛亮，无论是整顿内部是由他，南征是由他，就是六出祁山去北伐也是由他。我们现在行民权，四万万人都是皇帝，就是有四万万个阿斗，这些阿斗当然是应该欢迎诸葛亮来管理政事，做国家的大事业。欧美现在实行民权，人民所持的态度总是反抗政府，根本原因就是由于权和能没有分开。中国要不蹈欧美的覆辙，便应该要照我所发明的学理，要把权和能划分清楚。人民分开了权与能，才不致反对政府，政府才可以望发展。中国要分开权与能是很容易的事，因为中国有阿斗和诸葛亮的先例可援。如果政府是好的，我们四万万人便把他当作诸葛亮,把国家的全权都交到他们。如果政府是不好的,我们四万万人可以实行皇帝的职权,罢免他们,收回国家的大权。欧美人民对于政府不知道分别权与能的界限,所以他们的民权问题发生了两三百年,至今还不能解决。

我们现在主张要分开权与能,再拿古时和现在的事实比较的来说一说。在古时能打的人,大家便奉他做皇帝。现在的富豪家庭也请几位打师来保护,好象上海住的军阀官僚,在各省铲了地皮、发了大财之后,搬到上海的租界之内去住,因为怕有人去打他、和他要钱,他便请几个印度巡捕在他的门口保护。照古时的道理讲,能保护人的便可以做皇帝,那末保护那些官僚军阀的印度巡捕,便应该做那些官僚军阀的皇帝。但是现在的印度巡捕,决不能问那些官僚军阀的家事。从前赤手空拳的打师都是做皇帝,现在有长枪的印度巡捕更是应该要做皇帝。那些官僚军阀不把他当作皇帝,只把他当作奴隶。那种奴隶有了枪,虽然是很有能力,那般官僚军阀只能够在物质一方面给些钱,不能够在名义上叫他做皇帝。象这样讲,古时的皇帝,便可以看作现在守门的印度巡捕;现在守门的印度巡捕,就是古时的皇帝。再进一层说,保护人民的皇帝,既是可以看作守门的印度巡捕,大家又何必要排斥他呢?

现在有钱的那些人组织公司、开办工厂,一定要请一位有本领的人来做总办,去管理工厂。此总办是专门家,就是有能的人,股东就是有权的人。工厂内的事,只有总办能够讲话,股东不过监督总办而已。现在民国的人民,便是股东;民国的总统,便是总办。我们人民对于政府的态度,应该要把他们当作专门家看。如果有了这种态度,股东便能够利用总办整顿工厂,用很少的成本出很多的货物,可以令那个公司发大财。现在欧美民权发达的国家,人民对于政府都没有这种态度,所以不能利用有本领的人去管理政府。

因为这个原因，所以弄到在政府之中的人物都是无能，所以弄到民权政治的发达反是很迟，民主国家的进步反是很慢，反不及专制国家的进步，象日本和德国那一样的迅速。从前日本维新，只有几十年便富强起来。从前德国也是很贫弱的国家，到了威廉第一和俾士麦执政，结合联邦，励精图治，不到几十年便雄霸欧洲。其他实行民权的国家，都不能象日本和德国的进步，一日千里。推究此中原因，就是由于民权问题的根本办法没有解决。如果要解决这个问题，便要把国家的大事付托到有本领的人。

现在欧美人无论做什么事，都要用专门家。譬如练兵打仗便要用军事家，开办工厂便要用工程师，对于政治也知道要用专门家。至于现在之所以不能实行用政治专门家的原因，就是由于人民的旧习惯还不能改变。但是到了现在的新时代，权与能是不能不分开的，许多事情一定是要靠专门家的，是不能限制专门家的。象最新发明，在人生日用最便利的东西，是街上的汽车。在二十多年前初有汽车的时候，没有驾驶的车夫，没有修理的工匠。我从前有一个朋友，买了一架汽车，自己一方面要做驾驶的汽车夫，又一方面要做修理的机器匠。那是很麻烦的，是很难得方方面面都做好的。到了现在，有许多的汽车夫和机器匠，有汽车的主人，只要出钱雇他们来，便可以替自己来驾驶，替自己来修理。这种汽车夫和机器匠，就是驾驶汽车和修理汽车的专门家，没有他们，我们的汽车便不能行动，便不能修理。国家就是一辆大汽车，政府中的官吏就是一些大车夫。欧美人民始初得到了民权，没有相当的专门家，就象二十多年以前有钱的人得了一辆汽车一样，所以事事便非靠自己去修理、自己去驾驶不可。到了现在，有了许多有本领的专门家，有权力的人民便应该要聘请他们，不然就要自己去驾驶、自己去修理，正所谓自寻烦恼，自找痛苦。就这个比喻，更可分别驾驶汽车的车夫是有能而无权的，汽车的主人是无能而有权的，这个有权的主人便应该靠有能的专门家去代他驾驶汽车。民国的大事，也是一样的道理。国民是主人，就是有权的人，政府是专门家，就是有能的人。由于这个理由，所以民国的政府官吏，不管他们是大总统、是内阁总理、是各部总长，我们都可以把他们当作汽车夫。只要他们是有本领，忠心为国家做事，我们就应该把国家的大权付托于他们，不限制他们的行动，事事由他们自由去做，然后国家才可以进步，进步才是很快。如果不然，事事都是要自己去做，或者是请了专门家，一举一动都要牵制他们，不许他们自由行动，国家还是难望进步，进步还是很慢。

要明白这个道理，我有一段很好的故事，可以引来证明。我从前住在上海的时候，有一天和一个朋友约定了时间，到虹口去商量一件事。到了那一天，把所约定的时间忽然忘记了，一直到所约定的时间十五分钟之前才记忆起来。当时我所住的地方是法国租界，由法国租界到虹口是很远的，用十五分钟的时间很不容易赶到。我便着急起来，找着汽车夫，慌忙的问他说："在十五分钟之内，可以不可以赶到虹口呢？"那个车夫答应说："一定可以赶到。"我便坐上车，由车夫自由去驾驶，向目的地出发。上海的道路我是很熟悉的，由法国租界到虹口，好比由广州沙基到东山一样，一定要经过长堤和川龙口，才是捷径。但是我的汽车夫从开车以后所走的路，便不经过长堤和川龙口，他先由丰宁路再绕道德宣路，走小北门然后才到大东门，才抵东山。当时汽车走得飞快，声音很大，我不能够和车夫说话，心里便很奇怪，便非常的恨那个车夫，以为车夫和我捣乱，是故意的走弯曲路阻迟时候。此时的情形，好比是政府有特别缘故，要做非常的事，国民不知道，便生出许多误会来非难政府一样。至于那个车夫选择那一条路走，不过十五分钟便到了虹口，我的忿气才平，便问那个车夫说："为什么要这样弯弯曲曲走这一条路呢？"那个车夫答应说："如果走直路，便要经过大马路，大马路的电车、汽车、人力车和行人货物的来往是很拥挤的，是很不容易走通的。"我才明白从前误会的道理，才晓得我所要走的大马路和外摆渡桥是从空间上着想。那个车夫是有经验的，知道汽车能够走得很快，每小时可以走三四十英里，虽然走弯一点，多走几里路，但是把汽车的速度加快一点，还是在限定钟点以内可以赶到。他的这样打算，是从时间上着想。那个车夫不是哲学家，本不知道用什么时间、空间去打算，不过他是专门家，知道汽车有缩地的能力，如果把汽车的速度加快，就是多走弯路，还能够于十五分钟之内赶到虹口。假若当时我不给车夫以全权，由他自由去走，要依我的走法一定是赶不到。因为我信他是专门家，不掣他的肘，他要走那一条路便走那一条路，所以能够在预约时间之内，可以赶到。不过我不是这种专门家，所以当时那个车夫走弯路，我便发生误会，便不知道他何以要走弯路的道理。民国的人民都是国家的主人，对于政府的态度，应该要学我那次到虹口对于车夫的态度一样，把他当作是走路的车夫。能够有这样的眼光，人民对于政府的态度才可以改变。

欧美人民现在对于政府持反对的态度，是因为权与能没有分开，所以民权的问题至今不能解决。我们实行民权，便不要学欧美，要把权与能分得清清楚楚。民权思想虽然是由欧美传进来的，但是欧美的民权问题至今还没有办法。我们现在已经想出了办法，知道人民要怎么样才对于政府可以改变态度。但是人民都是不知不觉的多，我们先知先觉的人便要为他们指导，引他们上轨道去走，那才能够避了欧美的纷乱，不蹈欧美的覆辙。欧美学者现在只研究到了人民对于政府的态度不对，应该要改变，但是用什么方法来改变,他们还没有想到。我现在把这个方法已经发明了,这个方法是要权与能分开。讲到国家的政治,根本上要人民有权;至于管理政府的人,便要付之于有能的专门家。把那些专门家不要看作是很荣耀很尊贵的总统、总长,只把他们当作是赶汽车的车夫,或者是当作看门的巡捕,或者是弄饭的厨子,或者是诊病的医生,或者是做屋的木匠,或者是做衣的裁缝,无论把他们看作是那一种的工人,都是可以的。人民要有这样的态度,国家才有办法,才能够进步。

第六讲

(四月二十六日)

现在欧美的政治家同法律学者,都说政府是机器,法律是机器之中的工具。中国很多的政治法律书籍都是从日本译过来的,日本人把政治组织译作"机关"。这个机关的意思,就是中国人所常说的机器一样。我们中国人从前说机关,是机会的意思,从日本人把政治组织译成了机关之后,就和机器的意思相同。所以从前说政府衙门,现在说是行政机关、财政机关、军事机关、教育机关。这种种机关的意思,和日本人所说的政府机关是一样的解释,没有丝毫分别。现在说机关就是机器,好比说机关枪就是机器枪一样。由此便知道机关和机器两个名词,是一样的意思。因为机关和机器的意思相同,所以行政机关就可以说是行政机器。至于行政机器和制造机器,有什么分别呢?制造机器完全是用物质做成的,譬如用木料、钢铁和皮带种种东西凑合起来,便做成制造机器。行政机器完全是用人组织成的,种种动作都是靠人去活动,不是靠物去活动。所以行政机器和制造机器有大大的分别。最要紧的分别,就是行政机器是靠人的能力去发动的,制造机器是靠物的能力去发动的。

照前几次所讲的民权情形，便知道近来的欧美文化是很发达的，文明是很进步的。分析起来说，他们的物质文明，象制造机器那些东西的进步，是很快的。至于人为机器，象政府机关这些东西的进步，是很慢的。这个理由，是在什么地方呢？就是物质机器做成了之后易于试验，试验之后，不好的易于放弃，不备的易于改良。人为机器成立了之后很不容易试验，试验之后，很不容易改良。假若是要改良，除非起革命不可。如果不然，要把他当作不好的物质机器看待，变成废铁，那是做不来的。因为这个理由，所以欧美的制造机器进步很快，行政机器进步很慢。譬如民权风潮，在欧美发生了之后，各国都想实行民权。最早的是美国，美国自开国至今有了一百四十多年，开国时所行的民权，和现在所行的差不多相同。现在所用的宪法，就是开国时候的联邦宪法。那种联邦宪法经过了一百多年，根本上没有大更改，至今还是应用他。至于大多数的制造机器，发明的年代也不过一百多年。在一百多年以前的旧机器，现在有没有人去用他呢？从前的旧机器老早变成了废铁，现在农工商业中所有的机器，没有十年以前的旧东西。因为每过十年，便有此很多的新发明，很多的新改良，没有那一年不是有进步的。说到一百多年以前的行政机关，至今还是应用他。这便是由于用人活动的机关，当中活动的人固然可以随时改换，但是全体组织不容易根本改造。因为习惯太久，陈陈相因，如果不想革命，要在平时去改造，把旧组织完全废弃，那是做不到的。由于这个道理，欧美的物质机器近来很容易进步，进步是很快的；人为机器向来便难于进步，进步是很慢的。

我在前两次讲演民权，便说欧美对于民权政治至今没有根本办法。他们为什么没有办法呢？就是因为他们把人为的机器，没有精良去试验。说到物质的机器,自最初发明时代以至于现在,不知道古人经过了几千次的试验和几千次的改良,才有今日我们所见的机器。由现在所见的机器回顾到最初发明时代,是什么情形呢?如果大家读过了机器史,便知道有一段很有趣味的故事。譬如就发动机的历史说,在最初发明的时候,只有一个方向的动力,没有和现在一样的两个方向之动力。现在做种种工作的机器,象火车、轮船,都是有来回两个方向的动力。那个动力的来源,是把水盛在锅内,再用煤在炉底烧很大的火,把水烧到沸腾,变成蒸汽,到了水变蒸汽之后,便有很大的膨胀力,用一个汽管把蒸汽由锅中导入一个机器箱,这个机器箱,中国话叫做"活塞",外国话叫做"比士顿"[①]。这个活塞就是令机器发动的东西,是机器全体中最要紧的一部分。机器之所以发动,是由于活塞之一端接收了蒸汽以后,由蒸汽之膨胀力,便推动活塞,令活塞前进。蒸汽力在活塞之一端用尽了以后,更由他端注入新蒸汽,再把活塞推回。由是蒸汽推动活塞,来往不息,机器的全体便运动不已。运动的原料从前用水,现在用油,叫做瓦斯油,就是很容易挥发的油,化为气体去推动活塞。各种机器发动的原料,不管他是用水或者是用油,都是一样的道理。由于活塞的运动,往返不已,便旋转机器。我们要想用来做什么工作,便可以做什么工作。譬如行船拉车,就是走路的机器,一天可以走几千里。就是运输的机器,要运多少货物,便可以载多少货物。到现在看起来,是妙极了的东西。但是推到最初发明的时候,是什么情形呢?最初发明的活塞,构造极简单,只能够在一端接收蒸汽,把活塞推过去,再不能够在他端接收蒸汽,把活塞推回来。所以当初活塞的运动,只有一个前进的方向,再没有回头的

① 英文 piston 的译音。

方向。因为这个原因，从前用机器做工便有许多的不方便。譬如最初用新发明的机器去弹棉花，每用一架机器，便要用一个小孩子站在机器的旁边，等到活塞前进了之后，小孩子便要用手把活塞棒拉回来，然后才由蒸汽再把活塞推过去。所以一往一返，便要用小孩子来帮助。比较现在的活塞往返自如，不要人帮助，该是何等的不利便呢！后来是怎么样造成现在这样便利的活塞呢？当中所经过的阶级是什么情形呢？当时做那种机器的工程师，毫不知道要怎么样才能够把活塞拉回来。至于在那个时候的棉花工厂本不很大，所用的机器力，虽然是只有一个方向，但是在一个工厂之内，只有十多架机器。不过一架机器要用一个小孩子去帮助，有了十多架机器，便要用十几个小孩子。那些小孩子天天去拉那种机器，时时刻刻做一个动作，便觉得很无趣味，很觉得讨厌。因为那些小孩子觉得那种工作讨厌，所以要有工头去监视，那些小孩子才不躲懒。工头一离开了工厂，那些小孩子便不拉机器，便去玩耍。其中有一个很聪明又很懒怠的小孩子，不情愿总是用手去拉那架机器，想用一个方法代手去拉，于是乎用一条绳和一根棍绑在那架机器的上面，令活塞推过去了之后，又可以自动的拉回来。那个小孩子不必动手去拉他，便可以自动的来回，运转不已。由于那一个小孩子的发明，便传到那十几个小孩子的全体。那些全体的小孩子，因为都得了棍和绳的帮助，机器都可以自动，所以大家都去玩耍，不管机器的工作。等到工头回厂之后，看见那些小孩子都在玩耍，都没有站在机器旁边去拉回活塞棒，便惊讶起来说："为什么这些小孩子不拉机器，机器还能够自动的来往，继续工作呢？这些小孩子是玩的什么把戏呢？这真是奇怪的很呀！"工头在当时因为觉得很奇怪，便去考察机器之所以自动来回的缘故，更把考察的结果去报告工程师。后来工程师明白那个小孩子的方法是很奇妙的，便照他的方法逐渐改良,做成了今日来回自如的机器。

民权政治的机器,至今有了一百多年,没有改变。我们拿现在民权政治的机器来看,各国所行的民权,只有一个选举权。这就是人民只有一个发动力,没有两个发动力。只能够把民权推出去,不能够把民权拉回来,这好象始初的发动机一样。但是从前有一个帮助机器的懒小孩子,知道了加一条绳和一根棍,借机器本体的力量,可以令机器自动的来回;至于现在的民权政治中,还没有这种懒小孩子发明那种拉回民权的方法。因为这个原因,所以民权政治的机器用过了一百多年,至今还只有一个选举权。从有了选举权以后,许久都没有别的进步。选举出来的人究竟是贤与不肖,便没有别的权去管他。象这种情形,就是民权政治的机器不完全。因为这种机器不完全,所以民权政治至今还没有好办法,还没有大进步。我们要这种机器进步,是从什么地方做起呢?照前一次所进的道理,是要把权和能分清楚。

现在还是用机器来比喻,机器里头各部的权和能,是分得很清楚的。那一部是做工,那一部是发动,都有一定的界限。譬如就船上的机器说,现在最大的船有五六万吨,运动这样大船的机器,所发出来的力量有超过十万匹马力的机器,只用一个人便可以完全管理。那一个管理的人,要全船怎么样开动,便立刻开动;要全船怎么样停止,便立刻停止。现在机器的进步,到了这种妙境。在最初发明机器的时候,如果一种机器发出来的力量到了几百匹或者几千匹马力,便不敢用他。因为马力太大,便没有人能够管理。通常说机器的大小,都是用马力做标准。一匹马力是多少呢?八个强壮人的力合埊〔拢〕起来,便是一匹马力。如果说一万匹马力,便是有八万个人的力。现在大商船和兵船上的机器所发出的原动力,有从十万匹到二十万匹马力的。象这样大力的机器,是没有别样东西可以抵当得住的。在寻常的机器，一万匹马力便有八万个人的力。若是那么样大力的机器，管理的方法不完全，那么机器全体一经发动之后，便不能收拾，所谓能发不能收。因为这个理由，所以从前发明机器的人去试验机器，常常自己打死自己。由于这种结果，在机器界打死的发明家，世界历史中不知道有了多少。外国有一个名词叫做“化兰京士丁”[①]，就是能发不能收的机器。到了后来，机器的构造天天改良，天天进步，虽然有十万匹或者二十万匹马力的机器，只用一个人便可以从容去管理，没有一点危险。说到十万匹马力，便是有八十万个人的力，二十万匹马力，便是有一百六十万个人的力，若是专有这样大的人力，是不是容易管理呢？现在军队的力量，到了一两万人便不容易管理。机器的力量，就是有一百六十万人之多，一个人还可以从容管理。由此便可见近来的机器是很进步的，管理的方法是很完全的。

现在的政治家和法律学者，都以政府为机器，以法律为工具。此刻的民权时代，是以人民为动力。从前的君权时代，是以皇帝为动力，全国的动作是发源于皇帝。在那个时代，政府的力量越大，皇帝越显尊严。有了强有力的政府，皇帝的号令才容易实行。因为皇帝是发动机器的人，所以政府的力越大，皇帝高高在上，便可以为所欲为。譬如修内治，勤远略，整军经武，他要想做什么，便可以做什么。故在君权时代，政府的力越大，对于皇帝只有利而无害。到了民权时代，人民就是政府的原动力，为什么人民不愿意政府的能力太大呢？因为政府的力量过大，人民便不能管理政府，要被政府来压迫。从前被政府的压迫太过，所受的痛苦太多，现在要

① 英文 Frankenstein 的译音。这是英国作家谢利（M. W. Shelley）小说中的一个科学家的名字。

免去那种压迫的痛苦,所以不能不防止政府的能力。在最初发明机器的时代,一个机器推过去了以后,只用一个小孩子便可以拉回来,由此便知道在那个时候,一个机器的力量是很小的,最大的不过是几匹马力。如果有了一万匹马力以上的机器,当然不是一个小孩子可以拉得回来的。当时因为管理机器的方法不完全,一定要有那样小力的机器,人民才是敢用他。现在是民权初发达的时代,管理政府的方法也是不完全。政府的动力固然是发源于人民,但是人民发出了动力之后,还要随时可以收回来,象那样小力的政府,人民才是敢用他。若是有了几万匹马力的政府,人民不能够管理,便不敢用他。所以现在欧美各国的人民恐怕强有力的政府,好比从前的工厂怕有大马力的机器是一样的道理。当初那种小力的机器,如果不想方法来改良,那种机器一定是永远没有进步,一定是永远还要人去拉。但是后来日日求改良,一直到现在,便可以不必用人力去拉,只要机器的自身便可以来回自动。至于政治的机器,人民总不知道想方法来改良,总是怕政府的能力太大,不能拉回,反常常想方法去防止,所以弄到政治不能发达,民权没有进步。照现在世界的潮流说,民权思想是一天一天的进步,管理民权政治的机器还是丝毫没有进步。所以欧美的民权政治至今没有根本办法,就是这个理由。

照我前一次所讲的根本办法说,权与能要分别清楚,用机器来做比喻,什么是有能力的东西呢?机器的本体就是有能力的东西。譬如十万匹马力的机器,供给了相当的煤和水之后,便可以发生相当的能力。什么是有权的人呢?管理机器的工程师就是有权的人。无论机器是有多少马力,只要工程师一动手,要机器开动,便立刻开动,要机器停止,便立刻停止。工程师管理机器,想要怎么样,便可以怎么样。好象轮船火车,一开机器,便可以要轮船火车走得很快，一停机器，马上就可以要他不走。所以机器是很有能的东西，工程师是很有权的人。人民管理政府，如果把权和能分开了，也要象工程师管理机器一样。在民权极盛的时代，管理政府的方法很完全，政府就是有大力，人民只要把自己的意见在国民大会上去发表，对于政府加以攻击，便可以推翻，对于政府加以颂扬，便可以巩固。但是现在的权与能不分，政府过于专横，人民没有方法来管理。不管人民是怎么样攻击，怎么样颂扬，政府总是不理，总是不能发生效力。现在世界上的政治不进步，民权思想很发达，无论那一国的人民，对于政治机关的现状总是不合他们心理上的用法。

中国此刻正是改革时代，我们对于政治主张实行民权。这种民权思想，是由欧美传进来的。我们近来想学欧美的新思想，造成一个完全的民治国家。最初想造成这种国家的时候，一般革命志士都以为完全仿效欧美，步欧美的后尘，把欧美的东西完全抄过来，中国的民权便算是很发达，便可以算是止境。当初的这种思想并不是全错。因为中国从前的专制政体过于腐败，我们如果实行改革，打破了专制以后做建设的事业，能够学到象欧美，就比较上说当然是很好。但是欧美人民对于自己国家社会的现状是不是心满意足呢？如果我们细心考察欧美的政治社会，所谓革命的先进国家象美国、法国的人民，现在还是主张改良政治，还是想要再来革命。他们革命不过一百多年，为什么还要再来革命呢？由此便可以证明我们从前以为学到了象欧美便算是止境，那便是不对。由此便知就令是我们学到了象美国、法国一样，法国、美国现在还是要革命，我们到了百十年之后一定也是免不了再起革命的。因为法国、美国现在的政治机器还是有很多的缺点，还是不能满足人民的欲望，人民还是不能享圆满的幸福。象这样讲来，所以我们现在提倡改革,决不能够说学到了象现在的欧美便算是止境,便以为心满意足。我们步他们的后尘,岂不是一代更不如一代,还再要起革命吗?若是再起革命,那么此次的革命岂不是徒劳无功吗?

我们要现在的革命不是徒劳无功,想存一个长治久安之计,所谓一劳永逸,免将来的后患。要怎么样才可以做得到呢?欧美的方法可不可以完全搬到中国来行呢?我们试拿欧美最新的物质文明说,譬如交通上最要紧的东西是铁路。东方国家仿造铁路最早的是日本,中国近来才知道铁路的重要,才知道要建筑铁路。所以中国仿造铁路是在日本之后。但是用中国和日本现在的铁路来比较,中国和日本的火车,大家如果都是坐过了的,便知道日本的铁轨是很窄的,车是很小的;中国的沪宁和京汉铁路,那些铁轨都是很宽的,车是很大的。为什么中国建筑铁路在日本之后,所做的车和轨还是比日本的宽大呢?就是因为中国所学的是欧美的新发明,日本所学的是欧美的旧东西,若是中国建筑铁路,不照欧美的新发明,只学日本的旧东西;可不可以算是满足呢?欧美从前只有那样的窄铁路和小火车。日本最初去学他,便在无形之中上了大当。我们现在建筑铁路,可不可以也学那种不便利的旧东西呢?但是中国近来建筑铁路,不学日本不便利的旧东西,要学欧美很便利的新发明。所以中国现在的铁路好过日本,这所谓是后来者居上。因为这个缘故,我们现在改良政治便不可学欧美从前的旧东西,要把欧美的政治情形考察清楚,看他们政治的进步究竟是到了什么程度,我们要学他们的最新发明,才可以驾乎各国之上。

我在前一次讲过了,欧美对于民权问题的研究,还没有彻底。因为不彻底,所以人民和政府日日相冲突。因为民权是新力量,政府是旧机器。我们现在要解决民权问题,便要另造一架新机器,造成这种新机器的原理，是要分开权和能。人民是要有权的，机器是要有能的。现在有大能的新机器用人去管理，要开动就开动，要停止就停止。这是由于欧美对于机器有很完全的发明，但是他们对于政治还是没有很完全的发明。我们现在要有很完全的改革，无从学起，便要自己想出一个新办法。要我们自己想出一个新办法，可不可以做得到呢？中国人从经过了义和团之后，完全失掉了自信力，一般人的心理总是信仰外国，不敢信仰自己。无论什么事，以为要自己去做成、单独来发明是不可能的，一定要步欧美的后尘，要仿效欧美的办法。至于在义和团之前，我们的自信力是很丰富的。一般人的心理，都以为中国固有的文明、中国人的思想才力是超过欧美，我们自己要做到什么新发明都是可能的事。到了现在，便以为是不可能的事。殊不知欧美的文明只在物质的一方面，不在其他的政治各方面。专就物质文明的科学说，欧美近来本是很发达的。一个人对于一种学问固然是有特长，但是对于其余的各科学问未必都是很精通的，还有许多都是盲然的。他们的物质科学，一百多年以来发明到了极点，许多新发明真是巧夺天工，是我们梦想不到的。如果说政治学问，他们从前没有想到的我们现在也想不到，那便是没有理由。欧美的机器近来本有很完全的进步，但是不能说他们的机器是进步，政治也是进步。因为近两百多年以来，欧美的特长只有科学，大科学家对于本行的学问固然是有专长，对于其余的学问象政治哲学等，未必就有兼长。有一段很好的故事，可以引来证明一证明。

英国从前有一位大科学家，在近来世界上的学问家之中，没有那一个能够驾乎他之上的，是叫做纽顿。纽顿是什么人呢？他是一个很聪明、很有学问的人。他在物理学中，有很多超前绝后的发明，最著名的是“万有引力”。纽顿推出来的“万有引力”，是世界上头一次的发明,是至今科学中的根本原理。近来世界上许多科学原理的新发明,没有那一种能够驾乎万有引力学说之上的。纽顿对于科学既是有这样的特别聪明,试看他对于别的事情是不是一样的聪明呢?照我看起来,却有大大的不然。有一件很有趣味的故事,可以证明纽顿做事不是件件事都是很聪明的。纽顿一生除了读书、试验之外,还有一种嗜好,他的嗜好是爱猫。他养了大小不同的两个猫,出入总是跟着他。因为他很爱那两个猫,所以猫要怎样行动,他便怎么样去侍候。譬如他在房内读书、试验,猫要出门,他便停止一切工作,亲自去开门让猫出去。如果猫要进到房内,他又停止一切工作,去打开房门让猫进来。那两个猫终日总是出出入入,弄到纽顿开门关门,是麻烦不堪的。所以有一天,纽顿便要想一个方法,让那两个猫自己出入自由,不致扰乱他的工作,总是去开门关门。他所想出来的是什么方法呢?就是把房门开两个孔,一个是很大的,一个是很小的。在纽顿的思想,以为在门上所开的大孔,便可以令大猫出入;在门上所开的小孔,便可以令小猫出入。象这种思想还是大科学家的聪明,这件事实还是大科学家做出来的。照普通的常识讲,开一个大孔,大猫可以出入,小猫也当然是可以出入,那么开一个大孔便够了,又何必要枉费工夫多开一个小孔呢?在常人都知道只要开一个孔,大科学家的纽顿偏要开两个孔,这是不是可笑呢?科学家做事,是不是件件事都是很聪明呢?由此便可以证明,科学家不是对于件件事都是很聪明的,科学家有了一艺的专长,未必就有种种学问的兼长。

欧美科学在近几十年以来,本来是进步到了极点,所以做出来的物质机器有往返的两面动力,来回可以自动。但是做成的政治机器,还只有一面的动力,人民对于政府的权力只能够发出去,不能够收回来。我们现在主张民权,来改造民国,将来造成的新民国一定是要彻底。要造成彻底的新民国,在欧美的先进国家无从完全仿效,我们自己便要另想一个新办法。这种新办法,欧美还没有完全想到,我们能不能够想到呢?要答复这个问题,自己便不可以轻视自己,所谓妄自菲薄。此刻民权潮流传进中国来了,我们欢迎这种潮流,来改造国家,自己的新办法是不是完全的想到了呢?中国几千年以来都是独立国家,从前政治的发达,向来没有假借过外国材料的。中国在世界之中,文化上是先进的国家,外国的材料向来无可完全仿效。欧美近来的文化才比中国进步,我们羡慕他们的新文明,才主张革命。此刻实行革命,当然是要中国驾乎欧美之上,改造成世界上最新、最进步的国家。我们要达到这种目的,实在是有这种资格。不过欧美现在的民权政府,还是不能完全仿效。他们的政府已经成了旧机器,我们要另外造出一架新机器,才可以达到我们的目的。此刻想要造出一架新机器,世界上有没有新材料呢?现在散在各国的新材料是很多的,不过要先定一个根本办法。我在前一次所主张的分开权与能,便是这一种的根本办法。根本办法定了之后去实行民权,还要分开国家的组织与民权的行使。欧美的根本办法没有想通,不能分开权与能,所以政府能力不能扩充。我们的根本办法已经想通了,更进一步,就是分开政治的机器。要分开政治的机器,先要明白政治的意义。

我在第一讲中,已经把政治这个名词下了一个定义说:政是众人之事,治是管理众人之事。现在分开权与能,所造成的政治机器就是象物质的机器一样。其中有机器本体的力量,有管理机器的力量。现在用新发明来造新国家,就要把这两种力量分别清楚。要怎么样才可以分别清楚呢?根本上还是要再从政治的意义来研究。政是众人之事,集合众人之事的大力量,便叫做政权;政权就可以说是民权。治是管理众人之事,集合管理众人之事的大力量,便叫做治权;治权就可以说是政府权。所以政治之中,包含有两个力量:一个是政权,一个是治权。这两个力量,一个是管理政府的力量,一个是政府自身的力量。这是什么意思呢?好比有十万匹马力的轮船机器,那架机器能够发生十万匹马力来运动轮船,这便是机器本体的力量。这种力量,就好比是政府自身的力量一样,这种自身的力量就是治权。至于这样大的轮船,或者是要前进,或者是要后退,或者是要向左右转,或者是要停止,以及所走的速度或者是要快,或者是要慢,更要有很好的工程师,用很完全的机器,才可以驾驶,才可以管理。有了很完全的驾驶、管理之力量,才可以令那样大力的轮船,要怎么样开动便是怎么样开动,要怎么停止便是怎么样停止。这种开动、停止的力量,便是管理轮船的力量。这种力量,就好比是管理政府的力量一样,这种管理的大力量就是政权。我们造新国家,好比是造新轮船一样,船中所装的机器,如果所发生的马力很小,行船的速度当然是很慢,所载的货物当然很少,所收的利息当然是很微。反过来说,如果所发生的马力很大,行船的速度当然是极快,所载的货物当然是极多,所收的利息也当然是极大。假设有一只大轮船,其中所装的机器可发生十万匹马力,每小时可以走二十海里,来往广州、上海一次,在两个星期之内可以赚十万块钱。如果是另造一只极大的轮船,其中装一架新机器可以发生一百万匹马力,每小时可以走五十海里,照比例算起来,那么来往广州、上海一次,只要一个星期便可赚一百万块钱。现在世界上最快的大轮船,每小时不过走二三十海里,如果我们所造的新轮船每小时可以走五十海里,世界上便没有别的轮船能够来比赛。我们的轮船就是世界上最快最大的新轮船。创造国家也是一样的道理。如果在国家之内,所建设的政府只要他发生很小的力量，是没有力的政府，那么这个政府所做的事业当然是很小，所成就的功效当然是很微。若是要他发生很大的力量，是强有力的政府，那么这个政府所做的事业当然是很大，所成就的功效也当然是极大。假设在世界上的最大国家之内，建设一个极强有力的政府，那么，这个国家岂不是驾乎各国之上的国家，这个政府岂不是无敌于天下的政府？

欧美到了今日，为什么还是只造有大马力的机器之轮船，不造极强有力的政府之国家呢？因为他们现在的人民，只有方法来管理大马力的机器，没有方法来管理强有力的政府。而且不要小马力的旧船，另外造一只大马力的新船，是很容易的事。至于国家，已经是根深蒂固，有了没有力的旧政府，要另外造成一个强有力的新政府，那是很不容易的事。说到我们中国人口，有了四万万，是世界上人口最多的国家；领土宽阔，物产丰富，都要在美国之上。美国成了现在世界上最富最强的国家，没有那一国可以和他并驾齐驱。就天然的富源来比较，中国还应该要驾乎美国之上。但是现在的实情，不但是不能驾乎美国之上，并且不能够和美国相提并论。此中原因，就是我们中国只有天然的资格，缺少人为的工夫，从来没有很好的政府。如果用这种天然的资格，再加以人为的工夫，建设一个很完全、很有力的政府，发生极大力量运动全国，中国便可以和美国马上并驾齐驱。

中国有了强有力的政府之后，我们便不要象欧美的人民，怕政府的力量太大，不能够管理。因为在我们的计划之中，想造成的新国家，是要把国家的政治大权分开成两个。一个是政权，要把这个大权完全交到人民的手内，要人民有充分的政权可以直接去管理国事。这个政权，便是民权；一个是治权，要把这个大权完全交到政府的机关之内，要政府有很大的力量治理全国事务。这个治权，便是政府权。人民有了很充分的政权，管理政府的方法很完全，便不怕政府的力量太大，不能够管理。欧美从前不敢造十万匹马力以上的机器，只敢造十万匹马力以下的机器，就是因为机器的构造不完全，管理的方法不周密，所以便怕机器的力量太大，不敢管理。到了现在，机器很进步，机器本体的构造既是很完全，管理机器的方法又是很周密，所以便造极大马力的机器。我们要造政治的机器，要政治的机器进步，也是要跟这一样的路走，要有构造很完全和有大力的政府机关，同时又要有管理这个机关很周密的民权方法。欧美对于政府因为没有管理很周密的方法，所以他们的政治机关至今还是不发达。我们要不蹈他们的覆辙，根本上要人民对于政府的态度，分开权与能。把政治的大权分开成两个：一个是政府权，一个是人民权。象这样的分开，就是把政府当作机器，把人民当作工程师。人民对于政府的态度，就好比是工程师对于机器一样。

现在机器的构造很进步，不但是有机器知识的人可以来管理，就是没有机器知识的小孩子也可以来管理。譬如现在所用的电灯，从前发明的时候是什么情形呢？因为电是和雷一样，是很危险的东西，如果管理的方法不好，便打死人。因为这个缘故，从前发明电的科学家不知道受过了多少牺牲。因为所受牺牲太多，危险太大，所以发明了电光很久，还不敢拿来做灯用。后来发明了管理电的方法很周密，只要一转接电钮，便可以开闭。这样一转手之劳，是很便利很安全的，无论是那一种没有电学知识的人，不管他是城市的小孩子，或者是乡下极无知识愚民，都可以用手来转他。所以现在便把极危险的电光拿来做灯用。其他各种机器的进步，也是和这一样的情形。比方最新发明大机器，是飞天的机器，也是一种很危险的东西，最初发明的时候不知道死了多少人。象从前广东的冯如，他是什么人呢？就是制造飞机的人，就是驾驶飞机跌死了的人。在从前发明飞机的时候，没有人知道用这个机器去飞，所以制造飞机的人又要做飞机师。最初做飞机师的人，一来由于管理这种机器的方法不周密，二来由于向来没有经验，不知道怎么样来用这种机器。所以飞到天空之中，常常跌到地下，死了许多人。因为死了很多的人，所以普通人便不敢去坐飞机。现在管理这种机器的方法很周密，许多人都知道飞到了天空之中，象鸟雀一样，来往上下，非常的便利，非常的安全。所以就是普通人都敢去坐飞机。因为普通人都敢去坐这种机器，所以近来便把他用作交通的机器。好象我们由广东到四川，道路很远，当中又有敌人，水陆路的交通很不便利，便可坐飞机，由天空之中一直飞到四川。

现在中国有了民权的思想，但是关于这种思想的机器，世界上还没有发明完全，一般人民都不知道用他。我们先知先觉的人，便应该先来造好这种机器，做一个很便利的放水制，做一个很安全的接电钮，只要普通人一转手之劳便知道用他，然后才可以把这种思想做成事实。中国人得到民权思想本是在欧美之后，好象筑铁路是在日本之后一样。日本筑铁路虽然是在我们之先，但是所筑的铁路是旧东西，不合时用，我们新筑成的铁路是很合时用的东西。至于我们在欧美之后，要想有什么方法才可以来使用民权呢？这种方法想通了，民权才可以供我们的使用。若是这种方法没有想通，民权便不能供我们的使用。如果一定要去使用，便是很危险，便要打死人。现在世界上有没有这种方法呢？在欧洲有一个瑞士国，已经有了这几部分的方法，已经试验了这几部分的方法。这是彻底的方法，是直接的民权，不过不大完全罢了。至于欧洲的那些大国，就是这不完全的方法还是没有试验。因为试验这几部分之方法的国家，只有瑞士的一个小国，没有别的大国，所以许多人便怀疑起来,说这几部分的方法只有在小国能够使用,在大国不能够用。欧洲的大国为什么不用这几部分的方法呢?这个理由,就是象日本已经有了小铁路,再要改造大铁路,便要费很久的时间,花很多的钱,是很不经济的事。因为畏难苟安,注重经济,所以他们的先进国家就是知道了这些新式的发明,还是不采用他。说到我们中国,关于民权的机器,从前没有旧东西,现在很可以采用最近最好的新发明。

关于民权一方面的方法,世界上有了一些什么最新式的发明呢?第一个是选举权。现在世界上所谓先进的民权国家,普遍的只实行这一个民权。专行这一个民权,在政治之中是不是够用呢?专行这一个民权,好比是最初次的旧机器,只有把机器推到前进的力,没有拉回来的力。现在新式的方法除了选举权之外,第二个就是罢免权。人民有了这个权,便有拉回来的力。这两个权是管理官吏的,人民有了这两个权,对于政府之中的一切官吏,一面可以放出去,又一面可以调回来,来去都可以从人民的自由。这好比是新式的机器,一推一拉,都可以由机器的自动。国家除了官吏之外,还有什么重要东西呢?其次的就是法律。所谓有了治人,还要有治法。人民要有什么权,才可以管理法律呢?如果大家看到了一种法律,以为是很有利于人民的,便要有一种权,自己决定出来,交到政府去执行。关于这种权,叫做创制权,这就是第三个民权。若是大家看到了从前的旧法律,以为是很不利于人民的,便要有一种权,自己去修改,修改好了之后,便要政府执行修改的新法律,废止从前的旧法律。关于这种权,叫做复决权,这就是第四个民权。人民有了这四个权,才算是充分的民权。能够实行这四个权,才算是彻底的直接民权。从前没有充分民权的时候,人民选举了官吏、议员之后便不能够再问,这种民权,是间接民权。间接民权就是代议政体，用代议士去管理政府，人民不能直接去管理政府。要人民能够直接管理政府，便要人民能够实行这四个民权。人民能够实行四个民权，才叫做全民政治。全民政治是什么意思呢？就是从前讲过了的，用四万万人来做皇帝。四万万人要怎么样才可以做皇帝呢？就是要有这四个民权来管理国家的大事。所以这四个民权，就是四个放水制，或者是四个接电钮。我们有了放水制，便可以直接管理自来水；有了接电钮，便可以直接管理电灯；有了四个民权，便可以直接管理国家的政治。这四个民权，又叫做政权，就是管理政府的权。

至于政府自己办事的权，又可以说是做工权，就是政府来替人民做工夫的权。人民有了大权，政府能不能够做工夫，要做什么样的工夫，都要随人民的志愿。就是政府有了大权，一经发动做工夫之后，可以发生很大的力量，人民随时要他停止，他便要停止。总而言之，要人民真有直接管理政府之权，便要政府的动作随时受人民的指挥。好象外国的旧兵船，从前如果是装了十二门大炮，便分成六个炮台，要瞄准放炮打什么敌人，都是由许多炮手去分别执行，做指挥的人不能直接管理。现在的新兵船，要测量敌人的远近，在桅顶便有测量机；要瞄准放炮，在指挥官的房中便有电机直接管理。如果遇到了敌人，不必要许多炮手去瞄准放炮，只要做指挥官的人，坐在房中，就测量机的报告，按距离的远近拨动电机，要用那一门炮，打那一方的敌人，或者是要十二门炮同时瞄准，同时放炮，都可以如愿，都可以命中。象这样才叫做是直接管理。但是要这样来直接管理，并不是要管理的人自己都来做工夫，不要自己来做工夫的机器，才叫做灵便机器。

人民有了这四个大权来管理政府，要政府去做工夫，在政府之中要用什么方法呢？要政府有很完全的机关，去做很好的工夫，便要用五权宪法。用五权宪法所组织的政府才是完全政府,才是完全的政府机关。有了这种的政府机关去替人民做工夫,才可以做很好很完全的工夫。从前说美国有一位学者,对于政治学理上的最新发明,是说在一国之内,最怕的是有了一个万能政府,人民不能管理;最希望的是要一个万能政府,为人民使用,以谋人民的幸福。有了这种政府,民治才算是最发达。我们现在分开权与能,说人民是工程师,政府是机器。在一方面要政府的机器是万能,无论什么事都可以做;又在他一方面要人民的工程师也有大力量,可以管理万能的机器。那么,在人民和政府的两方面彼此要有一些什么的大权,才可以彼此平衡呢?在人民一方面的大权刚才已经讲过了,是要有四个权,这四个权是选举权、罢免权、创制权、复决权。在政府一方面的,是要有五个权,这五个权是行政权、立法权、司法权、考试权、监察权。用人民的四个政权来管理政府的五个治权,那才算是一个完全的民权政治机关。有了这样的政治机关,人民和政府的力量才可以彼此平衡。我们要详细明白这两种大权的关系,可以用一个图来说明。

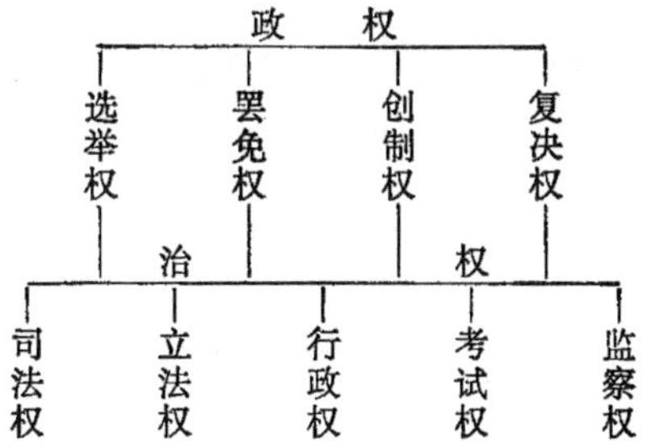

就这个图看,在上面的政权,就是人民权,在下面的治权,就是政府权。人民要怎么样管理政府,就是实行选举权、罢免权、创制权和复决权;政府要怎么样替人民做工夫,就是实行行政权、立法

权、司法权、考试权和监察权。有了这九个权，彼此保持平衡，民权问题才算是真解决，政治才算是有轨道。

至于这九个权的材料，并不是今日发明的。譬如就政权说，在瑞士已经实行过了三个权，不过是没有罢官权。在美国的西北几省，现在除采用瑞士的三个政权以外，并加入一个罢免权。至于选举权，更是世界上各国最通行的民权。所以就世界上民权的情形说，瑞士已经实行过了三权，美国有四分之一的省份已经实行过了四权。他们在那几部分的地方实行这四个民权，有了很周密的办法，得了很好的成绩。就是这四个民权，实在是经验中的事实，不是假设来的理想。我们现在来采用是很稳健的，并没有什么危险。至于说到政府权，从前都是由皇帝一个人垄断，革命之后才分开成三个权。象美国独立之后便实行三权分立，后来得了很好的成绩，各国便都学美国的办法。

不过，外国从前只有三权分立，我们现在为什么要五权分立呢？其余两个权是从什么地方来的呢？这两个权是中国固有的东西。中国古时举行考试和监察的独立制度，也有很好的成绩。象满清的御史，唐朝的谏议大夫，都是很好的监察制度。举行这种制度的大权，就是监察权。监察权就是弹劾权。外国现在也有这种权，不过把他放在立法机关之中，不能够独立成一种治权罢了。至于历代举行考试，拔取真才，更是中国几千年的特色。外国学者近来考察中国的制度，便极赞美中国考试的独立制度，也有仿效中国的考试制度去拔取真才。象英国近来举行文官考试，便是说从中国仿效过去的。不过英国的考试制度，只考试普通文官，还没有达到中国考试权之独立的真精神。所以就中国政府权的情形讲，只有司法、立法、行政三个权是由皇帝拿在掌握之中，其余监察权和考试权还是独立的。就是中国的专制政府，从前也可以说是三权分立的,和外国从前的专制政府便大不相同。从前外国在专制政府的时候,无论是什么权都是由皇帝一个人垄断。中国在专制政府的时候,关于考试权和监察权,皇帝还没有垄断。所以分开政府的大权,便可以说外国是三权分立,中国也是三权分立。中国从前实行君权、考试权和监察权的分立,有了几千年。外国实行立法权、司法权和行政权的分立,有了一百多年。不过外国近来实行这种三权分立,还是不大完全。中国从前实行那种三权分立,更是有很大的流弊。我们现在要集合中外的精华,防止一切的流弊,便要采用外国的行政权、立法权、司法权,加入中国的考试权和监察权,连成一个很好的完璧,造成一个五权分立的政府。象这样的政府,才是世界上最完全、最良善的政府。国家有了这样的纯良政府,才可以做到民有、民治、民享的国家。

我们在政权一方面主张四权,在治权一方面主张五权,这四权和五权各有各的统属,各有各的作用,要分别清楚,不可紊乱。现在许多人都不能分别,不但是平常人不能分别,就是专门学者也是一样的不能分别。象近来我会见了一个同志,他是从美国毕业回来的。我问他说:"你对于革命的主义是怎么样呢?"他说:"我是很赞成的。"我又问他说:"你是学什么东西呢?"他说:"我是学政治法律。"我又问他说:"你对于我所主张的民权,有什么意见呢?"他说:"五权宪法是很好的东西呀,这是人人都欢迎的呀!"象这位学政治法律的专门学者,所答非所问,便可以知道他把四权和五权还没有分别清楚,对于人民和政府的关系还是很糊涂。殊不知道五权是属于政府的权,就他的作用说,就是机器权。一个极大的机器,发生了极大的马力,要这个机器所做的工夫很有成绩,便要把他分成五个做工的门径。民权就是人民用来直接管理这架大马力的机器之权,所以四个民权,就可以说是机器上的四个节制。有了这四个节制，便可以管理那架机器的动静。政府替人民做事，要有五个权，就是要有五种工作，要分成五个门径去做工。人民管理政府的动静，要有四个权，就是要有四个节制，要分成四方面来管理政府。政府有了这样的能力，有了这些做工的门径，才可以发出无限的威力，才是万能政府。人民有了这样大的权力，有了这样多的节制，便不怕政府到了万能没有力量来管理。政府的一动一静，人民随时都是可以指挥的。象有这种情形，政府的威力便可以发展，人民的权力也可以扩充。有了这种政权和治权，才可以达到美国学者的目的，造成万能政府，为人民谋幸福。中国能够实行这种政权和治权，便可以破天荒在地球上造成一个新世界。

至于民权之实情与民权之行使，当待选举法、罢免法、创制法和复决法规定之后，乃能悉其真相与底蕴。在讲演此民权主义之中，固不能尽述也。阅者欲知此中详细情形，可参考廖仲恺君所译之《全民政治》。

据孙文讲演、中国国民党中央执行委员会编辑《民权主义》
（广州一九二四年八月版）

民生主义

第　一　讲

（十三年八月三日）

诸君：

今天来讲民生主义。什么叫做民生主义呢？“民生”两个字是中国向来用惯的一个名词。我们常说什么“国计民生”，不过我们所用这句话恐怕多是信口而出，不求甚解，未见得涵有几多意义的。但是今日科学大明，在科学范围内拿这个名词来用于社会经济上，就觉得意义无穷了。我今天就拿这个名词来下一个定义，可说民生就是人民的生活——社会的生存、国民的生计、群众的生命便是。我现在就是用民生二字，来讲外国近百十年来所发生的一个最大问题，这个问题就是社会问题。故民生主义就是社会主义，又名共产主义，即是大同主义。欲明白这个主义，断非几句定义的话可以讲得清楚的；必须把民生主义的演讲从头听到尾，才可以彻底明白了解的。

民生问题，今日成了世界各国的潮流。推到这个问题的来历，发生不过一百几十年。为什么近代发生这个问题呢？简单言之，就是因为这几十年来，各国的物质文明极进步，工商业很发达，人类的生产力忽然增加。着实言之，就是由于发明了机器，世界文明先进的人类便逐渐不用人力来做工，而用天然力来做工，就是用天然的汽力、火力、水力及电力来替代人的气力，用金属的铜铁来替代人的筋骨。机器发明之后，用一个人管理一副机器，便可以做一百人或一千人的工夫，所以机器的生产力和人工的生产力便有大大的分别。在没有机器以前，一个最勤劳的人，最多不过是做两三个人的工夫，断不能做得十个人以上的工夫。照此推论起来，一个人的生产力，就本领最大、体魄最强和最勤劳的人说，也不过是大过普通人十倍。平常人的生产力都是相等的，没有什么大差别。至于用机器来做工的生产力，和用人做工的生产力两相比较，便很不相同。用人来做工，就是极有能干而兼勤劳的人，只可以驾乎平常人的十倍；但是用机器来做工，就是用一个很懒惰和很寻常的人去管理，他的生产力也可以驾乎一个人力的几百倍，或者是千倍。所以这几十年来机器发明了之后，生产力比较从前就有很大的差别。我们拿眼前可以证明的事实来说一说。比方在广州市街上所见最多的人，莫如运送的苦力，这种苦力就叫做挑夫。这种挑夫的人数，占广州市工人中一大部分。挑夫中之体魄最强壮的人，最重只可以挑二百斤东西，每日不过是走几十里路远，这种挑夫是很不容易得的。寻常的挑夫，挑了几十斤重，走了几十里路远，便觉得很辛苦。如果拿挑夫和运送的机器来比较，是怎么样的情形呢？象广州市黄沙的火车运送货物，一架火车头可以拖二十多架货车，一架货车可以载几百担重的货物，一架货车能够载几百担，二十多架货车便能够载一万担。这一万担货物，用一架火车头去拉，只要一两个人管理火车头的机器，或者要几个人管理货车，一日便可以走几百里。譬如广东的粤汉铁路，由黄沙到韶关约有五百里的路程，象从前专用人力去运货物，一个人挑一担，一百个人一百担，如果有一万担货物，就要有一万个工人。用工人所走的路程计算，一个人一天大概只能够走五十里，五百里的路程就要走十天的时间。所以一万担货物，从前专用人工去运送，就要一万工人，走十天之久。现在用火车去运送，只要八点钟的时间，一直便由黄沙到韶关，所用的工人最多不过是十个人。由此便知道用十个人所做的工便可以替代一万人，用八点钟便可以替代十天。机器和人工比较的相差，该是有多少呢！用火车来运送的工，不但是用一个人可以替代一千人，用一点钟可以替代一日，是很便利迅速的。就是以运货的工钱来说，一个工人挑一担货物，走五十里路远，每天大约要一元；要用一万工人，挑一万担货物，走十天的路，统共就要十万元。如果用火车来运送，顶多不过是几千元。机器和人工的比较，单拿挑夫来讲便有这样的大差别。其他耕田、织布、做房屋以及种种工作，也是有几百倍或千倍的差别。所以机器发明了之后，世界的生产力便生出一个大变动。这个大变动，就是机器占了人工，有机器的人便把没有机器人的钱都赚去了。再象广州，没有经过鸦片战争以前，是中国独一的通商口岸，中国各省的货物都是先运来广州,然后再由广州运去外洋;外国的货物也是先运到广州,然后再由广州运进各省。所以中国各省的进出口货物,都是经过湖南、江西,走南雄、乐昌,才到广州。因为这个原因,所以南雄、乐昌到韶关的这两条路,在当时沿途的挑夫是很多的,两旁的茶馆饭店也是很热闹的。后来海禁大开,各省的货物或者是由海船运到广东,或者是由上海、天津直接运送到外洋,都不经过南雄、乐昌到韶关的这两条路。所以由南雄、乐昌到韶关两条路的工人现在都减少了。从前那两条路的繁盛,现在都变成很荒凉了。到了粤汉铁路通了火车之后,可以替代人工,由广州到韶关的挑夫更是绝迹。其他各地各国的情形都是一样。所以从机器发明了之后,便有许多人一时失业,没有工做,没有饭吃。这种大变动,外国叫做"实业革命"。因为有了这种实业革命,工人便受很大的痛苦。因为要解决这种痛苦,所以近几十年来便发生社会问题。

这个社会问题,就是今天所讲的民生主义。我今天为什么不学外国直接来讲社会主义,要拿民生这个中国古名词来替代社会主义呢?这是很有道理,我们应该要研究的。因为机器发明以后,经过了实业革命,成为社会问题,便发生社会主义。所以社会主义之发生已经有了几十年。但是这几十年中,欧美各国对于社会主义还没有找出一个解决方法,现在还是在剧烈战争之中。这种学说和思想现在流入中国来了,中国一班新学者也是拿他来研究。因为社会主义,现在中国很流行,所以共产主义现在中国也是很流行。中国学者拿社会主义和共产主义来研究,想寻出一个解决方法,也是很艰难的。因为外国发明这种学理已经有了几十年,到现在还不能够解决,此时传入中国,我们就想要解决,当然是不容易的。我们要研究这个问题,便要先把他的源委、性质和定义来研究清楚。共产主义和社会主义两个名词,现在外国是一样并称的,其中办法虽然各有不同，但是通称的名词都是用社会主义。现在中国有人把社会主义同社会学两个名词作一样的看待，这实在是混乱。这种混乱，不但专是中国人有的，就是外国人也是一样有的。因为社会这个名词在英文是“梳西乙地”，社会学是“梳西柯罗之”，社会主义是“梳西利甚”①。这三个字头一半的英文串字都是相同的，所以许多人便生出混乱。其实英文中的社会主义“梳西利甚”那个字，是从希腊文变出来的。希腊文社会主义的原意是“同志”，就象中国俗话说是“伙计”两个字一样。至于说到社会学的范围，是研究社会的情状、社会的进化和群众结合的现象；社会主义的范围，是研究社会经济和人类生活的问题，就是研究人民生计问题。所以我用民生主义来替代社会主义，始意就是在正本清源，要把这个问题的真性质表明清楚。要一般人一听到这个名词之后，便可以了解。

因为社会主义已经发生了几十年，研究这种学理的学者不知道有千百家，所出的书籍也不知道有千百种。其中关于解决社会问题的学说之多，真是聚讼纷纷。所以外国的俗语说，社会主义有五十七种，究竟不知那一种才是对的。由此便可见普通人对于社会主义无所适从的心理了。欧战发生了之后，社会的进步很快，世界潮流已经到了解决社会问题的时期。凡是从前不理会社会主义的人，在此时也跟上社会主义的路来走。就时势的机会讲，社会党应该可以做很多事，应该可以完全解决社会问题。但是社会党的内部，便生出许多纷争。在各国的社会党，一时风起云涌，发生种种派别，其中最著名的有所谓共产党、国家社会党和社会民主党。各党派之复杂，几乎不止五十七种。所以从前旁观者对于社会党

① 以上是英文 society、sociology、socialism 三个词的译音。

派别复杂的批评，至此时正所谓不幸而言中。至于欧战没有发生以前，世界各国只有赞成社会主义和反对社会主义的两种人。反对的那种人，大多数都是资本家。所以从前只有反对社会主义的资本家同社会党来战争。到欧战发生了之后，反对的人都似降服了，社会党似乎可以乘机来解决社会问题。不过当时赞成社会主义的人在事前没有想到好办法，所以社会党内部便临时生出许多纷争。这种纷争，比较从前反对派和赞成派的纷争更要厉害。所以社会问题至今不能解决，我们到了今日还是要来研究。在从前资本家、工人和学者反对社会主义的时候，所有世界各国赞成社会主义的人，不论是本国外国，都是认为同志。到了近来，不但是德国的社会党反对俄国的社会党，或者是俄国的社会党反对英国、美国的社会党，有国际的纷争，就是一国的社会党内部，也演出种种纷争。所以社会问题愈演愈纷乱，到现在还找不出一个好方法来解决。

今天我所讲的民生主义，究竟和社会主义有没有分别呢？社会主义中的最大问题，就是社会经济问题。这种问题，就是一班人的生活问题。因为机器发明以后，大部分人的工作都是被机器夺去了，一班工人不能够生存，便发生社会问题。所以社会问题之发生，原来是要解决人民的生活问题。故专就这一部分的道理讲，社会问题便是民生问题，所以民生主义便可说是社会主义的本题。现在各国的社会主义，各有各的主张，所以各国解决社会问题的方法也是各有不同。社会主义到底是民生主义中的一部分呀，或者是民生主义是社会主义中的一部分呢？实业革命以后，研究社会问题的人不下千百家，其中研究最透彻和最有心得的，就是大家所知道的马克思。马克思对于社会问题，好象卢骚对于民权问题一样，在一百多年以前欧美研究民权问题的人，没有那一个不是崇拜卢骚为民权中的圣人，好象中国崇拜孔子一样，现在研究社会问题的人，也没有那一个不是崇拜马克思做社会主义中的圣人。

在马克思的学说没有发表以前，世界上讲社会主义的，都是一种陈义甚高的理论，离事实太远。而马克思专从事实与历史方面用功，原原本本把社会问题的经济变迁，阐发无遗。所以后来学者把社会主义的人分作两派：一是叫做“乌托邦派”，这个乌托邦和中国黄老所说的华胥氏之国意思相同；一是叫做“科学派”，专从科学方法去研究社会问题之解决。至于乌托邦派是专从理想上来把社会来改良成一个安乐的国家，便有这种子虚乌有的寄托。这种寄托是由于人类受了很多痛苦，那些极有道德和悲天悯人的人，见了很不忍心但是又没有力量去改良，所以只好说理想上的空话，作一种寄托。中国俗话说：“天生一条虫，地生一片叶；天生一只鸟，地生一条虫。”这几句话的意思，就是说有了虫就有叶来养，有了鸟就有虫来养。但是人类的天然形体不完全，生来没有羽毛，必需衣以御寒，必需食以养生。在太古吃果实的时候，地广人稀，人人都是很容易觅食，不必做很多的工就可以生活。到了渔猎时代，人民就要打鱼猎兽，才可以有鱼肉吃，才可以生活，就是要做工才有饭吃。到了游牧时代，人类要从事畜牧才可以生活，当时人人都是逐水草而居，时常迁徙，所有的工作便是很辛苦勤劳。至于农业时代，人类要树艺五谷才可以生活，彼时人类的生活更是复杂，所有的工作更是辛苦勤劳。到了工商时代，遇事都是用机器，不用人力，人类虽然有力也没有用处，想去卖工，找不到雇主。在这个时候，便有很多人没有饭吃，甚至于饿死，所受的痛苦不是一言可尽。一般道德家，见得天然界的禽兽不用受痛苦尚且可以得衣食，人类受了痛苦反不容易得衣食，这是很可悯的；想要减少这些痛苦，令人人都可以得衣食，便发明了社会主义的学说，来解决这个问题。所以从前一般讲社会主义的人多半是道德家，就是一般赞成的人，也是很有良心、很有道德的。只有在经济上已经成功、自私自利、不顾群众生活的资本家才去反对，才不理社会问题。这个问题既然是为世界大多数人谋生活的问题，先知先觉的人发明了这个道理之后，自然可以得多数人的同情心来表示赞成。所以这个学说一经出世之后，便组织得有社会党。社会党一经成立之后，团体便一天发达一天，一天加大一天，扩充到各国。但是从前讲社会主义的人都是乌托邦派，只希望造一个理想上的安乐世界，来消灭人类的痛苦。至于怎么样去消灭的具体方法，他们毫没有想到。

到了马克思出世之后，便用他的聪明才智和学问经验，对于这些问题作一种极透彻的研究，把古人所不知道和所不能解决的都通通发明出来。他的发明是全凭着经济原理。他照经济原理作透彻的研究之后，便批评从前主张社会主义的人，不过是有个人的道德心和群众的感情作用。其实经济问题，不是道德心和感情作用可以解决得了的，必须把社会的情状和社会的进化研究清楚了之后，才可以解决。这种解决社会问题的原理，可以说是全凭事实，不尚理想。至于马克思所著的书和所发明的学说，可说是集几千年来人类思想的大成。所以他的学说一出来之后，便举世风从，各国学者都是信仰他，都是跟住他走，好象卢骚发明了民权主义之后，凡是研究民权的人都信仰卢骚一样。从马克思以后，社会主义里头便分两派，一个是乌托邦派，一个是科学派。乌托邦派的情形，刚才已经讲过了。至于科学派，是主张用科学的方法来解决社会问题。因为近几十年来，物质文明极发达，科学很昌明，凡事都是要凭科学的道理才可以解决，才可以达到圆满的目的。就是讲到社会问题的解决方法，也是要从科学一方面研究清楚了之后，才可以得出结果。

讲到这地，便要归宿到我的学说知难行易。天下事情，如果真是知道了，便容易行得到。比方今天讲堂里很热，我们不用人力，只用电气风扇便可以解热。这件事如果是古人或者是乡下毫没有知识的人看见了，一定以为是神鬼从中摇动，所谓巧夺天工，对于这种奇怪的风扇一定要祈祷下拜。现在大家虽然不明白电气风扇的详细构造，但是已经明白电磁吸引的道理，因为由电能够吸引风扇，所以风扇能够转动，决不以为是很奇怪的事。难道古人的聪明不及我们吗？推论这个原因，就是由于古人不知道科学，故不能发明风扇，不是古人没有本领，不能用风扇。近来因为知道科学，有了科学家能够发明风扇，所以大家便能够用这种风扇来享清凉。如果古人知道科学，以古人的聪明才智所做出来的东西，或者要比我们做的还要巧妙得多。

讲到社会问题，在马克思以前，以为是一种希望，是做不到的事。到马克思本人，也以为单靠社会主义的理想去研究，还是一种玄想，就令全世界人都赞成，也是做不成功，一定要凭事实，要用科学的方法去研究清楚，才可以做得到。所以他一生研究社会主义，便在科学方法上去做工夫。他研究社会主义的工作，更是很辛苦的。当他亡命在英国的时候，英国是近代世界上顶文明的国家，没有那一国可以驾乎英国之上的，所以英国在当时关于文化的设备也是很齐备。有一间图书馆，其中所藏的书籍总有好几百万种，无论关于什么问题的书籍都是很丰富的。马克思便每天在那间图书馆内去研究，用了二三十年的功，费了一生的精力，把关于社会主义的书籍，不管他是古人著作的，或者是时人发表的，都搜集在一处，过细参考比较，想求出一个结果。这种研究社会问题的办法，就是科学方法。故马克思所求出解决社会问题的方法，就是科学的社会主义。由于他这种详细深奥的研究，便求出一个结果，说世界上各种人事的动作，凡是文字记载下来令后人看见的，都可以作为历史。他在这种历史中所发明的最重要之一点，就是说世界一切历史都是集中于物质，物质有变动，世界也随之变动。并说人类行为都是由物质的境遇所决定，故人类文明史，只可说是随物质境遇的变迁史。马克思的这种发明，有人比之牛顿发明天文学之重心学说一样。现在马克思发明物质是历史的重心，因为他的研究透彻，理由充足，所以从前许多反对社会主义的人，后来都变为赞成社会主义。如果是过细研究了马克思学说的人，更是信仰他。

经过欧战以后，世界上差不多没有反对社会主义的人，社会党可以为所欲为，本来可以解决各国的社会问题。当时势力最大的社会党是马克思派。马克思派是科学派，从前的是乌托邦派。在当时各国的社会，秩序一乱，社会党内的科学派和乌托邦派固然是发生了冲突，就是科学派的社会党也是互相冲突。因为内部有冲突，所以欧战之后，至今还不能解决社会问题。

至于推到社会党的圣人马克思，以物质为历史的重心，这个道理究竟是怎么样呢？马克思的门徒，于一千八百四十八年在比利时开了一个国际社会党大会，定了许多办法。现在各国马克思派的社会党所用的办法，许多还是奉行那年所定的大纲。当欧战发生以后，俄国便拿那种主义去实行，现在俄国已经把那种主义改变了，其中理由到底是怎么样，我们研究俄国的情形不多，不敢判断。但是照俄国人自己说，俄国从前所行的革命办法并不是马克思主义，是一种战时政策。这种战时政策并不是俄国独行的，就是英国、德国和美国当欧战的时候，把全国的大实业象铁路、轮船和一切大制造厂都收归国有。同是一样的办法，为什么英国、美国实行出来就说是战时政策，在俄国实行出来大家便说是马克思主义呢？理由就是由于俄国革命党是信仰马克思主义，而欲施之实行的原故。照俄国人说，俄国现在的实业和经济还没有大发达，实在够不上实行马克思主义，要象英国、美国之实业经济的那样发达，才可以实行马克思主义。所以在理论一方面讲，马克思的信徒在欧战以后便大家争论起来。德国、法国和俄国的社会党，本来都是服从马克思主义，成了“国际派”。但是到了争论的时候，彼此互相击攻，互相诋毁，攻击的人总是说被攻击的人不是服从马克思主义。这一派攻击那一派，这一国的社会党攻击那一国的社会党。由于这些攻击诋毁，马克思的学说便发生了问题，就是物质到底是不是历史的重心呢？牛顿考究得太阳在宇宙之间，是我们的中心。照天文学和各种科学去研究，那个道理是很对的。马克思发明物质是历史的重心，到底这种道理是对不对呢？经过欧战后几年的试验以来，便有许多人说是不对。到底什么东西才是历史的重心呢？我们国民党提倡民生主义已经有了二十多年，不讲社会主义，只讲民生主义。社会主义和民生主义的范围是什么关系呢？近来美国有一位马克思的信徒威廉氏，深究马克思的主义，见得自己同门互相纷争，一定是马克思学说还有不充分的地方，所以他便发表意见，说马克思以物质为历史的重心是不对的，社会问题才是历史的重心，而社会问题中又以生存为重心，那才是合理。民生问题就是生存问题，这位美国学者最近发明适与吾党主义若合符节。这种发明就是民生为社会进化的重心，社会进化又为历史的重心，归结到历史的重心是民生，不是物质。我们提倡民生主义二十多年，当初详细研究，反覆思维，总是觉得用“民生”这两个字来包括社会问题，较之用“社会”或“共产”等名词为适当，切实而且明了，故采用之。不图欧战发生之后，事理更明，学问更进，而马克思宗徒亦有发明相同之点。此足见吾党之提倡民生主义正合夫进化之原理，非同时髦学者之人云亦云也。

照这位美国学者主张,他说古今人类的努力,都是求解决自己的生存问题,人类求解决生存问题,才是社会进化的定律,才是历史的重心。马克思的唯物主义,没有发明社会进化的定律,不是历史的重心。我们要明白这两家的学说,究竟那一家的主张是对的,便要详细研究他们的主义和近世社会进化的事实是不是相符合。马克思研究社会问题,是专注重物质的。要讲到物质,自无〔然〕不能不注重生产;没有过量的生产,自然不至有实业革命。所以生产是近世经济上头一件事,要知道近世的经济情形,必先要知道近世的生产情形。近世的生产情形是怎么样呢?生产的东西都是用工人和机器,由资本家与机器合作,再利用工人,才得近世的大生产。至于这种大生产所得的利益,资本家独得大分,工人分得少分。所以工人和资本家的利益常常相冲突,冲突之后,不能解决,便生出阶级战争。照马克思的观察,阶级战争不是实业革命之后所独有的,凡是过去的历史都是阶级战争史。古时有主人和奴〈隶〉的战争,有地主和农奴的战争,有贵族和平民的战争,简而言之,有种种压迫者和被压迫者的战争。到了社会革命完全成功,这两个互相战争的阶级才可以一齐消灭。由此便可知马克思认定要有阶级战争,社会才有进化。阶级战争是社会进化的原动力。这是以阶级战争为因,社会进化为果。我们要知道这种因果的道理是不是社会进化的定律,便要考察近来社会进化的事实。

近几十年来社会是很进化的,各种社会进化的事实更是很复杂的。就是讲到经济一方面的事实,也不是一言可尽。但是用概括的方法来讲,欧美近年来之经济进化可以分作四种:第一是社会与工业之改良;第二是运输与交通事业收归公有;第三是直接征税;第四是分配之社会化。这四种社会经济事业,都是用改良的方法进化出来的。从今以往,更是日日改良,日日进步的。这四种社会经济事业是些什么详细情形呢？

譬如就第一种，就是要用政府的力量改良工人的教育，保护工人的卫生，改良工厂和机器，以求极安全和极舒服的工作。能够这样改良，工人便有做工的大能力，便极愿意去做工，生产的效力便是很大。这种社会进化事业在德国施行最早，并且最有成效。近来英国、美国也是一样的仿行，也是一样的有成效。

就第二种的情形说，就是要把电车、火车、轮船以及一切邮政、电政、交通的大事业都由政府办理，用政府的大力量去办理那些大事业，然后运输才是很迅速，交通才是很灵便。运输迅速，交通灵便，然后各处的原料才是很容易运到工厂内去用。工厂内制造的出品，才是很容易运到市场去卖，便不至多费时间，令原料与出品在中道停滞，受极大的损失。如果不用政府办，要用私人办，不是私人的财力不足，就是垄断的阻力极大。归结到运输一定是不迅速，交通一定是不灵便，令全国的各种经济事业都要在无形之中受很大的损失。这种事业的利弊，在德国明白最早，所以他们的各种大运输交通事业老早就是由国家经营。就是美国私有的大运输交通事业，在欧战期内也是收归政府办理。

至于第三种直接征税，也是最近进化出来的社会经济方法。行这种方法，就是累进税率，多征资本家的所得税和遗产税。行这种税法，就可以令国家的财源多是直接由资本家而来。资本家的入息极多，国家直接征税，所谓多取之而不为虐。从前的旧税法只是钱粮和关税两种，行那种税法，就是国家的财源完全取之于一般贫民，资本家对于国家只享权利、毫不尽义务，那是很不公平的。德国、英国老早发现这种不公平的事实，所以他们老早便行直接征税的方法。德国政府的岁入，由所得税和遗产税而来的，占全国收入约自百分之六十至百分之八十。英国政府关于这种收入，在欧战开始的时候也到百分之五十八。美国实行这种税法较为落后，在十年之前才有这种法律，自有了这种法律以后，国家的收入便年年大形增加。在一千九百一十八年，专就所得税一项的收入而论，便约有美金四十万万。欧美各国近来实行直接征税，增加了大财源，所以更有财力来改良种种社会事业。

第四种分配之社会化，更是欧美社会最近的进化事业。人类自发明了金钱，有了买卖制度以后，一切日常消耗货物多是由商人间接买来的。商人用极低的价钱，从出产者买得货物，再卖到消耗者，一转手之劳便赚许多佣钱。这种货物分配制度，可以说是买卖制度，也可以说是商人分配制度。消耗者在这种商人分配制度之下，无形之中受很大的损失。近来研究得这种制度可以改良，可以不必由商人分配，可以由社会组织团体来分配，或者是由政府来分配。譬如英国所发明的消费合作社，就是由社会组织团体来分配货物。欧美各国最新的市政府，供给水电、煤气以及面包、牛奶、牛油等食物，就是用政府来分配货物。象用这种分配的新方法，便可以省去商人所赚的佣钱，免去消耗者所受的损失。就这种新分配方法的原理讲，就可以说是分配之社会化，就是行社会主义来分配货物。

以上所讲的社会与工业之改良、运输与交通收归公有、直接征税与分配之社会化，这四种社会经济进化，便打破种种旧制度，发生种种新制度。社会上因为常常发生新制度，所以常常有进化。

至于这种社会进化是由于什么原因呢？社会上何以要起这种变化呢？如果照马克思的学说来判断，自然不能不说是由于阶级战争。社会上之所以要起阶级战争的原故，自然不能不说是资本家压制工人。资本家和工人的利益总是相冲突，不能调和，所以便起战争。社会上因为有这种战争，所以才有进化。但是照欧美近几十年来社会上进化的事实看，最好的是分配之社会化，消灭商人的垄断，多征资本家的所得税和遗产税，增加国家的财富，更用这种财富来把运输和交通收归公有，以及改良工人的教育、卫生和工厂的设备，来增加社会上的生产力。因为社会上的生产很大，一切生产都是很丰富，资本家固然是发大财，工人也可以多得工钱。象这样看来，资本家改良工人的生活，增加工人的生产力，工人有了大生产力，便为资本家多生产，在资本家一方面可以多得出产，在工人一方面也可以多得工钱。这是资本家和工人的利益相调和，不是相冲突。社会之所以有进化，是由于社会上大多数的经济〈利益〉相调和，不是由于社会上大多数的经济利益有冲突。社会上大多数的经济利益相调和，就是为大多数谋利益。大多数有利益，社会才有进步。社会上大多数的经济利益之所以要调和的原因，就是因为要解决人类的生存问题。古今一切人类之所以要努力，就是因为要求生存；人类因为要有不间断的生存，所以社会才有不停止的进化。所以社会进化的定律是人类求生存。人类求生存才是社会进化的原因。阶级战争不是社会进化的原因，阶级战争是社会当进化的时候所发生的一种病症。这种病症的原因，是人类不能生存。因为人类不能生存，所以这种病症的结果便起战争。马克思研究社会问题所有的心得，只见到社会进化的毛病，没有见到社会进化的原理。所以马克思只可说是一个“社会病理家”，不能说是一个“社会生理家”。

再照马克思阶级战争的学说讲，他说资本家的盈余价值都是从工人的劳动中剥夺来的。把一切生产的功劳完全归之于工人的劳动，而忽略社会上其他各种有用分子的劳动。譬如中国最新的工业是上海、南通州和天津、汉口各处所办的纱厂布厂，那些纱厂布厂，当欧战期内纺纱织布是很赚钱的，各厂每年所剩的盈余价值少的有几十万,多的有几百万。试问这样多的盈余价值,是属于何人的功劳呢?是不是仅仅由于纱厂布厂内纺纱织布的那些工人的劳动呢?就纺纱织布而论,我们便要想想布和纱的原料,由此我们便要推及于棉花。因为要研究棉花的来源,我们便要推到种种农业问题。要详细讲到棉花的农业问题,便不能不推及到研究好棉花种子和怎么种植棉花的那些农学家。当未下棉种之初,便不能不用各种工具和机器去耕耘土地,及下棉种之后,又不能不用肥料去培养结棉花的枝干。我们一想到那些器械和肥料,便不能不归功到那些器械和肥料的制造家和发明家。棉花收成之后,再要运到工厂内来纺纱织布,布和纱制成之后,再运到各处市场去卖,自然要想到那些运输的轮船火车。要研究到轮船火车之何以能够运动,首先便要归功到那些蒸汽和电气的发明家。要研究到构造轮船火车是些什么材料,自然不能不归功于金属的采矿家、制造家和木料的种植家。就是布和纱制成之后,社会上除了工人之外,假若其余各界的人民都不穿那种布、用那种纱,布和纱当然不能畅销。布和纱没有大销路,纱厂布厂的资本家怎么样可以多赚钱,可以多取盈余价值?就这种种情形设想,试问那些纱厂布厂的资本家所取得的盈余价值,究竟是属于谁的呢?试问纱厂布厂内的工人,怎么能够说专以他们的劳动便可以生出那些布和纱的盈余价值呢?不徒是纱布工业盈余价值的情形是这样,就是各种工业盈余价值的情形都是一样。由此可见,所有工业生产的盈余价值,不专是工厂内工人劳动的结果,凡是社会上各种有用有能力的分子,无论是直接间接,在生产方面或者是在消费方面,都有多少贡献。这种有用有能力的分子,在社会上要占大多数。如果专讲工人,就是在工业极发达的美国,工人的数目也不过是二千多万,只占全美国人口五分之一。至于其他工业不发达的国家,象我们中国做工的人数,更是很少。象这样讲，就令在一个工业极发达的国家，全国的经济利益不相调和，发生冲突，要起战争，也不是一个工人阶级和一个资本阶级的战争，是全体社会大多数有用有能力的分子和一个资本阶级的战争。这些社会上大多数有用有能力的分子，因为都要求生存，免去经济上的战争，所以才用公家来分配货物，多征资本家的所得税、遗产税，来发达全国的运输和交通事业，以及改良工人的生活和工厂的工作，做种种大多数的经济利益相调和的事业。欧美各国从这种种经济利益相调和的事业发达以后，社会便极有进化，大多数便很享幸福。所以马克思研究社会问题，只求得社会上一部分的毛病，没有发明社会进化的定律。这位美国学者所发明的人类求生存才是社会进化的定律，才是历史的重心。人类求生存是什么问题呢？就是民生问题。所以民生问题才可说是社会进化的原动力。我们能够明白社会进化的原动力，再来解决社会问题，那才很容易。

马克思认定阶级战争才是社会进化的原因，这便是倒果为因。因为马克思的学说颠倒因果，本源不清楚，所以从他的学说出世之后，各国社会上所发生的事实便与他的学说不合，有的时候并且相反。譬如他的门徒在一千八百四十八年开过一次国际共产大会，发表了种种主张，这次所组织的国际共产党，在普法战争的时候就被消灭了。后来又成立第二次的国际共产党。第二次国际共产党和第一次国际共产党不同的地方，是第一次国际共产党要完全本阶级战争的原理，用革命手段来解决社会问题，主张不与资本家调和，所谓不妥协。至于党员加入国会去活动是共产党所不许可的，以为这不是科学的方法。但是后来德国的共产党通同走到国会去活动，延到今日，英国工党又在君主立宪政府之下组织内阁。照这些事件来看，世界上所发生许多的政治经济变动，都不是第一次国际共产党所定的办法。因为第一次国际共产党和第二次国际共产党的主张太不相同,所以后来马克思党徒的纷争更是厉害。这都是马克思在当时所没有料到的。由于这些不能料到的事情,便知道我的学说是知难行易。马克思主张用科学来解决社会问题,他致力最大的地方,在第一次国际共产党没有成立以前,用很多工夫把从前的历史和当时的事实都研究得很清楚。由于他研究从前的历史和当时的事实所有的心得,便下一个判断,说将来资本制度一定要消灭。他以为资本发达的时候,资本家之中彼此因为利害的关系,大资本家一定吞灭小资本家。弄到结果,社会上便只有两种人:一种是极富的资本家,一种是极穷的工人。到资本发达到了极点的时候,自己便更行破裂,成一个资本国家,再由社会主义顺着自然去解决,成一个自由社会式的国家。依他的判断,资本发达到极点的国家,现在应该到消灭的时期,应该要起革命。但是从他至今有了七十多年,我们所见欧美各国的事实和他的判断刚刚是相反。当马克思的时代,英国工人要求八点钟的工作时间,用罢工的手段向资本家要挟。马克思便批评以为这是一种梦想,资本家一定是不许可的,要得到八点钟的工作时间,必须用革命手段才可以做得到。到了后来,英国工人八点钟的要求不但是居然成为事实,并且由英国国家定为一种通行的法律,令所有全国的大工厂、银行、铁路中的工人都是作工八点钟。其他许多事实,在马克思当时自以为是料到了的,后来都是不相符合,令马克思自己也说"所料不中"。别的事实不说,只就资本一项来讲,在马克思的眼光,以为资本发达了之后便要互相吞并,自行消灭。但是到今日,各国的资本家不但不消灭,并且更加发达,没有止境,便可以证明马克思的学理了。

我们再来讲德国社会问题的情形。德国当俾士麦执政的时代，用国家力量去救济工人的痛苦，作工时间是由国家规定了八点钟；青年和妇女作工的年龄与时间，国家定了种种限制；工人的养老费和保险费，国家也有种种规定，要全国的资本家担任去实行。当时虽然有许多资本家反对，但是俾士麦是一位铁血宰相，他便有铁血的手腕去强制执行。当实行的时候，许多人以为国家保护工人的办法改良，作工的时间减少，这是一定于工人有利、于资本家有损的。再照比例的理想来推，从前十六点钟工作的生产力，自然要比八点钟的生产力大得多。但是行了之后的结果是怎么样呢？事实上，八点钟的工作比较十六点钟的工作还要生产得多。这个理由，就是因为工人一天作八点钟的工作，他的精神体魄不至用尽，在卫生上自然是健康得多。因为工人的精神体魄健康，管理工厂内的机器自然是很周到，机器便很少损坏。机器很少损坏，便不至于停工修理，便可以继续的生产，生产自然是加多。如果工人一天做十六点钟的工，他们的精神体魄便弄到很衰弱，管理机器不能周到，机器便时常损坏，要停工修理，不能继续生产，生产力自然要减少。如果大家不信，我可举一个比喻，请诸君各人自己去试验。比方一个人一日要读十五六点钟的书，弄到精神疲倦，就是勉强读得多，也不容易记清楚。如果一日只读八点钟的书，其余的时间便去休息游戏，保养精神，我想读过了的书一定是很容易记得，很容易了解。讲到时间的关系，马克思在当时所想到了的，以为作工八点钟，生产力一定要减少。后来德国实行时间减少政策，生产力反为加多，驾乎各国之上。于是英国、美国便奇怪起来，以作工时间减少，工人保护费加多，生产力应该要减少，何以德国行这种政策，生产力反加多呢？因为奇怪，便去考察德国的情形。后来英国、美国也明白这个道理，便仿效德国的办法。马克思在当时总是不明白这个道理，所以他便断错了。

再照马克思的研究，他说资本家要能够多得盈余价值，必须有三个条件：一是减少工人的工钱；二是延长工人作工的时间；三是抬高出品的价格。这三个条件是不是合理，我们可以用近来极赚钱的工业来证明。大家知道美国有一个福特汽车厂，那个厂极大，汽车的出品极多，在世界各国都是很销行的，该厂内每年所赚的钱有过万万。至于那个厂内制造和营业的情形是怎么样呢？不管是制造厂或者是办事房，所有一切机器陈设都是很完备，都是很精致，很适合工人的卫生。工人在厂内做事，最劳动的工作，最久不过是做八点钟。至于工钱，虽极不关重要的工夫，每日工钱都有美金五元，合中国钱便有十元。稍为重要的职员，每日所得的薪水更不止此数。厂内除了给工人的工钱薪水以外，还设得有种种游戏场，供工人的娱乐；有医药卫生室，调治工人的疾病；开设得有学校，教育新到的工人和工人的子弟；并代全厂的工人保人寿险，工人死亡之后，遗族可以得保险费，又可以得抚恤金。说到这个厂所制出来的汽车的价格，这是大家买过汽车的人都是很知道的，凡是普通汽车要值五千元的，福特汽车最多不过是值一千五百元。这种汽车价值虽然是很便宜，机器还是很坚固，最好的是能够走山路，虽使用极久还不至于坏。因为这个车厂的汽车有这样的价廉物美，所以风行全球。因为这种汽车销路极广，所以这个厂便发大财。我们用这个发财车厂所持的工业经济原理，来和马克思盈余价值的理论相比较，至少有三个条件恰恰是相反。就是马克思所说的是资本家要延长工人作工的时间，福特车厂所实行的是缩短工人作工的时间；马克思所说的是资本家要减少工人的工钱，福特车厂所实行的是增加工人的工钱；马克思所说的是资本家要抬高出品的价格，福特车厂所实行的是减低出品的价格。象这些相反的道理，从前马克思都是不明白，所以他从前的主张便大错特错。

马克思研究社会问题，用功几十年，所知道的都是已往的事实。至于后来的事实，他一点都没有料到。所以他的信徒要变更他的学说。再推到马克思社会主义的目的，根本上主张要推倒资本家。究竟资本家应该不应该推倒，还要后来详细研究才能够清楚。由此更可见，知是很艰难的，行是很容易的。

马克思盈余价值的精华，是说资本家所得的钱是剥夺工人的盈余，由此便推到资本家生产要靠工人，工人生产要靠物质，物质买卖要靠商人。凡是一种生产，资本家同商人总是从中取利，剥夺工人的血汗钱。由此便知资本家和商人都是有害于工人，有害于世界的，都应该要消灭。不过马克思的判断，以为要资本家先消灭，商人才能够消灭。现在世界天天进步，日日改良，如前所讲之分配社会化就是新发明，这种发明叫做合作社。这种合作社是由许多工人联合起来组织的。工人所需要的衣服饮食，如果要向商人间接买来，商人便从中取利，赚很多的钱，工人所得的物品一定是要费很多的钱。工人因为想用贱价去得好物品，所以他们便自行凑合，开一间店子，店子内所卖的货物都是工人所需要的。所以工人常年需要货物都是向自己所开的店子内去买，供给既便利，价值又便宜。到了每年年底，店中所得的盈利便依顾主消费的多少分派利息。这种店子分利，因为是根据于顾主消费的比例，所以就叫做消费合作社。现在英国许多银行和生产的工厂都是由这种消费合作社去办理。由于这种合作社之发生，便消灭了许多商店，所以从前视此种合作社为不关重要的商店，现在便看作极有效力的组织。英国因为这种组织很发达，所以国内的大商家现在都变成生产家。就是象美国的三达火油公司，在中国虽然是一家卖油的商店，在美国便是制造火油的生产家。其他英国的各种大商家，现在都有变成生产家的趋势。用这种合作社来解决社会问题，虽然是旁枝的事情，但是马克思当时的判断，以为要资本家先消灭，商人才可以消灭，现在合作社发生，商人便先消灭。马克思的判断和这种事实又是不相符合。马克思的判断既然是和事实不对，可见我的学说知难行易，是的确不能磨灭的。

再照马克思的学理说，世界上的大工业要靠生产，生产又要靠资本家。这几句话的意思，就是有了好生产和大资本家，工业便可以发展，便可以赚钱。就我们中国工业的情形来证明，是怎么样呢？中国最大的工业是汉冶萍公司。汉冶萍公司是专制造钢铁的大工厂。这个公司内最大的资本家，从前是盛宣怀。这个工厂每年所出的钢铁，在平常的时候，或者是运到美洲舍路①埠去卖，或者是运到澳洲去卖，当欧战的时候，都是运到日本去卖。钢铁本来是中国的大宗进口货，中国既是有了汉冶萍可以制造钢铁，为什么还要买外国的钢铁呢？因为中国市面所需要的钢铁都是极好的建筑钢、枪炮钢和工具钢，汉冶萍所制造的只是钢轨和生铁，不合市面的用途，所以市面要买外来的进口货，不买汉冶萍的钢铁。至于美国每年所出的钢有四千万吨、铁有四五千万吨，中国只有汉冶萍每年出铁二十万吨、出钢十几万吨，中国所出这样少数的钢铁，为什么还要运到美国去卖呢？美国出那样多的钢铁，为什么还可以消受中国的钢铁呢？就是因为汉冶萍没有好炼钢厂，所出的生铁要经过许多方法的制造才可以有用，在中国不合用途，所以要运到外国去卖。美国有极多的制钢厂，只要有便宜铁，不管他是那里来的，便可以消纳，便可以制造好钢来赚钱，所以本国虽然出很多的钢铁，就是中国运去的便宜铁，还可以买。汉冶萍公司所出的钢铁，因为是运到外国去卖，所以在欧战的时候，对于工人减时间、加

① 今译西雅图。

工价，还是很赚钱；现在是亏本，许多工人失业。照马克思的学理讲，汉冶萍公司既是有钢铁的好出产，又有大资本，应该要赚钱，可以大发展，为什么总是要亏本呢？由汉冶萍这一个公司的情形来考究，实业的中心是在什么地方呢？就是在消费的社会，不是专靠生产的资本。汉冶萍虽然有大资本，但是生产的钢铁在中国没有消费的社会，所以不能发展，总是不能赚钱。因为实业的中心要靠消费的社会，所以近来世界上的大工业都是照消费者的需要来制造物品。近来有知识的工人也是帮助消费者。消费是什么问题呢？就是解决众人的生存的问题，也就是民生问题。所以工业实在是要靠民生。民生就是政治的中心，就是经济的中心和种种历史活动的中心，好象天空以内的重心一样。从前的社会主义错认物质是历史的中心，所以有了种种纷乱。这好象从前的天文学错认地球是宇宙的中心，所以计算历数，每三年便有一个月的大差。后来改正太阳是宇宙的中心，每三年后的历数，才只有一日之差一样。我们现在要解除社会问题中的纷乱，便要改正这种错误，再不可说物质问题是历史中的中心，要把历史上的政治、社会、经济种种中心都归之于民生问题，以民生为社会历史的中心。先把中心的民生问题研究清楚了，然后对于社会问题才有解决的办法。

第二讲

（八月十日）

民生主义这个问题，如果要从学理上详细来讲，就是讲十天或二十天也讲不完全。况且这种学理，现在还是没有定论的。所以单就学理来讲，不但是虚耗很多时间，恐怕讲演理论，越讲越难明白。所以我今天先把学理暂且放下不说，专拿办法来讲。

民生主义的办法，国民党在党纲里头老早是确定了。国民党对于民生主义定了两个办法:第一个是平均地权,第二个是节制资本。只要照这两个办法,便可以解决中国的民生问题。至于世界各国,因为情形各不相同,资本发达的程度也是各不相同,所以解决民生问题的办法,各国也是不能相同。我们中国学者近来从欧美得到了这种学问,许多人以为解决中国民生问题也要仿效欧美的办法。殊不知欧美社会党解决社会问题的办法,至今还是纷纷其说,莫衷一是。

照马克思派的办法,主张解决社会问题要平民和生产家即农工专制,用革命手段来解决一切政治经济问题,这种是激烈派。还有一派社会党主张和平办法,用政治运动和妥协的手段去解决。这两派在欧美常常大冲突,各行其是。用革命手段来解决政治经济问题的办法,俄国革命时候已经采用过了。不过俄国革命六年以来,我们所看见的是他们用革命手段,只解决政治问题。用革命手段解决政治问题,在俄国可算是完全成功。但是说到用革命手段来解决经济问题,在俄国还不能说是成功。俄国近日改变一种新经济政策,还是在试验之中。由此便知纯用革命手段不能完全解决经济问题。因为这个原因,欧美许多学者便不赞成俄国专用革命的手段去解决经济问题的方法,主张要用政治运动去解决这种问题。行政治运动去解决政治经济问题,不是一日可以做得到的,所以这派人都主张缓进。这派主张缓进的人就是妥协家同和平派。他〈们〉所想得的方法,以为英美资本发达的国家,不能用马克思那种方法立时来解决社会问题,要用和平的方法才可以完全解决。这种方法就是前一次已经讲过了的四种方法:第一是社会与工业之改良;第二运输与交通事业收归公有;第三直接征税,就是收所得税;第四为分配之社会化,就是合作社。这四种方法都是和马克思的办法不同,要主张行这种方法来改良经济问题,就是反对马克思用革命手段来解决经济问题。欧美各国已经陆续实行这四种方法，不过还没有完全达到所期望的目的。但是大家都以为用这四种方法，社会问题便可以解决，所以英美便有许多社会党很赞成这四种方法。这四种方法都是和平手段，所以他们便很反对马克思革命手段。俄国当初革命的时候，本来想要解决社会问题，政治问题还在其次。但是革命的结果，政治问题得了解决，社会问题不能解决，和所希望的恰恰是相反。由于这种事实，反对马克思的一派便说："俄国行马克思办法，经过这次试验，已经是办不通，归于失败。"至于马克思的党徒便答复说："俄国行革命手段来解决社会问题，不是失败，是由于俄国的工商业还没有发达到英美那种程度，俄国的经济组织还没有成熟，所以不能行马克思的方法。如果在工商业极发达、经济组织很成熟的国家，一定可以行马克思的办法。所以马克思的方法若是在英美那种国家去实行，一定是能够成功的，社会问题一定是可以根本解决的。"照这两派学说比较起来，用马克思的方法，所谓是"快刀斩乱麻"的手段；反对马克思的方法，是和平手段。我们要解决社会问题，究竟是用快刀斩乱麻的手段好呀，还是用和平手段、象上面所讲的四种政策好呢？这两派的办法，都是社会党所主张的，和资本家相反对的。

现在欧美的工商业进步到很快，资本发达到极高，资本家专制到了极点，一般人民都不能忍受。社会党想为人民解除这种专制的痛苦，去解决社会问题，无论是采用和平的办法或者是激烈的办法，都被资本家反对。到底欧美将来解决社会问题是采用什么方法，现在还是看不出，还是料不到。不过主张和平办法的人，受了资本家很多的反对、种种的激烈，以为用和平手段来改良社会，于人类极有利益，于资本家毫无损害，尚且不能实行，便有许多人渐渐变更素来的主张，去赞成激烈的办法，也一定要用革命手段来解决社会问题。照马克思的党徒说:“如果英国工人真能够觉悟,团结一致,实行马克思的办法来解决社会问题,在英国是一定可以成功的。美国的资本发达和英国相同,假若美国工人能行马克思主义,也可以达到目的。”但是现在英美各国的资本家专制到万分,总是设法反对解决社会问题的进行,保守他们自己的权利。现在资本家保守权利的情形,好象从前专制皇帝要保守他们的皇位一样。专制皇帝因为要保守他们的皇位,恐怕反对党来摇动,便用很专制的威权、极残忍的手段来打消他们的反对党。现在资本家要保守自己的私利,也是用种种专制的方法来反对社会党,横行无道。欧美社会党将来为势所迫,或者都要采用马克思的办法来解决经济问题,也是未可定的。

共产这种制度,在原人时代已经是实行了。究竟到什么时代才打破呢?依我的观察,是在金钱发生之后。大家有了金钱,便可以自由买卖,不必以货易货,由交易变成买卖,到那个时候共产制度便渐渐消灭了。由于有了金钱,可以自由买卖,便逐渐生出大商家。当时工业还没有发达,商人便是资本家。后来工业发达,靠机器来生产,有机器的人便成为资本家。所以从前的资本家是有金钱,现在的资本家是有机器。由此可见,古代以货易货,所谓“日中为市”,“交易而退,各得其所”的时候,还没有金钱,一切交换都不是买卖制度,彼此有无相通,还是共产时代。后来有了货币,金钱发生,便以金钱易货,便生出买卖制度,当时有金钱的商人便成为资本家。到近世发明了机器,一切货物都靠机器来生产,有机器的人更驾乎有金钱的人之上。所以由于金钱发生,便打破了共产;由于机器发明,便打破了商家。现在资本家有了机器,靠工人来生产,掠夺工人的血汗,生出贫富极相悬殊的两个阶级。这两个阶级常常相冲突,便发生阶级战争。一般悲天悯人的道德家不忍见工人的痛苦，要想方法来解除这种战争，减少工人的痛苦，是用什么方法呢？就是想把古代的共产制度恢复起来。因为从前人类顶快活的时代，是最初脱离禽兽时代所成的共产社会，当时人类的竞争，只有和天斗，或者是和兽斗。后来工业发达，机器创出，便人与人斗。从前人类战胜了天同兽之后，不久有金钱发生，近来又有机器创出，那些极聪明的人把世界物质都垄断起来，图他个人的私利，要一般人都做他的奴隶，于是变成人与人争的极剧烈时代。这种争斗要到什么时候才可以解决？必要再回复到一种新共产时代，才可以解决。所谓人与人争，究竟是争什么呢？就是争面包，争饭碗。到了共产时代，大家都有面包和饭吃，便不至于争，便可以免去人同人争。所以共产主义就是最高的理想来解决社会问题的。我们国民党所提倡的民生主义，不但是最高的理想，并且是社会的原动力，是一切历史活动的重心。民生主义能够实行，社会问题才可以解决；社会问题能够解决，人类才可以享很大的幸福。我今天来分别共产主义和民生主义，可以说共产主义是民生的理想，民生主义是共产的实行，所以两种主义没有什么分别，要分别的还是在方法。

我们国民党在中国所占的地位、所处的时机，要解决民生问题应该用什么方法呢？这个方法，不是一种玄妙理想，不是一种空洞学问，是一种事实。这种事实不是外国所独有的，就是中国也是有的。我们要拿事实做材料，才能够定出方法；如果单拿学理来定方法，这个方法是靠不住的。这个理由，就是因为学理有真的有假的，要经过试验才晓得对与不对。好象科学上发明一种学理，究竟是对与不对，一定要做成事实，能够实行，才可以说是真学理。科学上最初发明的许多学理，一百种之中有九十九种是不能够实行的，能够实行的学理不过是百分之一。如果通通照学理去定办法，一定是不行的。所以我们解决社会问题,一定是要根据事实,不能单凭学理。

在中国的这种事实是什么呢?就是大家所受贫穷的痛苦。中国人大家都是贫,并没有大富的特殊阶级,只有一般普通的贫。中国人所谓“贫富不均”,不过在贫的阶级之中,分出大贫与小贫。其实中国的顶大资本家,和外国资本家比较,不过是一个小贫,其他的穷人都可说是大贫。中国的大资本家在世界上既然是不过一个贫人,可见中国人通通是贫,并没有大富,只有大贫小贫的分别。我们要把这个分别弄到大家平均,都没有大贫,要用什么方法呢?大概社会变化和资本发达的程序,最初是由地主,然后由地主到商人,再由商人才到资本家。地主之发生,是由于封建制度。欧洲现在还没有脱离封建制度。中国自秦以后,封建制度便已经打破了。当封建制度的时候,有地的贵族便是富人,没有地的人便是贫民。中国到今日脱离封建制度虽然有了二千多年,但是因为工商业没有发达,今日的社会情形还是和二千多年以前的社会情形一样。中国到今日,虽然没有大地主,还有小地主。在这种小地主时代,大多数地方还是相安无事,没有人和地主为难。

不过,近来欧美的经济潮流一天一天的侵进来了,各种制度都是在变动,所受的头一个最大的影响,就是土地问题。比方现在广州市的土地在开辟了马路之后,长堤的地价,和二十年以前的地价相差是有多少呢?又象上海黄浦滩的地价,比较八十年前的地价相差又是有多少呢?大概可说相差一万倍。就是从前的土地大概一块钱可以买一方丈,现在的一方丈便要卖一万块钱,好象上海黄浦滩的土地现在每亩要值几十万,广州长堤的土地现在每亩要值十几万。所以中国土地先受欧美经济的影响,地主便变成了富翁,和欧美的资本家一样了。经济发达、土地受影响的这种变动,不独中国为然，从前各国也有这种事实。不过各国初时不大注意，没有去理会，后来变动越大才去理会，便不容易改动，所谓积重难返了。我们国民党对于中国这种地价的影响，思患预防，所以要想方法来解决。

讲到土地问题，在欧美社会主义的书中，常说得有很多有趣味的故事。象澳洲有一处地方，在没有成立市场以前，地价是很平的。有一次政府要拍卖一块土地，这块土地在当时是很荒芜的，都是作垃圾堆之用，没有别的用处，一般人都不愿意出高价去买。忽然有一个醉汉闯入拍卖场来。当时拍卖官正在叫卖价，众人所还的价有一百元的，有二百元的，有还到二百五十元的；到了还到二百五十元的时候，便没有人再加高价。拍卖官就问有没有加到三百元的？当时那个醉汉，醉到很糊涂，便一口答应，说我出价三百元。他还价之后，拍卖官便照他的姓名定下那块地皮。地既卖定，众人散去，他也走了。到第二天，拍卖官开出账单，向他要地价的钱。他记不起昨天醉后所做的事情，便不承认那一笔账。后来回忆他醉中所做的事，就大生悔恨。但对于政府既不能赖账，只可费了许多筹划，尽其所有，才凑够三百元来给拍卖官。他得了那块地皮之后，许久也没有能力去理会。相隔十多年，那块地皮的周围都建了高楼大厦，地价都是高到非常。有人向他买那块地皮，还他数百万的价钱，他还不放手。他只是把那块地分租与人，自己总是收地租。更到后来，这块地便涨价到几千万，这个醉汉便成澳洲第一个富家翁。推到这位澳洲几千万元财产的大富翁，还是由三百元的地皮来的。

讲到这种事实，在变成富翁的地主当然是很快乐，但是考究这位富翁原来只用三百元买得那块地皮，后来并没有加工改良，毫没有理会，只是睡觉，便坐享其成，得了几千万元。这几千万元是谁人的呢？依我看来，是大家的。因为社会上大家要用那处地方来做工商事业的中心点，便去把他改良，那块地方的地价才逐渐增加到很高。好象我们现在用上海地方做中国中部工商业的中心点，所以上海的地价比从前要增涨几万倍。又象我们用广州做中国南部工商业的中心点，广州的地价也比从前要增涨几万倍。上海的人口不过一百多万，广州的人口也是一百多万，如果上海的人完全迁出上海，广州的人完全迁出广州，或者另外发生天灾人祸，令上海的人或广州的人都消灭，试问上海、广州的地价还值不值现在这样高的价钱呢？由此可见，土地价值之能够增加的理由，是由于众人的功劳，众人的力量；地主对于地价涨跌的功劳，是没有一点关系的。所以外国学者认地主由地价增高所获的利益，名之为“不劳而获”的利，比较工商业的制造家要劳心劳力，买贱卖贵，费许多打算、许多经营才能够得到的利益，便大不相同。工商业家垄断物质的价值来赚钱，我们已经觉得是不公平；但是工商业家还要劳心劳力，地主只要坐守其成，毫不用心力，便可得很大的利益。但是地价是由什么方法才能够增涨呢？是由于众人改良那块土地，争用那块土地，地价才是增涨。地价一增涨，在那块地方之百货的价钱都随之而涨。所以就可以说，众人在那块地方经营工商业所赚的钱，在间接无形之中都是被地主抢去了。

至于中国社会问题，现在到了什么情形呢？一般研究社会问题和提倡解决社会问题的人，所有的这种思想学说，都是从欧美得来的。所以讲到解决社会问题的办法，除了欧美各国所主张的和平办法和马克思的激烈办法以外，也没有别的新发明。此刻讲社会主义，极时髦的人是赞成马克思的办法。所以一讲到社会问题，多数的青年便赞成共产党，要拿马克思主义在中国来实行。到底赞成马克思主义的那般青年志士，用心是什么样呢？他们的用心是很好的。他们的主张是要从根本上解决，以为政治、社会问题要正本清源，非从根本上解决不可。所以他们便极力组织共产党，在中国来活动。

我们国民党的旧同志，现在对于共产党生出许多误会，以为国民党提倡三民主义是与共产主义不相容的。不知道我们一般同志，在二十年前都是赞成三民主义互相结合。在没有革命以前，大多数人的观念只知道有民族主义，譬如当时参加同盟会的同志，各人的目的都是在排满。在进会的时候，我要他们宣誓，本是赞成三民主义；但是他们本人的心理，许多都是注意民族主义，要推翻清朝，以为只要推翻满清之后，就是中国人来做皇帝，他们也是欢迎的。就他们宣誓的目的，本是要实行三民主义，同时又赞成中国人来做皇帝，这不是反对民权主义吗？就是极有思想的同志，赞成三民主义，明白三民主义是三个不同的东西，想用革命手段来实行主义，在当时以为只要能够排满，民族主义能够达到目的，民权主义和民生主义便自然跟住做去，没有别样枝节。所以他们对于民权主义和民生主义，在当时都没有过细研究。在那个时候，他们既是不过细研究，所以对于民权主义固然是不明白，对于民生主义更是莫名其妙。革命成功以后，成立民国，采用共和制度，此时大家的思想，对于何以要成立民国，都是不求甚解。就是到现在，真是心悦诚服实行民权、赞成共和的同志，还是很少。大家为什么当初又来赞成民国，不去反对共和呢？这个顶大的原因，是由于排满成功以后，各省同志，由革命所发生的新军人，或者满清投降革命党的旧军人，都是各据一方，成了一个军阀，做了一个地方的小皇帝，想用那处地盘做根本，再行扩充。象拿到了广东地盘的军人，便想把广东的地盘去扩充；拿到云南、湖南地盘的军人，便想把云南、湖南的地盘去扩充；拿到了山东、直隶的军人，也想把山东、直隶的地盘去扩充。扩充到极大的时候，羽毛丰满了之后，他们便拿自己的力量来统一中国，才明目张胆来推翻共和。这种由革命所成的军阀，或由满清投降到民国的军阀，在当时都是怀抱这种心事。他们以为自己一时的力量不能统一中国，又不愿意别人来统一中国，大家立心便沉机观变，留以有待。所以这种军阀，在当时既不明白共和，又来赞成民国，实在是想做皇帝，不过拿赞成民国的话来做门面，等待他们的地盘扩充到极大之后，时机一到，便来反对民国，解决国家问题。因为这个原因，所以当初的民国还能够成立。在这十三年之中的民国，便有许多人想来推翻，但是他们的力量都不甚大，所以民国的名义还能够苟延残喘，继续到现在。由此便可见当时同盟会人的心理，对于民权主义便有许多都是模棱两可，对于民生主义更是毫无心得。

现在再来详细剖解。革命成功之后，改大清帝国为中华民国，我们国民党至今还是尊重民国。一般革命同志对于国民党的三民主义，是什么情形呢？民国政治上经过这十三年的变动和十三年的经验，现在各位同志对于民族、民权那两个主义，都是很明白的；但是对于民生主义的心理，好象革命以后革命党有兵权的人对于民权主义一样无所可否，都是不明白的。为什么我敢说我们革命同志对于民生主义还没有明白呢？就是由于这次国民党改组，许多同志因为反对共产党，便居然说共产主义和三民主义不同，在中国只要行三民主义便够了，共产主义是决不能容纳的。然则民生主义到底是什么东西呢？我在前一次讲演有一点发明，是说社会的文明发达、经济组织的改良和道德进步，都是以什么为重心呢？就是以民生为重心。民生就是社会一切活动中的原动力。因为民生不遂，所以社会的文明不能发达，经济组织不能改良，和道德退步，以及发生种种不平的事情。象阶级战争和工人痛苦，那些种种压迫，都是由于民生不遂的问题没有解决。所以社会中的各种变态都是果，民生问题才是因。照这样判断，民生主义究竟是什么东西呢？民生主义就是共产主义，就是社会主义。所以我们对于共产主义，不但不能说是和民生主义相冲突，并且是一个好朋友，主张民生主义的人应该要细心去研究的。

共产主义既是民生主义的好朋友，为什么国民党员要去反对共产党员呢？这个原因，或者是由于共产党员也有不明白共产主义为何物，而尝有反对三民主义之言论，所以激成国民党之反感。但是这种无知妄作的党员，不得归咎于全党及其党中之主义，只可说是他们个人的行为。所以我们决不能够以共产党员个人不好的行为，便拿他们来做标准去反对共产党。既是不能以个人的行为便反对全体主义，那么，我们同志中何以发生这种问题呢？原因就是由于不明白民生主义是什么东西。殊不知民生主义就是共产主义，这种共产主义的制度，就是先才讲过并不是由马克思发明出来的。照生物进化家说，人类是由禽兽进化而来的。先由兽类进化之后，便逐渐成为部落。在那个时候，人类的生活便与兽类的生活不同。人类最先所成的社会，就是一个共产社会。所以原人时代，已经是共产时代。那个原人时代的情形究竟是怎么样，我们可以考察现在非洲和南洋群岛的土人生番毫末〔未〕有受过文明感化的社会，是什么制度。那些土人生番的社会制度，通通是共产。由于现在那些没有受过文明感化的社会都是共产，可见我们祖先的社会一定也是共产的。

近来欧美经济的潮流侵入中国，最先所受的影响就是土地。许多人把土地当作赌具，做投机事业，俗语说是炒地皮。原来有许多地皮毫不值钱，要到了十年、二十年之后才可以值高价钱的。但是因为有投机的人从中操纵，便把那块地价预先抬高。这种地价的昂贵，更是不平均。

由于土地问题所生的弊病，欧美还没有完善方法来解决。我们要解决这个问题，便要趁现在的时候，如果等到工商业发达以后，更是没有方法可以解决。中国现在受欧美的影响，社会忽生大变动，不但是渐渐成为贫富不齐，就是同是有土地的人也生出不齐。比方甲有一亩地是在上海黄浦滩，乙有一亩地是在上海乡下。乙的土地，如果是自己耕种，或者每年可以得一二十元。如果租与别人，最多不过得五元至十元。但是甲在上海的土地，每亩可租得一万几千元。由此便可见上海的土地可以得几千倍，乡下的土地只能够得一倍。同是有一亩土地，便生出这样大的不平。我们国民党的民生主义，目的就是要把社会上的财源弄到平均。所以民生主义就是社会主义，也就是共产主义，不过办法各有不同。我们的头一个办法，是解决土地问题。

解决土地问题的办法各国不同，而且各国有很多繁难的地方。现在我们所用的办法是很简单很容易的，这个办法就是平均地权。讲到解决土地问题，平均地权，一般地主自然是害怕，好象讲到社会主义，一般资本家都是害怕，要起来反对一样。所以说到解决土地问题，如果我们的地主是象欧洲那种大地主，已经养成了很大的势力，便很不容易做到。不过中国今日没有那种大地主，一般小地主的权力还不甚大，现在就来解决，还容易做到。如果现在失去了这个机会，将来更是不能解决。讲到了这个问题，地主固然要生一种害怕的心理，但是照我们国民党的办法，现在的地主还是很可以安心的。

这种办法是什么呢？就是政府照地价收税和照地价收买。究竟地价是什么样定法呢？依我的主张，地价应该由地主自己去定。比方广州长堤的地价，有值十万元一亩的，有值一万元一亩的，都是由地主自己报告到政府。至于各国土地的税法，大概都是值百抽一，地价值一百元的抽税一元，值十万元的便抽一千元，这是各国通行的地价税。我们现在所定的办法也是照这种税率来抽税。地价都是由地主报告到政府，政府照他所报的地价来抽税。许多人以为地价由地主任意报告，他们以多报少，政府岂不是要吃亏么？譬如地主把十万元的地皮，到政府只报告一万元，照十万元的地价，政府应该抽税一千元，照地主所报一万元的地价来抽税，政府只抽得一百元，在抽税机关一方面，自然要吃亏九百元。但是政府如果定了两种条例，一方面照价抽税，一方面又可以照价收买。那么地主把十万元的地皮只报一万元，他骗了政府九百元的税，自然是占便宜；如果政府照一万元的价钱去收买那块地皮，他便要失去九万元的地，这就是大大的吃亏。所以照我的办法，地主如果以多报少，他一定怕政府要照价收买，吃地价的亏；如果以少报多，他又怕政府要照地价抽税，吃重税的亏。在利害两方面互相比较，他一定不情愿多报，也不情愿少报，要定一个折中的价值，把实在的市价报告到政府。地主既是报折中的市价，那么政府和地主自然是两不吃亏。

地价定了之后，我们更有一种法律的规定。这种规定是什么呢？就是从定价那年以后，那块地皮的价格再行涨高，各国都是要另外加税，但是我们的办法，就要以后所加之价完全归为公有。因为地价涨高，是由于社会改良和工商业进步。中国的工商业几千年都没有大进步，所以土地价值常常经过许多年代都没有大改变。如果一有进步，一经改良，象现在的新都市一样，日日有变动，那种地价便要增加几千倍，或者是几万倍了。推到这种进步和改良的功劳，还是由众人的力量经营而来的。所以由这种改良和进步之后所涨高的地价，应该归之大众，不应该归之私人所有。比方有一个地主,现在报一块地价是一万元,到几十年之后那块地价涨到一百万元,这个所涨高的九十九万元,照我们的办法都收归众人公有,以酬众人改良那块地皮周围的社会和发达那块地皮周围的工商业之功劳。这种把以后涨高的地价收归众人公有的办法,才是国民党所主张的平均地权,才是民生主义。这种民生主义就是共产主义。所以国民党员既是赞成了三民主义,便不应该反对共产主义。因为三民主义之中的民生主义,大目的就是要众人能够共产。不过我们所主张的共产,是共将来,不是共现在。这种将来的共产,是很公道的办法,以前有了产业的人决不至吃亏,和欧美所谓收归国有,把人民已有了的产业都抢去政府里头,是大不相同。地主真是明白了我们平均地权办法的道理,便不至害怕。因为照我们的办法,把现在所定的地价还是归地主私有。土地问题能够解决,民生问题便可以解决一半了。

文明城市实行地价税,一般贫民可以减少负担,并有种种利益。象现在的广州市,如果是照地价收税,政府每年便有一宗很大的收入。政府有了大宗的收入,行政经费便有着落,便可以整理地方。一切杂税固然是可以豁免,就是人民所用的自来水和电灯费用,都可由政府来负担,不必由人民自己去负担。其他马路的修理费和警察的给养费,政府也可向地税项下拨用,不必另外向人民来抽警捐和修路费。但是广州现在涨高的地价,都是归地主私人所有,不是归公家所有。政府没有大宗收入,所以一切费用便不能不向一般普通人民来抽种种杂捐。一般普通人民负担的杂捐太重,总是要纳税,所以便很穷,所以中国的穷人便很多。这种穷人负担太重的原故,就是由于政府抽税不公道,地权不平均,土地问题没有解决。如果地价税完全实行,土地问题可以解决,一般贫民便没有这种痛苦。

外国的地价虽然是涨得很高，地主的收入固然是很多，但是他们科学进步、机器发达，有机器的资本家便有极大的生产，这种资本家所有极大生产的收入，比较地主的收入更要多得厉害。中国现在最大收入的资本家，只是地主，并无拥有机器的大资本家。所以我们此时来平均地权，节制资本，解决土地问题，便是一件很容易的事。

讲到照价抽税和照价收买，就有一重要事件要分别清楚，就是地价是单指素地来讲，不算人工之改良及地面之建筑。比方有一块地价值是一万元，而地面的楼宇是一百万元，那么照价抽税，照值百抽一来算，只能抽一百元。如果照价收买，就要给一万元地价之外，另要补回楼宇之价一百万元了。其他之地，若有种树、筑堤、开渠各种人工之改良者，亦要照此类推。

我们在中国要解决民生问题，想一劳永逸，单靠节制资本的办法是不足的。现在外国所行的所得税，就是节制资本之一法。但是他们的民生问题究竟解决了没有呢？中国不能和外国比，单行节制资本是不足的。因为外国富，中国贫，外国生产过剩，中国生产不足。所以中国不单是节制私人资本，还是要发达国家资本。我们的国家现在四分五裂，要发达资本，究竟是从那一条路走？现在似乎看不出、料不到，不过这种四分五裂是暂时的局面，将来一定是要统一的。统一之后，要解决民生问题，一定要发达资本，振兴实业。振兴实业的方法很多：第一是交通事业，象铁路、运河都要兴大规模的建筑；第二是矿产，中国矿产极其丰富，货藏于地，实在可惜，一定是要开辟的；第三是工业，中国的工业非要赶快振兴不可。中国工人虽多，但是没有机器，不能和外国竞争。全国所用的货物，都是靠外国制造输运而来，所以利权总是外溢。我们要挽回这种利权，便要赶快用国家的力量来振兴工业，用机器来生产，令全国的工人都有工作。到全国的工人都有工做,都能够用机器生产,那便是一种很大的新财源。如果不用国家的力量来经营,任由中国私人或者外国商人来经营,将来的结果也不过是私人的资本发达,也要生出大富阶级的不平均。所以我们讲到民生主义,虽然是很崇拜马克思的学问,但是不能用马克思的办法到中国来实行。这个理由很容易明白,就是俄国实行马克思的办法,革命以后行到今日,对于经济问题还是要改用新经济政策。俄国之所以要改用新经济政策,就是由于他们的社会经济程度还比不上英国、美国那样的发达,还是不够实行马克思的办法。俄国的社会经济程度尚且比不上英国、美国,我们中国的社会经济程度怎么能够比得上呢?又怎么能够行马克思的办法呢?所以照马克思的党徒,用马克思的办法来解决中国的社会问题是不可能的。

我记得三十多年前,我在广州做学生的时候,西关的富家子弟一到冬天便穿起皮衣。广州冬天的天气本来不大冷,可以用不着皮衣的,但是那些富家子弟每年到冬天总是要穿皮衣,表示他们的豪富。在天气初冷的时候,便穿小毛;稍为再冷,便穿大毛;在深冬的时候,无论是什么天气,他们都是穿大毛。有一天,他们都是穿了大毛皮衣,到一个会场,天气忽然变暖,他们便说道:"现在这样的天气,如果不翻北风,便会坏人民了。"照这样说法,以"不翻北风,便坏人民",在他们的心理以为社会上大家都是有皮衣穿,所以不翻北风,大家便要受热,是于大家卫生有害的。其实社会上那里个个人有皮衣穿呢?广州人民在冬天,有的穿棉衣,有的是穿夹衣,甚至于有许多人只是穿单衣,那里还怕"不翻北风"呢!现在一般青年学者信仰马克思主义,一讲到社会主义,便主张用马克思的办法来解决中国社会经济问题,这就是无异"不翻北风就坏人民"一样的口调。不知中国今是患贫,不是患不均。在不均的社会,当然可用马克思的办法，提倡阶级战争去打平他。但在中国实业尚未发达的时候，马克思的阶级战争、无产专制便用不着。所以我们今日师马克思之意则可，用马克思之法则不可。我们主张解决民生问题的方法，不是先提出一种毫不合时用的剧烈办法，再等到实业发达以求适用；是要用一种思患预防的办法来阻止私人的大资本，防备将来社会贫富不均的大毛病。这种办法才是正当解决今日中国社会问题的方法，不是先穿起大毛皮衣，再来希望翻北风的方法。

我先才讲过，中国今日单是节制资本，仍恐不足以解决民生问题，必要加以制造国家资本，才可解决之。何谓制造国家资本呢？就是发展国家实业是也。其计划已详于《建国方略》第二卷之《物质建设》，又名曰《实业计划》，此书已言制造国家资本之大要。前言商业时代之资本为金钱，工业时代之资本为机器，故当由国家经营，设备种种之生产机器为国家所有。好象欧战时候各国所行的战时政策，把大实业和工厂都收归国有一样，不过他们试行这种政策不久便停止罢了。中国本来没有大资本家，如果由国家管理资本，发达资本，所得的利益归人民大家所有，照这样的办法，和资本家不相冲突，是很容易做得到的。

照美国发达资本的门径，第一是铁路，第二是工业，第三是矿产。要发达这三种大实业，照我们中国现在的资本、学问和经验都是做不来的，便不能不靠外国已成的资本。我们要拿外国已成的资本，来造成中国将来的共产世界，能够这样做去，才是事半功倍。如果要等待我们自己有了资本之后才去发展实业，那便是很迂缓了。中国现在没有机器，交通上不过是六七千英里的铁路，要能够敷用，应该要十倍现在的长度，至少要有六七万英里才能敷用。所以，不能不借助外资来发展交通运输事业，又不能不借用外国有学问经验的人材来经营这些实业。至于说到矿产，我们尚未开辟。中国的人民比美国多，土地比美国大，美国每年产煤有六万万吨、钢铁有九千万吨，中国每年所产的煤铁不及美国千分之一。所以要赶快开采矿产，也应该借用外资。其他建造轮船、发展航业和建设种种工业的大规模工厂，都是非借助外国资本不可。如果交通、矿产和工业的三种大实业都是很发达，这三种收入每年都是很大的。假若是由国家经营，所得的利益归大家共享，那么全国人民便得享资本的利，不致受资本的害，象外国现在的情形一样。外国因为大资本是归私人所有，便受资本的害，大多数人民都是很痛苦，所以发生阶级战争来解除这种痛苦。

我们要解决中国的社会问题，和外国是有相同的目标。这个目标，就是要全国人民都可以得安乐，都不致受财产分配不均的痛苦。要不受这种痛苦的意思，就是要共产。所以我们不能说共产主义与民生主义不同。我们三民主义的意思，就是民有、民治、民享。这个民有、民治、民享的意思，就是国家是人民所共有，政治是人民所共管，利益是人民所共享。照这样的说法，人民对于国家不只是共产，一切事权都是要共的。这才是真正的民生主义，就是孔子所希望之大同世界。

第三讲

（十三年八月十七日）

今天所讲的是吃饭问题。大家听到讲吃饭问题，以为吃饭是天天做惯了的事。常常有人说，天下无论什么事都没有容易过吃饭的。可见吃饭是一件很容易的事，是一件常常做惯了的事。为什么一件很容易又是做惯了的事还有问题呢？殊不知道吃饭问题就是顶重要的民生问题。如果吃饭问题不能够解决,民生主义便没有方法解决。所以民生主义的第一个问题,便是吃饭问题。古人说:“国以民为本,民以食为天。”可见吃饭问题是很重要的。

未经欧战以前,各国政治家总没有留意到吃饭问题。在这个十年之中,我们留心欧战的人,研究到德国为什么失败呢?正当欧战剧烈的时候,德国都是打胜仗,凡是两军交锋,无论是陆军的步队、炮队和骑兵队,海军的驱逐舰、潜水艇和一切战斗舰,空中的飞机、飞艇,都是德国战胜,自始至终,德国没有打过败仗。但是欧战结果,德国终归于大败,这是为什么原因呢?德国之所以失败,就是为吃饭问题。因为德国的海口都被联军封锁,国内粮食逐渐缺乏,全国人民和兵士都没有饭吃,甚至于饿死,不能支持到底,所以终归失败。可见吃饭问题是关系国家之生死存亡的。

近来有饭吃的国家,第一个是美国,美国每年运送许多粮食去接济欧洲。其次是俄国,俄国地广人稀,全国出产的粮食也是很多。其他象澳洲、加拿大和南美洲阿根廷那些国家,都是靠粮食做国家的富源,每年常有很多粮食运到外国去卖,补助各国粮食之不足。不过当欧战时候,平时许多供运输的轮船都是被国家收管,作军事的转运,至于商船是非常缺乏。所以澳洲和加拿大、阿根廷那些地方多余的粮食便不能运到欧洲,欧洲的国家便没有饭吃。中国当欧战的时候,幸而没有水旱天灾,农民得到了好收成,所以中国没有受到饥荒。如果在当时遇着象今年的水灾,农民没有收成,中国一定也是没有饭吃。当时中国能够逃过这种灾害,不至没有饭吃,真是一种天幸了。现在世界各国有几国是有饭吃的,有许多国是没有饭吃的。象西方三岛的英国,一年之中所出的粮食只够三个月吃,有九个月所吃的粮食都是靠外国运进去的。所以当欧战正剧烈的时候,德国的潜水艇把英国的海口封锁了,英国便几乎没有饭吃。东方三岛的日本国,每年也是不够饭吃,不过日本所受粮食缺乏的忧愁,没有象英国那些厉害。日本本国的粮食,一年之中可以供给十一个月,不够的约有一个月。德国的粮食,一年之中可以供给十个月,还相差约两个月。其他欧洲各小国的粮食,有许多都是不够的。德国的粮食在平时已经是不够,当欧战时候许多农民都是去当兵士,生产减少,粮食更是不够。所以大战四年,归到结果,便是失败。由此可见全国的吃饭问题是很重要的。

如果是一个人没有饭吃,便容易解决;一家没有饭吃,也很容易解决。至于要全国人民都有饭吃,象要中国四万万人都是足食,提到这个问题便是很重要,便不容易解决。到底中国的粮食是够不够呢?中国人有没有饭吃呢?象广东地方每年进口的粮食要值七千万元,如果在一个月之内外间没有米运进来,广东便马上闹饥荒,可见广东是不够饭吃的。这是就广东一省而言,其他有许多省分都是有和广东相同的情形。至于中国土地的面积是比美国大得多,人口比美国多三四倍,如果就吃饭这个问题用中国和美国来讨论,中国自然比不上美国。但是和欧洲各国来比较,德国是不够饭吃的,故欧战开始之后两三年国内便有饥荒。法国是够饭吃的,故平时不靠外国运进粮食,还可足食。用中国和法国来比较,法国的人口是四千万,中国的人口是四万万,法国土地的面积为中国土地面积的二十分之一,所以中国的人口比法国是多十倍,中国的土地是比法国大二十倍。法国四千万人口,因为能够改良农业,所以得中国二十分一的土地,还能够有饭吃。中国土地的面积比法国大二十倍,如果能够仿效法国来经营农业,增加出产,所生产的粮食至少要比法国多二十倍。法国现在可以养四千万人,我们中国至少也应该可以养八万万人,全国人口不但是不怕饥荒,并且可以得粮食的剩余,可以供给他国。但是中国现在正是民穷财尽,吃饭问题的情形到底是怎么样呢？全国人口现在都是不够饭吃，每年饿死的人数大概过千万。这还是平时估算的数目，如果遇着了水旱天灾的时候，饿死的人数更是不止千万了。照外国确实的调查，今年中国的人数只有三万万一千万。中国的人数在十年以前是四万万，现在只有三万万一千万，这十年之中便少了九千万，这是一件很可怕的事，是应该要研究的一个大问题。中国人口在这十年之中所以少了九千万的原故，简而言之，就是由于没有饭吃。

中国之所以没有饭吃，原因是很多的，其中最大的原因就是农业不进步，其次就是由于受外国经济的压迫。在从前讲民族问题的时候，我曾说外国用经济势力来压迫中国，每年掠夺中国的利权，现在有十二万万元。就是中国因为受外国经济的压迫，每年要损失十二万万元。中国把这十二万万元，是用什么方法贡献到外国呢？是不是把这十二万万元的金钱运送到外国呢？这十二万万元的损失，不是完全用金钱，有一部分是用粮食。中国粮食供给本国已经是不足，为什么还有粮食运送到外国去呢？从什么地方可以看得出来呢？照前几天外国的报告，中国出口货中，以鸡蛋一项，除了制成蛋白质者不算，只就有壳的鸡蛋而论，每年运进美国便有十万万个，运进日本及英国的也是很多。大家如果是到过了南京的，一抵下关便见有一所很宏伟的建筑，那所建筑是外国人所办的制肉厂，把中国的猪、鸡、鹅、鸭各种家畜都在那个制肉厂内制成肉类，运送到外国。再象中国北方的大小麦和黄豆，每年运出口的也是不少。前三年中国北方本是大旱，沿京汉、京奉铁路一带饿死的人民本是很多，但是当时牛庄、大连还有很多的麦、豆运出外国。这是什么原故呢？就是由于受外国经济的压迫。因为受了外国经济的压迫，没有金钱送到外国，所以宁可自己饿死，还要把粮食送到外国去。这就是中国的吃饭问题还不能够解决。

现在我们讲民生主义，就是要四万万人都有饭吃，并且要有很便宜的饭吃。要全国的个个人都有便宜饭吃，那才算是解决了民生问题。要能够解决这个问题，究竟是从什么地方来研究起呢？吃饭本来是很容易的事，大家天天都是睡觉吃饭，以为没有什么问题。中国的穷人常有一句俗话说："天天开门七件事，柴米油盐酱醋茶。"可见吃饭是有问题的。我们要解决这个问题，便要详细来研究。

我们人类究竟是吃一些什么东西才可以生存呢？人类所吃的东西有许多是很重要的材料，我们每每是忽略了。其实我们每天所靠来养生活的粮食，分类说起来，最重要的有四种。第一种是吃空气。浅白言之，就是吃风。我讲到吃风，大家以为是笑话，俗语说"你去吃风"，是一句轻薄人的话，殊不知道吃风比较吃饭还要重要得多。第二种是吃水。第三种是吃动物，就是吃肉。第四种是吃植物，就是吃五谷果蔬。这个风、水、动、植四种东西，就是人类的四种重要粮食。现在分开来讲。第一种吃风，大家不可以为是笑话。如果大家不相信吃风是一件最重要的事，大家不妨把鼻孔、口腔都闭住起来，一分钟不吃风，试问要受什么样的感觉呢？可不可以忍受呢？我们吃风每分钟是十六次，就是每分钟要吃十六餐。每天吃饭最多不过是三餐，象广东人吃饭，连消〔宵〕夜算起来，也不过每天吃四餐，至于一般穷人吃饭，大概都是两餐，没有饭吃的人就是一餐也可以渡生活。至于吃风，每日就要吃二万三千零四十餐，少了一餐便觉得不舒服，如果数分钟不吃，必定要死。可见风是人类养生第一种重要的物质。第二种是吃水，我们单独靠吃饭不吃水，是不能够养生的。一个人没有饭吃，还可以支持过五六天，不至于死；但是没有水吃，便不能支持过五天，一个人有五天不吃水便要死。第三种是吃植物，植物是人类养生之最要紧的粮食，人类谋生的方法很进步之后，才知道吃植物。中国是文化很老的国家，所以中国人多是吃植物。至于野蛮人多是吃动物，所以动物也是人类的一种粮食。风、水、动、植这四种物质，都是人类养生的材料。不过风和水是随地皆有的。有人居住的地方，无论是在河边或者是在陆地，不是有河水，便有泉水，或者是井水，或者是雨水，到处皆有水；风更是无处不有。所以风和水虽然是很重要的材料，很急需的物质，但是因为取之无尽、用之不竭，是天给与人类，不另烦人力的，所谓是一种天赐。因为这个情形，风和水这两种物质不成问题。但是动植物质便成为问题。原始时代的人类和现在的野蛮人都是在渔猎时代，谋生的方法只是打鱼猎兽，捉水陆的动物做食料。后来文明进步，到了农业时代便知道种五谷，便靠植物来养生。中国有了四千多年的文明，我们食饭的文化是比欧美进步得多，所以我们的粮食多是靠植物。植物虽然是靠土地来生长，但是更要费许多功夫，经过许多生产方法才可以得到。所以要解决植物的粮食问题，便先要研究生产问题。

中国自古以来都是以农立国，所以农业就是生产粮食的一件大工业。我们要把植物的生产增加，有什么方法可以达到目的呢？中国的农业从来都是靠人工生产，这种人工生产在中国是很进步的，所收获的各种出品都是很优美的，所以各国学者都极力赞许中国的农业。中国的粮食生产既然是靠农工，中国的农民又是很辛苦勤劳，所以中国要增加粮食的生产，便要在政治、法律上制出种种规定来保护农民。中国的人口，农民是占大多数，至少有八九成，但是他们由很辛苦勤劳得来的粮食，被地主夺去大半，自己得到手的几乎不能够自养，这是很不公平的。我们要增加粮食生产，便要规定法律，对于农民的权利有一种鼓励、有一种保障，让农民自己可以多得收成。我们要怎么样能够保障农民的权利，要怎么样令农民自己才可以多得收成，那便是关于平均地权问题。前几天，我们国民党在这个高师学校开了一个农民联欢大会，做农民的运动，不过是想解决这个问题的起点。至于将来民生主义真是达到目的，农民问题真是完全解决，是要“耕者有其田”，那才算是我们对于农民问题的最终结果。中国现在的农民，究竟是怎么样的情形呢？中国现在虽然是没有大地主，但是一般农民有九成都是没有田的。他们所耕的田，大都是属于地主的。有田的人自己多不去耕。照道理来讲，农民应该是为自己耕田，耕出来的农品要归自己所有。现在的农民都不是耕自己的田，都是替地主来耕田，所生产的农品大半是被地主夺去了。这是一个很重大的问题，我们应该马上用政治和法律来解决，如果不能够解决这个问题，民生问题便无从解决。农民耕田所得的粮食，据最近我们在乡下的调查，十分之六是归地主，农民自己所得到的不过十分之四，这是很不公平的。若是长此以往，到了农民有知识，还有谁人再情愿辛辛苦苦去耕田呢？假若耕田所得的粮食完全归到农民，农民一定是更高兴去耕田的。大家都高兴去耕田，便可以多得生产。但是现在的多数生产都是归于地主，农民不过得回四成。农民在一年之中辛辛苦苦所收获的粮食，结果还是要多数归到地主，所以许多农民便不高兴去耕田，许多田地便渐成荒芜，不能生产了。

我们对于农业生产，除了上说之农民解放问题以外，还有七个加增生产的方法要研究：第一是机器问题，第二是肥料问题，第三是换种问题，第四是除害问题，第五〈是〉制造问题，第六是运送问题，第七是防灾问题。

第一个方法就是机器问题。中国几千年来耕田都是用人工，没有用过机器。如果用机器来耕田，生产上至少可以加多一倍，费用可减轻十倍或百倍。向来用人工生产，可以养四万万人，若是用机器生产，便可以养八万万人。所以我们对于粮食生产的方法，若用机器来代人工，则中国现在有许多荒田不能耕种，因为地势太高、没有水灌溉，用机器抽水，把低地的水抽到高地，高地有水灌溉，便可以开辟来耕种。已开辟的良田，因为没有旱灾，更可以加多生产。那些向来不能耕种的荒地，既是都能够耕种，粮食的生产自然是大大增加了。现在许多耕田抽水的机器都是靠外国输运进来的，如果大家都用机器，需要增加，更要我们自己可以制造机器，挽回外溢的利权。

第二个方法就是肥料问题。中国向来所用的肥料，都是人与动物的粪料和各种腐败的植物，没有用过化学肥料的。近来才渐渐用智利硝做肥料，象广东河南有许多地方近来都是用智利硝来种甘蔗。甘蔗因为得了智利硝的肥料，生长的速度便加快一倍，长出来的甘蔗也加大几倍；凡是没有用过智利硝做肥料的甘蔗，不但是长得很慢，并且长得很小。但是智利硝是由南美洲智利国运来的，成本很高，卖价很贵，只有种甘蔗的人才能够买用，其他普通的农业都用不起。除了智利硝之外，海中各种甲壳动物的磷质和矿山岩石中的铱质，也是很好的肥料。如果硝质、磷质和铱质三种东西再混合起来，更是一种很好的肥料，栽培甚么植物都很容易生长，生产也可以大大的增加。比方耕一亩田，不用肥料的可以收五箩谷，如果用了肥料便可以多收二三倍。所以要增加农业的生产，便要用肥料；要用肥料，我们便要研究科学，用化学的方法来制造肥料。

制造肥料的原料，中国到处都有，象智利硝那一种原料，中国老早便用来造火药。世界向来所用的肥料，都是由南美洲智利国所产；近来科学发达，发明了一种新方法，到处可以用电来造硝，所以现在各国便不靠智利运进来的天然硝，多是用电去制造人工硝。

这种人工硝和天然硝的功用相同，而且成本又极便宜，所以各国便乐于用这种肥料。但是电又是用什么造成的呢？普通价钱极贵的电，都是用蒸汽力造成的；至于近来极便宜的电，完全是用水力造成的。近来外国利用瀑布和河滩的水力来运动发电机，发生很大的电力，再用电力来制造人工硝。瀑布和河滩的天然力是不用费钱的，所以发生电力的价钱是很便宜。电力既然是很便宜，所以由此制造出来的人工硝也是很便宜。

这种瀑布和河滩，在中国是很多的。象西江到梧州以上，便有许多河滩。将近南宁的地方有一个伏波滩，这个滩的水力是非常之大，对于来往船只是很阻碍危险的。如果把滩水蓄起来，发生电力，另外开一条航路给船舶往来，岂不是两得其利吗？照那个滩的水力计算，有人说可以发生一百万匹马力的电。其他象广西的抚河、红河也有很多河滩，也可以利用来发生电力。再象广东北部之翁江，据工程师的测量说，可以发生数万匹马力的电力，用这个电力来供给广州各城市的电灯和各工厂中的电机之用，甚至于把粤汉铁路照外国最新的方法完全电化，都可以足用。又象扬子江上游夔峡的水力，更是很大。有人考察由宜昌到万县一带的水力，可以发生三千余万匹马力的电力，象这样大的电力，比现在各国所发生的电力都要大得多，不但是可以供给全国火车、电车和各种工厂之用，并且可以用来制造大宗的肥料。又象黄河的龙门，也可以生几千万匹马力的电力。由此可见，中国的天然富源是很大的。如果把扬子江和黄河的水力，用新方法来发生电力，大约可以发生一万万匹马力。一匹马力是等于八个强壮人的力，有一万万匹马力便是有八万万人的力。一个人力的工作，照现在各国普通的规定，每天是八点钟。如果用人力作工多过了八点钟，便于工人的卫生有碍，生产也因之减少。这个理由，在前一回已经是讲过了。用人力作工，每天不过八点钟，但是马力作工，每天可以作足二十四点钟。照这样计算，一匹马力的工作，在一日夜之中便是等于二十四个人的工作。如果能够利用扬子江和黄河的水力发生一万万匹马力的电力，那便是有二十四万万个工人来做工，到了那个时候，无论是行驶火车汽车、制造肥料和种种工厂的工作，都可以供给。韩愈说，“工之家一，而用器之家六”，国家便一天穷一天。中国四万万人到底有多少人做工呢？中国年轻的小孩和老年的人固然是不作工，就是许多少年强壮的人，象收田租的地主，也是靠别人做工来养他们。所以中国人大多数都是不做工，都是分利，不是生利，所以中国便很穷。如果能够利用扬子江和黄河的水力发生一万万匹马力，有了一万万匹马力，就是有二十四万万个人力，拿这么大的电力来替我们做工，那便有很大的生产，中国一定是可以变贫为富的。所以对于农业生产，要能够改良人工，利用机器，更用电力来制造肥料，农业生产自然是可以增加。

第三个方法就是换种问题。象一块地方，今年种这种植物，明年改种别种植物；或者同是一样的植物，在今年是种广东的种子，明年是种湖南的种子，后年便种四川的种子。用这样交换种子的方法，有什么好处呢？就是土壤可以交替休息，生产力便可以增〈加〉。而种子落在新土壤，生于新空气，强壮必加，结实必夥。所以能换种，则生产增加。

第四个方法是除物害问题。农业上还有两种物害：一是植物的害，一是动物的害。象稻田本来是要种谷，但是当种谷的时候，常常生许多秕和野草。那些草和秕比禾生长得快，一面阻止禾的生长，一面吸收田中的肥料，于禾稻是很有害的。农民应用科学的道理，研究怎么样治疗那些草秕，以去植物之灾害；同时又要研究怎么样去利用那些草秕，来增加五谷的结实。至于动物的害是些什么呢？害植物的动物很多，最普通的是蝗虫和其他各种害虫。当植物的成熟时候，如果遇着了害虫，便被虫食坏了，没有收成。象今年广东的荔枝，因为结果的时候遇着了毛虫，把那些荔枝花都食去了，所以今年荔枝的出产是非常之少。其他害植物的虫是很多的，国家要用专门家对于那些害虫来详细研究，想方法来消除。象美国现在把这种事当作是一个大问题，国家每年耗费许多金钱来研究消除害虫的方法。美国农业的收入，每年才可以增加几万万元。现在南京虽然是设了一个昆虫局来研究消除这种灾害，但是规模太小，没有大功效。我们要用国家的大力量，仿美国的办法来消除害虫，然后全国农业的灾害才可以减少，全国的生产才可以增加。

第五个方法就是制造问题。粮食要留存得长久，要运送到远方，就必须要经过一度之制造方可。我国最普通的制造方法就有两种：一是晒干，一是硷咸。好象菜干、鱼干、肉干、咸菜、咸鱼、咸肉等便是。近来外国制造新法，就有将食物煮熟或烘熟，入落罐内而封存之，存留无论怎么长久，到时开食，其味如新。这是制造食物之最好方法。无论什么鱼肉果蔬饼食，皆可制为罐头，分配全国或卖出外洋。

第六个方法就是运送问题。粮食到了有余的时候，我们还要彼此调剂，拿此地的有余去补彼地的不足。象东三省和北方是有豆有麦没有米，南方各省是有米没有豆和麦，我们就要把北方、东三省多余的豆、麦拿来供给南方，更要把南方多余的米拿去供给北方和东三省。要这样能够调剂粮食，便要靠运输。现在中国最大的问题就在运输，因为运输不方便，所以生出许多耗费。现在中国许多地方运送货物都是靠挑夫。一个挑夫的力量，顶强壮的每日只能够挑一百斤，走一百里路远，所需要的工钱总要费一元。这种耗费，不但是空花金钱，并且空费时间，中国财富的大部分于无形中便在运输这一方面消耗去了。讲到中国农业问题，如果真是能够做到上面所说的五种改良方法，令生产加多，但是运输不灵又要成什么景象呢？象前几年我遇着了一位云南土司，他是有很多土地的，每年收入很多租谷。他告诉我说："每年总要烧去几千担谷。"我说："谷是很重要的粮食，为什么要把他来烧去呢？"他说："每年收入的谷太多，自己吃不完，在附近的人民都是足食，又无商贩来买。转运的方法，只能够挑几十里路远，又不能运去远方去卖。因为不能运到远地去卖，所以每年总是新谷压旧谷，又没有多的仓库可以储蓄，等到新谷上了市，人民总是爱吃新谷，不爱吃旧谷，所以旧谷便没有用处。因为没有用处，所以每年收到新谷的时候，只好烧去旧谷，腾出空仓来储新谷。"这种烧谷的理由，就是由于生产过剩、运输不灵的原故。中国向来最大的耗费，就是在挑夫。象广州这个地方从前也有很多挑夫，现在城内开了马路，有了手车，许多事便可以不用挑夫。一架手车可以抵得几个挑夫，可以省几个挑夫的钱。一架自动车更可以抵得十几个挑夫，可以省十几个挑夫的钱。有手车和自动车来运送货物，不但是减少耗费，并可省少时间。至于西关没有马路的地方，还是要用挑夫来搬运。若是在乡下，要把一百斤东西运到几十里路远，更是不可不用挑夫。甚至于有钱的人走路都是用轿夫。中国从前因为这种运输方法不完全，所以就是极重要的粮食还是运输不通，因为粮食运输不通，所以吃饭问题便不能解决。

中国古时运送粮食最好的方法，是靠水道及运河。有一条运河是很长的，由杭州起，经过苏州、镇江、扬州、山东、天津以至北通州，差不多是到北京，有三千多里路远，实为世界第一长之运河。这种水运是很利便的，如果加多近来的大轮船和电船，自然更加利便。不过近来对于这条运河都是不大理会。我们要解决将来的吃饭问题,可以运输粮食,便要恢复运河制度。已经有了的运河,便要修理;没有开辟运河的地方,更要推广去开辟。在海上运输更是要用大轮船,因为水运是世界上运输最便宜的方法。其次便宜的方法就是铁路,如果中国十八行省和新疆、满洲、青海、西藏、内外蒙古都修筑了铁路,到处联络起了,中国粮食便可以四处交通,各处的人民便有便宜饭吃。所以铁路也是解决吃饭问题的一个好方法。但是铁路只可以到繁盛的地方才能够赚钱,如果到穷乡僻壤的地方去经过,便没有什么货物可以运输,也没有很多的人民来往,在铁路一方面,不但是不能够赚钱,反要亏本了。所以在穷乡僻壤的地方便不能够筑铁路,只能够筑车路,有了车路,便可以行驶自动车。在大城市有铁路,在小村落有车路,把路线联络得很完全,于是在大城市运粮食便可以用大火车,在小村落运粮食便可以用自动车。象广东的粤汉铁路,由黄沙到韶关,铁路两旁的乡村是很多的。如果这些乡村都是开了车路,和粤汉铁路都是联络起来,不但是粤汉铁路可以赚许多钱,就是各乡村的交通也是很方便。假若到两旁的各乡村也要筑许多支铁路,用火车去运送,不用自动车去输送,那就一定亏本。所以现在外国乡下就是已经筑成了铁路,火车可以通行,但是因为没有多生意,便不用火车,还是改用自动车。因为每开一次火车要烧许多煤,所费成本太大,不容易赚钱。每开一次自动车,所费的成本很少,很容易赚钱,这是近来办交通事业的人不可不知道的。又象由广州到澳门向来都是靠轮船,近来有人要筹办广澳铁路,但是由广州到澳门不过二百多里路程远,如果筑了铁路,每天来往行车能开三次,还不能够赚钱,至于每天只开车两次,那便要亏本了。而且为节省经费,每天少开几次车,对于交通还是不大方便。所以由广州到澳门,最好是筑车路,行驶自动车。因为筑车路比筑铁路的成本是轻得多。而且火车开行一次，一个火车头至少要拖七八架车，才不致亏本，所费的人工和煤炭的消耗是很多的，如果乘客太少，便不能够赚钱。不比在车路行驶自动车，随便可以开多少架车，乘客多的时候便可开一架大车，更多的时候可多开两三架大车，乘客少的时候可以开一架小车。随时有客到，便可以随时开车，不比火车开车的时候有一定，如果不照开车的一定时候，便有撞车的危险。所以由广州到澳门筑车路和筑铁路比较起来，筑车路是便宜得多。有了车路之后，更有穷乡僻壤，是自动车不能到的地方才用挑夫。由此可见，我们要解决运输粮食的问题，第一是运河，第二是铁路，第三是车路，第四是挑夫。要把这四个方法做到圆满的解决，我们四万万人才有很便宜的饭吃。

第七个方法就是防天灾问题。象今年广东水灾，在这十几天之内便可以收头次谷，但是头次谷将成熟的时候，便完全被水淹没了。一亩田的谷最少可以值十元，现在被水淹浸了，便是损失了十元。今年广东全省受水灾的田该是有多少亩呢？大概总有几百万亩，这种损失便是几千万元。所以要完全解决吃饭问题，防灾便是一个很重大的问题。关于这种水灾是怎样去防呢？现在广东防水灾的方法，设得有治河处，已经在各江两岸低处地方修筑了许多高堤。那种筑堤的工程都是很坚固的，所以每次遇到大水，便可以抵御，便不至让大水泛滥到两岸的田中。我去年在东江打仗，看见那些高堤都是筑得很坚固，可以防水患，不至被水冲破。这种筑堤来防水灾的方法，是一种治标的方法，只可以说是防水灾的方法之一半，还不是完全治标的方法。完全治标的方法，除了筑高堤之外，还要把河道和海口一〈带〉来浚深，把沿途的淤积沙泥都要除去。海口没有淤积来阻碍河水，河道又很深，河水便容易流通，有了大水的时候，便不至泛滥到各地，水灾便可以减少。所以浚深河道和筑高堤岸两种工程要同时办理，才是完全治标方法。

至于防水灾的治本方法是怎么样呢？近来的水灾为什么是一年多过一年呢？古时的水灾为什么是很少呢？这个原因，就是由于古代有很多森林，现在人民采伐木料过多，采伐之后又不行补种，所以森林便很少。许多山岭都是童山，一遇了大雨，山上没有森林来吸收雨水和阻止雨水，山上的水便马上流到河里去，河水便马上泛涨起来，即成水灾。所以要防水灾，种植森林是很有关系的，多种森林便是防水灾的治本方法。有了森林，遇到大雨时候，林木的枝叶可以吸收空中的水，林木的根株可以吸收地下的水。如果有极隆密的森林，便可以吸收很大量的水。这些大水都是由森林蓄积起来，然后慢慢流到河中，不是马上直接流到河中，便不至于成灾。所以防水灾的治本方法还是森林。所以对于吃饭问题，要能够防水灾便先要造森林，有了森林便可以免去全国的水祸。我们讲到了种植全国森林的问题，归到结果，还是要靠国家来经营；要国家来经营，这个问题才容易成功。今年中国南北各省都有很大的水灾，由于这次大水灾，全国的损失总在几万万元。现在已经是民穷财尽，再加以这样大的损失，眼前的吃饭问题便不容易解决。

水灾之外，还有旱灾，旱灾问题是用什么方法解决呢？象俄国在这次大革命之后有两三年的旱灾，因为那次大旱灾，人民饿死了甚多，俄国的革命几乎要失败，可见旱灾也很厉害的。这种旱灾，从前以为是天数不能够挽救，现在科学昌明，无论是什么天灾都有方法可以救。不过，这种防旱灾的方法，要用全国大力量通盘计划来防止。这种方法是什么呢？治本方法也是种植森林。有了森林，天气中的水量便可以调和，便可以常常下雨，旱灾便可以减少。

至于地势极高和水源很少的地方，我们更要用机器抽水，来救济高地的水荒。这种防止旱灾的方法，好象是筑堤防水灾，同是一样的治标方法。有了这种的治标方法，一时候的水旱天灾都可以挽救。所以我们研究到防止水灾与旱灾的根本方法，都是要造森林，要造全国大规模的森林。至于水旱两灾的治标方法，都是要用机器来抽水和建筑高堤与浚深河道。这种治标与治本两个方法能够完全做到，水灾〔旱〕天灾可以免，那么粮食之生产便不致有损失之患了。

中国如果能解放农民和实行以上这七个增加生产之方法，那么吃饭问题到底是解决了没有呢？就是以上种种的生产问题能够得到了圆满解决的时候，吃饭问题还是没有完全解决。大家都知到欧美是以工商立国，不知道这些工商政府对于农业上也是有很多的研究。象美国对于农业的改良和研究，便是无微不至；不但对于本国的农业有很详细的研究，并且常常派专门家到中国内地并满洲、蒙古各处来考察研究，把中国农业工作的方法和一切种子都带回美国去参考应用。美国近来是很注重农业的国家，所有关于农业运输的铁路、防灾的方法和种种科学的设备，都是很完全的。但是美国的吃饭问题到底是解决了没有呢？依我看起来，美国的吃饭问题还是没有解决。美国每年运输很多粮食到外国去发卖，粮食是很丰足的，为什么吃饭问题还没有解决呢？这个原因就是由于美国的农业还是在资本家之手，美国还是私人资本制度。在那些私人资本制度之下，生产的方法太发达，分配的方法便完全不管，所以民生问题便不能够解决。

我们要完全解决民生问题，不但是要解决生产的问题，就是分配的问题也是要同时注重的。分配公平方法，在私人资本制度之下是不能够实行的。因为在私人资本制度之下，种种生产的方法都是向往一个目标来进行,这个目标是什么呢?就是赚钱。因为粮食的生产是以赚钱做目标,所以粮食在本国没有高价的时候,便运到外国去卖,要赚多钱。因为私人要赚多钱,就是本国有饥荒,人民没有粮食,要饿死很多人,那些资本家也是不去理会。象这样的分配方法,专是以赚钱为目标,民生问题便不能够完全解决。我们要实行民生主义,还要注重分配问题。我们所注重的分配方法,目标不是在赚钱,是要供给大家公众来使用。中国的粮食现在本来是不够,但是每年还有数十万万个鸡蛋和〈许多〉谷米、大豆运到日本和欧美各国去,这种现象是和印度一样的。印度不但是粮食不够,且每年都是有饥荒,但是每年运到欧洲的粮食数目,印度还占了第三个重要位置。这是什么原因呢?这个原因就是由于印度受了欧洲经济的压迫,印度尚在资本制度时代,粮食生产的目标是在赚钱。因为生产的目标是在赚钱,印度每年虽是有饥荒,那般生产的资本家知道拿粮食来救济饥民是不能够赚钱的,要把他运到欧洲各国去发卖便很可以赚钱,所以那些资本家宁可任本地的饥民饿死,也要把粮食运到欧洲各国去卖。我们的民生主义,目的是在打破资本制度。中国现在已经是不够饭吃,每年还要运送很多的粮食到外国去卖,就是因为一般资本家要赚钱。如果实行民生主义,便要生产粮食的目标不在赚钱,要在给养人民。我们要达到这个目的,便要把每年生产有余的粮食都储蓄起来,不但是今年的粮食很足,就是明年、后年的粮食都是很足,等到三年之后的粮食都是很充足,然后才可以运到外国去卖;如果在三年之后还是不大充足,便不准运出外国去卖。要能够照这样做去,来实行民生主义,以养民为目标,不以赚钱为目标,中国的粮食才能够很充足。

所以,民生主义和资本主义根本上不同的地方,就是资本主义是以赚钱为目的,民生主义是以养民为目的。有了这种以养民为目的的好主义，从前不好的资本制度便可以打破。但是我们实行民生主义来解决中国的吃饭问题，对于资本制度只可以逐渐改良，不能够马上推翻。我们的目的本是要中国的粮食很充足，等到中国粮食充足了之后，更进一步便容易把粮食的价值弄到很便宜。现在中国正是米珠薪桂，这个米珠薪桂的原因就是由于中国的粮食被外国夺去了一部分，进出口货的价值不能相抵，受外国的经济压迫，没有别的货物可以相消，只有拿人民要吃的粮食来作抵。因为这个道理，所以现在中国有很多人没有饭吃，因为没有饭吃，所以已生的人民要死亡，未生的人民要减少。全国人口逐渐减少，由四万万减到三万万一千万，就是由于吃饭问题没有解决，民生主义没有实行。

对于吃饭的分配问题，到底要怎么样呢？吃饭就是民生的第一个需要。民生的需要，从前经济学家都是说衣、食、住三种。照我的研究，应该有四种，于衣食住之外，还有一种就是行。行也是一种很重的需要。行就是走路。我们要解决民生问题，不但是要把这四种需要弄到很便宜，并且要全国的人民都能够享受。所以我们要实行三民主义来造成一个新世界，就要大家对于这四种需要都不可短少，一定要国家来担负这种责任。如果国家把这四种需要供给不足，无论何人都可以来向国家要求。国家对于人民的需要固然是要负责任，至于人民对于国家又是怎么样呢？人民对于国家应该要尽一定的义务，象做农的要生粮食，做工的要制器具，做商的要通有无，做士的要尽才智。大家都能各尽各的义务，大家自然可以得衣食住行的四种需要。我们研究民生主义就要解决这四种需要的问题。

今天先讲吃饭问题，第一步是解决生产问题，生产问题解决之后，便在粮食的分配问题。要解决这个问题，便要每年储蓄，要全国人民有三年之粮，等到有了三年之粮以后，才能够把盈余的粮食运到外国去卖。这种储蓄粮食的方法就是古时的义仓制度。不过这种义仓制度，近来已经是打破了。再加以欧美的经济压迫，中国就变成民穷财尽。所以这是解决民生问题最着急的时候，如果不趁这个时候来解决民生问题，将来再去解决便是更难了。我们国民党主张三民主义来立国，现在讲到民生主义，不但是要注重研究学理，还要注重实行事实。在事实上头一个最重要的问题就是吃饭。我们要解决这个吃饭问题，是先要粮食的生产很充足，次要粮食的分配很平均。粮食的生产和分配都解决了，还要人民大家都尽义务。人民对于国家能够大家尽义务，自然可以得到家给人足，吃饭问题才算是真解决。吃饭问题能够先解决，其余的别种问题也就可以随之而决。

第四讲

（十三年八月二十四日）

今天所讲的是穿衣问题。在民生主义里头，第一个重要问题是吃饭，第二个重要问题是穿衣。所以在吃饭问题之后，便来讲穿衣问题。

我们试拿进化的眼光来观察宇宙间的万物，便见得无论什么动物植物都是要吃饭的，都是要靠养料才能够生存，没有养料便要死亡。所以吃饭问题，不但是在动物方面是很重要，就是在植物那方面也是一样的重要。至于穿衣问题，宇宙万物之中，只是人类才有衣穿，而且只是文明的人类才是有衣穿。他种动物植物都没有衣穿，就是野蛮人类也是没有衣穿。所以吃饭是民生的第一个重要问题，穿衣就是民生的第二个重要问题。现在非洲和南洋各处的野蛮人都是没有衣穿，可见我们古代的祖宗也是没有衣穿。由此更可见，穿衣是随文明进化而来，文明愈进步，穿衣问题就愈复杂。原人时代的人类所穿的衣服是“天衣”。什么叫做天衣呢？象飞禽走兽，有天生的羽毛来保护身体，那种羽毛便是禽兽的天然衣服，那种羽毛是天然生成的，所以叫做天衣。原人时代的人类，身上也生长得有许多毛，那些毛便是人类的天衣。后来人类文明进化，到了游牧时代，晓得打鱼猎兽，便拿兽皮做衣。有了兽皮来做衣，身上生长的毛渐渐失了功用，便逐渐脱落。人类文明愈进步，衣服愈完备，身上的毛愈少。所以文明愈进步的人类，身上的毛便是很少；野蛮人和进化不久的人，身上的毛才是很多。拿中国人和欧洲人来比较，欧洲人身上的毛都是比中国人多，这个原因就是欧洲人在天然进化的程度还不及中国人。由此可见，衣的原始，最初是人类身上天然生长的毛。后来人类进化，便打死猛兽，拿兽肉来吃，拿兽皮来穿，兽皮便是始初人类的衣。有一句俗语说：“食肉寝皮。”这是一句很古的话。这句话的意思，本是骂人做兽类，但由此便可证明古代人类打死兽类之后，便拿他的肉来做饭吃，拿他的皮来做衣穿。后来人类渐多，兽类渐少，单用兽皮便不够衣穿，便要想出别种材料来做衣服，便发明了别种衣服的材料。什么是做衣服的材料呢？我前一回讲过，吃饭的普通材料，是靠动物的肉和植物的果实。穿衣的材料和吃饭的材料是同一来源的，吃饭材料要靠动物和植物，穿衣材料也是一样的要靠动物和植物。除了动物和植物以外，吃饭穿衣便没有别的大来源。

我们现在要解决穿衣问题，究竟达到什么程度呢？穿衣是人类的一种生活需要。人类生活的程度，在文明进化之中可以分作三级。第一级是需要，人生不得需要，固然不能生活，就是所得的需要不满足，也是不能充分生活，可说是半死半活。所以第一级的需要，是人类的生活不可少的。人类得了第一级需要生活之外，更进一步便是第二级，这一级叫做安适。人类在这一级的生活，不是为求生活的需要，是于需要之外更求安乐，更求舒服。所以在这一级的生活程度，可以说是安适。得了充分安适之后，再更进一步，便想奢侈。比方拿穿衣来讲，古代时候的衣服所谓是夏葛冬裘，便算了满足需要。但是到了安适程度，不只是夏葛冬裘，仅求需要，更要适体，穿到很舒服。安适程度达到了之后，于适体之外，还要再进一步，又求美术的雅观，夏葛要弄到轻绡幼绢，冬裘要取到海虎貂鼠。这样穿衣由需要一进而求安适，由安适再进而求雅观。便好象是吃饭问题，最初只求清菜淡饭的饱食，后来由饱食便进而求有酒有肉的肥甘美味，更进而求山珍海味。好象现在广东的酒席，飞禽走兽，燕窝鱼翅，无奇不有，无美不具，穷奢极欲，这就是到了极奢侈的程度。我们现在要解决民生问题，并不是要解决安适问题，也不是要解决奢侈问题，只要解决需要问题。这个需要问题，就是要全国四万万人都可以得衣食的需要；要四万万人都是丰衣足食。

我在前一回讲过，中国人口的数目是由四万万减到三万万一千万，我们现在对于这三万万一千万人的穿衣问题，要从生产上和制造上通盘计划，研究一种方法来解决。如果现在没有方法来解决，这三万万一千万人恐怕在一两年之后还要减少几千万。今年的调查已经只有三万万一千万，再过几年，更是不足。现在只算三万万人，我们对于这三万万人便要统筹一个大计划，来解决这些人数的穿衣问题。要求解决这种问题的方法，首先当要研究是材料的生产。就穿衣问题来讲，穿衣需要的原料是靠动物和植物，动物和植物的原料一共有四种。这四种原料，有两种是从动物得来的，有两种是从植物得来的。这四种原料之中，第一种是丝，第二种是麻，第三种是棉，第四种是毛。棉和麻是从植物得来的原料，丝和毛是从动物得来的原料。丝是由于一种虫叫做蚕吐出来的，毛是由于羊和骆驼及他种兽类生出来的。丝、毛、棉、麻这四种物件，就是人生穿衣所需要的原料。

现在先就丝来讲。丝是穿衣的一种好材料。这种材料是中国最先发明的，中国人在极古的时候便穿丝。现在欧美列强的文化虽然是比我们进步得多，但是中国发明丝的那个时候，欧美各国还是在野蛮时代，还是茹毛饮血。不但是没有丝穿，且没有衣穿；不但是没有衣穿，并且身上还有许多毛，是穿着“天衣”，是一种野蛮人。到近两三百年来，他们的文化才是比我们进步，才晓得用丝来做好衣服的原料。他们用丝不只是用来做需要品，多是用来做奢侈品。中国发明丝来做衣服的原料虽然有了几千年，但是我们三万万人的穿衣问题还不是在乎丝的问题。我们穿衣的需要品并不是丝，全国人还有许多用不到丝的。我们每年所产的丝，大多数都是运到外国，供外国做奢侈品。在中国最初和外国通商的时候，出口货物之中第一大宗便是丝。当时中国出口的丝很多，外国进口的货物很少。中国出口的货物和外国进口的货物价值比较，不但是可以相抵，而且还要超过进口货。中国出口货物，除了丝之外，第二宗便是茶。丝、茶这两种货物，在从前外国都没有这种出产，所以便成为中国最大宗的出口货。外国人没有茶以前，他们都是喝酒，后来得了中国的茶，便喝茶来代酒，以后喝茶成为习惯，茶便成了一种需要品。因为从前丝和茶只有中国才有这种出产，外国没有这种货物，当时中国人对于外国货物的需要也不十分大，外国出产的货物又不很多，所以通商几十年，和外国交换货物，我们出口丝茶的价值便可以和外国进口货物的价值相抵消，这就是出口货和进口货的价值两相平均。但是近来外国进口的货物天天加多,中国出口的丝茶天天减少,进出口货物的价值便不能相抵消。中国所产的丝近来被外国学去了,象欧洲的法兰西和意大利现在就出产许多丝。他们对于养蚕、纺丝和制丝种种方法,都有很详细的研究,很多的发明,很好的改良。日本的丝业不但是仿效中国的方法,而且采用欧洲各国的新发明,所以日本丝的性质便是很进步,出产要比中国多,品质又要比中国好。由于这几个原因,中国的丝茶在国际贸易上便没有多人买,便被外国的丝茶夺去了。现在出口的数量,更是日日减少。中国丝茶的出口既是减少,又没有别的货物可以运去外国来抵消外国进口的价值,所以每年便要由通商贸易上进贡于各国者约五万万元大洋,这就是受了外国经济的压迫。中国受外国的经济压迫愈厉害,民生问题愈不能够解决。中国丝在国际贸易上完全被外国丝夺去了,品质没有外国丝的那么好,价值也没有外国丝那么高,但是因为要换外国的棉布棉纱来做我们的需要品,所以自己便不能够拿丝来用,要运去外国换更便宜的洋布和洋纱。

至于讲到丝的工业,从前发明的生产和制造方法都是很好的,但是一成不易,总不知道改良。后来外国学了去,加以近来科学昌明,更用科学方法来改良,所以制出的丝便驾乎中国之上,便侵占中国蚕丝的工业。我们考究中国丝业之所以失败的原因,是在乎生产方法不好。中国所养的蚕很多都是有病的,一万条蚕虫里头,大半都是结果不良,半途死去;就是幸而不死,这些病蚕所结的茧,所出的丝,也是品质不佳,色泽不好。而且缫丝的方法不完全,断口太多,不合外国织绸机器之用。由于这些原因,中国丝便渐渐失败,便不能敌外国丝。在几十年以前,外国养蚕的方法也是和中国一样。中国农民养蚕,有时成绩很优,有时完全失败。这样结果,一时好一时不好,农民没有别的方法去研究,便归之于命运。养蚕的收成不好，便说是“命运不佳”。外国初养蚕的时候也有许多病蚕，遇着失败没有方法去挽救，也是安于命运。后来科学家发明生物学，把一切生物留心考察，不但是眼所能看得见的生物要详细考究，就是眼看不见、要用几千倍显微镜才能看见的生物，也要过细去考究。由于这样考究，法国有一位科学家叫做柏斯多，便得了一个新发明。这个发明就是：一切动物的病，无论是人的病或是蚕的病，都是由于一种微生物而起。生了这种微生物，如果不能够除去，受病的动物便要死。他用了很多功夫，经过了许多研究，把微生物考究得很清楚，发明了去那种微生物来治疗蚕疾的方法，传到法国、意国的养蚕家。法国、意国人民得了这个方法，知道医蚕病，于是病蚕便少了很多，到缫丝的时候成绩便很好，丝业便很进步。后来日本学了这个方法，他们的丝业也是逐渐进步。中国的农家一向是守旧，不想考究新法，所以我们的丝业便一天一天的退步。现在上海的丝商设立了一间生丝检查所，去考究丝质，想用方法来改良。广东岭南大学也有用科学方法来改良蚕种，把蚕种改良了之后，所得丝的收成是很多，所出丝的品质也是很好。但是这样用科学方法去改良蚕种，还只是少数人才知道，大多数的养蚕家还没有知道。中国要改良丝业来增加生产，便要一般养蚕家都学外国的科学方法，把蚕种和桑叶都来改良，蚕种和桑叶改良之后，更要把纺丝的方法过细考究，把丝的种类、品质和色泽都分别改良，中国的丝业便可以逐渐进步，才可以和外国丝去竞争。如果中国的桑叶、蚕种和丝质没有改良，还是老守旧法，中国的丝业不止是失败，恐怕要归天然的淘汰，处于完全消灭。现在中国自己大多数都不用丝，要把丝运出口去换外国的洋布洋纱，如果中国的丝质不好，外国不用中国丝，中国丝便没有销路，不但是失了一宗大富源，而且因为没有出口的丝去换外国洋布洋纱，中国便没有穿衣的材料。所以中国要一般人有穿衣的材料，来解决穿衣问题，便要保守固有的工业，改良蚕种、桑叶，改良纺丝的方法。至于中国丝织的绫罗绸缎，从前都是很好，是外国所不及的。现在外国用机器纺织所制出的丝织品，比中国更好得多。近来中国富家所用顶华美的丝织品，都是从外国来的。可见我们中国的国粹工业，现在已经是失败了。我们要解决丝业问题，不但是要改良桑叶、蚕种，改良养蚕和纺丝方法来造成很好的丝，还要学外国用机器来织造绸缎，才可以造成顶华美的丝织品，来供大众使用。等到大众需要充足之后，才把有余的丝织品运去外国，去换别种货物。

穿衣所需要的材料除了丝之外，第二种便是麻。麻也是中国最先发明的。中国古代时候便已经发明了用麻制布的方法，到今日大家还是沿用那种旧方法。中国的农工业总是没有进步，所以制麻工业近来也被外国夺去了。近日外国用新机器来制麻，把麻制成麻纱，这种用机器制出来的麻纱，所有的光泽都和丝差不多。外国更把麻和丝混合起来织成种种东西，他们人民都是很乐用的。这种用麻、丝混合织成的各种用品，近来输入中国很多，中国人也是很欢迎，由此便夺了中国的制麻工业。中国各省产麻很多，由麻制出来的东西，只供夏天衣服之用，只可以用一季。我们要改良制麻工业，便要根本上从农业起，要怎么样种植，要怎么样施用肥料，要怎么样制造细麻线，都要过细去研究，麻业才可以进步，制得的出品才是很便宜。中国制麻工业完全是靠手工，没有用机器来制造。用手工制麻，不但是费许多工夫，制出的麻布不佳，就是成本也是很贵。我们要改良麻业，造出好麻，一定要用一种大计划。这种计划是先从农业起首来研究，自种植起以至于制造麻布，每步工夫都要采用科学的新方法。要能够这样改良，我们才可以得到好麻，才可以制出很便宜的衣料。

丝、麻这两种东西用来做穿衣的材料，是中国首先发明的。但是现在穿衣的材料不只是用丝、麻，大多数是用棉，现在渐渐用毛。棉、毛这两种材料，现在都是人人穿衣所需要的。中国本来没有棉，此种吉贝棉是由印度传进来的。中国得了印度的棉花种子，各处种植起来，便晓得纺纱织布，成了一种棉花工业。近来外国的洋布输入中国，外国洋布比中国的土布好，价钱又便宜，中国人便爱穿洋布，不爱穿土布，中国的土布工业便被洋布打销了。所以中国穿衣的需要材料便不得不靠外国，就是有些土布小工业，也是要用洋纱来织布。由此可见中国的棉业，根本上被外国夺去了。中国自输入印度棉种之后，各处都是种得很多，每年棉花的出产也是很多。世界产棉的国家，第一个是美国，其次是印度，中国产棉花是世界上的第三等国。中国所产的棉虽然是不少，天然品质也是很好，但是工业不进步，所以自己不能够用这种棉花来制成好棉布棉纱，只可将棉花运到外国去卖。中国出口的棉花大多数是运到日本，其余运到欧美各国。日本和欧美各国来买中国棉花，是要拿来和本国的棉花混合，才能够织成好布。所以日本大阪各纺纱织布厂所用的原料不只一半是中国的棉花。他们拿中国的棉花织成布之后，再把布又运到中国来赚钱。本来中国的工人是顶多的，工钱也是比各国要便宜的，中国自己有棉花，又有贱价的工人，为什么还要把棉花运到日本去织布呢？为什么自己不来织布呢？日本的工人不多，工价又贵，为什么能够买中国棉花，织成洋布，运回中国来赚钱呢？推究这个原因，就是由于中国的工业不进步，不能够制造便宜布；日本的工业很进步，能够制造很便宜的布。

所以要解决穿衣问题，便要解决农业和工业的两个问题。如果农业和工业两个问题不能够解决，不能够增加生产，便没有便宜衣穿。中国自己既是不能织造便宜布，便要靠外国运布进来。外国运布来中国，他们不是来尽义务，也不是来进贡，他们运货进来是要赚钱的，要用一块钱的货，换两块中国钱。中国的钱被外国赚去了，就是要受外国的经济压迫。追究所以受这种压迫的原因，还是由于工业不发达。因为工业不发达，所以中国的棉花都要运去外国，外国的粗棉布还要买进来。中国人天天〈穿〉的衣服都是靠外国运进来，便要出很高的代价；这种很高的代价，便是要把很贵重的金银、粮食运到外国去抵偿。这样情形，便很象破落户的败家子孙自已不知道生产，不能够谋衣食，便要把祖宗留传下的珍宝玩器那些好东西卖去换衣食一样。这就是中国受外国经济压迫的现状。

我从前在民族主义中已经是讲过了，中国受外国经济的压迫，每年要被外国夺去十二万万至十五万万元。这个十五万万元的损失之中，顶大的就是由于进口货同出口货不相比对。照这两三年海关册的报告，出口货比进口货要少三万万余两。这种两数是海关秤，这种海关秤的三万万余两，要折合上海大洋便有五万万元，若果折合广东毫银便有六万万元。这就是出口货同进口货不能相抵销的价值。进口货究竟是些什么东西呢？顶大的是洋纱洋布，这种洋纱洋布都是棉花织成的，所以中国每年进口的损失，大多数是由于棉货。据海关册的报告，这种进口棉货的价值，每年要有二万万海关两，折合上海大洋便有三万万元。这就是中国用外国的棉布每年要值三万万元，拿中国近来人口的数目比较起来，就是每一个人要用一块钱来穿洋布。由此可见现在中国民生的第二个需要，都是用外国材料。中国本来有棉花，工人很多，工钱又贱，但是不知道振兴工业来挽回利权，所以就是穿衣便不能不用洋布，便不能不把许多钱都送到外国人。要送钱到外国人，就是受外国的经济压迫，没有方法来解决。我们直接穿衣的民生问题，更是不能解决。大家要挽回利权,先解决穿衣问题,便要减少洋纱洋布的进口。要解决这个问题,有什么好方法呢?

当欧战的时候,欧美各国没有洋布运进中国,到中国的洋布都是从日本运来的。日本在那个时候,供给欧洲协约国的种种军用品,比较运洋布来中国还要赚钱得多,所以日本的大工厂都是制造军用品去供给协约国,只有少数工厂才制造洋纱洋布运到中国来卖。中国市面上的布便不够人民穿,布价便是非常之贵。当时中国的商人要做投机事业,便发起设立许多纱厂布厂,自己把棉花来纺成洋纱,更用洋纱织成洋布。后来上海设立几十家工厂,都是很赚钱,一块钱的资本差不多要赚三四块钱,有几倍的利息。一般资本家见得这样的大利,大家更想发大财,便更投许多资本去开纱厂布厂,所以当时在上海的纱厂布厂真是极一时之盛。那些开纱厂布厂新发财的资本家,许多都称为棉花大王。但是到现在,又是怎么样情形呢?从前有几千万的富翁,现在都是亏大本,变成了穷人。从前所开的纱厂布厂,现在因为亏了本,大多数都是停了工。如果再不停工,还更要亏本,甚至于要完全破产。

这是什么原因呢?一般人以为外国的洋布洋纱之所以能够运到中国来的原故,是由于用机器来纺纱织布。这种用机器来纺纱织布,比较用手工来纺纱织布,所得的品质是好得多,成本是轻得多,所以外国在中国买了棉花,运回本国织成洋布之后,再运来中国,这样往返曲折,还能够赚钱。推究他们能够赚钱的原因,是由于用机器。由于他们都是用机器,所以中国一般资本家都是学他们,也是用机器来织布纺纱,开了许多新式的大纱厂大布厂,所投的资本大的有千万,小的也有百几十万。那些纱厂和布厂在欧战的时候本赚了许多钱,但是现在都是亏本,大多数都是停工,从前的棉花大王现在多变成了穷措大。推到我们现在的纱厂和布厂也是用机器，同是一样的用机器，为什么他们外国人用机器织布纺纱便赚钱，我们中国人用机器织布纺纱便要亏本呢？而且外国织布的棉花还是从中国买回去的，外国买到棉花运回本国去，要花一笔运费；织成洋布之后再运来中国，又要花一笔运费。一往一返，要花多两笔运费。再者，外国工人的工钱又比中国高得多。中国用本地的土产来制造货物，所用的机器和外国相同，而且工价又便宜，照道理是应该中国的纱厂布厂能够赚钱，外国的纱厂布厂要亏本。为什么所得结果恰恰是相反呢？

这个原因，就是中国的棉业受了外国政治的压迫。外国压迫中国，不但是专用经济力。经济力是一种天然力量，就是中国所说的“王道”。到了经济力有时而穷，不能达到目的的时候，便用政治来压迫。这种政治力，就是中国所说的“霸道”。当从前中国用手工和外国用机器竞争的时代，中国的工业归于失败，那还是纯粹经济问题。到了欧战以后，中国所开纱厂布厂也学外国用机器去和他们竞争，弄到结果是中国失败，这便不是经济问题，是政治问题。外国用政治力来压迫中国是些什么方法呢？从前中国满清政府和外国战争，中国失败之后，外国便强迫中国立了许多不平等的条约，外国至今都是用那些条约来束缚中国。中国因为受了那些条约的束缚，所以无论什么事都是失败。中国和外国如果在政治上是站在平等的地位，在经济一方面可以自由去和外国竞争的，中国还可以支持，或不至于失败。但是外国一用到政治力，要拿政治力量来做经济力量的后盾，中国便没有方法可以抵抗、可以竞争。

外国束缚中国的条约，对于棉业问题是有什么关系呢？现在外国运洋纱到中国，在进口的时候，海关都是要行值百抽五的关税；进口之后，通过中国内地各处，再要行值百抽二五的厘金。统计起来，外国的洋纱洋布只要纳百分之七五的厘税，便可以流通中国各处，畅行无阻。至于中国纱厂布厂织成的洋布，又是怎么样呢？在满清的时候，中国人都是做梦，糊糊涂涂，也是听外国人主持。凡是中国在上海等处各工厂所出的布匹，都要和外国的洋布一样，要行值百抽五的关税；经过内地各处的时候，又不能和外国洋布一样只纳一次厘金，凡是经过一处地方便要更纳一次厘金，经过几处地方便要纳几次厘金。讲到中国土布纳海关税是和外国洋布一样，纳厘金又要比外国洋布多几次，所以中国土布的价钱便变成非常之高。土布的价钱太高，便不能流通各省，所以就是由机器织成的布，还是不能够和外国布来竞争。外国拿条约来束缚中国的海关厘金，厘金厂对于外国货不能随便加税，对于中国货可以任意加税。好象广东的海关，不是中国人管理，是外国人管理，我们对于外国货物便不能自由加税。中国货物经过海关都由外国人任意抽税，通过各关卡更要纳许多次数厘金。外国货物纳过一次税之后，便通行无阻。这就是中外货物的税率不平均。因为中外货物的税率不平均，所以中国的土布便归失败。

至于欧美平等的独立国家，彼此的关税都是自由，都没有条约的束缚，各国政府都是可以自由加税。这种加税的变更，是看本国和外国的经济状态来定税率的高下。如果外国有很多货物运进来，侵夺本国的货物，马上便可以加极重的税来压制外国货，压制外国货就是保护本国货。这种税法，就叫做“保护税法”。譬如中国有货运到日本，日本对于中国货物最少也要抽值百分之三十的税，他们本国的货物便不抽税。所以日本货物原来成本是一百元的，因为不纳税，仍是一百元，日本货物如果卖一百二十元，便有二十元的利。中国货运到日本去，若卖了一百二十元，便要亏十元的血本。由此日本便可以抵制中国货，可以保护本国货。这种保护本国货物的发达，抵制外国货物的进口，是各国相同的经济政策。

我们要解决民生问题,保护本国工业不为外国侵夺,便先要有政治力量,自己能够来保护工业。中国现在受条约的束缚,失了政治的主权,不但是不能保护本国工业,反要保护外国工业。这是由于外国资本发达,机器进步,经济方面已经是占了优胜;在经济力量之外,背后还有政治力量来做后援。所以中国的纱厂布厂,当欧战时候没有欧美的洋布洋纱来竞争,才可以赚钱;欧战之后,他们的洋布洋纱都是进中国来竞争,我们便要亏本。讲到穿衣问题里头,最大的是棉业问题,我们现在对于棉业问题没有方法来解决。中国棉业还是在幼稚时代,机器没有外国的那么精良,工厂的训练和组织又没有外国的那么完备,所以中国的棉业就是不抽厘金关税,也是很难和外国竞争。如果要和外国竞争,便要学欧美各国的那种政策。

欧美各国对于这种政策是怎么样呢?在几十年以前,英国的工业是占世界上第一个地位,世界所需要的货物都靠英国来供给。当时美国还是在农业时代,所有的小工业完全被英国压迫,不能够发达。后来美国采用保护政策,实行保护税法,凡是由英国运到美国的货物,便要行值百抽五十或者值百抽一百的重税。因此英国货物的成本便变成极大,便不能够和美国货物去竞争,所以许多货物便不能运去美国。美国本国的工业便由此发达,现在是驾乎英国之上。德国在数十年之前也是农业国,人民所需要的货物也是要靠英国运进去,要受英国的压迫,后来行了保护政策,德国的工业也就逐渐发达,近来更驾乎各国之上。由此可见,我们要发达中国的工业,便应该仿效德国、美国的保护政策,来抵制外国的洋货,保护本国的土货。

现在欧美列强都是把中国当做殖民地的市场,中国的主权和金融都是在他们掌握之中。我们要解决民生问题,如果专从经济范围来着手,一定是解决不通的。要民生问题能够解决得通,便要先从政治上来着手，打破一切不平等的条约，收回外人管理的海关，我们才可以自由加税，实行保护政策。能够实行保护政策，外国货物不能侵入，本国的工业自然可以发达。中国要提倡土货、抵制洋货，从前不知道运动了好几次，但是全国运动不能一致，没有成功；就令全国运动能够一致，也不容易成功。这个原因，就是由于国家的政治力量太薄弱，自己不能管理海关。外国人管理海关，我们便不能够自由增减税率。不能够自由增减税率，没有方法令洋布的价贵，土布的价贱，所以现在的洋布便是便宜过土布。洋布便宜过土布，无论是国民怎么样提倡爱国，也不能够永久不穿洋布来穿土布。如果一定要国民永久不穿洋布来穿土布，那便是和个人的经济原则相反，那便行不通。比方一家每年要用三十元的洋布，如果抵制洋布、改用土布，土布的价贵，每年便不止费三十元，要费五六十元，这就是由于用土布每年便要多费二三十元。这二三十元的耗费，或者一时为爱国心所激动，宁可愿意牺牲。但是这样的感情冲动，是和经济原则相反，决计不能够持久。我们要合乎经济原则，可以持久，便要先打破不平等的条约，自己能够管理海关，可以自由增减税率，令中国货和外国货价钱平等。譬如一家每年穿洋布要费三十元，穿土布也只费三十元，那才是正当办法，那才可以持久。我们如果能够更进一步，能令洋布贵过土布，令穿外国洋布的人一年要费三十元，穿本国土布的人一年只费二十元，那便可以战胜外国的洋布工业，本国的土布工业便可以大发达。由此可见，我们讲民生主义，要解决穿衣问题，要全国穿土布、不准外国洋布进口，便要国家有政治权力，穿衣问题才可以解决。

讲到民生主义的穿衣问题，现在最重要的材料就是丝、麻、棉、毛四种。这四种材料之中的毛，中国也是出产好多，品质也是比外国好。不过中国的这种工业不发达，自己不制造，便年年运到外国去卖。外国收中国的毛,制成绒呢,又再运回中国来卖,赚中国的钱。如果我们恢复主权,用国家的力量来经营毛业,也可以和棉业同时来发达。毛工业能够发达,中国人在冬天所需要的绒呢,便可以不用外国货。有盈余的时候,更可以象丝一样,推广到外国去销行。现在中国的制毛工业不发达,所以只有用带皮的毛,脱皮的散毛在中国便没有用处,便被外国用贱价收买,织成绒呢和各种毡料,运回中国来赚我们的钱。由此可见,中国的棉业和毛业同是受外国政治经济的压迫。所以我们要解决穿衣问题,便要用全国的大力量统筹计划,先恢复政治的主权,用国家的力量来经营丝、麻、棉、毛的农业和工业;更要收回海关来保护这四种农业和工业,加重原料之出口税及加重洋货之入口税。我国之纺织工业必可立时发达,而穿衣材料之问题方能解决。

衣服的材料问题可以解决,我们便可来讲穿衣之本题。穿衣之起源前已讲过,就系用来御寒,所以穿衣之作用第一就系用来保护身体。但是后来文明渐进,就拿来彰身,所以第二之作用就系要来好看,叫做壮观瞻。在野蛮时代的人无衣来彰身,就有图腾其体的,就是用颜色涂画其身,即古人所"文身"是也。至今文明虽进,而穿衣作用仍以彰身为重,而御寒保体的作用反多忽略了。近代穷奢斗侈,不独材料时时要花样翻新,就衣裳之款式也年年有宽狭不同。而习俗之好尚,又多有视人衣饰以为优劣之别,所以有"衣冠文物"就是文化进步之别称。迨后君权发达,则又以衣服为等级之区别,所以第三个作用,衣服即为阶级之符号。至今民权发达,阶级削平,而共和国家之陆海军,亦不能除去以衣饰为等级之习尚。照以上这三个衣服之作用,一护体、二彰身、三等差之外,我们今天以穿衣为人民之需要,则在此时阶级平等、劳工神圣之潮流,为民众打算穿衣之需要,则又要加多一个作用,这个作用就是要方便。故讲到今日民众需要之衣服之完全作用，必要能护体、能美观、又能方便不碍于作工，乃为完美之衣服。

国家为实行民生主义，当本此三穿衣之作用，来开设大规模之裁缝厂于各地。就民数之多少，寒暑之节候，来制造需要之衣服，以供给人民之用。务使人人都得到需要衣服，不致一人有所缺乏。此就是三民主义国家之政府对于人民穿衣需要之义务。而人民对于国家，又当然要尽足国民之义务，否则失去国民之资格。凡失去国民之资格者，就是失去主人之资格。此等游惰之流氓，就是国家人群之蟊贼，政府必当执行法律以强迫之，必使此等流氓渐变为神圣之劳工，得以同享国民之权利。如此，流氓尽绝，人人皆为生产之分子，则必丰衣足食，家给人足，而民生问题便可以解决矣。

（未完）①

据孙文讲演、中国国民党中央执行委员会编辑

《民生主义》（广州一九二四年十二月版）

复国民党暹罗彭世洛分部同志函

（一九二四年二月一日）

彭世洛分部同志诸兄暨承业、南唐②先生均鉴：

径启者：萧君佛成、陈君美堂抵粤，带来大函并港币九百拾元，已照收到。著中央筹饷会填发收据四十六张寄上，希为察照。至于奖章一层，已令该筹饷会按照筹款章程，赶速办理矣。夙仰诸君热心党务，迭次讨贼，卓著勋劳。操算运筹，慨助巨款，崇德令誉，

① 按孙中山原来的计划，民生主义还有两讲，即住和行的问题。后来未续讲。

② 承业、南唐：即卓承业、郭南唐。

久已远近昭彰矣。惟本党主义，伐罪吊民，国贼一日未除，则仔肩不容苟卸。

自民国十三年来，龙蛇群动，战血玄黄，名则号曰共和，实则甚于专制。迩更军阀横行，政孽肆毒，生民憔悴，举国徬徨。不有救济，势必沦胥以灭也。诸君既以党义奋斗于先，尤望以毅力坚持于后。今后党务之策划与饷项之运筹，仍请继续努力。他日成功，有众叨德，岂独文个人与本党之幸也耶。临书神驰，尚希亮察。即候

义祺

孙文　十三年二月一日

据《国父全集》第三册（转录史委会藏抄件）

致黄仲初函

（一九二四年二月一日）

黄仲初先生大鉴：

中原鼎沸，国事蜩螗。救国锄奸，责在吾党。夙仰先生热心党务，迭次讨贼，卓著勋劳。操算运筹，慨助巨款。荣德令誉，久已远近昭彰矣。惟本党主义，伐罪吊民，国贼一日未除，则仔肩不容苟卸。自民国十三年来，龙蛇群动，血战玄黄，名则号曰共和，实则甚于专制。迩更军阀横行，政孽肆毒，生民憔悴，举国徬徨。不有救济，势必沦胥以灭也。先生既以党义奋斗于先，尤望以毅力坚持于后。今后党务之策划，与饷项之运筹，仍请续继努力。他日成功，有众叨德，岂独文个人与本党之幸也耶。临书神驰，尚希亮察。即候

义祺

孙文　中华民国十三年二月一日

据《国父全集》第三册（转录史委会藏原件影印）

任命刘光烈等职务令

（一九二四年二月一日）

大元帅令

任命刘光烈、周烱伯、吴景英、费行简、吴景熙、曾道、丁嗀音为大本营咨议。此令。

（中华民国陆海军大元帅之印）

中华民国十三年二月一日

据《大本营公报》第四号《命令》

给叶恭绰廖仲恺的命令

（一九二四年二月三日）

大元帅令

据大本营财政部部长叶恭绰、广东省长廖仲恺呈称："据广州地方善后委员会、广州总商会、广东善团总所、九善堂院函称：'经各界大集会议议决，由广州地方善后委员会、广州总商会、广东善团总所、九善堂院联合发行善后短期手票五十万元，以各善堂院价值一百余万元产业为保证。其契照交由广州总商会存储，将广州市民产保证局交法定社团公推委员办理，规定广州市民产保证局概不收受现金，专收此项手票，以偿足五十万元为止'等情。呈请核准施行，明令办理"前来。当此旧历年关紧迫，军饷急需，该善堂院等慨然提出巨产保证手票，该委员会、总商会、善团总所等相与联合发行，借以应支军饷，鼓励士气，地方赖以乂安，商民同资利便，本大元帅至为嘉慰。关于民产保证局既交由各法定社团办理，应即妥定便利办法，以期敏捷而资保障，责成广州市长督饬妥迅进行，勿滋扰累。至一切官产、市产，一律停止举报；其未办结各案，应即速行办结，以苏民困。仰财政部长、广东省长分别转饬遵照。此令。

（中华民国陆海军大元帅之印）

中华民国十三年二月三日

据《大本营公报》第四号《命令》

准梅光培辞职令

（一九二四年二月三日）

大元帅令

广东财政厅厅长兼大本营筹饷总局会办梅光培呈请辞职。梅光培准免本兼各职。此令。

（中华民国陆海军大元帅之印）

中华民国十三年二月三日

据《大本营公报》第四号《命令》

任命郑洪年职务令

（一九二四年二月三日）

大元帅令

任命大本营财政部次长郑洪年兼代广东财政厅厅长。此令。

（中华民国陆海军大元帅之印）

中华民国十三年二月三日

据《大本营公报》第四号《命令》

委派郑洪年职务令

（一九二四年二月三日）

大元帅令

派郑洪年兼大本营筹饷总局会办。此令。

（中华民国陆海军大元帅之印）

中华民国十三年二月三日

据《大本营公报》第四号《命令》

委派张启荣职务令

（一九二四年二月三日）

大元帅令

派张启荣为钦廉高雷[①]招抚使。此令。

（中华民国陆海军大元帅之印）

中华民国十三年二月三日

据《大本营公报》第四号《命令》

委派雷洪基朱公彦职务令

（一九二四年二月三日）

大元帅令

派雷洪基、朱公彦为大本营出勤委员。此令。

---

① 钦廉高雷：广东省西南部钦州、廉州（今均属广西）、高州、雷州。

（中华民国陆海军大元帅之印）

中华民国十三年二月三日

据《大本营公报》第四号《命令》

给各军首长的训令

（一九二四年二月三日）

大元帅训令第四七号

令各军总司令及司令、军长、师长

现据财政部长叶恭绰、广东省长廖仲恺呈称："年关逼近，军饷及〔急〕需，拟发行短期手票五十万元以资救济"等情。据此，除指令照准发行外，合亟令仰该总司令、司令、军长、师长即便遵照，严〔饬〕所属部队不得借此骚扰，以利推行，是为至要。此令。

（中华民国陆海军大元帅之印）

中华民国十三年二月三日

据《大本营公报》第四号《训令》

给叶恭绰廖仲恺的指令

（一九二四年二月三日）

大元帅指令第一〇四号

令大本营财政部长叶恭绰、广东省长廖仲恺

呈一件：呈为发行短期手票五十万元，请予照准，并分令各军队一体遵照，毋得借此骚扰由。

呈悉。此项短期手票五十万元，应准发行，并已如呈分令各军队，不得藉此骚扰矣。仰即知照。此令。

（中华民国陆海军大元帅之印）

中华民国十三年二月三日

据《大本营公报》第四号《指令》

给梅光培的指令

（一九二四年二月三日）

大元帅指令第一〇五号

令广东财政厅长兼大本营筹饷总局会办梅光培

呈请辞职由。

呈悉。已明令准免本兼各职矣。仰即知照。此令。

（中华民国陆海军大元帅之印）

中华民国十三年二月三日

据《大本营公报》第四号《指令》

着创建国立广东大学令

（一九二四年二月四日）

大元帅令

着将国立高等师范、广东法科大学、广东农业专门学校合并，改为国立广东大学。此令。

（中华民国陆海军大元帅之印）

中华民国十三年二月四日

据《大本营公报》第四号《命令》

委派邹鲁职务令

（一九二四年二月四日）

大元帅令

派邹鲁为国立广东大学筹备主任。此令。

（中华民国陆海军大元帅之印）

中华民国十三年二月四日

据《大本营公报》第四号《命令》

复留俄同志函*

（一九二四年二月六日）

世炎同志暨诸同志均鉴：

十二年十一月三十日手书诵悉。一切所论，洞见症结，至为欣慰。关于本党改组问题及政策问题，此次召集国民党全国代表大会，通过宣言、章程。在宣言中列举政策；在章程中确定变更组织。均与手书所论略相吻合。要之，此后吾党同志当努力于主义之宣传与实现；对于外国之帝国主义及国内之专制余孽，务当推陷而廓清之；筑国民党基础于民众利益之上，时时导引国民为民众利益而奋斗。凡此荦荦诸端，凡属党员，皆当身体力行。文甚望此次改组以后，本党之组织与规律，能使党员一致，以猛向前进，则建设大业终当成就。本党此次改组，得力于俄国同志鲍尔汀①之训导为多。

---

* 原函未署年份，据函内有关国民党代表大会等内容判断，应在一九二四年。

① 鲍尔汀：今译鲍罗廷。

鲍君本其学识与经验，以助本党之进步，成绩已著。诸兄现留俄国，于其革命主义之所以能彻底，及其党之组织与纪律，与其为国民利益而奋斗之方策，必多真知灼见。望时时以所心得，饷之国内同志，俾得借镜，是所至嘱。

至于来书，望文移驻沪上一节，揆之目前事实，有所未宜。粤中环境固未能猝即实现吾党之理想，然有此以为根据，将种种困难次第解决，则亦未尝不可作为实行主义之发轫地。今正从事肃清东江，俟余孽荡尽，即当出师北伐。盖主义之宣传与障碍之扫除，当同时并行，此意诸兄当能洞及也。专复，并候
旅祉

孙文　二月六日

附章程及宣言各一份。

据《国父全集》第三册（转录史委会藏原稿）

着缉办王汝为令

（一九二四年二月六日）

大元帅令

前因中央直辖滇军第四师师长王汝为横行畿辅，椒扰纪纲，业经明令免职查办在案。兹据蒋军长光亮呈称，王汝为已率部降敌，实属甘心附逆，罪无可逭。着前敌各军长官暨地方官吏一体严缉，务获惩办，以仲〔伸〕国法而儆效尤。此令。

（中华民国陆海军大元帅之印）

中华民国十三年二月六日

据《大本营公报》第四号《命令》

着赠恤潘宝寿令

（一九二四年二月六日）

大元帅令

大本营军政部长程潜呈："议复已故滇军团长潘宝寿请予追赠陆军少将，并照恤赏章程给予恤金"等语。已故滇军团长潘宝寿准予追赠陆军少将，并照少将例给予恤金，以慰英灵。此令。

（中华民国陆海军大元帅之印）

中华民国十三年二月六日

据《大本营公报》第四号《命令》

任命周亚南刘伯英职务令

（一九二四年二月六日）

大元帅令

任命周亚南、刘伯英为大本营谘议。此令。

（中华民国陆海军大元帅之印）

中华民国十三年二月六日

据《大本营公报》第四号《命令》

免温德章职务令

（一九二四年二月六日）

大元帅令

广九铁路局长温德章着即免职,听候查办。此令。

（中华民国陆海军大元帅之印）

中华民国十三年二月六日

据《大本营公报》第四号《命令》

着陈兴汉代职令

（一九二四年二月六日）

大元帅令

广九铁路局长着陈兴汉兼代。此令。

（中华民国陆海军大元帅之印）

中华民国十三年二月六日

据《大本营公报》第四号《命令》

给蒋光亮的指令

（一九二四年二月六日）

大元帅指令第一〇六号

令中央直辖滇军第三军军长蒋光亮

呈请通缉王汝为由。

呈悉。王汝为已明令通缉矣。仰即知照。此令。

（中华民国陆海军大元帅之印）

中华民国十三年二月六日

据《大本营公报》第四号《指令》

给陈兴汉的指令

（一九二四年二月六日）

大元帅指令第一〇七号

令管理粤汉铁路事务陈兴汉

呈请收回兼理广三铁路管理局局长成命由。

呈悉。该员办理路政著有成绩。此次兼任广三路局长，原属为事择人，应即克日到局视事，借资整顿。所请收回成命之处，着毋庸议。此令。

（中华民国陆海军大元帅之印）

中华民国十三年二月六日

据《大本营公报》第四号《指令》

给程潜的指令

（一九二四年二月六日）

大元帅指令第一〇八号

令大本营军政部长程潜

呈为西路讨贼军第二师严师长[①]拟备价购领兵工厂新制步枪一千杆、水机关枪四尊，呈乞核示由。

呈悉。查石井兵工厂每日造成枪械无多，严师长拟备价购领一节，碍难照准。仰即转饬知照。此令。

---

① 严师长：即严兆丰。

（中华民国陆海军大元帅之印）

中华民国十三年二月六日

据《大本营公报》第四号《指令》

给伍学熀的指令

（一九二四年二月六日）

大元帅指令第一〇九号

令兼广东全省船民自治联防督办伍学熀

呈为遵令将章程[①]条文及收费数目明白布告，乞备案由。

呈悉。此令。

（中华民国陆海军大元帅之印）

中华民国十三年二月六日

据《大本营公报》第四号《指令》

给张开儒的指令

（一九二四年二月六日）

大元帅指令第一一〇号

令大本营参军长张开儒

呈为中校副官谷春芳因病请假一月，乞核准由。

呈悉。照准。此令。

（中华民国陆海军大元帅之印）

---

① 章程：指《船民输纳自治联防经费暂行章程》（九条）、《查验枪炮照暂行章程》（十一条）及《发给旗灯暂行章程》（八条）。

中华民国十三年二月六日

据《大本营公报》第四号《指令》

给宋鹤庚的指令

（一九二四年二月六日）

大元帅指令第一一一号

令兼湘军总指挥、湘军第一军军长宋鹤庚

呈报就职并启用关防日期由。

呈悉。此令。

（中华民国陆海军大元帅之印）

中华民国十三年二月六日

据《大本营公报》第四号《指令》

给冯肇铭的指令

（一九二四年二月六日）

大元帅指令第一一二号

令代理广东海防司令冯肇铭

呈报就职日期由。

呈悉。此令。

（中华民国陆海军大元帅之印）

中华民国十三年二月六日

据《大本营公报》第四号《指令》

给杨希闵等的指令

（一九二四年二月七日）

大元帅指令第一一三号

令中央直辖滇军总司令杨希闵、湘军总司令谭延闿、中央直辖第一军军长朱培德

呈为需饷孔急，拟设立盐务局、百货税局，加抽盐觔、百货附捐，以资应用，并附呈该总局合组大纲，请核准备案由。

呈及组织大纲均悉。盐税加减，全属盐务行政范围。百货征税，非可轻易附加。际此民力艰难，兵灾连年，尤宜体恤下情，以维持人民生计。所请设局抽收盐斤及百货临时附加捐，着毋庸议。此令。

（中华民国陆海军大元帅之印）

中华民国十三年二月七日

据《大本营公报》第四号《指令》

给陈融的指令

（一九二四年二月七日）

大元帅指令第一一四号

令广东高等审判厅厅长陈融

呈解该厅十二年十一、十二两月各职员提俸充饷由。

呈及附表均悉。该厅解来十二年十一、十二两月所属职员提俸充饷之款三千三百元，业饬会计司如数核收，并由该司发给收据

矣。仰即知照。此令。

（中华民国陆海军大元帅之印）

中华民国十三年二月七日

据《大本营公报》第四号《指令》

着上海分部更名令*

（一九二四年二月八日）

原有上海分部着改为上海第一分部。所有原任该分部各职员，一律照此名称按原职加委，其任期仍合以前当选之日计算。着总务部遵照办理。

孙文　二月八日

据《国父全集》第四册（转录史委会藏原令）

给廖仲恺的训令

（一九二四年二月八日）

大元帅训令第四八号

令广东省长廖仲恺

为令遵事：据中央直辖滇军总司令兼广州卫戍总司令杨希闵呈称："案据职部警卫二团团长刘廷珍于二月四日午后八时呈称：'为呈报事：窃职团于本日请领薪饷，领获短期手票八百元，深虑此项纸票初次发行，市面尚未周知，骤然发给士兵行使，难免不无冲突，乃先派一排长李忍持票试用能否通行。既据该排长归报：初至

* 原令未署年份，按内容判断，应在一九二四年。

小市街口英美烟公司分销处购物，该铺始则拒绝；嗣经该处商团开导，晓以此票系经财政委员会、商会及各善堂议决，政府核准，市面一律通用，言明后该铺即已收受。职团又再三审慎，仍恐发交士兵致生他虑，令各士兵将欲购物品报请本属长官代为出外购取，防患未然，不为不周。乃以二连三排长蔡海清、三班长张升平两人，于本日午后六时徒手持票至双门底品南茶店三元钱铺兑换银钱，以资采卖各物。讵该店主坚持不收，声称此系滇军伪造，彼此互相口角。该店主遽鸣笛召团，是时商团巡街者络绎不绝，一闻笛声，蜂拥而来，不问是非，不明皂白，遽然开枪孱〔羼〕射，竟将该排长蔡海清、班长张升平登时当场击毙。时也，一排长李忍亦徒手出街购物，道经该处，该商团丁见其身着军服，又率尔开枪乱射，该排长回首便跑，以至头部仅受重伤。职团问〔闻〕警，当即派员前往调查，但见该排长及军士死尸横陈，血肉狼藉，惨不忍言。随检该尸，袋中尚有血渍原票二张。于是全团官兵睹此现象，愤不欲生，佥谓我等军人为国战死，死固其宜。今以行使政府颁发纸票之故，遂被该团丁击毙，自斯以往，团丁益横行，吾辈其危矣。兔死狐悲，物伤其类，愿得一拚死命，以报手足冤仇等语。职团见其愤激如此，极力制止，喻以凡事自有长官作主，静待解决，万勿躁动。职团自蒙委任，其于军纪、风纪罔不极力讲求，乃不意祸从天降，竟至于此。惟有叩恳钧长向彼商团严重交涉，非将该凶犯归案抵罪，万不足以得其平而安将士，理合呈请衡核施行。计附呈血渍原票二张'等情。据此，同时又据职部副官长报称：'职处闻警时，即派上尉差遣伍继曾速往调查。该差遣还称：职至永汉马路，岗警引职到警察第五区署面会鲍区员询其详情。据云午后六时，有徒手军人二名，未有表示属于何军，持纸票在品南饼铺购物，声称除应给购价外，下余之数应找还现金。该铺不允，彼此口角，该铺遂鸣笛召团丁，一时枪声四起，竟击毙军人二名，又击伤路上行人二名。职又亲至发生地点调查，亦同前由等语。又据卫生队军士郑光宗报称：本晚过年，长官派职到维新路高地街十三号购买火炮，该铺商人先不允卖，继以生银示之，乃答以卖，而要银十二元。职遂以毫银十二元与之，又不给火炮，暗地使人唤团警。乃不多时，竟有商团百余人蜂拥聚集，情势汹汹，将欲动武。经职等婉为说明，不卖火炮，须还钱来。该商乃退还毫洋七元六角，其余四元四角，卒以商团过多，不准分辩，遂至损失，且几吃亏。又谍查报告：本晚西关及城市各处商团与湘、滇、粤、桂各军滋闹事件，实有七八起之多等语。职处复查无异，理合据情报请钧核’等情。据此，职部查商团巡街维持市面，固属天职，然若非真有聚众抢劫或持械拒捕与不法滋事者，万不可轻率开枪，致酿人命。况该排长蔡海清、班长张升平执政府颁发手票出街购物，属于正当行为，既系徒手，自然无能为力；又值查街，警团往来如林，万目所视，该排长等虽欲违法捣乱，势必不敢。即使该排长等果有违法举动，而手无武器，该商团亦易会警捕交职部办理，乃计不出此，竟尔孟浮若是。反复推察，若非寻私报仇，必系受敌运动，故意捣乱。诚如近来各方谍查侦探所报告，陈逆炯明极力运动商团，意图在省捣乱，不然桑梓地方何致草菅人命，任意妄为，不顾治安，有如此者？当此战事未息，正尔用兵，万一激生变故，影响大局，此种责任其谁负之？职部奉命兼卫戍斯土，原有保护军民、维持地方之责，对于此等事件，亟宜公平处理，严密防范，以镇军心而安闾阎，大局前途关系匪浅。除严令该商团速将犯法团丁解送职部讯办，并令严密约束防范，勿为逆敌所愚外，理合具情呈请鉴核，饬令有司严密防范，以杜奸谋，实为公便”等情。据此，除指令“呈悉。已令行广东省长认真查究矣。仰即知照。此令”外，合亟令仰该省长即便遵照办理。切切。此令。

（中华民国陆海军大元帅之印）

中华民国十三年二月八日

据《大本营公报》第五号（广州一九二四年二月二十日版）《训令》

给何家猷的训令

（一九二四年二月八日）

大元帅训令第四九号

令广东电政监督何家猷

为令遵事：据湘军总司令谭延闿呈称："查广韶电线损坏已久，曾经呈请钧座令行广州电政监督修理。旋奉第二十四号指令开：'仰候令行电政监督认真整顿可也。此令'等因在案。兹据职部驻韶陶副官制安艳电称：'广韶电局月余未通，致我军电报积压至七十余件之多。消息梗阻，遗误戎机，诚非浅鲜。恳饬赶紧修理为祷'等情。据此，合再备文呈请钧座，恳予严令该电政监督从速修理，以利戎机，实为公便"等情。据此，除指令照准外，合行令仰该监督即便从速修理，毋稍贻误。切切。此令。

（中华民国陆海军大元帅之印）

中华民国十三年二月八日

据《大本营公报》第五号《训令》

给赵士北的训令

（一九二四年二月八日）

大元帅训令第五〇号

令大理院长赵士北

为令饬事：照得大理院与总检察厅彼此职务相辅而行，院厅人员同受院委，尤应平等待遇。前据总检察长卢兴原将经费支绌、办事困难情形具呈缕陈前来，当经令饬该院长就司法收入项下酌予分拨，俾维现状在案。兹复据该总检察长呈称："职厅经费积欠业逾四月，职员势将解体。而查大理院薪俸，则已发至去年十一月份，借支有已借至一月份者。职厅各职员以为同奉院委，何以待遇显有轩轾？至以大理院司法收入而言，若讼费、若状面费、若律师证书费、若律师小章费，综此四项，月入约五六千元，苟以四、五分之一拨给职厅，尚非势所难能"等情。据此，除指令外，合行令仰该院长遵照，先今〔令〕饬按月务将司法收入尽数平均摊发厅院职员，俾资办公，切勿稍分厚薄，仍将遵办情形报查。切切。此令。

（中华民国陆海军大元帅之印）

中华民国十三年二月八日

据《大本营公报》第五号《训令》

给程潜的训令

（一九二四年二月八日）

大元帅训令第五一号

令大本营军政部长程潜

据广西讨贼军第一军总司令黄绍雄〔竑〕支电称："窃查桂省连年兵燹迭生，变乱无定，溃军、土匪啸聚山林，焚杀劫虏，民不堪命。数月以来，职军分路进剿，每因各支军借收编散军为名，入境收抚，致令势穷力竭之土匪，借为护符，相率受编。卒之匪情难驯，变本加厉，外恃军队之名，肆行劫掠之实，较之未收编之匪，为害尤烈；以之御敌，闻风先溃，虚糜国帑，重害人民。兹为整顿地方起见，伏恳察核，通令现驻粤桂两省各军长官，勿再派员入梧、郁、浔[①]各属境收编匪伙。俾职部得以实行剿办匪盗，安辑善良。从此伏莽全消，民登衽席，悉出我大元帅生成之德也。临电屏营，伏乞电示”等情。据此，应予照准。仰该部长即便转知各军长官，一体遵照可也。此令。

（中华民国陆海军大元帅之印）

中华民国十三年二月八日

据《大本营公报》第五号《训令》

给杨希闵的指令

（一九二四年二月八日）

大元帅指令第一一五号

令中央直辖滇军总司令兼广州卫戍总司令杨希闵

呈报广州市商团因行使手票，击毙所部排长蔡海清等情形，乞令有司严密防范由。

呈悉。已令行广东省长认真查究矣。仰即知照。此令。

（中华民国陆海军大元帅之印）

中华民国十三年二月八日

据《大本营公报》第五号《指令》

给樊钟秀的指令

（一九二四年二月八日）

大元帅指令第一一六号

---

① 梧、郁、浔：指梧州、郁南、浔州。

令豫军讨贼军总司令樊钟秀

呈请设法维持票币由。

呈悉。已饬主管机关设法维持矣。仰即知照。此令。

（中华民国陆海军大元帅之印）

中华民国十三年二月八日

据《大本营公报》第五号《指令》

给谭延闿的指令

（一九二四年二月八日）

大元帅指令第一一八号

令湘军总司令谭延闿

呈请严令广东电政监督从速修理广韶电线，以利戎机由。

呈悉。已令行广东电政监督从速修理矣。仰即知照。此令。

（中华民国陆海军大元帅之印）

中华民国十三年二月八日

据《大本营公报》第五号《指令》

给罗翼群的指令

（一九二四年二月八日）

大元帅指令第一一九号

令前兵站总监罗翼群

呈请发给兵站第一支部员兵欠饷及商款由。

呈悉。该部所欠发各薪饷欠款，应俟该部报销案核准后，再行分别缓急酌发。仰即遵照。此令。

（中华民国陆海军大元帅之印）

中华民国十三年二月八日

据《大本营公报》第五号《指令》

给伍学熀的指令

（一九二四年二月八日）

大元帅指令第一二〇号

令兼广东全省船民自治联防督办伍学熀

呈报十二年十二月下半月及十三年一月上半月垫经费数目情形由。

呈悉。仰即造具清册呈候核销。此令。

（中华民国陆海军大元帅之印）

中华民国十三年二月八日

据《大本营公报》第五号《指令》

给张开儒的指令

（一九二四年二月八日）

大元帅指令第一二二号

令大本营参军长张开儒

呈为陈明副官葛昆山前在东路第八旅营长差内带逃枪支情形，请予核示由。

呈悉。既据查明该处副官葛昆山前在东路讨贼军第八旅第十六团第二营任内，实无带逃枪枝之事。惟当去年与敌军在石牌激战时，排长樊国贞带逃枪支三十三杆，投入中央直辖第三军独立营杨营长部下充当连长，已由第三军将原枪清还二十一杆，事与葛昆山无涉。葛昆山应准仍充该处副官原职，免予置议。仰即转饬知照。此令。

（中华民国陆海军大元帅之印）

中华民国十三年二月八日

据《大本营公报》第五号《指令》

给梅光培的指令

（一九二四年二月八日）

大元帅指令第一二三号

令广东财政厅厅长梅光培

呈为原办江门东口会河厘厂商人冯耀南呈请收回成命，应如何办理，呈乞示遵由。

呈悉。案经核定，万难变更，所有该商冯耀南呈请收回成命之处，应仍由该厅照案批驳可也。此令。

（中华民国陆海军大元帅之印）

中华民国十三年二月八日

据《大本营公报》第五号《指令》

给梅光培的指令

（一九二四年二月八日）

大元帅指令第一二四号

令广东财政厅长梅光培

呈为湘军总司令谭延闿等于黄沙地方设立盐务局等情一案，

应否分饬各税厂遵照办理，乞示遵由。

呈悉。前据杨希闵等呈请，已指令着毋庸议矣。仰即知照。此令。

（中华民国陆海军大元帅之印）

中华民国十三年二月八日

据《大本营公报》第五号《指令》

给叶恭绰的指令

（一九二四年二月八日）

大元帅指令第一二五号

令大本营财政部长叶恭绰

呈复点交宁波会馆契件情形乞备案并附清折由。

呈、折均悉。清折存。此令。

（中华民国陆海军大元帅之印）

中华民国十三年二月八日

据《大本营公报》第五号《指令》

给程潜的指令

（一九二四年二月八日）

大元帅指令第一二六号

令大本营军政部长程潜

呈议复滇军团长潘宝寿拟请追赠陆军少将并照例给恤由。

呈悉。准如所拟。潘宝寿已明令赠恤矣。此令。

（中华民国陆海军大元帅之印）

中华民国十三年二月八日

据《大本营公报》第五号《指令》

给廖仲恺的训令

（一九二四年二月九日）

大元帅训令第五二号

令广东省长廖仲恺

为令饬事：照得国立高等师范、广东法科大学、广东农业专门学校三校业明令合并，改为国立广东大学，并派邹鲁为国立广东大学筹备主任在案。除训令该筹备主任即日将各该校接管，从速筹备成立外，仰该省长即分别转饬各该校遵照。嗣后所有用人、行政，悉由该筹备处主管办理，以归划一，而促进行。此令。

（中华民国陆海军大元帅之印）

中华民国十三年二月九日

据《大本营公报》第五号《训令》

给邹鲁的训令

（一九二四年二月九日）

大元帅训令第五三号

令国立广东大学筹备主任邹鲁

为令饬事：照得国立高等师范、广东法科大学、广东农业专门学校三校，业明令合并改为国立广东大学，兼派该员为国立广东大学筹备主任在案。除训令广东省长分别转饬各该校遵照，嗣后所有用人、行政悉由该筹备处主管办理，以归划一而促进行外，仰该主任即日将各该校接管，以速筹备成立具报。此令。

（中华民国陆海军大元帅之印）

中华民国十三年二月九日

据《大本营公报》第五号《训令》

给程潜的训令

（一九二四年二月九日）

大元帅训令第五四号

令大本营军政部长程潜

为训令事：案据中央直辖滇军总司令兼广州卫戍总司令杨希闵呈以商团因行使手票，击毙所部排长蔡海清等情形，乞令有司严密防范等情。又据豫军讨贼军总司令樊钟秀呈以商团因干涉行使手票，扯烂纸票，绑殴部属，乞迅设法维持各等情前来。除分别指令暨饬主管机关查究维持外，合亟抄发原呈，令仰该部长即便遵照办理，并会同各主管机关妥筹办法，是为至要。此令。

计抄发原呈二件。

（中华民国陆海军大元帅之印）

中华民国十三年二月九日

据《大本营公报》第五号《训令》

给杨希闵的训令

（一九二四年二月九日）

大元帅训令第五五号

令中央直辖滇军总司令杨希闵

为令饬事：案据管理粤汉铁路事务陈兴汉呈称：“为呈请事：窃职路附加军费，前经呈奉钧座核准分别拨交滇、湘两军总司令在案。乃昨据韶州站电称：‘奉滇军第一师司令部令，略以该附加军费须缴驻韶师部，勿得抗延，致干未便等因。如何办理，乞复示遵’等情。据此，当经面谒钧座请示办理，并奉面令，准令饬该师长毋得干预路政有案。即日又据韶州站电称：‘现滇军第一师高副官带队到站，声称奉赵师长①命令，附加军费须即解缴师部，无论如何，不得抗阻。敝站无力再争，迫得将韶站所收之附加军费陆百柒拾肆元壹毫陆仙强被提去。并高副官声称，此后每日韶站所收之附加军费，仍须每日缴交师部，无得玩视等语。谨电奉闻’等情。据此，理合呈恳钧座察核，迅赐将办法指令祗遵”等情。据此，当经指令：“呈悉。查粤汉路附加军费，前经本大元帅于该管理呈内明白指令，指定用途在案。据呈各情，仰候令饬滇军杨总司令转饬该第一师，勿得违令擅提，致紊财政，此令。”除指令印发外，合行令仰该总司令即便遵照办理，仍将遵办情形报查。此令。

（中华民国陆海军大元帅之印）

中华民国十三年二月九日

据《大本营公报》第五号《训令》

给赵士觐的指令

（一九二四年二月九日）

大元帅指令第一二七号

令两广盐运使赵士觐

---

① 赵师长：即赵成樑。

呈请令饬取消黄沙设立临时附加协饷总局以维鹾政由。

呈悉。查黄沙设立临时附加协饷总局一案，前据杨希闵等呈请，已指令着毋庸议矣。仰即知照。此令。

（中华民国陆海军大元帅之印）

中华民国十三年二月九日

据《大本营公报》第五号《指令》

给郑德铭等的指令

（一九二四年二月九日）

大元帅指令第一二八号

令中央财政委员会筹备员郑德铭等[①]

呈请结束中央财政委员会，请示指遵由。

呈悉。中央财政委员会应照所请收束归并办理。此令。

（中华民国陆海军大元帅之印）

中华民国十三年二月九日

据《大本营公报》第五号《指令》

给杨西岩的指令

（一九二四年二月九日）

大元帅指令第一二九号

令禁烟督办杨西岩

呈拟定本署与各机关来往公文程式，乞令遵由。

---

① 郑德铭等：郑德铭、邝明宽、黄旭升、罗雪甫。

呈悉。应照公文程式，对于属特任职者，用咨属简任；职以下不隶属该署者，均用公函，以符例章。仰即遵照。此令。

（中华民国陆海军大元帅之印）

中华民国十三年二月九日

据《大本营公报》第五号《指令》

给陈兴汉的指令

（一九二四年二月九日）

大元帅指令第一三一号

令管理粤汉铁路事务陈兴汉

呈为滇军第一师在韶逼缴粤汉路附加军费请示办法由。

呈悉。查粤汉路附加军费，前经本大元帅于该管理呈内明白指令指定用途在案。据呈各情，仰候令饬滇军杨总司令[①]转饬该第一师勿得违令擅提，致紊财政。此令。

（中华民国陆海军大元帅之印）

中华民国十三年二月九日

据《大本营公报》第五号《指令》

任命黄玉田职务令

（一九二四年二月十日）

大元帅令

任命黄玉田为大本营参议。此令（每月薪俸五百元）。

孙　文

---

① 杨总司令：即杨希闵。

中华民国十三年二月十日

据谭编《总理遗墨》第三辑影印原稿

任命蒋群职务令

（一九二四年二月十一日）

大元帅令

任命蒋群为大本营参军。此令。

（中华民国陆海军大元帅之印）

中华民国十三年二月十一日

据《大本营公报》第五号《命令》

委派陈应麟职务令

（一九二四年二月十一日）

大元帅令

派陈应麟为禁烟帮办。此令。

（中华民国陆海军大元帅之印）

中华民国十三年二月十一日

据《大本营公报》第五号《命令》

准任锺震岳楼守光职务令

（一九二四年二月十一日）

大元帅令

大本营参谋长李烈钧呈请任命锺震岳、楼守光为大本营参谋处秘书。均照准。此令。

（中华民国陆海军大元帅之印）

中华民国十三年二月十一日

据《大本营公报》第五号《命令》

任命何应钦职务令

（一九二四年二月十一日）

大元帅令

任命何应钦为大本营参谋处军事参议。此令。

（中华民国陆海军大元帅之印）

中华民国十三年二月十一日

据《大本营公报》第五号《命令》

给杨希闵等的训令

（一九二四年二月十一日）

大元帅训令第五六号

令中央直辖滇军总司令杨希闵、湘军总司令谭延闿、豫军讨贼军总司令樊钟秀、桂军总司令刘震寰、粤军总司令许崇智、中央直辖第一军军长朱培德、中央直辖第二军军长黄明堂、中央直辖第三军军长卢师谛、中央直辖第七军军长刘玉山、西江善后督办李济深

为训令事：据禁烟督办杨西岩呈称："窃职署开办以来，业将各属分所陆续投承，并委员前赴各属赶紧开办，以期早裕饷源。惟查各属军队异常庞杂，窃恐间有将收入款项截留之事发生，似于财政

统一前途不无窒碍，督办窃以为虑。经即提出署务会议，与各会帮办公同讨论，佥以应呈请大元帅明令各属各军长官，于职署所属各属分局所收入款项，毋得借词截留，俾早收财政统一之效。业经一致赞同通过在案。理合备文呈请察核，伏乞俯准施行”等情。据此，除指令照准并分令外，合行仰该军长、总司令、督办查照办理，并转饬所属一体遵照。此令。

（中华民国陆海军大元帅之印）

中华民国十三年二月十一日

据《大本营公报》第五号《训令》

给程潜的指令

（一九二四年二月十一日）

大元帅指令第一三二号

令大本营军政部长程潜

呈为遵令议复南雄筹措军米出力绅商曾攀荣等应得奖章，乞予核准施行由。

呈、单均悉。应准如议给与各等奖章，以昭激劝。仰即由部制发，并咨湘军总司令知照。清单存。此令。

（中华民国陆海军大元帅之印）

中华民国十三年二月十一日

据《大本营公报》第五号《指令》

给林森的指令

（一九二四年二月十一日）

大元帅指令第一三三号

令大本营建设部长林森

呈报前日广三铁路因滇军第四师风潮被毁，派员调查暨滇军蒋军长①具报各情形，恳鉴核由。

呈悉。整顿路政是该部长应有权责，仰悉心筹划，随时整理，勿任令该路办理腐败，致营业、交通两受妨碍可也。此令。

（中华民国陆海军大元帅之印）

中华民国十三年二月十一日

据《大本营公报》第五号《指令》

给杨西岩的指令

（一九二四年二月十一日）

大元帅指令第一三四号

令禁烟督办杨西岩

呈请通令各军毋得借词截留收入款项由。

呈悉。照准。已令行各军一体遵照矣。此令。

（中华民国陆海军大元帅之印）

中华民国十三年二月十一日

据《大本营公报》第五号《指令》

给樊钟秀的指令

（一九二四年二月十一日）

大元帅指令第一三五号

令豫军总司令樊钟秀

---

① 蒋军长：即蒋光亮。

呈报该部兵士董福昌因行使手票失踪情形暨布告该军暂不行用手票，以维秩序等情由。

呈悉。此令。

（中华民国陆海军大元帅之印）

中华民国十三年二月十一日

据《大本营公报》第五号《指令》

在南北统一纪念日庆典的演说*

（一九二四年二月十二日）

今日得与诸君相聚一堂，举行南北统一庆典，算是很不容易。因今日为南北统一之纪念日，算是民国成立之日，亦即革命成功之日。我们得此今日，应如何欣幸？惟兄弟对此今日之纪念日，实抱无穷之感慨。因当日兄弟一人在外洋提倡革命宗旨，与诸君及一般青年学士研究革命事业使回祖国实行此种主义。诸君及一班学士类皆文人徒手。文人不足以当兵，徒手不堪以作战。要想革命成功，不独南北统一不易，即一省独立亦且不易。其时诸君个个心理上均非常之热，责任亦非常之重，均愿牺牲性命，陶铸共和，抛掷头颅，摧翻帝制。结果卒至七十二烈士可以亡广州，继而武汉起义，不旬日而各省响应，清帝退位，南北统一。当时成功，又何如是之易。乃南北已经统一，中间因互争权利者几年，互争党见者几年，互争地盘者又几年，至于今日时局四分五裂。谈起革命事业为世诟病，抑何前后大相径庭，至于此极。推原其故，在于当时人人

* 二月十二日，大本营召集各部长、局长，省长及各军司令长官在大元帅府举行庆祝南北统一十三周年纪念典礼。这是孙中山在典礼上的演说。

只知革命应尽之义务，勇往直前奋斗，故小小七十二烈士可以亡广州。今日人人心理皆存发财升官思想，故极十余万之大兵不能收复惠州。前后得失，了如烛照。此后诸君因革命奋斗，当牺牲权利，革去私心，时存国家观念，改良政治，则民国前途之幸。兄弟有厚望焉。

据上海《民国日报》一九二四年二月十九日

《南北统一纪念日大元帅演说志略》

给赵士觐的指令

(一九二四年二月十二日)

大元帅指令第一三七号

令两广盐运使赵觐〔士〕士〔觐〕

呈报遵令组织两广盐政会议成立日期[①]及讨议宗旨由。

呈悉。此令。

(中华民国陆海军大元帅之印)

中华民国十三年二月十二日

据《大本营公报》第五号《指令》

给杨希闵等的训令

(一九二四年二月十三日)

大元帅训令第五七号

令中央直辖滇军总司令杨希闵、湘军总司令谭延闿、豫军讨贼

① 两广盐政会议成立日期为一九二四年一月二十八日。

军总司令樊钟秀、桂军总司令刘震寰、粤军总司令许崇智、中央直辖第一军军长朱培德、中央直辖第二军军长黄明堂、中央直辖第三军军长卢师谛、中央直属第七军军长刘玉山、西江善后督办李济深

为令遵事：案据广东高等审判厅厅长陈融鱼日代电称："据广州地审厅呈报：'张开儒与天顺祥王仪因债务涉讼一案，原告人张开儒声请假扣押，经三审决定照准，由职厅派员前赴该店调查账目，抗不受理。旋经原告张开儒将该店司理人潘少亭扭解到厅，当庭谕令觅店取保，未据遵办。讵于支日下午七时，突有滇军第三军第七师武装军队数十人闯入职厅，指名索交潘少亭，声势汹汹，驱警滋闹，时已散值，复率队转往职厅长住宅围困。时职厅长在外，闻报当即分电卫戍司令部、公安局第三警区派队制止。一面将潘少亭一名交由该被告律师保出候讯。时已十二时，该军队始行散去'等情。据此，伏查民事诉讼，迭遵功令，向不拘留被告，虽经扭解，仍准保释。该潘少亭既经该厅饬令取保，自应遵照。乃不循法定手续，竟以武力干与，殊属妨碍法权"等情，呈请令饬禁止前来。查军人干与司法，迭经令禁。据呈前情，不独妨碍法权，抑亦有干军纪。合亟严令禁止，通饬遵照。嗣后各军对于法庭处理诉讼事件，毋得干涉，以维司法而肃军纪。除分令外，仰该军长、总司令、督办即便转饬所属一体遵照。切切。此令。

（中华民国陆海军大元帅之印）

中华民国十三年二月十三日

据《大本营公报》第五号《训令》

给杨西岩的指令*

（一九二四年二月十二至十四日间）

大元帅指令第一三八号

令禁烟督办杨西岩

呈为组织水陆侦缉联合队，荐任队长，并拟具章程，祈予核准由。

呈悉。该督办署应设侦缉队，拟由各军拨派兵士联合组织，办法甚是。并拟章程亦尚妥协，应准如拟施行。查现在各军旅、团长多尚未正式任命，王继武既系堪胜队长之任，可即由该督办先行委用可也。仰即分别遵照。章程存。此令。

（中华民国陆海军大元帅之印）

中华民国十三年二月　日

据《大本营公报》第五号《指令》

准任黄建勋职务令

（一九二四年二月十四日）

大元帅令

大本营财政部长叶恭绰呈请任命黄建勋为秘书。应照准。此令。

---

* 原件未署具体日期。按大元帅指令第一三七号和一三九号，发令日期分别为二月十二日、十四日，今据此酌定日期。

（中华民国陆海军大元帅之印）

中华民国十三年二月十四日

据《大本营公报》第五号《命令》

给林森的指令

（一九二四年二月十四日）

大元帅指令第一三九号

令大本营建设部部长林森

呈为拟具《权度法》及其附属法令在广州市区内施行日期令，请予公布由。

呈悉。划一权度以杜侵欺，洵属国家要政。而广州市乃政府所在地，尤为中外观瞻所系，应准如所请，将《权度法》、《权度营业特许法》、《权度法施行细则》及《官用权度器具颁发条例》，均定自民国十三年六月一日于广州市区内施行，并将《权度法施行细则》第五十二条权度器具之暂准行用期限，定为于广州市区内得缩短为一年，以期首善之区积习先革，次第推行，渐及各省。仰即由部录令布告广州市市民一体周知，并将应行筹备各事上紧筹备，以便届期实行。附件存。此令。

（中华民国陆海军大元帅之印）

中华民国十三年二月十四日

据《大本营公报》第五号《指令》

给林森的指令

（一九二四年二月十四日）

大元帅指令第一四〇号

令大本营建设部部长林森

呈为拟订《商标法》及施行细则，乞予核准施行由。

呈悉。所拟《商标法》四十条及施行细则三十二条均悉。均尚妥协。惟此项法规，既未经议会议决，自应改称条例以符名实。仰即遵照将标题及条文内所用“法”字一律修改，缮写二份另文呈送，以凭核准施行。附件存。此令。

（中华民国陆海军大元帅之印）

中华民国十三年二月十四日

据《大本营公报》第五号《指令》

给程潜的指令

（一九二四年二月十五日）

大元帅指令第一四三号

令大本营军政部部长程潜

呈为遵令议复已故滇军中校参谋白正洗应得恤典由。

呈悉。准如所议给恤。此令。

（中华民国陆海军大元帅之印）

中华民国十三年二月十五日

据《大本营公报》第五号《指令》

给谭延闿的指令

（一九二四年二月十五日）

大元帅指令第一四五号

令兼代大本营秘书长谭延闿

呈报就职日期由。

呈悉。此令。

（中华民国陆海军大元帅之印）

中华民国十三年二月十五日

据《大本营公报》第五号《指令》

给程潜的训令*

（一九二四年二月十三至十六日间）

为令行事：据东路讨贼军总司令许崇智呈："为呈请通缉事：据职暂编第一统领宋世科密呈称：'转据该统部副官长，各营营长，连、排长佥禀称：前次降充伪团长余立奎，现已公然来省利诱闲散官兵，借名贩卖货物，纷来前方煽惑军队。日来我部兵士颇有被其蛊动潜行串逃者。间有携械逃亡，实属憨不畏死。查余逆立奎，先年原充我军营长，心术不端，贪利忘义。去夏为虎作伥，甘受洪逆兆麟指使，收编在闽我军队伍，乞充伪团长职。事人不忠，又私效

* 据二月二十八日《广州民国日报》称，此令为大元帅训令第五十八号。按大元帅训令第五十七号及第六〇号，发令日期分别为二月十三日和十六日，今据此酌定此件时间为二月十三日至十六日间。

忠林虎，变节背洪。比时李逆云复已将置之于法，因碍〔得〕林虎庇护，是以仅予褫职。自此以后，余遂认贼作父，又一变而为林逆之鹰犬矣。迩来该逆潜迹省港，党羽四出。当去冬我军退守石牌，该逆以为时机已熟，竟步在闽故智，直接煽惑我军队伍，并以重利诱引中下官佐，冀图扰乱东路根本。嗣因逆军败退，计乃未逞，亦云险矣。现该逆自知不容于我，又复巧施诡计，哄骗新来湘军，饰词收编民军，耸动湘军将领，竟被该逆骗一旅长名义资为护身符。实则存心叵测，希冀煽动军队，以备内应林虎，为倒戈内向之张本耳，查该逆现在省城设有机关，专备间谍遁迹，刺探机密，传递军情。在北江地方居然设立旅部，委任一班闲员，先后指派到增城、正果方面，专事煽动军队。逆迹昭著，无可讳饰。似此破坏军本，若不早为剪除，窃恐将来战云再开。万一该逆党羽果从后骚扰，亦将何以维持？事关重大，不可漠视。恳密呈通缉，以弭后患等情。据此，查余立奎前在我军服务，历蒙擢充营长要职，乃既不思报效，竟反助桀为虐，潜肆破坏，大逆不道，罪无可逭。且科等追随护法，八年于兹，牺牲千百同志头颅，始获此一团锐气，倘不严于防范，设遭该逆翻覆，于心亦殊不忍。况事关全局利害，牵一发而全身动，关系何等重大！非故作危词，实属事出确凿。人心不古，陈炯明之前车可鉴。阳奉阴违，余立奎之后覆堪危，科职责所在，难容缄默。除饬所部官兵一体严密查缉煽惑奸宄治罪以儆其余外，理合具文密呈，乞即派员特缉并通令各部队暨咨友军协缉，明正典刑，以昭炯戒'等情前来。据此，查该逆余立奎前年充职部第七旅营长，因事免职。近乃胆敢背叛降逆，又复朦耸湘军，骗取名义，公然运动职部，到处煽惑。若不严行拿办，何足以遏祸萌。拟请迅赐令饬军政部转知通缉，并令湘军查明解送钧府讯办，以肃军纪。理合据情转呈等语"前来。据此，除指令照准外，合行令仰该部长即便通行各军将余立奎严密缉拿，获案讯办，以肃军纪。切切。此令。

据《广州民国日报》一九二四年二月二十八日《通缉余立奎之原因》

着赠恤夏重民王贯忱令

（一九二四年二月十六日）

大元帅令

查前在广州遇害之华侨义勇团团长兼飞行队队长夏重民，又在济南遇害之第一师第三团团长王贯忱，为国为党，尽厥忠贞，遇难身亡，良堪悼惋。夏重民着追赠陆军少将并加中将衔，王贯忱着追赠陆军少将，均由军政部照章议恤，以彰忠烈而慰英灵。此令。

（中华民国陆海军大元帅之印）

中华民国十三年二月十六日

据《大本营公报》第五号《命令》

特任蒋尊簋职务令

（一九二四年二月十六日）

大元帅令

特任蒋尊簋为中央军需总监。此令。

（中华民国陆海军大元帅之印）

中华民国十三年二月十六日

据《大本营公报》第五号《命令》

准李雄伟辞职令

（一九二四年二月十六日）

大元帅令

中央直辖广东讨贼军第三师第五旅旅长李雄伟因病辞职。应照准。此令。

（中华民国陆海军大元帅之印）

中华民国十三年二月十六日

据《大本营公报》第五号《命令》

任命巫琦职务令

（一九二四年二月十六日）

大元帅令

任命巫琦为中央直辖广东讨贼军第三师第五旅旅长。此令。

（中华民国陆海军大元帅之印）

中华民国十三年二月十六日

据《大本营公报》第五号《命令》

给统一财政委员会的训令

（一九二四年二月十六日）

大元帅训令第六〇号

令统一财政委员会

为令行事：据虎门要塞司令廖湘芸呈复，虎门区内民、财两政向未经管情形一案，除指令外，合行钞发原呈，仰该委员会查照办理。此令。

计钞发原呈一件。

（中华民国陆海军大元帅之印）

中华民国十三年二月十六日

据《大本营公报》第五号《训令》

给李济深的指令

（一九二四年二月十六日）

大元帅指令第一四六号

令西江善后督办李济深

呈复所辖西江财政已于一月十五日完全交还广东财政厅派员接管由。

呈悉。该督办深明大义，业于一月十五日将所辖财政完全交还广东财政厅派员接管，殊堪嘉尚。候令行广东省长转饬广东财政厅将接管情形具报查核可也。此令。

（中华民国陆海军大元帅之印）

中华民国十三年二月十六日

据《大本营公报》第五号《指令》

给廖仲恺的训令*

（一九二四年二月十六日）

大元帅训令第六一号

令广东省长廖仲恺

为令遵事：据西江善后督办李济深呈称："案奉二月一日帅令内开：'整军理财，首在统一，甘苦与共，是在群贤。本省以丰富之区，养十万之众，众擎易举，经营大计，事本非难，统一财政，正所以纳各军于正轨而维系之也。迭据杨总司令希闵、范军长石生、蒋军长光亮，并周总参谋自得，赵、廖两师长[①]代表等函电呈请统一财政，尊重政令，情词恳挚，殊堪嘉尚。本大元帅为国育贤，为民除害。本爱护军人之旨，亟应及时实行，用整庶政。所有各军驻在管区，其因一时权宜管理之各项财政收入机关，着限于二月六日一律由政府主管各机关分别接管妥办。至各该军靖共贤劳，前途倚畀且重，应需饷项，自可由政府核定指发，以慰有功也。'除分令外，特此令遵，仍将遵办情形具报察核"等情前来。据此，除指令"呈悉。该督办深明大义，业于一月十五日将所辖财政完全交还广东财政厅派员接管，殊堪嘉尚。候令行广东省长转饬广东财政厅将接管情形具报查核可也。此令"印发外，合行令仰该省长即转饬财政厅，迅速遵照办理具报查核为要。此令。

---

* 原令未署具体日期。按大本营公报的惯例，同一内容的令，训令一般先于或同时与指令发出。查与此训令同一内容的第一四六号指令发令日期为二月十六日，今据此酌定时间。

① 赵、廖两师长：赵成樑、廖行超。

（中华民国陆海军大元帅之印）

中华民国十三年二月

据《大本营公报》第五号《训令》

给廖湘芸的指令

（一九二四年二月十六日）

大元帅指令第一四四号

令虎门要塞司令廖湘芸

呈复虎门区内民、财两政向未经管情形由。

呈悉。已将原呈钞发统一财政委员会查照办理矣。此令。

（中华民国陆海军大元帅之印）

中华民国十三年二月十六日

据《大本营公报》第五号《指令》

给徐绍桢的指令

（一九二四年二月十六日）

大元帅指令第一四七号

令大本营内政部长徐绍桢

呈为广州市公安局侦缉课长吴国英缉匪有功，请晋给一等五星奖章由。

呈悉。吴国英准予晋给一等五星奖章。仰即转给具领。此令。

（中华民国陆海军大元帅之印）

中华民国十三年二月十六日

据《大本营公报》第五号《指令》

与国闻通讯社记者的谈话*

（一九二四年二月十八日）

记者问：先生目下最用力者为何事？

孙中山答：现正以全力肃清东江战事。大致十天八天内即可开始。

记者问：次于此者为何事？

答：次于此者为财政统一。然亦非东江事毕后，不易实行统一财政及民政也。

记者问：东江成功，军事上作何进行？

答：当视福建情形如何。吾于闽南甚注意也。

记者问：有意出兵江西否？

答：果其能之，亦所愿也。

【先生旋谈及中国全局问题】盖非有一坚实之政党，国事终不可为。我现在竭力造党，使民众得训练。然后，吾人可以有组织的民众为后援。盖群众非受训练将不知所辨别，而易为政客所颠倒。吾甚望各方面能助吾进行此事。

【次又谈到国民政府事】先生自谓：确有是意，但须在造党有成，各省人均有觉悟之后，非目前即要实行也。

【次谈及英俄政治问题】英国现在工党要人多，已不大相识。盖已十多年不到英国，以前相识之工党人物，大抵死去也。至俄国

* 谈话地点在广州河南大元帅府。所标时间系据二月二十五日上海《民国日报》云“二月十八日下午，记者特邀廖仲恺君偕往访，谒中山先生”确定。

列宁虽死，可信于大局无大关系。盖彼党组织极为坚实，有民众为后盾，决不虞失败也。

据上海《民国日报》一九二四年二月二十五日《大本营访问记》

致中国国民党库伦本部同志函*

（一九二四年二月十八日）

敬启者：本党力求以三民主义改造中国，并祛除帝国资本主义之横暴，使世界被压迫民族同蒙自由之幸福。所有党纲政策具见宣言，毋庸琐述。素谂诸同志主义相符，用特由本党中央执行委员会特派白云梯同志前来商办党务，切盼推诚接洽，俾利进行，是为至幸。此致

库伦国民党本部诸同志

二月十八日

据《国父全集》第三册（转录史委会藏原稿）

给统一财政委员会的训令

（一九二四年二月十八日）

大元帅训令第六二号

令统一财政委员会

为令行事：据大本营财政部长叶恭绰呈报遵批办理广三路附近财政统一情形一案，除指令外，合行钞发原呈，仰该委员会即便查照办理。此令。

---

* 原件未署年份。据内容判断，应为一九二四年。

计钞发原呈一件。

（中华民国陆海军大元帅之印）

中华民国十三年二月十八日

据《大本营公报》第五号《训令》

给叶恭绰的指令

（一九二四年二月十八日）

大元帅指令第一四八号

令大本营财政部长叶恭绰

呈报遵批办理广三路附近财政统一情形由。

呈悉。已将原呈钞发统一财政委员会查照办理矣。此令。

（中华民国陆海军大元帅之印）

中华民国十三年二月十八日

据《大本营公报》第五号《指令》

给朱培德的训令

（一九二四年二月十八日）

大元帅训令第六三号

令中央直辖第一军军长朱培德

为令行事：据财政委员会主席委员叶恭绰、廖仲恺呈称："本会本月八日第十五次特别会议，准市政厅提议另行指拨军费以维原案意见书内称：'省河筵席捐变更办理，经奉省令依照财政委员会议决，拨由教育厅、市政厅会同办理，捐额定为加一抽收，所有收入指定为省市教育经费在案。昨由朱军长培德来厅面商，伊前所批准承办之裕源公司，系征收六厘，以二十二万为省教育费，四十二万为第一军费年饷，合计为六十四万元。今若由市政厅批办，该公司（现改称为永春公司）愿认缴教育费年加至六十万，仍认缴第一军费三十万，合计年饷九十万。请即通融照办’等语。查该项捐务，经指定专拨教育经费，若仍分缴军费，不特与原案抵触，且当此励行财政统一之时，尤恐破例一开，难以善后。应否由财政委员会另指定别项收入，每月照拨付朱军长军费二万五千元（即全年三十万元），俾教育经费不致减少，财政统一不致有紊乱之虞，仍候公决呈请大元帅核准办理等因，佥以现值厉行财政统一，而此项收入又关乎省市教育经费，本会自应维持。至原认朱军长军费三十万元，应由本会另行妥筹办法，以期双方兼顾。经众议决，理合呈请大元帅核准施行，并令朱军长培德遵照，将筵席捐一案完全由市政厅办理。省市教育同资利赖，是否有当，伏祈钧示祗遵”等情。据此，除指令照准外，合行令仰该军长即便遵照办理。此令。

（中华民国陆海军大元帅之印）

中华民国十三年二月十八日

据《大本营公报》第五号《训令》

给叶恭绰廖仲恺的指令

（一九二四年二月十八日）

大元帅指令第一四九号

令财政委员会主席委员叶恭绰、廖仲恺

呈请令饬朱军长培德将筵席捐一案完全由市政厅办理，以充省市教育经费由。

呈悉。照准。已令饬朱军长遵照办理矣。此令。

（中华民国陆海军大元帅之印）

中华民国十三年二月十八日

据《大本营公报》第五号《指令》

任命杨言昌职务令

（一九二四年二月十九日）

大元帅令

任命杨言昌为中央军需处参事。此令。

（中华民国陆海军大元帅之印）

中华民国十三年二月十九日

据《大本营公报》第五号《命令》

准任平宝善等职务令

（一九二四年二月十九日）

大元帅令

中央军需总监蒋尊簋呈请任命平宝善、卓恺耕、余质民为中央军需处科长。均照准。此令。

（中华民国陆海军大元帅之印）

中华民国十三年二月十九日

据《大本营公报》第五号《命令》

给各军的训令*

（一九二四年二月十九日）

监督财政军需，公布收支，曾经令办军需独立，并经令设中央军需处在案。兹特任命蒋尊簋为军需总监，禀承大元帅，商承军政部长统核整理海陆各军之会计经理事宜。所有中央军需处章程并饷需出纳手续均经核定，除饬颁布外，特此通令各军，并饬所属一体遵照办理。理财为图治要务，并着一律规画妥办，洁己奉公，用裨实际。至要。此令。

据《广州民国日报》一九二四年二月十九日《设立中央军需处》

给廖仲恺的训令

（一九二四年二月十九日）

大元帅训令第六四号

令广东省长廖仲恺

为训令事：案据粤省商团正团长陈廉伯、副团长李颂韶、区克明等呈称："为呈请事：前准广州卫戍总司令函开：'以查验枪枝给折征费，经呈奉大元帅核准通行在案。商团枪枝，照案应由敝部给证查验，如款项充裕，即请照章缴纳'等由。当经本团召集全体同人开会会议，佥以本团为自卫机关，为全省商人所组织，均系力守

---

* 此件所标时间系《广州民国日报》发表日期。

自卫范围，向无流弊。既属地方维持公安之机关，不能以私有论，自应照章免予查验缴费。经于二月一日将本团万难领折缘由，呈请钧座察核在案。惟未奉批示，用再渎陈清听，伏乞准照前呈所请，迅赐明令广州卫戍总司令，即将商团枪枝领折一案取消，并乞批示祗遵”等情。据此，当经令饬广州卫戍总司令免予查验收费，以顺商情。并谕饬该正、副团长等将所有枪枝种类、号码、枝数暨子弹数目造册，呈由广州市公安局存案给照，并随时受公安局检查以防流弊。除径令公安局遵办外，合行令仰该省长即便知照。此令。

（中华民国陆海军大元帅之印）

中华民国十三年二月十九日

据《大本营公报》第五号《训令》

给杨希闵的训令

（一九二四年二月十九日）

大元帅训令第六五号

令广州卫戍总司令杨希闵

为令饬事：案据粤省商团正团长陈廉伯、副团长李颂韶、区克明等呈称：“为呈请事：前准广州卫戍总司令函开：‘以查验枪枝给折征费，经呈奉大元帅核准通行在案。商团枪枝照案应由敝部给证查验，如款项充裕，即请照章缴纳’等由。当经本团召集全体同人开会会议，佥以本团为自卫机关，由全省商人所组织，均系力守自卫范围，向无流弊。既属地方维持公安之机关，不能以私有论，自应照章免予查验缴费。经于二月一日将本团万难领折缘由，呈请钧座察核在案。惟未奉批示，用再渎陈清听，伏乞准照前呈所请,迅赐明令广州卫戍总司令即将商团枪枝领折一案取消,并乞批示祇遵"等情。据此,除令饬该正副团长等将所有枪枝种类、号码、枝数暨子弹粒数造册,呈由广州市公安局存案给证,仍随时受公安局检查以防流弊外,合行令仰该总司令即便遵照,免予查验收费,以顺商情。此令。

(中华民国陆海军大元帅之印)

中华民国十三年二月十九日

据《大本营公报》第五号《训令》

给吴铁城的训令

(一九二四年二月十九日)

大元帅训令第六六号

令广州市公安局局长吴铁城

为令饬事:案据粤省商团正团长陈廉伯、副团长李颂韶、区克明等呈称:"为呈请事:前准广州卫戍总司令函开:'以查验枪枝给折征费,经呈奉大元帅核准通行在案。商团枪枝照案应由敝部给证查验,如款项充裕,即请照章缴纳'等由。当经本团召集全体同人开会会议,佥以本团为自卫机关,由全省商人所组织,均系力守自卫范围,向无流弊。既属地方维持公安之机关,不能以私有论,自应照章免予查验缴费。经于二月一日将本团万难领折缘由,呈请钧座察核在案。惟未奉批示,用再渎陈清听,伏乞准照前呈所请,迅赐明令广州卫戍总司令即将商团枪枝领折一案取消,并乞批示祇遵。"等情。据此,查此案前据该团长等呈请,已将原呈交由该局办理。兹复据呈前情,除令饬广州卫戍总司令免予查验收费,并谕令该正副团长等即将所有枪枝种类、号码、枝数暨子弹数目造册，呈由该局长存案给证，并随时受该局长检查，以防流弊外，合行令仰该局长即便遵照办理，仍将遵办情形报查。此令。

（中华民国陆海军大元帅之印）

中华民国十三年二月十九日

据《大本营公报》第五号《训令》

给孔庚的指令

（一九二四年二月十九日）

大元帅指令第一五一号

令湖北讨贼军总司令孔庚

呈报就职日期由。

呈悉。现在川战方急，寇焰滋张。该总司令报国情殷，同仇敌忾，务即淬励部属，会合川军早定川局，进规武汉，尽军人之天职，期革命之成功，本大元帅有厚望焉。此令。

（中华民国陆海军大元帅之印）

中华民国十三年二月十九日

据《大本营公报》第五号《指令》

给叶恭绰的指令

（一九二四年二月十九日）

大元帅指令第一五二号

令大本营财政部部长叶恭绰

呈为拟订广东有利支付券发行细则请予备案由。

如呈备案。细则[1]存。此令。

（中华民国陆海军大元帅之印）

中华民国十三年二月十九日

据《大本营公报》第六号（广州一九二四年二月廿九日版）《指令》

给程潜的指令

（一九二四年二月十九日）

大元帅指令第一五三号

令大本营军政部长程潜

呈为拟订《暂行陆军官佐士兵薪饷等级表》暨《暂行陆军军师旅团营连公费马乾表》祈予核准由。

呈悉。所拟《暂行陆军官佐士兵薪饷等级表》暨《暂行陆军军师旅团营连公费马乾表》尚属妥协，应准如拟施行。仰即由部录令通行各军一体遵办。表存。此令。

（中华民国陆海军大元帅之印）

中华民国十三年二月十九日

据《大本营公报》第六号《指令》

给陈其瑗等的指令

（一九二四年二月十九日）

大元帅指令第一五五号

---

① 《大本营财政部有利支付券发行细则》，共七章四十六条。宗旨是：于军兴饷急之际，不再增加苛细捐税；发行有利支付券总额三百万，劝令殷富商民认购。以广东全省沙田登记费、民产保证费及印花税等项为还本付息基金，限二十个月内本息还清。

令大清银行清理处委员陈其瑗等[①]

呈请准予委托广州市财政局代办测绘及发照事宜由。

呈悉。应照准。此令。

（中华民国陆海军大元帅之印）

中华民国十三年二月十九日

据《大本营公报》第六号《指令》

给杨西岩的指令

（一九二四年二月十九日）

大元帅指令第一五六号

令禁烟督办杨西岩

呈为拟违犯烟禁人犯所科罚金以六成充公，二成赏给线人、以二成奖励出力人员，乞予核示遵办由。

呈悉。准如所拟办理。此令。

（中华民国陆海军大元帅之印）

中华民国十三年二月十九日

据《大本营公报》第六号《指令》

给郑洪年的指令

（一九二四年二月十九日）

大元帅指令第一五七号

令兼代广东财政厅长郑洪年

① 陈其瑗等：即陈其瑗、宋子文。

呈报接任视事日期由。

呈悉。此令。

（中华民国陆海军大元帅之印）

中华民国十三年二月十九日

据《大本营公报》第六号《指令》

着裁撤筹饷总局令

（一九二四年二月二十日）

大元帅令

大本营筹饷总局着即裁撤。此令。

（中华民国陆海军大元帅之印）

中华民国十三年二月廿日

据《大本营公报》第五号《命令》

特派范石生职务令

（一九二四年二月二十日）

大元帅令

特派范石生为广东筹饷总局督办。此令。

（中华民国陆海军大元帅之印）

中华民国十三年二月廿日

据《大本营公报》第五号《命令》

任命胡谦职务令

（一九二四年二月二十日）

大元帅令

任命胡谦为北伐讨贼军第三军军长。此令。

（中华民国陆海军大元帅之印）

中华民国十三年二月廿日

据《大本营公报》第五号《命令》

任命李文炳职务令

（一九二四年二月二十日）

大元帅令

任命李文炳为大本营谘议。此令。

（中华民国陆海军大元帅之印）

中华民国十三年二月廿日

据《大本营公报》第五号《命令》

委派李纪堂职务令

（一九二四年二月二十日）

大元帅令

派李纪堂为财政委员会委员。此令。

（中华民国陆海军大元帅之印）

中华民国十三年二月廿日

据《大本营公报》第五号《命令》

给杨希闵的训令*

（一九二四年二月二十日）

顷据外交部长伍朝枢面称：美国教会人员到部报告，该会在石龙车站附近所设学校，日前忽被土匪掳去数人，请予令饬查起拿办等语。石龙为交通孔道，军队林立，竟有匪徒恣行不法，殊属不成事体。应责成该总指挥立驻〔饬〕饬〔驻〕在部队，迅即派兵购线踩缉匪踪，分别起掳拿办，以申法纪而保治安，仍将遵办情形具报。

据《广州民国日报》一九二四年二月二十三日《杨希闵奉令缉掳匪》

给林森等的指令

（一九二四年二月二十日）

大元帅指令第一五八号

令大本营建设部长林森等①

呈为拟将黄花岗一带地方划为七十二烈士坟园，并请谕令军民长官会同出示禁止附葬，以崇先烈由。

呈悉。照准。已令饬军政部、广东省长会同出示禁止附葬，并转行各军、各机关一体知照矣。此令。

（中华民国陆海军大元帅之印）

---

* 原令未署日期。按与此令同一内容的大元帅指令第一六三号，发令日期为二月二十日，今据此酌定时间。

① 受令人为林森、邓泽如、邹鲁、汪精卫、林直勉。

中华民国十三年二月廿日

据《大本营公报》第六号《指令》

给程潜廖仲恺的训令

（一九二四年二月二十日）

大元帅训令第六七号

令大本营军政部长程潜、广东省长廖仲恺

为令行事：据林森、邓泽如、邹鲁、汪兆铭、林直勉呈称："窃辛亥三月二十九日广州之役失败，党人死事者，其数不可稽。得尸骸葬之黄花岗者七十有二，是为黄花岗七十二烈士坟墓。民国元年胡展堂先生督粤时，曾经省议会议决，咨请省政府筹备十万元为营造坟场经费。只因国变屡作，迄今未及进行。去年间，有地利公司向市政厅承领烈士墓道区内之地建筑民房，该地有百年古树，殊关坟场风景，建屋与坟场杂居，亦属有亵庄严。当经函请孙市长[①]收回该地，专供种植林木，以为永远坟林之用。兹拟照坟场形势，将该岗一带地方东至二望岗，西至广州模范监狱及永泰村，南至东沙马路，北至墓后田塘，划为七十二烈士坟园，广植树木以资荫蔽，而中外人士来坟瞻仰者，亦得有休息容与之地。且于每年三月二十九日公祭之时，各界赴祭者不下数万人，赤日当空，每苦炎曝，一经遍植坟林，则广壤之中，林下花间随处可坐可立，尤足以慰景仰之诚，此应规设之必要也。至黄花岗之地，系因先烈而起名，自应专为先烈纪念之所。惟国人因倾仰先烈之心，并艳羡黄花之地，遇有前敌阵亡将士，其袍泽俦侣追念战功，辄欲赴葬该地。查有功将

① 孙市长：即孙科。

士，国家本有褒扬之典，原不必借附葬该地以为荣光。该地既为先烈纪念之所，推凡崇敬之心，皆有珍护之责，即军界同人苟加细思，当亦不忍因爱死友之故，与先烈争此片土。况既划为坟园，属于烈士专有，尤未便任听附葬，使庄严之地沦为丛冢之场。应由军民长官会同出示禁止。嗣后无论何项有功之人，其遗骨概不得附葬烈士坟园界内，其在于界内之民间旧坟，亦限定三个月内另行择地迁葬，以壮观瞻而表敬礼。所有拟将黄花岗一带地方划为坟园，并请禁止附葬各缘由，理合备文连同绘图祇请察核，伏乞训令祇遵”等情。据此，除指令照准外，合行令仰该部长、省长即便会同广东省长、大本营军政部长遵照办理，出示禁止附葬，以崇先烈，并分行各军、各机关一体知照为要。此令。

（中华民国陆海军大元帅之印）

中华民国十三年二月廿日

据《大本营公报》第五号《训令》

给范石生的训令

（一九二四年二月二十日）

大元帅训令第六八号

令广东筹饷总局督办范石生

为令遵事：前据统一财政委员会呈请设立筹饷总局，并呈核所拟章程，业经核准令行在案。查年来抽收广东全省防务经费，原为不得已之举。现在大军云集，需饷更巨。不有切实整顿，平均分配，无以裕饷源而济时艰。除明令该员为广东筹饷总局督办外，合行令仰该会督办即便遵照，克日设局办理抽收广东全省防务经费事宜，务须切实规画，力剔弊窦，增多正饷，以期毋负委任。切切。

此令。

（中华民国陆海军大元帅之印）

中华民国十三年二月廿日

据《大本营公报》第五号《训令》

给陈其瑗宋子文的指令

（一九二四年二月二十日）

大元帅指令第一五九号

令前大清银行清理处委员陈其瑗、宋子文

呈报刊用关防及视事日期由。

呈悉。此令。

（中华民国陆海军大元帅之印）

中华民国十三年二月廿日

据《大本营公报》第六号《指令》

给廖仲恺的指令

（一九二四年二月二十日）

大元帅指令第一六〇号

令广东省长廖仲恺

呈复改组国立广东大学一案业经分行各该校遵照由。

呈悉。此令。

（中华民国陆海军大元帅之印）

中华民国十三年二月廿日

据《大本营公报》第六号《指令》

给廖仲恺的指令

（一九二四年二月二十日）

大元帅指令第一六一号

令广东省长廖仲恺

呈各属盗匪滋炽，拟请准援用军令办理由。

呈悉。所有关于广东各属强盗案犯，准予暂行援用十二年四月二日五十九号训令，依军法办理，以戢匪风。余如所请办理。仰即遵照。此令。

（中华民国陆海军大元帅之印）

中华民国十三年二月廿日

据《大本营公报》第六号《指令》

给杨希闵的指令

（一九二四年二月二十日）

大元帅指令第一六三号

令滇粤桂联军前敌总指挥杨希闵

呈复美国教会在石龙车站附近设学校，被匪掳去数人，奉令查起缉拿遵办情形由。

呈悉。此令。

（中华民国陆海军大元帅之印）

中华民国十三年二月廿日

据《大本营公报》第六号《指令》

给马伯麟的指令

（一九二四年二月二十日）

大元帅指令第一六四号

令长洲要塞司令马伯麟

呈请添筑炮垒，并投变鱼雷，排废铁轨，以作修理建筑经费由。

呈悉。准如所请办理。此令。

（中华民国陆海军大元帅之印）

中华民国十三年二月廿日

据《大本营公报》第六号《指令》

给梁鸿楷的指令

（一九二四年二月二十日）

大元帅指令第一六五号

令中央直辖广东讨贼军第四军长梁鸿楷

呈复遵办统一财政情形由。

呈悉。此令。

（中华民国陆海军大元帅之印）

中华民国十三年二月廿日

据《大本营公报》第六号《指令》

免廖仲恺郑洪年兼职令

（一九二四年二月二十一日）

大元帅令

兼大本营筹饷总局总办廖仲恺、会办郑洪年应免兼职。此令。

（中华民国陆海军大元帅之印）

中华民国十三年二月廿一日

据《大本营公报》第五号《命令》

准任曾省三职务令

（一九二四年二月二十一日）

大元帅令

兼代大本营秘书长谭延闿呈请任命曾省三为大本营秘书处科员。应照准。此令。

（中华民国陆海军大元帅之印）

中华民国十三年二月廿一日

据《大本营公报》第五号《命令》

任命乌勒吉职务令

（一九二四年二月二十一日）

大元帅令

任命乌勒吉为大本营谘议兼蒙文翻译官。此令。

（中华民国陆海军大元帅之印）

中华民国十三年二月廿一日

据《大本营公报》第五号《命令》

给廖仲恺的训令

（一九二四年二月二十一日）

大元帅训令第六九号

令广东省长廖仲恺

据广东财政厅长郑洪年呈称："案查接管卷内据委办东、增、宝[①]三属加建上盖补税专员伍公赤呈称：'职属各地方均遭兵燹，元气未复，办理殊难。惟虎门、太平一隅，虽不直接受敌蹂躏之害，然影响所及，亦非易办之区。当此军糈紧急，接剂刻不容缓，苟非假以强制之力，亦难奏效。查虎门、太平系属要塞司令范围，专员再四思维，拟请虎门要塞司令部就近随时派兵协助征收，方或有起色。至将来于收入项下，拨缴五成接济要塞司令部伙食，给回印收抵解。因其伙食亦支绌异常，一举两善。是否有当，理合备文呈请察核，伏乞批示祇遵'等情到厅。据此，查契税为国家正供，各属征收此项税款，向章解缴省库核收，该专员拟在莞属太平墟设立办事处，将收入上盖补税，拨缴五成接济要塞司令部伙食，取回印收抵解。其余五成仍饬解缴省库，以济军用，系为协助征收起见。应否照准，理合呈请察核批示祇遵，实为公便"等情。据此，查所呈事属可行，仰该省长即便转饬该厅长遵照办理可也。此令。

（中华民国陆海军大元帅之印）

---

① 东、增、宝：广东东莞、增城、宝安。

中华民国十三年二月廿一日

据《大本营公报》第五号《训令》

给廖仲恺等的训令

（一九二四年二月二十一日）

大元帅训令第七〇号

令广东省长廖仲恺、大本营财政部部长叶恭绰、大本营军政部部长程潜

为令知事：前据统一财政委员会呈请设立筹饷总局，并呈核所拟章程，业经核准令行在案。查年来抽收广东全省防务经费，原为不得已之举。现在大军云集，需饷更巨，不有切实整理，平均分配，无以裕饷源而济时艰。除明令范石生为广东筹饷总局督办，并令行该督办即便遵照，克日设局办理抽收广东全省防督经费事宜，务须切实规画，力剔弊窦，增多正饷，以期毋负委任。除训令该督办暨分行外，合行令仰该省长、〈财政〉部长即便知照，〈军政〉部长特行各军一体知照。此令。

（中华民国陆海军大元帅之印）

中华民国十三年二月廿一日

据《大本营公报》第五号《训令》

着整饬军队令*

（一九二四年二月二十一日）

自军兴以来，各兵自行扩充兵额之事所在多有，如游击、别动、

---

* 此件所标时间系上海《民国日报》发表日期。

挺进、梯团、支队以及各路司令之类，名目繁多。核其人数枪枝，家俱不足。其原因虽由各军因战事两急，为一时权宜之计。然实与国紧〔家〕预算及军政统一有重大之妨碍。现值统一财政进行时期，凡未奉核准前列各种名目之部队，统着一并裁汰，照枪枝数目归并正式编制军队，以资整饬。又在统一财政进行时期内，无论何军不得扩充军队。仰各军一体知照。切切。此令。

据上海《民国日报》一九二四年二月二十一日《帅令整理军队》

任命谢远涵职务令

（一九二四年二月二十二日）

大元帅令

任命谢远涵为大本营参议。此令。

（中华民国陆海军大元帅之印）

中华民国十三年二月廿二日

据《大本营公报》第五号《命令》

任命林镜台职务令

（一九二四年二月二十二日）

大元帅令

任命林镜台为大本营谘议。此令。

（中华民国陆海军大元帅之印）

中华民国十三年二月廿二日

据《大本营公报》第五号《命令》

给郑洪年的指令

（一九二四年二月二十二日）

大元帅指令第一六六号

令兼代广东财政厅厅长郑洪年

呈请迅予烟酒公卖局遵照停抽火酒取缔费由。

呈悉。查此案昨据该厅呈请前来，当将原呈发交财政部核办去讫，兹复据呈各情，仰候令饬财政部迅予核明饬遵可也。此令。

（中华民国陆海军大元帅之印）

中华民国十三年二月廿二日

据《大本营公报》第六号《指令》

给叶恭绰的训令

（一九二四年二月二十二日）

大元帅训令第七一号

令大本营财政部部长叶恭绰

为令饬事：据兼代广东财政厅厅长呈称："为呈请事：现据承办全省奥加可捐永裕公司商人李伯年呈称：'窃总商前因酒类税费合济公司总商高大成刊发布告声称：奉广东全省烟酒公司卖局令，委带抽火酒（即奥加可）取缔费，每百斤抽银二元一案，当经飞报钧厅察核。旋奉第八九三号指令开：支日邮电及布告均悉，已据情转请大元帅饬令烟酒公卖局撤销矣，仰即知照，此令。布告存等因。奉此，查此事尚未蒙撤销，以致各贩卖奥加可店铺观望不前，全体停业，于饷源大生窒碍。理合渎呈察核，迅赐转请大元帅令行烟酒公卖局，立将原案撤销，以符统一而顾饷源，实为公便'等情。据此，查此事昨据该商具呈，即经转请令饬撤销在案。兹复据呈前情，除指令外，理合呈请察核，俯赐迅令烟酒公卖局遵照停抽。以免复叠，而符统一"等情。据此，当经指令"呈悉。查此案昨据该厅呈请前来，当将原呈发交财政部核办去讫。兹复据呈各情，仰候令饬财政部迅予核明饬遵可也。此令"等语。除指令印发外，合行令仰该部即便遵照，迅予核明饬遵，仍具报查考。切切。此令。

（中华民国陆海军大元帅之印）

中华民国十三年二月廿二日

据《大本营公报》第五号《训令》

给冯肇铭的训令

（一九二四年二月二十二日）

大元帅训令第七二号

令代理广东海防司令冯肇铭

为令遵事：据广东全省警务处长吴铁城呈称："近来迭接报称莲花山、狮子洋一带河面，常有股匪出没，截劫外国商轮。国家体面，关系至巨。当以李军长[①]熟悉该处情形，已专函请其速派大队福军前往剿捕。理合呈请下令海防司令克日恢复该处段舰，并加派巡舰梭巡河面，以护航行而维国体"等情前来。据此，查莲花山、狮子洋等处，系航线往来要道，自宜切实分段梭巡，以资保护。仰该司令即便遵照，将该处段舰克日恢复，并加派巡舰常川梭巡，以

① 李军长：即李福林。

护航行而利交通。切切。此令。

（中华民国陆海军大元帅之印）

中华民国十三年二月廿二日

据《大本营公报》第五号《训令》

对驻广州湘军的演说*

（一九二四年二月二十三日）

湘军将领兵士诸君：

本大元帅今天在这地和大家相见，是一个很难得的机会。并且可以和大家讲话，更是一个难得的机会。本大元帅今天来对湘军兵士讲话，是希望湘军从今天以后，都能变成革命军。诸君听了这次讲话之后，便全体变成革命军，那才不负革命党全体同志的大希望。

什么是叫做革命军呢？革命军和寻常军有什么不同呢？不同的地方，小而言之，革命军的一个人常常能够打一百个人，至少也能打十个人。大而言之，用我军的一千人，可以打破敌人一万人；用我军的一万人，可以打破敌人十万人。象这样以少数常常能够打破多数训练很纯熟、武器很精良的敌人，才叫做革命军。

大家都知道十三年以前，我们中国是一个专制国家，受满洲人统治，被满清政府征服了两百多年。到了十三年前，有革命党起，用手枪炸弹，推翻满清帝统，打破专制政体，建设共和国家。所以十三年以来，中国名义上才有中华民国之称，表现于世界上。那次推翻满清，成立中华民国，便是革命事业。讲到当时的革命党，人

* 二月二十三日，孙中山至广州城南黄沙驻地检阅湘军，并发表此演说。

数是很少的。满清政府在各省都练得有很多新兵,在各险要的地方又有满洲的驻防军。革命党推翻满清政府,究竟是靠什么本领呢？简单的说,就是靠一个人能够打几百个人。那时的革命党因为有那样大的胆量和牺牲精神,所以能够成那样大的事。本大元帅今天来同你们湘军讲话,要发生什么效果,才可以副人民的希望呢？希望发生的效果,就是要你们全部湘军都变成革命军,步革命党的后尘。为什么呢？我们在十三年前推翻满清,但是在这十三年之内不能成立真正民国,大原因就是在推翻满清之后,没有革命军继续革命党的志愿。所以从前的破坏成功,建设还不能成功。以后要建设成功,便要有革命军发生。如果没有革命军发生,就是再过十三年,真正民国还是不能建设成功。湘军各将士这次到广东,是为主义而来的,是为革命来奋斗的。诸将士要能够为革命去奋斗,便先要变成革命军。什么是叫做革命军,我刚才已经说过了,能够以一千人打破一万人的军队,才是革命军。现在广东有十多万兵,都不能说是革命军,因为他们是用一个人去打一个人的。如果我军一万人遇到敌人一万人,才说去对阵,遇到了两万敌人便不敢前进,象这样的军队有什么用呢？怎么可以说是革命军呢？至于本大元帅今天所讲的革命军,是一千人能够敌一万人。象有这样大力量的军人,在诸位军事家看起来,或者以为不可能的事。大概照寻常的军事经验讲,我军无论练得如何精良,总要用几倍人去打敌人,才可以操胜算。譬如用三万人去打一万人,才可以说是有把握。如果敌人有三万人,我军只二万人,更不能说是有把握。至于敌人有一万人,我军也只一万人,也不能说是有把握。象这样的军队是寻常军,不是非常的革命军。

世界上有非常的时会,能够做非常的事业,便要有非常的革命军,才可以做成功。诸位将士不信,只考察十三年以前的革命历史，革命党和清兵奋斗，没有那一次不是以一敌百的。用一个革命军打一百个清兵是很平常的事；如果不然，便不能算是好革命党。诸位将士是湘军，是从湖南来的。湖南老革命党最著名的有黄克强，他有一次自安南入钦廉起义，当时到钦廉来抵抗革命党的清兵，有两万多人，黄克强带的革命军不过两百人，所有的武器不过两百枝枪；用那样少的人和那样多的清兵，打两个多月仗，到后来弹尽而援不至，还可安全退出。照这一次战事说，革命军就是用一个人去打一百个人，这样的战斗是非常的战斗，不可以常理论。象这件不可以常理论的事，还是你们湖南人做出来的。所以本大元帅要大家以后能够打胜仗，做非常的事，便要变成非常的革命军，象黄克强那次在钦廉打仗一样。如果不然，就是枪好弹多，还要送给敌人，自己没有用处。

讲到战时以一可以当百的道理，是要各位兵士先有奋斗的精神。有了奋斗精神才能够牺牲，才不怕死。军人到了不怕死，还怕不能打胜仗吗？奋斗精神是从何而生呢？是从主义而生。兵士要发生精神，便先要有主义；先有了革命主义，才有革命目标；有了革命目标，才发生奋斗精神。革命目标到底是什么事呢？什么是叫做革命目标呢？大家都知道革命党是拿三民主义来改造中国的。三民主义就是民族主义、民权主义和民生主义。我们要明白了这三种主义，才能够干革命事业。

大家都知道中国从前被满洲人征服过了两百多年，我们祖宗都是满洲人的奴隶，习故安常，忘其耻辱。后来我们为什么能够推翻满清呢？就是因为明白了民族主义，知道自己都是汉人，总数有四万万，在明朝末年的时候被满洲征服了，压迫了两百多年，不能做主人，总是做奴隶。我们祖宗不明白这个道理，所以对于满清反歌功颂德，说清朝有深仁厚泽。到了后来，全国之内不但是受满清的压迫，并且受英、法、德、俄、美、日诸列强的压迫。便有先知先觉的人发明了民族主义，推究满汉的界限："为什么以少数的满洲人来统治四万万民族呢？""为什么四万万民族总是应该处于被压迫的地位，做满洲人的奴隶呢？"由此推想，便发生极不平的感觉，渐渐宣传，推广到全国，四万万人都知道这是很不平的。古人说"不平则鸣"，所以全国便要把这个不平来打平他，用极大的牺牲精神赶走满人。由这样讲来，便知道民族主义是对外国人打不平的。如果外国人和中国人的地位有不平，中国人便应该革外国的命。专就满汉而论，因为全国人明白了满汉的界限，知道满人和汉人的地位太不公平，所以发起辛亥年的革命。后来革命成功，便是民族主义达到目的。

什么是叫做民权主义呢？这个主义的道理，和民族主义是一样的。民族主义是对外打不平的，民权主义是对内打不平的。国内有什么不平的大事呢？就是有了皇帝或者军阀官僚的专制，四万万人还是不能管国事，还是做他们少数人的奴隶。象这样压迫的不平，和外国人的压迫也是一样。所以对国内的专制打不平，便要应用民权主义，提倡人民的权利。提倡人民的权利，便是公天下的道理。公天下和家天下的道理是相反的。天下为公，人人的权利都是很平的。到了家天下，人人的权利便有不平。这种不平的专制，和外族来专制是一样。所以对外族的打不平，便要提倡民族主义；对国内的打不平，便要提倡民权主义。

民生主义又是什么道理呢？这种主义是近来发生的。五十年前，不但是中国人没有讲到这个道理，就是外国人也不明白这个道理，也没有讲过这种话。现在世界最进步的国家，象法国、美国，都是从革命而来的。国外无外族的压迫，国内无皇帝的专制，他们的政治都是很修明的，国家又富庶又强盛。在几十年以前，人民都是很享幸福的。但是近几十年以来，工业发达太过，一切工作都是用机器代手工，譬如耕田、织布和一切制造，没有不是用机器去做的。象大家由湖南到广东的韶关都是走路；再由韶关到广州不是走路，是坐火车。火车就是走路的机器，也就是运输的机器。用一个火车头可以运几千人，可以运几十万斤行李。那些行李，用很多的人都难得挑动，但是用火车只一日便可以运到。所以火车便是挑东西的机器，火车就是一个大挑夫。一个火车头所运的东西，可以替代几千个挑夫。耕田是这一样，织布也是这一样。一个机器做的工，可以代几百人。机器越多，出的货物越多，赚的钱也越多。所以有机器的人便一日比一日富，没有机器的人便一日比一日穷。因为机器的生产，故生出贫富极大的不平等。由于这种不平等，便发生民生主义。从前说民族主义是对外打不平的，民权主义是对内打不平的。民生主义是对谁去打不平呢？是对资本家打不平的。因为有了机器，生出了极大的资本家，国内无论什么事都被资本家垄断，富人无所不为，穷人找饭吃的方法都没有；故发明民生主义，为贫富的不平等，要把他们打到平等。这种主义，近来在外国很盛行，渐渐传到中国。

诸位将士听到这里，于革命党所主张的三民主义，便狠容易明白的。这三种主义可以一贯起来，一贯的道理都是打不平等的。革命军的责任，要把不平等的世界打成平等的。能够明白打不平等的三民主义，才可以做革命军。革命军是为三民主义去奋斗的。

革命军为什么要为三民主义去牺牲呢？三民主义成功了，造成一个什么国家呢？大家要知道我们将来可以造成一个什么国家，便先要知道现在的中国是处于什么地位。大家生在中国的这块地方，举目一看，是一个什么世界？简直的说：中国现在是一个民穷财尽的世界，是一个很痛苦的世界。无论那一种人在这个世界之内，都不能享人生的幸福。现在中国之内，这种痛苦日日增进，这种烦恼天天加多。我们看到这种痛苦世界，应该有悲天悯人之心，发生大慈大悲去超度这种世界。把不好的地方改变到好的地方；把这种旧世界改造成新世界。要达到这种种目的，其责任就是在我们革命军。我们革命军实行这种责任，把三民主义完全达到目的，中国便可成为一个安乐世界。

大家都知道世界上文明顶进步的国家是英国、美国，他们国富民强，人民所享的幸福比中国好得多。但是他们国内还有贫富的不平等，所以普通人民还要革命。他们革命是用什么主义呢？所用的就是民生主义。因为民族主义和民权主义，在他们国内已经成功。除英国、美国的革命现在酝酿，还没有爆发以外，现在已经爆发了的是俄国革命。俄国革命发生于六年之前，现在已经完全成功。就是三民主义在俄国已经完全达到目的。

三民主义在中国完全达到目的之后，将来变成一个什么世界？我们突然一想，或者不容易见到。但是俄国现在是一个什么景象，来一看便可知道。七八年以前，俄国人民也是很痛苦的。当欧战的时候，全国加入协商国一方面去打德国。欧战没有终局，国内发生革命，便是要实行三民主义：对外不帮助协商国去打同盟国；对内推翻专制的俄皇；对于贫富的关系，反对世界上一切资本制度。因此列强当时便不去打德国，反移师来打俄国。故俄国革命不但是皇帝的压迫要反对，就是列强的压迫也要反对，和全世界资本制度的压迫都一齐反对。当时革命军竭全力奋斗，把所有的压迫都打破了，于是组织一个新国家，叫做苏维埃共和国。现已经得英国、意国承认了。所以俄国革命可说是完全成功。推究俄国革命的发起，是由于三种人，叫做农、工、兵。俄国现时的政府，又叫做农工兵政府，是由于农、工、兵三界人民派代表所组织而成的。所以他们的政府所持的政策，对于这三种人民便特别优待。要知我们革命成功的将来详细情形，更可用俄国人民现在怎样享幸福的情形，再说一说。俄国人民所享国家的利益，譬如从小孩子初生的时候讲起，自幼长至成人，以至于年老，是受国家什么待遇呢？譬如一个穷人家生了小孩子，父母不能养活，报告到政府，国家便有抚育费，发给到父母去养活他。到了年纪稍大，可以入学校的时候，国家便办得有很完全的幼稚园、小学、中学以及大学，照他的年龄的长进，可以依次进学校，受很完全的教育，国家不收费用。若是父母有不教子女进学校的，政府便要惩罚父母，强迫子女去读书。此所谓强迫教育，要全国的青年，人人都可以读书，人人都受国家栽培，不要父母担忧。至于穷人的子女没有衣穿，没有屋住，没有饭吃，国家都是完全代谋，不必要父母去自谋。象我们中国的小孩子，大多数有没有能力去读书的。象诸位将士由湖南走到广东，沿途所见的小孩子，有多少读过了书呢？再象现在演说场中这些放牛的小孩子，有没有机会去读书呢？故中国小孩子多半没有机会读书，都是很痛苦的；长到成人以后，谋生无路，更是痛苦；再到老年，便更不〈得〉了。故中国〈人〉做小孩子的时候苦，长到成人的时候苦，到年纪老了的时候也苦。一生从幼至老，天天都是痛苦。不是少数人痛苦，是多数人痛苦。如果和现在的俄国人比较，是什么情形呢？俄国人在幼年的时候，有机会可以读书；在壮年的时候，有田可耕，有工可做，不愁没有事业；到年纪老了的时候，国家便有养老费。象俄国的人民，可说是自幼而老，一生无忧无虑。推究他们这种幸福，是由于革命而来的，是由于行三民主义、用革命方法造成的。在英美的政治社会，至今还有贫富的阶级。在现在的俄国，什么阶级都没有，他们把全国变成了大公司，在那个公司之内，人人都可以分红利。象这样好的国家，就是我要造成的新世界。

从前反对我的是满清皇帝，现在反对我的是满清留下来的武人官僚。这些武人官僚的专制，就是小皇帝的行为。从前有诸先烈前仆后起的奋斗，便推翻了那个大皇帝。我们现在要继续先烈的志愿，推翻曹锟、吴佩孚这些小皇帝。曹锟、吴佩孚和各省专制的督军、巡阅使，都是共和的障碍。有了他们，我们的新世界便造不成，大家便永远没有机会享人生的幸福。诸位将士要自己解甲归田之后可以享幸福，子子孙孙永远可以享幸福，便要担负推翻这些小皇帝的责任。把全军变成革命军，把现在痛苦的世界改造成一个安乐世界。这种责任是救国救民的责任。国家改造好了，人民得以安居乐业，不是一代可以享幸福，是代代可以享幸福的。

这种责任要怎么样可以做得到呢？要担负这种大责任，便先要有奋斗精神，明白了三民主义，便能为主义去牺牲。我们要担负这样的大责任，做成这样的大事业，非有大志愿、大胆量和大决心不可。故本大元帅今天和湘军讲话，要大家变成革命军，便先要大家有大志气和大胆量，变成用一可以敌百的革命军，然后我们的三民主义才能够完全实行，中国将来才能够变成安乐国家。这个能不能，没有别的问题，只问诸位将士今天听了这次讲话之后，有没有决心。故本大元帅今天来要求诸位将士的，是要诸位将士在今天立一个决心，变成革命军，共同去担负救国救民的责任。

据中国国民党中央执行委员会宣传部编《孙中山先生最近讲演集》（广州一九二四年七月版）《革命军的本领及目的》

准任陈似职务令

（一九二四年二月二十三日）

大元帅令

兼代大本营秘书长谭延闿呈请任命陈似为大本营秘书处科员。应照准。此令。

（中华民国陆海军大元帅之印）

中华民国十三年二月廿三日

据《大本营公报》第五号《命令》

批蒋中正函*

（一九二四年二月二十三日）

答：总理云：务须任劳任怨，百折不回，从穷苦中去奋斗，故不准辞职。

中华民国十三年二月廿三日

据罗家伦编《国父批牍墨迹》（台北一九五五年十一月十二日版）影印原稿

---

* 蒋介石于二月二十一日致函国民党中央执行委员会，自辞陆军军官学校校长一职，并把所有该校筹备处事宜交廖仲恺代为交卸。这是孙中山对该函的批示。

给赵士觐的指令

（一九二四年二月二十三日）

大元帅指令第一六七号

令两广盐运使赵士觐

呈报租轮巡缉暨支拨该轮经费及租项等情，乞察核备案由。

呈悉。准予备案。此令。

（中华民国陆海军大元帅之印）

中华民国十三年二月廿三日

据《大本营公报》第六号《指令》

给赵士觐的指令

（一九二四年二月二十三日）

大元帅指令第一六八号

令两广盐运使赵士觐

呈为误报余存巨款确非事实，据实呈明，乞鉴察指令祗遵由。

呈悉。准予备案。此令。

（中华民国陆海军大元帅之印）

中华民国十三年二月廿三日

据《大本营公报》第六号《指令》

给蒋尊簋的指令

（一九二四年二月二十三日）

大元帅指令第一六九号

令中央军需总监蒋尊簋

呈报就职及启用印信日期由。

呈悉。此令。

（中华民国陆海军大元帅之印）

中华民国十三年二月廿三日

据《大本营公报》第六号《指令》

追悼列宁祭文*

（一九二四年二月二十四日）

中华民国十三年二月，俄国苏维埃政府领袖列宁先生之丧，孙文既与同人追悼，乃述哀词曰：

茫茫五洲，芸芸众生。孰为先觉，以福齐民。伊古迄今，学者千百。空言无施，谁行其实？唯君特立，万夫之雄。建此新国，跻我大同。并世而生，同洲而国。相望有年，左提右挈。君遘千艰，我丁百厄。所冀与君，同轨并辙。敌则不乐，民乃大欢。邈焉万里，精神往还。天不假年，于君何说。亘古如生，永怀贤哲。

据《广州民国日报》一九二四年二月二十五日《追悼列宁详情》

---

* 二月二十四日，孙中山出席中国国民党在广州举行的追悼列宁大会，任主祭。

列宁追悼会祭帐

（一九二四年二月二十四日）

国友人师

据《广州民国日报》一九二四年二月二十五日《追悼列宁详情》

委派李福林职务令

（一九二四年二月二十五日）

大元帅令

派李福林为广东筹饷总局会办。此令。

（中华民国陆海军大元帅之印）

中华民国十三年二月廿五日

据《大本营公报》第五号《命令》

给各军长官的训令

（一九二四年二月二十五日）

大元帅训令第七三号

令各军事长官

为训令事：据广州市市长孙科呈称："窃查市长所辖广州市区域内，自军兴以来，军队林立，每有在马路交通地方处决人犯情事。前因有军人在禺山市场附近处决犯兵，当经卫生局呈报，并由市长函准卫戍总司部分饬各师，以后须提往郊外执行在案。现以日久玩生，各军队仍不免重蹈前辙，似此陈尸道左，惊扰行人，殊与近世行刑通例背驰。市长为保持观瞻，并重人道起见，理合备文呈请帅座鉴核，俯准通令各军，嗣后处决人犯，勿得仍在市内马路交通地点，以重市政，实为公便”等情。据此，除指令照准外，合行令该各军事长官既便遵照，并转饬所属一体遵照。此令。

（中华民国陆海军大元帅之印）

中华民国十三年二月廿五日

据《大本营公报》第五号《训令》

给杨西岩的指令

（一九二四年二月二十五日）

大元帅指令第一七〇号

令禁烟督办杨西岩

呈为拟具《禁烟总分局章程》乞予核准施行由。

呈悉。查所拟《禁烟总分局章程》第一、第六、第七、第九、第十、第十二、第十四等条，均应酌加删改，已于原章内逐条批明，随令发还，仰即查照妥缮，另文呈候核准施行可也。再：广东省现为禁烟督办驻在地，省内各分局不难直接指挥监督，暂时实无设置之必要，合并饬知。此令。

（中华民国陆海军大元帅之印）

中华民国十三年二月廿五日

据《大本营公报》第六号《指令》

给孙科的指令

（一九二四年二月二十五日）

大元帅指令第一七一号

令广州市市长孙科

呈请通令各军嗣后处决人犯，勿得仍在市内马路交通地点执行，以重市政由。

呈悉。照准。已令行各军长官转饬所属一体遵照矣。此令。

（中华民国陆海军大元帅之印）

中华民国十三年二月廿五日

据《大本营公报》第六号《指令》

与上海《民国日报》记者的谈话*

（一九二四年二月二十六日）

财政问题，现在将各财政机关逐渐收回。各军长官皆随我有年，无不深明大义，大约至四月间必能完全统一。

军饷问题，随财政统一而解决。因吾粤出产丰富，人民富饶，华侨方面且皆愿毁家纾难，希望革命成功。故虽一时困难，尚有办法，以后筹饷局、禁烟局两处月可得饷百万有奇，其他一切正税及盐税等月可得约二百万。如能顺利进行，军饷问题不难解决。

---

* 据三月三日上海《民国日报》载：该报记者“特于二十六日至大本营，谒大元帅于办公室”。今据此确定谈话时间。

陈军[①]盘据东江，经年未能肃清，深为北伐后患。我故调湘军全部加入作战，进攻计划已商议妥帖，惟事关军事秘密，暂难宣布，逆料三月份必能完全肃清。

北伐问题，势在必行。现在皖奉两方亦已商量妥当，只要东江肃清，决不停留，即行北伐。

省长问题，杨沧白不日接任，毫无问题。

苏维埃政府已为英、意所承认，列强皆有继起承认之趋势，则吾国亦何独不可？且本党民生主义中之"平均地权"意思已十分明了，实无再怀疑必要。吾党同志无论新旧，无不精神一致。分裂云云，皆反对党捏造之词。

凡我有志之士，皆已认苏俄为同志。正不须欢迎曹家[②]之承认。

【孙中山述至此，欣然说】我们谈谈报罢。上海报纸现在对此间之批评如何？

记者答：大都表示敬意。虽有一二家日报、十八世纪式之报纸不十分赞颂，然亦不敢公然诋毁。

孙问：《民国日报》如何？

记者答：凡国人抱有爱国思想而脑筋清敏者皆爱读此报，将来惟视同人之努力如何。

孙谓：那很好。君以后如要探听重要而确实的消息，尽可来问我，我必定使你尽职满意。

据上海《民国日报》一九二四年三月三日《谒见大元帅时的谈话》

---

① 陈军：指陈炯明部队。

② 曹家：指曹锟控制下的北京政府。

准免罗桂芳兼职令

（一九二四年二月二十六日）

大元帅令

禁烟督办杨西岩呈帮办罗桂芳另有任用，请免去帮办兼职。罗桂芳准免禁烟帮办兼职。此令。

（中华民国陆海军大元帅之印）

中华民国十三年二月廿六日

据《大本营公报》第六号《命令》

委派刘觉任职务令

（一九二四年二月二十六日）

大元帅令

派刘觉任为禁烟帮办。此令。

（中华民国陆海军大元帅之印）

中华民国十三年二月廿六日

据《大本营公报》第六号《命令》

给伍朝枢的手令*

（一九二四年二月二十六日）

据美国人奇叻由上海来函内称：三月六日偕同游历团七百人

---

* 此件所标时间系《广州民国日报》发表日期。

到港，分数日每日分班二百三十二人搭省港船来省，分日于下午两点钟往游华林寺、长寿寺、花塔及大新街玉器等工场、织线等工场。请饬保护照料。

据《广州民国日报》一九二四年二月二十六日《美国游历团将到粤》

给郑洪年的指令

（一九二四年二月二十六日）

大元帅指令第一七二号

令兼代广东财政厅厅长郑洪年

呈请令饬东路讨贼军将香山全属酒税交还有兴公司办理由。

呈悉。东路讨贼军开赴香山之时，既经指定专以该县田赋充饷，自不得动及其他税款。况现当统一财政之际，各属税捐尤不能任听驻军，擅行截留。仰候令饬东路讨贼军总司令，迅即转饬香山筹饷局，将香山全属酒税交还有兴公司商人梁萱办理，不得另招新商承办可也。折存。此令。

（中华民国陆海军大元帅之印）

中华民国十三年二月廿六日

据《大本营公报》第六号《指令》

给许崇智的训令

（一九二四年二月二十六日）

大元帅训令第七四号

令东路讨贼军总司令许崇智

为令饬事：案据广东财政厅厅长郑洪年呈称："为呈请事：窃照

香山县属酒税，前据有兴公司商人梁萱呈请承办，每年认饷额大洋捌万伍千元，两年为期，并先缴按饷一月，业经前厅长批准承办，发给示谕，定于本年一月一日开办。嗣据该商呈报，一月十八日有利益公司刊登告示称：向东路讨贼军香山筹饷局承办香山全属酒税，设局开收，呈请维持等情。前厅长当查东路讨贼军前赴香山之时，曾奉订明只将钱粮拨充军饷，其余正杂各税仍概归职厅经收，呈请钧座训令现驻香山之东路讨贼军部，迅将香山全属酒税，交还有兴公司商人梁萱办理在案。兹复据该商呈称：香山筹饷局不允交回，将伊斥退，呈请察夺等情前来。理合将该商原呈抄缮清折再呈钧座察核，伏乞训令该军部转饬香山筹饷局，迅将香山酒税交还原商梁萱办理，以符原案"等情。据此，当经指令"呈悉。东路讨贼军开赴香山时，既经指定专以该县田赋充饷，自不得动及其他税款。况现当统一财政之际，各属税捐尤不能任听驻军擅行截留。仰候令饬东路讨贼军总司令，迅即转饬香山筹饷局，将香山全属酒税交还有兴公司商人梁萱办理，不得另招新商承办可也。折存。此令"等语，除指令印发外，合行照钞原折。令仰该总司令即便遵照办理，仍将遵办情形报查。此令。

计钞发原折一件。

（中华民国陆海军大元帅之印）

中华民国十三年二月廿六日

据《大本营公报》第五号《训令》

给叶恭绰的指令

（一九二四年二月二十六日）

大元帅指令第一七三号

令大本营财政部长叶恭绰

呈为拟将市桥口白蔗税减为每百把征银六钱乞予核示由。

呈悉。准如所拟减收。此令。

（中华民国陆海军大元帅之印）

中华民国十三年二月廿六日

据《大本公报》第六号《指令》

给邹鲁的指令

（一九二四年二月二十六日）

大元帅指令第一七四号

令国立广东大学筹备主任邹鲁

呈报就职及启用关防日期由。

呈悉。此令。

（中华民国陆海军大元帅之印）

中华民国十三年二月廿六日

据《大本营公报》第六号《指令》

给张启荣的指令

（一九二四年二月二十六日）

大元帅指令第一七五号

令钦廉高雷招抚使张启荣

呈缴拟具该使署组织办事简章，乞鉴核施行由。

呈及简章均悉。该使专责在招致钦、廉、高、雷各属敌军，使各该属军民闻风感化，毋抗义师，应择各该属相当地点，分派人员就近办理，毋须设立机关骛虚声而遗实际，尤不得在省会设立行署，致涉招谣。所呈组织简章，拟设参谋、军务各处，实属过于扩大，碍难核准。至在省会已设机关，应即一并撤销。仰即懔遵勿违。简章发还。此令。

（中华民国陆海军大元帅之印）

中华民国十三年二月廿六日

据《大本营公报》第六号《指令》

与上海《民国日报》记者的谈话*

（一九二四年二月二十七日）

本党此次改组，宣言、党纲均极明了。民生主义与共产主义之区别，我又在大会讲演时详细说明。本党与苏俄精神合一处，乃在同为压迫民族奋斗，至主义并无变更，且苏俄现时亦非纯粹共产主义。本党同志无不服从党纲，敌党谣言不可信。

肃清东江计画已定期一月竣事，春末必能移师北伐。

据上海《民国日报》一九二四年二月二十九日
《大元帅与本报记者重要谈话》

追赠杜龄昌令

（一九二四年二月二十七日）

大元帅令

据大本营军政部长程潜呈，议复中央直辖滇军总司令杨希闵呈称："故团长杜龄昌于去春进剿沈逆之役，力战捐躯，死事甚烈。

---

* 此件所标时间系据二月二十九日上海《民国日报》云"廿七日广州电，大元帅对记者言"拟定。

拟请追赠陆军少将,照《陆军战时恤赏章程》阵亡例,给予少将恤金”等情。杜龄昌着追赠陆军少将,亦照少将阵亡例给予恤金,以彰忠烈。此令。

（中华民国陆海军大元帅之印）

中华民国十三年二月廿七日

据《大本营公报》第六号《命令》

给各军总司令的命令*

（一九二四年二月二十七日）

饬令各军总司令转令各将领毋得私运烟土,阻碍禁烟进行。如违定行重究。

据《广州民国日报》一九二四年二月二十七日《严禁私运烟土》

给各军总司令的命令**

（一九二四年二月二十七日）

速即分令所部按照担任作战计画克日开往前线,其三罗两阳方面尤关系四邑西江治安,亦应赶速率队前往布置,庶不致顾此失彼之虑。

据《广州民国日报》一九二四年二月二十八日《帅令各军迅赴前敌》

---

* 此件所标时间系《广州民国日报》发表日期。

** 此件所标时间系根据二月二十八日《广州民国日报》云“帅府……昨特谕饬各军总司令”酌定。

给谭延闿的命令*

(一九二四年二月二十七日)

赶紧催促驻省湘军出发东江。如有因领款未齐以致延滞者，应饬令军需处提先筹发，俾利戎行。

据《广州民国日报》一九二四年二月二十八日
《大元帅催促湘军出发》

给郑洪年的指令

(一九二四年二月二十七日)

大元帅指令第一七六号

令广东财政厅厅长郑洪年

呈请迅饬烟酒公卖局将批准合济公司试办火酒取缔费之案撤销，仍由永裕公司照案办理由。

呈悉。查现值统一财政之时，火酒捐既经该厅核准永裕公司商人李伯年承办，自不能听他商向其他机关借名搀夺，致碍税收。仰候令行财政部，转饬广东全省烟酒公卖局，即将批准合济公司试办火酒取缔费之案撤销，仍交还永裕公司办理可也。此令。

(中华民国陆海军大元帅之印)

---

* 此件所标时间系根据二月二十八日《广州民国日报》云“大元帅……昨谕饬谭总司令”酌定。

中华民国十三年二月廿七日

据《大本营公报》第六号《指令》

给叶恭绰的训令

（一九二四年二月二十七日）

大元帅训令第七五号

令大本营财政部部长叶恭绰

为令饬事：据案广东财政厅厅长郑洪年呈称："为呈请事：现准全省烟酒公卖局浦局长在廷咨开：'现据全省酒税合济公司总商高大成呈称：窃照火酒一物，其性最烈，以搀和成酒饮之，足以害人，故承办酒税章程，向有取缔火酒之条，奈历届承商俱因稽查手续交涉繁难，逼得放弃，遂成为一虚例。近查此物销流日广，搀酒日多，以致酒税收入大受影响，自非严加取缔，不足以资补救。惟是徒记空言，难收实效，必须酌收取缔费，以期容禁于征。但取缔此项火酒有连带关系，其所定费率及稽查手续，必须妥订完善，酒税方不受其影响。现拟根据商公司带办，以便实行取缔。至所收款项，请酌提三成给商公司备充经费，其余抽得之款，尽数照缴，以济饷需。固可借取缔以护饷源，而政府亦可增收入以资补助。谨拟具办理简章呈请钧鉴。如蒙照准，伏乞即行给谕开办，庶早开抽一日，饷需得一日之益。除俟批准后再将详细章程妥拟呈核外，所有拟请带办取缔火酒缘由，理合备文连同简章呈请钧局察核，俯赐照准施行，批示祗遵，实为公便等情，并呈缴简章一扣到局。据此，查火酒一物，以之搀入酒内，实属有碍卫生，故酒税定章，本有取缔火酒之条，现该商所拟严加取缔，酌收费用，系容禁于征之意，而于公家收入亦不无少补，所请带办，尚属可行。惟未据认定饷额，只可作为试办，一俟试办期满，再行体察情形，核定饷额，责令包收包缴。当经核明准予试办三月，并饬克日缴纳保证金二千元来局，再行给发示谕开办。批饬遵照去后，旋据该商呈缴保证金二千元前来，并定期二月一日开抽，自应准予带办，除给示谕开办外，相应将取缔火酒简章一纸，咨送贵厅查照'等由。准此，查此项火酒捐，前经职厅核准永裕公司商人李伯年认缴，第一年饷银六万六千元，递加至第三年饷银九万元，包征包解，原以火酒一物本属然料，其性最烈。内地奸商，往往有搀合土酒发售，于卫生最有妨碍，自应严加取缔，订定捐章令发遵守，核与来咨所见大致相同。至谓酒税定章，本有取缔火酒条文，不知酒税条文原由职厅订定，虽暂时划交浦局长经办，究不能越出主管范围，及该商合济公司借词连带关系，恐受影响瞒局带收费用，取巧提成，其影响于酒类税费者小，影响于额定捐饷者大。且既经包商取缔，自与征抽酒税有增无损。乃近日职厅兴办一捐，而各奸商必欲从中破坏，利用其他机关出头搀夺，岂不与统一财政，交回主管机关通案大相背驰。惟咨前由，理合据实陈明帅座，恳乞查照节次厅呈，迅饬撤销带收费用，交回永裕公司照案办理，以免纷歧，而明统系"等情。据此，当经指示"呈悉。查现值统一财政之时，火酒捐既经该厅核准永裕公司商人李伯年承办，自不能听他商向其他机关借名搀夺，致碍税收。仰候令行财政部转饬广东全省烟酒公卖局，即将批准合济公司试办火酒取缔费之案撤销，仍交还永裕公司办理可也。此令"等语，除指令印发外，合行令仰该部即行转饬遵照办理，仍将遵办情形报查。切切。此令。

（中华民国陆海军大元帅之印）

中华民国十三年二月廿七日

据《大本营公报》第六号《训令》

给林森的指令

（一九二四年二月二十七日）

大元帅指令第一七七号

令大本营建设部部长林森

呈为遵令拟呈《商标条例》及施行细则，请予核准施行由。

呈悉。所拟《商标条例》四十条暨施行细则三十二条均尚妥协，应准如拟施行。仰即知照。附件存。此令。

（中华民国陆海军大元帅之印）

中华民国十三年二月廿七日

据《大本营公报》第六号《指令》

给程潜的指令

（一九二四年二月二十七日）

大元帅指令第一七八号

令大本营军政部长程潜

呈为议复滇军团长杜龄昌力战捐躯，滇军第三旅参谋长李文彩病殁戎间，拟请分别追赠给恤由。

呈悉。杜龄昌已明令追赠陆军少将，并少将阵亡例给恤。李文彩应准如拟给予上校恤金。仰即知照。此令。

（中华民国陆海军大元帅之印）

中华民国十三年二月廿七日

据《大本营公报》第六号《指令》

批续西峰函*

（一九二四年二月二十七日）

要件。待王用宾到后始答。着组安问王用宾北方详情，拟答奖励，并约须待北伐时同心合力，以收最后之胜利。

据《国父年谱》增订本下册（转录史委会藏原批件）
及《国父全集》第四册互校

致廖湘芸电

（一九二四年二月二十八日）

电虎门廖司令，着即来省。孙文。中华民国十三年二月廿八日。

据谭编《总理遗墨》第三辑影印原稿

任命张继等职务令

（一九二四年二月二十八日）

大元帅令

任命张继、谢持、居正、丁惟汾、茅祖权、王法勤、张知本为大本营参议。此令。

（中华民国陆海军大元帅之印）

---

* 续西峰致函孙中山报告北方军情，计划攻取山西，以为革命基地。孙中山批文时间系据《国父年谱》。

中华民国十三年二月廿八日

据《大本营公报》第六号《命令》

给张启荣的指令

（一九二四年二月二十八日）

大元帅指令第一八〇号

令钦廉高雷招抚使张启荣

呈请加委王鸿鉴等为该署总务处等处长由。

呈悉。俟该使招抚事宜卓具成效再行核办，所有呈请加委各节应毋庸议。此令。

（中华民国陆海军大元帅之印）

中华民国十三年二月廿八日

据《大本营公报》第六号《指令》

给林森的指令

（一九二四年二月二十八日）

大元帅指令第一八一号

令大本营建设部部长林森

呈为拟将《权度法》及一切附属法令内“农商部”三字一律改为“建设部”，“禀”字一律改为“呈”字，乞明令核准由。

呈悉。准如所拟修改。此令。

（中华民国陆海军大元帅之印）

中华民国十三年二月廿八日

据《大本营公报》第六号《指令》

给陈兴汉的指令

（一九二四年二月二十八日）

大元帅指令第一八三号

令管理粤汉铁路事务陈兴汉

呈请将临时附加军费续办三月由。

呈悉。照准。此令。

（中华民国陆海军大元帅之印）

中华民国十三年二月廿八日

据《大本营公报》第六号《指令》

致蒋中正电

（一九二四年二月二十九日）

沪执行部转介石兄：军官学校以兄担任，故遂开办。现在筹备既着手进行，经费亦有着落，军官及学生远方来者逾数百人，多为慕兄主持校务，不应使热诚倾向者失望而去。且兄在职，辞呈未准，何得拂然而行？希即返，勿延误。孙文。艳。

据毛思诚《民国十五年以前之蒋介石先生》

（香港龙门书店一九三六年十月初版）

追赠简让之令

（一九二四年二月二十九日）

大元帅令

已故前广州铁路局长简让之，廿年革命，百折不挠，赞襄共和，不遗余力。讨袁护法两役，既毁家纾难，再造邦家，复身历行间执戈杀贼，公尔忘私，国尔忘家。嗣以陈逆叛国，负隅东江，忧愤致疾，遂以不起。言念畴昔，嗟悼实深。简让之着追赠陆军少将，并给治丧费一千元，以奖义烈而示来兹。此令。

（中华民国陆海军大元帅之印）

中华民国十三年二月廿九日

据《大本营公报》第六号《命令》

给罗翼群的指令

（一九二四年二月二十九日）

大元帅指令第一八四号

令前兵站总监罗翼群

呈缴交通局十二年九月份报销暨单据粘存簿，请予核销由。

呈悉。查此案前据该总监造送所属各部、局、站、所、院、队各月份计算书暨附表单据等件，当经发交许总司令查算在案。兹复据呈缴交通局十二年九月份报销总册暨单据粘存簿请予核销前来，仰候将原件发交许总司令并案彻底查算，呈复核夺可也。此令。

（中华民国陆海军大元帅之印）

中华民国十三年二月廿九日

据《大本营公报》第六号《指令》

给罗翼群的指令

(一九二四年二月二十九日)

大元帅指令第一八五号

令前兵站总监罗翼群

呈缴所属第三支部第三分站第一运输站十二年十月份支出计算书暨单据等件,请予核销由。

呈悉。查此案迭据该前总监造送所属各部、局、站、所报销,均经发交许总司令查算在案。兹复据呈缴第三支部第三分站第一运输站十二年十月支出计算书暨单据粘存簿、领款收据请予核销前来,仰候将原件发交许总司令并案彻底查算,呈复核夺可也。此令。

(中华民国陆海军大元帅之印)

中华民国十三年二月廿九日

据《大本营公报》第六号《指令》

给罗翼群的指令

(一九二四年二月二十九日)

大元帅指令第一八六号

令前兵站总监罗翼群

呈缴所属第三支部第三分站第一派出所十二年九十两月份计算书暨收发粮食表、单据粘存簿,乞予核销由。

呈悉。查此案迭据该前总监造送所属各部、局、站、所报销,均经发交许总司令查算在案。兹复据呈缴第三支部第三分站第一派出所十二年九、十两月份支出计算书暨收发粮食表、单据粘存簿请予核销前来，仰候将原件发交许总司令并案彻底查算，呈复核夺可也。此令。

（中华民国陆海军大元帅之印）

中华民国十三年二月廿九日

据《大本营公报》第七号（广州一九二四年三月十日版）《指令》

给罗翼群的指令

（一九二四年二月二十九日）

大元帅指令第一八七号

令前兵站总监罗翼群

呈缴第三支部第三分站十二年九月廿二日至十一月五日支出计算书暨单据等件，请予核销由。

呈悉。查此案迭据该前总监造送所属各部、局、站、所报销，均经发交许总司令查算在案。兹复据呈缴第三支部第三分站十二年九月廿二日至十一月五日支出计算书暨单据粘存簿、领款收据、输卒饷册请予核销前来，仰候将原件发交许总司令并案彻底查算，呈复核夺可也。此令。

（中华民国陆海军大元帅之印）

中华民国十三年二月廿九日

据《大本营公报》第七号《指令》

给许崇智的训令

（一九二四年二月二十九日）

大元帅训令第七八号

令东路讨贼军总司令许崇智

为令饬事：查前因前兵站总监罗翼群，供给军需，受人指摘，曾经明令该总司令查办。嗣后罗前总监造送所属各部、局、站、所、院、队各月份报销，均经发交该总司令查算各在案。兹复据呈缴所属交通局十二年九月份，第三支部第三分站第一派出所十二年九十两月份，第三支部第三分站十二年九月廿二日至十一月五日，第三支部第三分站第一运输站十二年十月份报销表册暨单据等件，请予核销前来。除指令外，令合行抄录原呈并检同原件，令仰该总司令并案彻底查算明确，有无浮冒，据实呈复核夺，勿稍徇隐。切切。此令。

计发抄呈四件：交通局十二年九月份收支款项报销总册二本，单据粘存簿二本；第三支部第三分站第一派出所十二年九月支出计算书二份，收发粮食表二本，单据粘存簿二本，十月份支出计算书二份，收发粮食军品表二本，单据粘存簿二本；第三支部第三分站十二年九月廿二至十一月五日支出计算书二份，单据粘存簿三本，领款收据一本，输卒饷册一本；第三支部第三分站第一派出所十二年十月份支出计算书二份，单据粘存簿一本，领款收据一本。

（中华民国陆海军大元帅之印）

中华民国十三年二月廿九日

据《大本营公报》第六号《训令》

给徐绍桢的指令

（一九二四年二月二十九日）

大元帅指令第一八八号

令大本营内政部长徐绍桢

呈请褒扬节妇杨朱氏由。

呈悉。准予题颁“节媲松筠”四字匾额，并给予银质褒章，以示褒扬。仰即转给承领可也。此令。

（中华民国陆海军大元帅之印）

中华民国十三年二月廿九日

据《大本营公报》第七号《指令》

与日人某君的谈话*

（一九二四年二月）

（一）俄之赤化运动决不深入中日

问：闻阁下近顷接近俄国，欲藉其援助，以起统一运动。窃以为俄国之赤化运动，如波及中国国内，岂非危险之甚乎？

答：俄国与中国，今为对等之国家。彼对于不平等条约有共同之目的，诚为中国之友邦，其援助中国也，乃当然之事。中国之与

---

* 据《研究中山先生的史料与史学》载：此谈话时间为一九二四年二月某日，地点在广州河南士敏土厂大元帅府。

提携也，亦不能不谓当然。俄国以赤化英国为目的，其计划在先对于印度及其殖民地为赤化运动。其援助广东也，在强行赤化运动于广东之敌之香港，然后再赤化印度及缅甸方面也。以广东为根据地之俄国赤化运动，非以中国国内为目的，系以香港及印度为目标。我辈之不阻止俄国之赤化运动者，在已知此种实情故也。若夫中国国民之赤化，未必是可恐之事。何则？盖中国国民三千年来有再三再四之赤化经验，业已带有消毒性之共产思想之社会的赤化。一时纵见中国国民之雷同，然终难求续，不难察知也。若夫香港及印度之赤化，纵英国官宪死力抵抗，亦渐次得向其目的地进行也，可谓无疑。夫俄国之赤化印度，与其由陆上侵入，不如由海上侵入为得策。故俄国拟以广东为根据，由香港侵入安南、新加坡及南洋各地。更由缅甸方面向印度本部为赤化的潜入。至于中国国内之赤化，一面必受中国国内之资本家、智识阶级及军人社会之反对；他面必为日本所嫌厌，故俄国当不至深入也。俄国之大目的在印度，对于中国及日本，既欲维持友邦之关系，当不至继续赤化运动也，固不俟论。

(二)三民主义非仿制他人之糟粕

问：阁下所主倡之三民主义，闻有人评之为再制列宁及其他近世社会主义者之糟粕。阁下十年前未尝提倡三民、五权主义，得乎诚踏袭列宁等之所说乎？

答：决非如此。我辈之提倡民族、民权、民生三大主义，业已三十年于兹矣！不过其说明系归纳的，未尝判然明言三民主义为何物。我辈之三民主义首渊源于孟子，更基于程伊川之说。孟子实为我等民主主义之鼻祖。社会改造本导于程伊川，乃民生主义之先觉。其说民主、尊民生之议论，见之于二程语丝。仅民族主义，我辈于孟子得一暗示，复鉴于近世之世界情势而提倡之也。要之，三民主义非列宁之糟粕，不过演绎中华三千年来汉民族所保有之治国平天下之理想而成之者也。文虽不肖，岂肯尝列宁等人之糟粕。况如共产主义，不过中国古代所留之小理想者哉。

（三）属望全国统一故与北段提携

问：上海、香港之中国实业家等呼阁下为空大炮，谓徒大言壮语，于实际无裨，嘲笑阁下之统一中国为不过空言，而三民主义亦不过为书生之论，未审阁下究能统一中国乎？

答：有笑我者，任之可耳。我辈事实上已放三十年空炮。然此空炮，确能促内外人之觉醒，今日已为不能不放实弹之际。对于友方而放空炮也，实属当然。友方既然觉醒，则向敌方放实弹也，亦属自然。我辈热中于统一中国，业与北方之段祺瑞等相提携。民国之幸福，以统一为主。今不幸而陷于四分五裂之混乱状态。我辈敬服汉高祖，推重明太祖，因彼等能统一国内，增进国民之幸福故也。我辈打倒腐朽之清朝，然破坏之后，以建设为必要，此古今历史之明示也。欲统一中国之现状，势不能不藉武力，武力统一乃我辈所热心者也。藉言论或妥协统一，恰如沙上楼阁，行即崩溃，复陷于四分五裂之状也，明甚。既有武力统一之必要，自不能不使南北武力提携之成立，此吾辈所以与北方段祺瑞等握手也。段祺瑞在中国现在之人物中，为最可信赖之人物，还胜于曹锟及黎元洪也。

(四)现代人物之月旦评

问:关于吴佩孚、张作霖、冯玉祥、唐继尧、阎锡山等诸人物,阁下之月旦评如何?

答:张作霖之有今日,不妨谓全由于日本之援助。彼本为一小武官,然彼能迎合日本在东三省之发展,发挥其才能,遂跻于今日之地位。段祺瑞与吴佩孚终难两立,故张作霖或继段祺瑞之后,左右北京之政权亦未可知。河南之吴佩孚,诚可谓卓越之军人,然非支配大局之政治家,一旦战败,即陷于不可恢复之地步。至若我辈,则屡败屡增加势力,此为军人与政治家不同之处。要之,吴实一卓越之军人也。云南之唐继尧,系过于计算利害之人,虽可支配云南一省,然决非维持大局、支配中原之大人物也。冯玉祥之利害打算,亦不弱于唐氏,或与安福派为友,或加入直隶派,又或出于中立态度,不断地由自己心中之利害关系而行动,故不易信赖。若夫阎锡山因守山西,故其位置安全。虽然,彼非支配一省以上之大人物。若以山西保境安民为主,则目前彼之位置,当不至发生问题,苟出山西以外加入大波澜之中,即不能保,必亡命海外也。国民现在正欢迎新人物。老辈已为过去之人物,段祺瑞虽为可尊敬之人物,然已入老境。徐世昌虽为恂恂儒者,然已无在政界活动之勇气。唐绍仪虽野心勃勃,然利欲之念、好色之情甚盛,不足以集众望。由此观之,中国之人物,均属过去之人,前途有为之士,不能不求之于新进政治家及壮年军人也。

（五）蒋介石为英杰，故使练兵北伐

问：阁下之武力统一，当先起北伐军进出长江，然已有北伐之准备否？

答：广东之形势，前年以来极为动摇，然渐已归平稳状态。滇军之横暴，实为吾等所最苦者。然以去岁底黄埔军官学校养成之学生军之奋斗，已将云南客军讨灭，广东局面遂全然一新。惠州陈炯明之兵力已不振，行将见其归伏于我辈之脚下矣。其他如林虎、如李福林，均深知大势之所趋，已归附吾辈。如此，广东之局面既归于平稳，则前最应努力者，在新军之训练，在劲旅之编制。黄埔军官学校刻由蒋介石主持，有为之士官辈出。当攻击滇军时，蒋介石所指挥之学生军，即军官学校学生军，精锐无比，业已发挥其战斗力矣。我辈知蒋介石为英杰，数年前曾与之谈养成新军之事，今蒋介石已成新军之中心人物，正着手编制民国第一之劲旅。彼为浙江出身之武官，十年前曾留学于日本士官学校，受新式军事之教育，且人物雄略沈毅，将蔚为军官中之大器。我辈以财政委之于廖仲恺，民政责之于胡汉民，外交则由伍朝枢总揽，党务则由汪精卫任责，教育归邹鲁担任，军事则命蒋介石掌握，以期完成北伐之目的。惟最困心衡虑者，财政一事也。然广东之财政，苟不藉借债，即无法救济。我辈日前曾致书于日本某氏，述吾辈拟向日本资本家借三千万元之希望，恳其居间斡旋，当可成功也。

（六）将长江占领后，即出持久态度

问：尝考中国二十四史，凡中国之统一，概属北方南征之结果，其南方之北伐，殆未有能征服长江以北者。史册所载，往事历然。今阁下企划之北伐军，果能进至长江以北否耶？

答：中国史册所载，诚如尊论。亦有北守南征之史实，秦自西北强行统一中国，遂至平定六国。汉又乘秦之失民心，由东方统一天下。隋虽平定南北五胡之乱，致唐之李渊又将天下夺去。唐末五代之乱，被宋之赵氏平定。宋又为由北而来之金元所亡。若夫至于元之没落，虽由起于中部之朱元璋之武力，然明朝之统一天下，乃因以北京为根据地故也。明为起于北方满洲之清所征服，而清朝又为起于南方之我党所推翻，此乃最近之事实也。试观中国历史，除清朝外，殆皆示北方南征统一天下之事实。然我辈北伐军，既讨伐清朝，更欲一扫其残党。清朝已推翻矣，而其残党犹割据长江沿岸及长江以北。我辈之北伐，乃继续第一革命，故非将专制政府之残党肃清，不能谓完全讨灭清朝。既我辈之北伐，乃顺应大势，故其成功也必矣。北守南征不过过去之史实，今迎合新局面，不得不确信南守北征之当然。北伐军已准备就绪。其方略，拟先自梅岭侵入湖南，再征服湖北，以掌握长江之枢纽；两湖既入我党之手，则分军为二，一军入赣，一军入豫。然后再将长江下游收于支配之下。惟所谓问题者，即占领南京、汉口后究侵入长江以北耶？抑占领长江一带，而采持久策耶？此实为我党之大问题。何则？盖北伐军长驱，减少兵力，更兼军械子弹缺乏，军费不足，殊不易侵入长江以北。然我军已有成竹在胸，一旦将长江占领后，即暂时出持久态度，谋与北方同志之段祺瑞同志一派提携，徐徐再打开统一的局面。召开南北统一国民大会，议定约法、其他国宪，裁减各省军队施行内外新政，俾实现三民主义。

（七）共党如扰民党，断然绝其提携

问：国民党与共产党派现虽提携，未审将来亦有提携之望否？被视为共产党派之人物中，其卓越者，闻除徐谦、谭平山外，尚有其他人士，且此等人士，似已脱国民党。若然，国民党之前途，不至分裂乎？

答：国民党系我创立之民国唯一之政党，而共产党派则为赞成俄国列宁等主义之学者有志一派。国民党员固有加入该派者，然国民党始终为国民党，共产派则为共产派，而为其独特之活动而已，不能必言其互相提携也。我党员之先辈有力家冯自由、张继等反对与共产派相接近。冯自由且目共产派为破坏民国之毒瓦斯弹。彼母亲系日本人，彼系热诚勇敢之人物也，在国民党之先辈中，次于张继之德望家，亦一器局雄伟之政治家也。徐谦、谭平山两人多年为国民党尽力，辅助我活动之功劳者也，最近任共产派之领袖。彼等之所以为共产派，并非俄国之走狗，欲打破民国之现状，断行第之大改造者也。并非脱退国民党，不过为国民党之急先锋，而促国民之自觉，否认妥协政治。因此国民党内分急进派与稳健派亦不得已之举。张继、冯自由、谢英伯为稳健派；徐谦、谭平山等为急进派；而我及汪精卫、胡汉民等可称为综合派。是皆为国民党而努力，时虽有意见之冲突、反目、抗争之状态，而各人胸中毫无私见，依然奉大国民党主义。虽止包容民国三分之一，最近将来，定可支配大局无疑矣。此际因共产派而至国民于分裂，可断言其必无疑矣。若共产党而有纷乱我党之阴谋，则只有断然绝其提携，而一扫之于民国以外而已。

（八）目前中国情况在在均有进步

问：我辈日人对于中国之前途，几难揣拟，未审阁下作何观察？

答：此问题颇大，对于淡漠之质问，只得答之以淡漠而已。我辈对于中国前途并无悲观，然亦未敢作乐观，惟实无悲观之必要耳。三千年来之国民性不易变更，虽经二十四朝之变迁，尚未亡国。政体虽经数次之变更，然邦土依然存在，四亿民众依然活跃。例如大海之波澜，有时滔天，然有时归于波平浪静。中国之混乱其不久必即归于平靖者可断言矣。自前清溃倒以来，中国社会的进步颇为显著。其表面之波涛虽猛，然内面之状态，肃然有进步之观，实为不可掩之事实。国民教育日益普及，观产业之发达，及海外贸易之年年增进，实可窥之。生活之改良，交通之发展，最近尤惹吾人之注意。劳动社会，业有所觉，今后若农民亦能自觉，则中国之社会状态，必能一新面目。现在之中国，其最腐败者为官吏社会，次则为军人社会。若夫政治界官吏与军人对峙，故非至腐败不止。虽然，较之旧朝之政界，则觉别有天地。我辈认目前之中国为进步中之邦家，随而其前途一旦统一，必能渐次放大光明。如印度等亡国事变，断不至发生，可谓明矣。或有谓中国统一之不易，而悲观其前途者，是盖以短日月律邦家故也。中国之寿命亦有数千年，固不俟论。再经十年或五十年当成浑然统一之状态，如斯天下统一之中国，随社会的进步，政治、产业、军事、教育及其他方面亦当渐次进步发展，当能成一大文明国，与日本并驾齐驱。若以我辈之观察为空想，则我辈惟以微笑答之耳。

据《研究中山先生的史料与史学》梁惠锦《台湾民报中有关国父孙中山先生的记载》

致国民党中央执行委员会函*

（一九二四年三月一日）

通告各同志：刘成禺、冯自由、徐清和、谢英伯四人之解释，本总理已甚满足，此事当作了息。但望同志以后不得再起暗潮。如有怀疑，当来直问总理为是。

孙文　中华民国十三年三月一日

据《国父全集》第三册（转录史委会藏原件）

委派杨庶堪职务令

（一九二四年三月一日）

大元帅令

派杨庶堪为财政委员会委员。此令。

（中华民国陆海军大元帅之印）

中华民国十三年三月一日

据《大本营公报》第六号《命令》

任命张翼鹏职务令

（一九二四年三月一日）

大元帅令

---

* 刘成禺、冯自由、徐清和、谢英伯等反对国共合作，曾受到孙中山的批评。国民党第一次全国代表大会闭幕后，刘等作了“解释”。孙中山就他们的“解释”作了批示，通告国民党中央执行委员会。

任命张翼鹏为大本营高级参谋。此令。

（中华民国陆海军大元帅之印）

中华民国十三年三月一日

据《大本营公报》第六号《命令》

给范石生的指令

（一九二四年三月一日）

大元帅指令第一九〇号

令广东筹饷总局督办范石生

呈报就职视事设局开办日期由。

呈悉。此令。

（中华民国陆海军大元帅之印）

中华民国十三年三月一日

据《大本营公报》第七号《指令》

给徐绍桢的指令

（一九二四年三月一日）

大元帅指令第一九一号

令大本营内政部长徐绍桢

呈请褒扬寿民彭才德及妻韦氏由。

呈悉。准予题颁“寿域同登”四字，并给予银质褒章。仰即转给承领。此令。

（中华民国陆海军大元帅之印）

中华民国十三年三月一日

据《大本营公报》第七号《指令》

致全党同志书

（一九二四年三月二日）

同志均鉴：

本党此次改组之原因，曾经本总理在大会宣布明白，兹复撮言其要。

本党前此注名党籍之党员为数二十余万，同志不为不多；然按之实际，则除在册籍上载有姓名外，实不知党员在于何所。以故党员虽多，毫无活动，衡量党力，更属微渺。夫所贵乎有党者，盖在集合国民力能活动之分子结为团体，在一主义之下为一致之奋斗。故其要义，一在有主义，二在有团结，三在有训练。而欲求主义之鲜明，团结之坚实，训练之整齐，则不得不先揭三民主义之真解，而萃力于基本之组织。此次新章所订之组织方法，其意义即在从下层构造而上，使一党之功用，自横面言，党员时时得有团结之机会，人人得以分担责任而奋斗；自纵面言，各级机关完全建筑于全体党员之上，而不似往时之空洞无物，全体党员亦得依各级机关之指挥，而集中势力，不似往时之一盘散沙。此种办法，在能自由办党之地，固易获效；即在不能自由办党之地，亦殊有活动之可能，本党之决心改组以此。

抑党人之入党，固为实行主义而来；然既为实行，则对于主义，自不能以模糊的认识为了事，须透彻了解于主义之全蕴乃可。吾党主义，析言之固为民族、民权、民生；至其致用，实是一个整的，而非三个分的。不过因时机之关系，有时仅实现其一部，而未能施及全体。如往者萃全力以排满，似吾党主义专在民族，而不知吾党之实行民族主义，即欲以实现民权、民生两主义。且民族主义亦不止推翻满清而已，凡夫一切帝国主义之侵略，悉当祛除解放，使中华民族与世界所有各民族同立于自由平等之地，而后可告完成。顾欲臻此，即非以三民主义整个的进行不可。推类言之，则欲达民权、民生两目的，亦不能置民族主义于不顾。辛亥革命后，民权谓可见端，然未几即有袁氏篡夺。袁氏所以敢冒犯不韪，则以有外国帝国主义为之后援，遂致十年大乱，不能平治。此则民族主义不行为之因。至于民权、民生更不暇顾。欧战发生而后，各国社会党乘机勃发，俄国共产党竟一举成功，而我国青年乃亦感乎民生问题之不得不急为解决，于是社会之研究运动始发轫于民间。然此即吾党所欢迎而引为同调者也。夫吾国之革命在前，俄国之革命在后。俄乃以六年之短期，划除根深蒂固之专制阶级，战胜其四围之帝国主义之恶魔，且以其势力振发全世界被压迫民众之奋斗精神。而吾党自辛亥迄今，垂十三年，国内军阀官僚之横暴，日甚一日；国外帝国资本主义之侵凌，日迫一日。以视乎俄，瞠乎其后，则俄诚足为吾党借镜之资，而亦当引为吾国互助之友。盖以言主义，则彼此均吻合；以言国情，则彼此有若弟兄。数年前予曾有联俄主张，国人不察，骇为险着。曾几何时，英、意已联翩承认俄国，美国舆论亦极怂恿其政府毋持偏见。足见潮流所至，莫能抵御。本党先幾，于兹可证。夫以资本称雄之国，尚复尔尔，则我之为他人殖民地者尚何所忌避，而惧与努力图谋解放被压迫民族之俄国提携乎？毋亦不思之甚矣。

顾有好造谣生事者，谓本党改组后已变为共产党。此种谰言，非出诸敌人破坏之行为，即属于毫无意识之疑虑。欲明真象，则本党之宣言、政纲具在，覆按可知。本党之民生主义，早以平均地权、节制资本两方案著于党纲。自始至终，未尝增减。至若进行之有缓急，分量之有重轻，此则时势之推迁，而非根本之改变。故为上说者，不特不知本党之主义，并未识本党之历史，亦徒见其谬妄而已。

至于社会主义青年团之加入本党，在前年陈炯明叛变，本党经一度顿挫后，彼等认为共同革命，非有极大之结合，事不克举，故欣然同趋一致，以期有益于革命之实行。本总理受之在前，党人即不应议之于后。来者不拒，所以昭吾党之量能容物，而开将来继续奋斗之长途。吾党之新机于是乎在。彼此既志同道合，则团体以内无新旧分子之别。在党言党，唯有视能否为本党、为主义负责奋斗而定其优劣耳。

以上种种，略明大要。其详则具载于演讲录中。切愿诸同志祛除臆惑，协力刷新，以达吾党远大之目的。本总理有厚望焉。

孙　文

据《中国国民党周刊》第十期（广州一九二四年三月二日版）《总理致海内外同志训词》

给谭延闿的命令*

（一九二四年三月三日）

克日准备出发，迅行攻击。至后方饷需接济，当饬军需处源源筹发，不使缺乏。

据《广州民国日报》一九二四年三月四日《谭延闿将赴东江督战》

* 此件所标时间系据三月四日《广州民国日报》云“大元帅……昨特谕谭总司令”推定。

给财政委员会的指令

（一九二四年三月三日）

大元帅指令第一九二号

令财政委员会

呈请简派杨庶堪为该会主席委员由。

呈悉。照准。此令。

（中华民国陆海军大元帅之印）

中华民国十三年三月三日

据《大本营公报》第七号《指令》

给廖仲恺的指令

（一九二四年三月三日）

大元帅指令第一九三号

令广东省长廖仲恺

呈复遵令办理林森等呈请禁止黄花岗附葬一案情形由。

呈悉。此令。

（中华民国陆海军大元帅之印）

中华民国十三年三月三日

据《大本营公报》第七号《指令》

给程潜的命令*

（一九二四年三月四日）

将本部所办后方勤务各交通机关交由大本营参谋处管辖。

据《广州民国日报》一九二四年三月八日《军车运输之管辖》

给程潜的指令

（一九二四年三月四日）

大元帅指令第一九四号

令大本营军政部长程潜

呈请令他种机关接办检查事宜并拨款清垫由。

呈悉。现在军事尚未结束，所有检查邮电、报纸事宜，未便停止，应仍由该部派员赓续办理，以一事权而重军情。至以前垫支各款及以后每月应支经费，着核实一并开列呈候核明，交财政委员会拨给可也。此令。

（中华民国陆海军大元帅之印）

中华民国十三年三月四日

据《大本营公报》第七号《指令》

---

* 原令未署日期。按三月八日《广州民国日报》载：程潜奉令后，“当即移交接管，并于支日电达在案”。又，程潜微日（五日）呈文称“昨奉帅令”。据此判断，发令日期应是四日。令内所言之“本部”，指大本营军政部。

给赵士觐的指令

（一九二四年三月四日）

大元帅指令第一九五号

令两广盐运使赵士觐

呈报拿获包庇走私人犯陈兆兰，罚款除照章一半充赏外，余数拟悉拨充盐政会议经费，请核示祗遵由。

呈悉。准如所拟办理。此令。

（中华民国陆海军大元帅之印）

中华民国十三年三月四日

据《大本营公报》第七号《指令》

给范石生的指令

（一九二四年三月四日）

大元帅指令第一九六号

令广东筹饷总局督办范石生

呈为拟具组织大纲及职员名额、薪津表，乞予核准由。

呈悉。所拟《广东筹饷总局组织大纲》暨职员名额、薪津表，均尚妥协，应准照办。仰即知照。附件存。此令。

（中华民国陆海军大元帅之印）

中华民国十三年三月四日

据《大本营公报》第七号《指令》

给杨西岩的指令

（一九二四年三月四日）

大元帅指令第一九七号

令禁烟督办杨西岩

呈请修改《禁烟条例》及免予删削《督办署章程》由。

呈悉。审判烟犯，仍应由司法机关办理，以重法权。《督办署章程》第五条第二款，应遵前项指令删去。至所请修正《禁烟条例》第廿条之处，应毋庸议。仰即分别遵照。此令。

（中华民国陆海军大元帅之印）

中华民国十三年三月四日

据《大本营公报》第七号《指令》

给杨西岩的指令

（一九二四年三月四日）

大元帅指令第一九八号

令禁烟督办杨西岩

呈为遵令修正《禁烟总分局章程》，乞予核准施行由。

呈及章程均悉。准如所拟施行。章程存。此令。

（中华民国陆海军大元帅之印）

中华民国十三年三月四日

据《大本营公报》第七号《指令》

给广州市公安局的命令*

（一九二四年三月五日）

饬公安局拘传温雄飞到案，听候查办。

据《广州民国日报》一九二四年三月五日《温雄飞无足轻重》

给广州市公安局的命令**

（一九二四年三月五日）

以温雄飞此次来省，系奉有某方附义来归之使命。春秋之义，不杀来使。方今筹备北伐，自宜先安反侧，以纾南顾之忧。区区一无足轻重之温雄飞，赦之无伤失出之名，杀之反失怀柔之策。仍可宽其既往，策其将来。

据《广州民国日报》一九二四年三月五日《温雄飞无足轻重》

给程潜的命令***

（一九二四年三月五日）

军需独立及关于后方勤务各机关隶属管理整顿方法，迭经令

---

* 这是孙中山得悉国民党党员温雄飞附和北廷、靦颜事敌情事后，给公安局的命令。所标时间系《广州民国日报》发表日期。

** 此件所标时间系《广州民国日报》发表日期。

*** 原令未署日期。按《广州民国日报》载，程潜微日呈文称："兹又奉大元帅开"等语。今据此酌定时间。

行遵办在案，兹先后复据大本营参谋长李烈钧、军政部长程潜、军需总监蒋尊簋面陈各节，自属和衷共济时艰之旨，所有后方卫生勤务，应着仍由军政部管理，其军车管理处及运输处，着即改隶中央军需处管理。其有应兴应革事宜，统着妥为处置呈报，至各该部、处权限及办事手续，仰各查照曾经核定各该部、处章程办理可也。特此令达，仰各转行遵照具报查考。此令。

据《广州民国日报》一九二四年三月八日《军车运输之管辖》

给刘玉山的训令*

（一九二四年三月五日）

三罗地方不靖。查中央直辖第七军，除现在东江部队仍应听受杨总指挥希闵指挥、协同各军作战外，其在省部队着刘军长玉山先行调赴三罗，协同肃清南路。

据《广州民国日报》一九二四年三月八日《刘玉山部队分别调驻》

着撤销西江督办处令

（一九二四年三月五日）

着秘书处、参谋处、军政部会同议令，即行撤销西江督办处。着将所管广东民政、财政交回广东省长与财政厅办理，以归统一。其梧州及上游各地，另设广西善后处办理。着军政、参谋两部处议

* 原令未署日期。按《广洲民国日报》三月二十二日《刘玉山拔队赴都城》载：刘“本月五日奉大元帅令饬：本军开赴三罗，协同肃清南路匪患”。今据此确定为三月五日。

订办法。此令。

文 〈民国十三年三月五日〉[①]

据谭编《总理遗墨》第三辑影印原件

着各军不得擅征杂捐令

（一九二四年三月五日）

大元帅令

军兴以来，需饷浩繁。政府为讨除国贼计，不得不藉资民力，端赖稽核有方，庶免诛求无艺。刻正力谋财政统一，以后各军长官不得擅行征收各种杂捐，紊乱纲纪。自此次通令之后，有敢犯者，军官免职治罪；奸商承办者，除没收产业外，应一体严行治罪，以儆贪顽而肃法纪。言出法随，决不姑贷。此令。

（中华民国陆海军大元帅之印）

中华民国十三年三月五日

据《大本营公报》第七号《命令》

着裁撤西江善后督办令

（一九二四年三月五日）

大元帅令

前因逆军构乱，假扰西江，肇庆、梧州等处胥沦于敌。克复之始，满目疮痍，善后事宜，百端待举。特派广东讨贼军第一师师长李济深兼任西江善后督办。委政权于驻军，期办事之敏捷，原为战

① 此日期据《国父全集》转录该影印件所标时间校补。

后权宜办法。刻下地方渐就谧平，财政方谋统一，西江善后督办一职应即裁撤。所有民政、财政概由广东省长督饬所属分别办理，以明统系，而一事权。此令。

（中华民国陆海军大元帅之印）

中华民国十三年三月五日

据《大本营公报》第七号《命令》

着筹解湘军开拔费令*

（一九二四年三月五日）

即日筹解五万元，以便拨给湘军而促戎行。

据《广州民国日报》一九二四年三月五日《帅令筹解湘军开拔费》

给罗翼群的指令

（一九二四年三月五日）

大元帅指令第一九九号

令前兵站总监罗翼群

呈缴经理局十二年四月至十月收支款项及负欠债项数目总册，暨第二支部呈缴煤单，请予发还欠项由。

呈悉。查此案前据该前总监造送经理局十二年四月至十月支出计算书，当经发交许总司令查算在案。兹复据呈缴收支款项暨负欠债项数目总册及第二支部呈缴煤单，请予发还欠项前来。是否核实，仰候将原件发交许总司令，并案查算明确，呈复核夺。

---

* 此件所标时间系《广州民国日报》发表日期。

此令。

（中华民国陆海军大元帅之印）

中华民国十三年三月五日

据《大本营公报》第七号《指令》

给许崇智的训令

（一九二四年三月五日）

大元帅训令第八〇号

令东路讨贼军总司令许崇智

为令饬事：案据前兵站总监罗翼群呈称："为呈报事：案据职部经理局局长徐伟呈称：'窃查职局奉令收束，业将经办四月至十月份支出计算书表、单据及收发粮食、军品、煤炭表据，按月分别编办呈核在案。兹将经办各月汇编收支款项数目及负欠各部、局、院、队、站、所、商号各薪饷、经费、医药、货项等费暨借出款项、长领未报、计算核减各款，列具结束总册三份，备文呈请察核，伏乞转呈帅座察核办理。恳将负欠各项，迅赐核明清发，以完手续'等情，并总册三份前来。职经复核无异，除检册一本存查外，理合具文连同总册二本转呈钧帅察核。伏乞俯赐分别存发核明，即将欠项发还，以完手续"等情。据此，当经指令"呈悉。查此案前据该前总监造送经理局十二年四月至十月支出计算书，当经发交许总司令查算在案。兹复据呈缴收支款项暨负欠债项数目总册及第二支部呈缴煤单，请予发还欠项前来。是否核实，仰候将原件发交许总司令并案查算明确，呈复核夺。此令"等语，除指令印发外，合行令仰该总司令即便遵照，秉公查算，据实呈复核夺。此令。

计发经理局十二年四月至十月份收支款项及负欠债项数目总

册二本、第二支部呈一件、煤单一纸。

（中华民国陆海军大元帅之印）

中华民国十三年三月五日

据《大本营公报》第七号《训令》

给李福林的指令

（一九二四年三月五日）

大元帅指令第二〇〇号

令东路讨贼军第三军军长李福林

呈请收回广东筹饷总局会办成命由。

呈悉。粤省自陈逆变叛，兵祸连年，筹饷讨贼，义应负责。该军长望重桑梓，实深倚畀。所收回广东筹饷总局会办成命，着毋庸议。此令。

（中华民国陆海军大元帅之印）

中华民国十三年三月五日

据《大本营公报》第七号《指令》

给杨庶堪的指令

（一九二四年三月五日）

大元帅指令第二〇一号

令广东省长杨庶堪

呈报就职日期由。

呈悉。此令。

（中华民国陆海军大元帅之印）

中华民国十三年三月五日

据《大本营公报》第七号《指令》

给陈兴汉的指令

（一九二四年三月五日）

大元帅指令第二〇二号

令兼理广三铁路管理局局长陈兴汉

呈报就职日期由。

呈悉。此令。

（中华民国陆海军大元帅之印）

中华民国十三年三月五日

据《大本营公报》第七号《指令》

给统一财政委员会的指令

（一九二四年三月五日）

大元帅指令第二〇三号

令统一财政委员会

呈为拟定办事细则请予备案由。

如呈备案。细则存。此令。

（中华民国陆海军大元帅之印）

中华民国十三年三月五日

据《大本营公报》第七号《指令》

给财政委员会及广东省长的训令

（一九二四年三月六日）

大元帅训令第八二号

令财政委员会、广东省长

为令遵事：查财政委员会议决省河筵席捐变更办理，指定全数拨充省市教育经费一案，经指令照准在案。兹据国立大学筹备主任兼管理广州中上七校经费委员会主席邹鲁呈称："此项筵席捐款，前经广东省长核准，全数拨定为广州中上七校经费，并由广州中上七校经费委员会直接管理在案。现奉令变更，划由市政厅招商承办，并拨该款三分之一收入为市教育经费，其余三分之二收入应请明令准照成案拨为七校经费，由七校经费委员会收管，以符原案。并请令行财政委员会、省长公署定明：以后所有省河筵席捐项下收入，不论承捐多少，收数若干，均照拨三分之二为中上七校经费，拨三分之一为市教育经费，著为定案，永远不计变更，以维教育"等情前来，系为确定教育基金起见，应予照准。除分令外，仰该委员会、省长即便遵照办理。此令。

（中华民国陆海军大元帅之印）

中华民国十三年三月六日

据《大本营公报》第七号《训令》

给韦荣熙的训令

（一九二四年三月六日）

大元帅训令第八三号

令北江商运局长韦荣熙

为令饬事:案据广州市柴行同福堂代表区毅呈以本市各柴店到行报称:“本市泮塘口内及黄沙河面,除小北江护商事务所依旧勒抽柴艇费用外,更多一北江商运局同在此两处河面重抽,恳请严行禁止”等情。据此,查柴薪为民生日用所必需,岂容苛取病民。据呈前情,除饬财政部转令小北江护商事务所停抽外,合行令仰该局长即行遵照停抽,勿稍违玩。仍将遵办情形报查。此令。

(中华民国陆海军大元帅之印)

中华民国十三年三月六日

据《大本营公报》第七号《训令》

给范石生的指令

(一九二四年三月六日)

大元帅指令第二〇四号

令广东筹饷总局督办范石生

呈请特派专员莅局稽查,以示大公,并通令各军不得直接到局索款由。

呈悉。准如所请,遴派专员莅局稽查,并令军政部转行各军不得直接向该局索款矣。仰即知照。此令。

(中华民国陆海军大元帅之印)

中华民国十三年三月六日

据《大本营公报》第七号《指令》

给叶恭绰的指令

（一九二四年三月六日）

大元帅指令第二〇五号

令大本营财政部长叶恭绰

呈请令饬北江商运局暨小北江事务所停抽柴税由。

呈悉。柴薪为民生日用所必需，岂容苛取病民。除令饬北江商运局停收柴艇费用外，仰即由部转令小北江护商所一律停抽。仍谕知原具人并告商民周知可也。拟稿存销。此令。

（中华民国陆海军大元帅之印）

中华民国十三年三月六日

据《大本营公报》第七号《指令》

给罗翼群的指令

（一九二四年三月六日）

大元帅指令第二〇七号

令前大本营兵站总监罗翼群

呈请发给兵站第二支部欠款由。

呈悉。该部所欠发各款，应俟该部报销案审算核准后再行分别缓急酌发，仰即遵照。此令。

（中华民国陆海军大元帅之印）

中华民国十三年三月六日

据《大本营公报》第七号《指令》

给程潜的指令

（一九二四年三月六日）

大元帅指令第二〇八号

令大本营军政部长程潜

呈中央直辖广东讨贼第四军团长蔡炳南积劳病故请准予给恤由。

呈悉。已故团长蔡炳南准照上校积劳病故例给恤，仰即转令知照。此令。

（中华民国陆海军大元帅之印）

中华民国十三年三月六日

据《大本营公报》第七号《指令》

给王棠的指令

（一九二四年三月六日）

大元帅指令第二〇九号

令卸大本营会计司长王棠

呈报前在大本营会计司任内支付，命令已送审计局由。

呈悉。此令。

（中华民国陆海军大元帅之印）

中华民国十三年三月六日

据《大本营公报》第七号《指令》

批张秋白函*

（一九二四年三月六日）

送国民党本部中央执行委员会启。中央执行委员会代答政府宣传员拟陆续裁撤，故碍难再委。两君既热心党务，当另设法由党补助。文批。

据《国父全集》第四册（转录史委会藏原件）

任命陈树人职务令

（一九二四年三月七日）

大元帅令

任命陈树人为广东政务厅厅长。此令。

（中华民国陆海军大元帅之印）

中华民国十三年三月七日

据《大本营公报》第七号《命令》

给罗翼群的指令

（一九二四年三月七日）

大元帅指令第二一〇号

令前兵站总监罗翼群

---

* 此件所标时间系据《国父全集》。

呈缴经理局十二年十月份《收发械弹月报表》暨对照表、单据，请予核销由。

呈悉。查此案前据造送十二年四月至九月《收发械弹报销表册》，当经发交军政部核复在案。兹复据呈缴十月份《收发械弹月报表》暨对照表、单据等件，请予核销前来，仍候将原件令发军政部，并案核明复夺可也。此令。

（中华民国陆海军大元帅之印）

中华民国十三年三月七日

据《大本营公报》第七号《指令》

给程潜的训令

（一九二四年三月七日）

大元帅训令第八四号

令大本营军政部长程潜

为令饬事：案据前兵站总监罗翼群呈称："为呈报事：案据职部经理局长徐伟呈称：'窃职局十二年四月至九月《收入发出军械子弹月报表册》，业经呈缴在案。兹续将十二年十月份《收入发出军械子弹月报表册》各三份、《总对照表》三份及《单据粘存簿》一本，备文呈缴钧部察核。伏乞分别存转，实为公便'等情，并册簿前来。职经复核无异，除指令并各抽存一本备查外，理合备文连同原缴月报表册共四本、总对照表二本、单据粘簿一本转呈钧帅察核。伏乞俯赐分别存发核销"等情。据此，当经指令"呈悉。查此案前据造送十二年四月至九月收发弹械报销表册，当经发交军政部核复在案。兹复据呈缴十月份收发械弹月报表暨对照表、单据等件，请予核销前来，仍候将原件令发军政部，并案核明复夺可也。此令。"除指令即发外，合行检同原件，令仰该部长遵照，逐一核明，呈复核夺。此令。

计发兵站部经理局十二年十月份《收入发出军械子弹月报表》各二本、《总对照表》二份、《单据粘存簿》一本。

（中华民国陆海军大元帅之印）

中华民国十三年三月七日

据《大本营公报》第七号《训令》

给程潜的训令

（一九二四年三月七日）

大元帅训令第八五号

令大本营军政部长程潜

为令饬事：据广东筹饷总局督办范石生呈称："为呈请事：本月二十二日奉钧令开：'任命范石生为广东筹饷总局督办'等因。奉此，遵经议具组织大纲、概算经费，备文呈请鉴核训示，并另文呈报就职视事、该局开办日期各在案。伏念凡事贵重之于始，乃可观厥程功。查禁烟督办署开办历时，成绩尚未大见，而军队到署索饷者纷至沓来，几有应接不暇之势，对于进行发展诸多窒碍。石生备员该署，深悉源委，实由设置之始，即采取合议制度，以致议厅杂，动多牵掣；又未经明定拨付用途，以致予取予求，是与整理初意大相背驰。兹为慎重将事，预防流弊起见，唯有仰恳帅座特派专员，或常川驻局，或随时莅局稽核，以示大公。此应声请者一也。至局中收入，除遵照历次会议结果，保全固有应得者照旧拨付以免纷更外，其新增收入，应扫数解缴钧座支配，各军不得直接向职局索取，庶能切实整顿，增加收入。此应声请者二也。理合备文呈请鉴核，俯赐通令各军知照”等情。据此，除指令照准并派专员随时到局稽核外，合行令仰该部长转行各军一体遵照。此令。

（中华民国陆海军大元帅之印）

中华民国十三年三月七日

据《大本营公报》第七号《训令》

给东路讨贼军的命令*

（一九二四年三月八日）

集中江门，听候出发。

据《广州民国日报》一九二四年三月八日《大军云集之新会现状》

给广州市公安局的命令**

（一九二四年三月八日）

代为征收业主租捐两个月，接济前敌军饷。该花地地方所有关于征收租捐事宜，自应由市公安局经办，以一事权而免混淆，实为公便。

据《广州民国日报》一九二四年三月八日《军队竟欲抽收租捐耶》

---

* 此件所标时间系《广州民国日报》发表日期。

** 此件所标时间系《广州民国日报》发表日期。

给樊钟秀等的命令*

（一九二四年三月八日）

筹划北伐，陈师鞠旅，准备入赣。

据《广州民国日报》一九二四年三月八日《柏高两部兵额之扩充》

给罗翼群的指令

（一九二四年三月八日）

大元帅指令第二一四号

令前兵站总监罗翼群

呈七件呈缴交通部十二年十月份，经理局十二年十月份，第一支部第一分站十二年四、五、六、七、八等月份，第一支部第四份站龙冈办事处十二年十月份，电信大队部十二年五、六、七、八等月份报销表册暨单据；又交通局十二年四、五、六、七、八、九、十等月份收发煤炭表暨单据；又交通局储藏所十二年四月至十月收发物品日报表暨单据，请予核销由。

呈悉。查此案前因该总监经理军需，受人指摘，当经明令东路讨贼军许总司令查办。嗣据迭次造送所属各部、局、站、所各月份报销表册，均经发交许总司令查算，呈复各在案。兹复据呈缴交通局十二年十月份，经理局十二年十月份，第一支部第一分站十二年

---

*　此令分送陈光逵、柏文蔚、曲同丰、高凤桂等。所标时间系《广州民国日报》发表日期。

四、五、六、七、八等月份，第一支部第四分站龙冈办事处十二年十月份，电信大队部十二年五、六、七、八等月份报销表册暨单据；又交通局储藏所十二年四月至十月收发物品日报表暨单据，请予核销前来。应将原件一并开单发还，仰即照单点收清楚，径送许总司令查算明确，呈复核夺。仍将送达日期报查。该前总监经理款项，应造各种报销，如尚未造报完竣，应即督饬所属克日造齐，径缴许总司令，听候查算。一面呈报查考，仍候行许总司令知照。此令。

（中华民国陆海军大元帅之印）

中华民国十三年三月八日

据《大本营公报》第七号《指令》

给许崇智的训令

（一九二四年三月八日）

大元帅训令第八七号

令东路讨贼军总司令许崇智

为令知事：案据前兵站总监罗翼群呈缴所属交通局十二年十月份，经理局十二年十月份，第一支部第一分站十二年四、五、六、七、八等月份，第一支部第四分站龙冈办事处十二年十月份，电信大队部十二年五、六、七、八等月份报销表册暨单据；又交通局十二年四、五、六、七、八、九、十等月份收发煤炭表暨单据；又交通局储藏所十二年四月至十月收发物品日报表暨单据，请予核销前来。当经指令“呈悉。查此案前因该前总监经理军需，受人指摘，当经明令东路讨贼军许总司令查办。嗣据迭次造送所属各部、局、站、所各月份报销表册，均经发交许总司令查算，呈复各在案。兹复据呈缴交通局十二年十月份，经理局十二年十月份，第一支部第一分站十二年四、五、六、七、八等月份，第一支部第四分站龙冈办事处十二年十月份，电信大队部十二年五、六、七、八等月份报销表册暨单据；又交通局储藏所十二年四月至十月收发物品日报表暨单据；请予核销前来。应将原件一并开单发还，仰即照单点收清楚，径送许总司令查算明确，呈复核夺。仍将送达日期报查。该前总监经理款项，应造各种报销，如尚未造报完竣，应即督饬所属克日造齐，径缴许总司令，听候查算。一面呈报查考，仍候行许总司令知照。此令"，除指令印发外，合行钞录原呈，令仰该总司令即便知照。此令。

计钞发原呈七件。

（中华民国陆海军大元帅之印）

中华民国十三年三月八日

据《大本营公报》第七号《训令》

给杨西岩的指令

（一九二四年三月八日）

大元帅指令第二一三号

令禁烟督办杨西岩

呈为缮具《制药总所章程》请予察核备案由。

如呈备案。章程存。此令。

（中华民国陆海军大元帅之印）

中华民国十三年三月八日

据《大本营公报》第七号《指令》

特许试办台山自治批文*

（一九二四年三月八日）

特许试办台山自治事宜，着省长照此折所拟各条，谘照各军司令长官、各财政机关，查照协助施行为要。文批。

据谭编《总理遗墨》第三辑影印原稿

给粤军总司令部的命令**

（一九二四年三月九日）

以东江军事已由湘、滇各军担任肃平，行将解决，南路各军亦经次第出发，惟查西江肇庆地方重要，特令粤军总司令许崇智克日就职①，即将该总司令部驻防肇庆，巩固西江，以便指挥。

据《广州民国日报》一九二四年三月十一日《粤军总司令驻防肇庆》

在广州对东路讨贼军的演说

（一九二四年三月十日）

东路将领兵士诸君：

---

* 原文无日期。按《广州民国日报》一九二四年三月八日《特许台山试办自治》一文，载有孙中山关于台山自治办法的批文。今据此暂定为三月八日。

** 此件所标时间系据三月十一日《广州民国日报》云“昨九日该总部奉到大元帅命令”确定。

① 许崇智当时在上海。

诸君是许总司令和张旅长的部下，许崇智同张民达都是我们革命党很热心的同志。你们各将领大多数也是革命党，所以东路讨贼军的长官都是革命党。大家当兵士的今天到这地来听本大元帅讲话，试问诸君是不是革命军呢？许崇智是革命党，照道理讲，所带的部下自然应该是革命军。而且许崇智向来很听本大元帅的话，绝对服从本大元帅的命令。譬如民国十年本大元帅说起北伐，他便同到桂林。民国十一年改道北伐，他便先到韶关、南雄，攻破赣州。后来得了赣州，听到说陈炯明在广州造反，便回师来讨陈炯明，在韶关打了一个多月仗，因为没有接济，不幸而失败，退回江西，又打到福建，得了福州。去年本大元帅要肃清东江，消灭陈炯明的余毒，调他回广东来，他便不要福州的地盘，打回广东。后来到潮汕，打了一次败仗，便退回广州，和广州各友军会合。所以许总司令在这两三年之中，打到江西，退回广东，又折回江西，打到福建，再打回广东，转战三省，走路有了几千里，疲倦劳瘁，艰难辛苦，是许多人都做不到的。你们许总司令总是忍耐奋斗，所以许总司令是很能够耐劳吃苦的，是一个很好的革命党。诸君都是受许总司令指挥的。许总司令既是很好的革命党，诸君当然可以叫做革命军。但是本大元帅今天来同诸君讲话，还不放心把革命军的名号加在诸君身上，就是诸君将来可不可以说是革命军，还要看以后的成绩。

此刻在广东的军队有滇军、湘军、豫军、粤军、桂军、赣军、山陕军，总共有六七省的军队，都来为革命党出力。但是依我看起来，没有那一种军队可以居革命军的地位。本大元帅有一天对湘军讲，希望湘军变成革命军。今天来同很好革命党的部下讲话，也是希望变成革命军。以前为革命奋斗，虽然不能叫做革命军，但希望从今天听过这翻话之后，便要变成革命军。要怎么样才可以成革命军呢？什么是叫做革命军呢？革命军是用一个能打得十个，一百个能打得一千个，一千个打一万个，一万打十万，象这样用一倍去打十倍的军队，才叫做革命军。你们东路讨贼军打的仗本多，但是过细考察起来，是不是用一千人去打一万人呢？打胜仗的时候，或者是用五百人去打一千人，或者是一千人去打一千人。好象在福建水口打仗，东路讨贼军是用一千人去打北兵两千人，但是总没有用一千人去打一万人的。我提倡革命，是革命党的领袖，很想造成一种革命军。现在的军队都不是革命军，只有辛亥年三月二十九日在广州起义的军队，才可以说是革命军。当他们起义的时候，在广州的清兵，有满洲的驻防军，有李准的水师，有张鸣岐的陆师，总计算起来，不下五六万人。革命军的人数不过两三百人，那里有今日这样多的军队呢？当时的武器不过是手枪、炸弹，那里有今日这样好的长枪、大炮呢？那样少的人数，只用手枪、炸弹，一经发动，便打进水师行台和总督衙门。后来因为约定的外援没有赶到，便完全失败，死了七十二人，葬在黄花岗。所以黄花岗所葬的七十二人，就是那一天打死了的革命军，就是舍身成仁的烈士。所以黄花岗的七十二烈士才不愧称为革命军！假若当时我们的革命军有三千人，或者敌人只有三千人，那一次革命便可以成功。但当时广州的清兵不只三千人，有了五六万人。我们的革命军，又没有三千人，只有两三百人。众寡悬殊，所以结果归于失败。至于以战论战，当时城内之战，可算是成功。那次革命党只有手枪、炸弹，便用一个人去打两百人，才是真正的革命军，所以我们今天要纪念他。我现在所希望的，不能说是用一个人去打两百人的军队，总要希望革命党的部下，有革命的精神。最小的程度，要用一个人去打十个人。如果不能，便不能当革命军的名义。我在战场上常常教兵士前进，官长总是说："前面的敌人有好几百呵！我们的队伍只有一二百人,怎么能够前进呢?”我就对他们说:“你们拿一点奋斗的精神出来,教兵士开枪冲锋,把敌人打死他一些,他们就要寒胆。到了敌人寒胆,就是他们的人多,又有什么用呢?”官长又说:“难道敌人没有枪吗?难道敌人的枪不打人吗?”因为他们都不是革命军,所以我就不责备。诸君今天知道了甚么是叫做革命军之后,就要常思想:到底有没有这种道理?如果是有这种道理,便要用一个人去打十个人,你们就是被敌人打死了,也可以陪葬黄花岗,留名千古。如果不然,你们将来死了之后,不但是不能陪葬黄花岗,万古留名;就是现在活在世上,也没有人知道。

大家都是兵士,是有枪阶级,有枪的革命军,用一个人至少可以打死十个敌人。有枪怎么可以打死人呢?诸君是军人,当然知道的,要放枪可以打死人,便要命中。如果不能命中,便不能打死人。通常有了枪,上了子弹,便可以打死人,这是诸君知道的,可以不必多讲。但是在战场上,有了枪,上了子弹,虽然可以打死人,还要放枪的人有很好的胆量。如果没有胆量,便手颤脚乱,在平时虽然可以打死人,在战时便不能命中,不能打死人。所以当革命军的人,第一要有胆量。黄花岗七十二烈士,当起义的时候,没有长枪,只有手枪、炸弹,专用手枪、炸弹,便打进制台衙门,他们是靠什么呢?就是靠胆量,有勇气,有革命的精神,所以能用一个人去打两百个敌人。不是用一千人,去打一千敌人。若是用一千人去打一千敌人,那是寻常军,不是非常的革命军。所以当革命军的,第一要有胆量,有了胆量,才可以打死人。胆量是从什么地方来的呢?为什么原因便有胆量呢?胆量是从革命精神来的。革命精神是为什么原因发生的呢?明白了革命道理,才有革命精神,革命精神是由于革命道理发生的。甚么是革命的道理呢?三民主义和五权宪法,就是革命的道理。你们的官长都是革命党,平常把三民主义和五权宪法的话大概对你们讲得很多,诸君大概也很明白那些道理。我今天再把三民主义的道理,来同大家讲一讲。

三民主义是什么呢?就是民族主义、民权主义和民生主义。这种三民主义是什么用法呢?民族主义是用来对外国人打不平的。从前中国人做满洲人的奴隶,满清压迫中国,有了两百多年,那是很不平的。因为那种不平,所以本族便打异族,本族去打异族,便要提倡民族主义,要四万万人结成一个大民族团体。十三年前的排满成功,就是一部分的民族主义成功。满清推翻之后,还要受外国人的压迫,因为满人从前把我们的权利都送到外国人手内,立了许多不平等的条约,至今还没有修改。这好象是主人没有钱用,借别人的钱,便把他的奴隶转押到别人,写过了双重身契一样。所以现在脱离了满人的奴隶,还要做外国人的奴隶。从前在满清的时候,是做二重的奴隶。现在脱离了满清,还要做一重的奴隶。我们现在要废除不平等的条约,好比是要收回卖身契约一样,是要中国同外国成一个平等的地位。如果那些条约不废去,中外便不平等,我们无论有什么话都不能讲。诸君是在广东,知道广东的海关税,我们不能收用。为什么中国人不能收自己的关税呢?因为有外国人管理。譬如诸君坐船到香港,在广州上船,就有外国人查关。如果到日本,无论在日本的什么地方上岸,查关的都是日本人。为什么中国要用外国人查关?就是因为外国人占了我们的海关,外国人占住中国海关,便是一件不平的事。这件不平的事,是诸君已见已知的,尚有许多不平的事,诸君还没有看见,还不知道。我们要除去一切不平的事,脱离做外国人奴隶的地位,所以还要提倡民族主义。

民权主义是什么用法呢?是用来对本国人打不平的。我们中国几千年以来,总是一个专制国家,只有皇帝一个人是主人,人民都是奴隶，人民是皇帝一个人的私产。所以古人说："普天之下，莫非王土；率土之滨，莫非主〔王〕臣。"人民为什么对于皇帝要称臣呢？大家都是人，做皇帝的不过是一个管公事的人，为什么单独他一个人要做主人呢？国家是人人都有份的，好象一个大公司，人民便是股东。中华民国是四万万人的大公司，大家都是股东，你我也是股东，那才是真民国。专制帝国，是东家生意；共和民国，是公司生意。从前的专制，在辛亥年已经推倒了，从那个时候以后，人人都是股东。国家有了利益，大家可以共享。要成为这样的真民国，便要有民权。有了民权，才能够把国家变成大公司，让大家都可以说话。所以说民权主义是对内打不平的。

民生主义是什么用法呢？是用来对大富人打不平的。一国之内，若是有了大富人，国家大事就被他们垄断。穷人没有饭吃，没有衣穿，就不得不做富人的奴隶，这也是一种很不平等的事。要把全国的贫富都打到平等，便要应用民生主义。所以民生主义和民族主义、民权主义，都是一样的道理，用是用来把不平等的事打到平等的。

诸君要知道，怎么样应用三民主义？必要把三民主义的事实彻底明白，然后才能够完全实行。譬如就民族主义讲，假若能够实行这种主义，便可以挽回许多利权。我们现在有种种的钱，每日都是在无形之中奉送到外国人。总算起来，每年有十二万万，就是每月要奉送一万万。象这样大的损失，是在什么地方送去？我想大家必不知道。现在举一个例来对大家说明：象外国人到中国来，总说是通商。通商是做什么事呢？就是把中国的土货运出去卖。把他们的洋货运进来卖。考查最近的海关报告，进口货超过出口货的数目，每年有五万万。就是由于中外通商的关系，除了我们出口土货，和他们进口洋货相抵以外，每年要多买洋货五万万。这就是我们中国每年要损失五万万，每年要把五万万钱奉送到外国。外国进口的是些甚么洋货呢？大家都知道，我们从前穿土布，现在穿洋布。为什么现在要穿洋布呢？因为土布价贵，洋布价贱，大家爱便宜，所以穿洋布？洋布是那里来的呢？就是由外国进口的。因为大家都爱便宜，所以土布和洋布竞争，土布便失败。由于土布失败，中国乡下人便不织布。全国就受不生利的害。爱穿洋布，就受利权外溢的害。由此便弄到中国现在民穷财尽。平心而论，既然是土布价贵，洋布价贱，我们当然不愿多花钱，不穿土布，来穿洋布。若是全国的税关，我们自己有权管理，那么还有办法，就是多收洋布的税，不收土布的税，便可以变成土布价贱，洋布价贵，大家自然不穿洋布，来穿土布。大家都穿土布，那么穷人都可以有工做。但是现在的税关，我们自己没有权管，都是归外国人管。他们所定的税率，恰恰相反，土布要同洋布一样纳税，所以土布价贵，洋布价贱，他们的洋货便畅销于中国。中国由于畅销洋货，每年便有五万万的损失，其他各种通商的损失，还有七万万。如果把这样大的损失完全挽回，四万万人平分，每人可以分得三元。但是现在不能挽回，四万万人公摊，每人便要负担三元。我们说四万万人，是把老幼大小都包括在内。一家之中，可以谋生的，普通不过一两个人，一家的人数，普通总有十多人，一个人要损失三元，十个人便要损失三十元。这三十元的损失，在一家之中，普通都是由一两个人担负。所以中国人民每年所负担的损失是很重的。我们要免去这种负担，不送钱到外国人，并且要扩充我们的实业，多运土货到外国去卖，赚外国人的钱，就要应用民族主义。大家同心协力，提倡土货抵制洋货，这是关于民族主义的事实。说到民权主义的事实，一个国家好象是一个大公司。在一个公司之内，要大家各司其事，各人所得的薪俸，总办或者有十万，股东或只一百，薪俸虽然有多少的不平等，但是地位必须要平等，不能说受十万的总办，便要压迫受一百的股东，皇帝和人民都是要一样。到了民国，实行民权，连皇帝也不要，人人都是主人，大家都是一样的可以管国事，这便是关于民权主义的事实。说到民生主义的事实，最要紧的是均贫富。在一国之中，不可说富人总是坐在家内收利钱，每日游手好闲；穷人便劳动无度，每日总是做苦工。要大家都做事，大家才有饭吃，人人都可以优游度日，享人生的幸福。所以说民族主义、民权主义和民生主义，这三民主义，都是一贯的。一贯的道理，便是在打不平。民族主义，是对外打不平的；民权主义，是对内打不平的；民生主义是对谁打不平的呢？是对富人打不平的。如果三民主义能够真实行，中国便是极公平的世界，大家便是很安乐的国民。但是现在民穷财尽，没有那一件事是公平的，所以大家便受非常的痛苦。我们要把这种痛苦世界超度到安乐世界，所以大家还要奋斗，去打不平。现在全国赞成三民主义的少，反对三民主义的多。我们要革命成功，把三民主义推行于全国，便要大家奋斗，全体变成革命军。

革命军打仗，不能用一个人只打一个人，必要用一个人去打十个人。一个人怎么能够打十个人呢？有胆量便能够打十个人。有胆量又有枪，更能够打十个人。诸君在通常打仗的时候，挑敢死队做先锋，就是用一个人去打十个人。但是这样用一个人去打十个人，必要用多钱，悬大赏。军队打仗要多钱，便不能算是革命军；要有多钱才打仗，那便是为钱去拼命，不是为三民主义去奋斗。要大家为三民主义去奋斗，变成革命军，便是要大家为三民主义变成敢死队。为什么要大家为三民主义变成敢死队呢？因为为三民主义去奋斗，就是死了，也是成仁取义，所谓仁义之师。这种死法，是为主义而死，不是为金钱而死。象从前沈鸿英造反，打到瘦狗岭来，死了很多的兵士,但是那些兵士是为金钱而死的,至今谁去纪念他?如果是为主义而死的,象黄花岗的七十二烈士,就是千载之下,都要来纪念。大家以后去拼命,用一个人去打十个人,必须为主义去牺牲,不要为金钱去牺牲,才叫做革命军。中国革命,至今有了十三年,这十三年之中,革命党为国家去奋斗,为主义去牺牲,年年都是有的。但是旁观的人常常说:"革命党不要性命,不要身家,这种牺牲的行为,真是令人崇拜!令人敬仰!"同时又有很冷眼的批评者说:"为什么那些人不要性命身家去牺牲呢?如果为主义去牺牲,有甚么利益呢?那些牺牲的人,真是笨得很呢!"由于这种冷眼批评,便深入一般革命党的心理。革命党都受这种批评的毒,所以从前的真革命党,现在都变成假革命党。就是有很好的革命党,现在也半信半疑,不能够完全是革命党。他们所以有这种变更的原因,就是因为主义去牺牲性命,究竟有什么利益呢?为什么那样笨,连性命都去牺牲呢?若这种问题都没有想清楚,诸君今天听了话之后,能不能发生效力呢?能不能变成革命军呢?本是一个大问题。如果把那几种问题看不清楚,就不发生效力。若是看得很清楚,象从前温生才在南洋做生意,有一次听了我的讲话之后,便不做生意,回到广州。当时驻防广州的清兵,每年在瘦狗岭会操一次,温生才有一天在东门外,遇见满洲将军孚琦在瘦狗岭看操回来,他看见了孚琦的轿,便问是谁,旁人说是满洲将军孚琦,他便拦住孚琦的轿,用手枪把孚琦打死。温生才因为要排满,杀了满人孚琦,目的已经达到,便非常的高兴,所以巡警把他拿到了之后,他还是大笑,并说:"我的本事,只能够拼一个满人,现在达到了目的,万事都已完结,你们要怎么样便怎么样!"从此以后,许多满人都不敢到广东来做将军。等到最后,只有凤山说:"我不怕革命党,我到广东去,一定要把他们消灭。"在凤山没有到广东之先,革命党便知道他要到广东来，预备对付他。所以凤山一到，革命党便用炸弹把他炸死。从此以后，满人便不敢再到广东来做将军。推究那个原因，还是由于温生才听了我一次的讲话，明白革命的道理。诸君今天听了讲话之后，如果人人能成温生才，温生才一人当日可以打死敌人的一个将军，诸君一人便可以打死敌人的一个总司令。若是诸君人人都是视死如归，和敌人去拼命，便是无敌于天下。我们的革命军便有胜无败。

从前的革命成功，是由于我在南洋演说，发生了温生才的效力。现在的革命能不能成功，便要问诸君今天听了我的演说之后，能不能发生效力？要问诸君能不能发生效力，更要问诸君，关于革命成功和自己有什么利益？如果大家能够答复这个问题，我们现在的革命便能够成功。若是大家都明白这个问题，变成用一个人去打十个人的革命军，你们东路讨贼军现在有一万人，便可以打十万敌人。现在霸占中国的有多少敌人呢？此刻反对民国的只有曹琨〔锟〕、吴佩孚。他们的亲部下不过两三万人。其余都是势利结合的。譬如在广东就利用陈炯明，在广西就利用陆荣廷。敌人不过两三万，要消灭他不必要东路车〔军〕的全部，只要诸君的这两三千人。把他们那些反对民国的敌人消灭了，中国便可以太平，子子孙孙便可以享幸福。在诸君看起来或者以为这是后来的事，和自己有什么利益呢？本来世界上的事都是利益的问题。有利益的事，才人人愿做；没有利益，自然不情愿做。我们今天做革命党，和一个人有什么好处，本来是一个难明白的问题。但是不能以为难明白，便不讲清楚。因为不讲清楚，便不能做革命军。诸君现在当兵士，有什么希望呢？普通当兵士的人都是想升官发财。如果另外有方法可以发财，连官也不情愿做，所以大多数本是想升官发财。若是把升官发财两件事，更比较起来，尤其以发财为最要紧。

假若有人发了财，就是升他的官，他也不愿去做。他以为做发财的人便很享福。因为这个原因，许多做官的人还要去逢迎发财的人。因为发财的人有这样好处，所以来当兵士的人想发财，去杀人放火的也想发财，拦路劫抢的人想发财，做官刮地皮的也想发财，到南洋做猪仔的想发财，往外国做生意的也想发财，就是在今天半夜，要人挑一百斤重的东西，上到白云山顶，就是每人给一万元，一定有很多的人去挑。就令气力不足的人，挑到半山之中，至于死却了，也是甘心情愿的。象这样讲，就是世界上的人许多都是望发财。再说到现在打仗的人，都是望打到一块地方，可以抢很多的金银财宝，也无非是望发财。我今天和诸君讲话，要诸君革命。如果诸君问我："革命有什么益处呢？"我便要反问诸君："发财有什么益处呢？"我想诸君一定可以答复我的。我也可以答复诸君的：就是革命成功，胜过一千万元的财。一千万元的财，是很难得到的。革命成功，便好过于发千万元的财。诸君想发一千万元的财，不过是图安乐，想好衣食，想传到子孙；若是革命没有成功，国家便要亡，到国家亡了之后，象缅甸、安南、高丽的亡国奴，那一个能够保存他们的钱财，去图安乐谋好衣食传到后代子孙呢？如果革命成功，国家自然强盛，外国的经济压迫，自然无从侵入，本国生出来的财富，又好好的分配。那么，凡是中国的人民，都得安乐，有好衣食，可以永传子孙，这岂不是革命成功还要好过发一千万元的财吗？诸君现在没有一千万元的财，以为发了这样大的财，便有大益处。但是真正有没有益处，必到发了这样大的财之后才可以知道。诸君现在没有钱，不知道有钱的人究竟怎么样。在没有钱的时候，想到有了钱之后，便是无忧无虑。因为没有到过这个地步，所以便起这种玄想。我把一位富人的思想对诸君讲一讲：我在二十年前，有一次自香港到新加坡，在船上遇到一位财主。闻得他当时已有千余万家产，后来竟达到七八千万。在二十年前，海船是很慢的，要走十多天，自香港才可以到新加坡。那次坐在头等舱的只有我和他两个人，船上没有别的路走，每日两个人总是坐在一处。开船两三天之后，殊觉无聊，每日早晚，只有和他在一处谈天。初见面时，一问便知他是一位南洋的大富翁，闻当时他的家当已经有了一千多万，以为他能够发这样大的财，一定是很有本领，很有见识的人，所以也乐得和他细谈，想由他探听得多少南洋华侨状况，为革命宣传之预备。殊不知他除了发财之外，一无所知。每天同我所谈的话都是诉他个人的苦。我以为他是假装成这样的，后来过细探问，才知道他真是受一种人生的忧愁痛苦，不是装成的。我从种种方面，为他指导解释，他总不能够开怀，变成乐观，弄得我无聊上再加无聊，实在讨厌不堪。后来特地避开他，走到大舱内，去看看那些大舱客人是如何度日。那次坐的船是一只猪仔船，是运猪仔客往南洋去做工的。我当时因为取他的船费便宜，才去搭那只船，别的客商都不愿意坐这种船。这位南洋富翁，想也是和我的心理一样，因为贪便宜，才去搭那只船。同船的猪仔客，约有一千多人。我未到大舱之先，以为那些猪仔客卖身去做苦工，其愁苦必比富翁尤甚。不知我一到大舱之内，便看见那些猪仔客，有唱戏的，有拉胡琴弹三弦的，有打纸牌的，有说笑话的。熙熙融融，其乐无极。较之富翁之感想，真有天壤之别。我经过此番景象之后，便回来对那位富翁说："你看那些猪仔客，是何等快乐呢！他们一点家产都没有，反为不忧不虑，人生真要学得他们那样随遇而安，乐天过日子才好，何必自生许多烦恼，徒然自苦呢？"那位富翁就答应说："唉！你真有所不知。我从前到南洋也是一个猪仔客呀！当时我也是同他〈们〉这一样的快乐呀！后来辛辛苦苦，一生劳碌，才有今日。现在满堂儿孙，个个都是靠我这个家当来吃饭。我看到我的大儿子已经跟人学坏了,在外狂嫖乱赌,听到说已经负债一百几十万,他所应得的家当,已经花完了。现在第二个儿子,不过是初成年,已经被大儿子教坏了,又跟他一样。其余未成年的儿孙,将来长大,我想都要学成一样,这真是无法可设!象这样想来,你叫我愁苦不愁苦呢?我一生艰难辛苦,积铢累寸,节衣缩食。象这次我搭船到南洋,我的香港办事人员,要同我买公司船票,我都不允许,还要他买这只猪仔船的船票。我是这样悭吝,他们便是那样浪费,一场牌九,就可以输去一万多元。过细想起来,我一死之后,不要几年,他们必定把我的家当完全花散了!由这样想起来,你说我应该愁苦不应该愁苦呢?”照这段故事看,便可知发了大财,反是更加愁苦。这是甚么缘故呢?就是因为世界不好,我们的环境不好,我们的国家不好。我们要改造这些不好的环境,就先要把我们的国家改造好。国家改造好了,大家才可以得安乐,我们的子子孙孙才可以享幸福。如果不然,就是发了大财,象那位南洋富翁,也是空的。

诸君有许多是广东人,都知道广东从前有十三行。现在西关有一条街,叫做十三行,就是从前做洋商住的。在十三行中发财过一千万的,有潘、卢、伍、叶四大家。潘、卢、伍、叶四姓的人,在当日发财的时候,宫室宏大,各家都有花园,子孙骄奢淫逸,安富尊荣。潘、卢、伍、叶的家产,到现在怎么样呢?他们的财产,不过几十年便化为乌有。用这一段故事讲,就是说发了几千万财,传到子孙还是靠不住的。照头一段故事讲,南洋发大财的人,我们以为他是很安乐,但是心理上还不及坐大舱的猪仔那么样快乐。因为发财的人总是忧虑多,觉得自己的日子,虽然可以过去,子子孙孙还是过不去,诸君将来发了财,一定也是象他们那一样。

说到我们的革命,对外要用民族主义,挽回每年十二万万的损失。对内要用民权主义，把国家变成大公司，在这个公司内的人都可以分红利。民生主义就是用国家的大力量去开矿，好象南洋矿商，把各种矿产开出来之后，大家都可以发财一样。此外，还有开辟交通，振兴工业，发展商业，提倡农业，把中华民国变成一个黄金世界，达到这个目的之后，大家便可以享人生的真幸福，子子孙孙便不怕穷。从前南洋的富人，他的家产不到两代，便化为乌有。广东十三行的潘、卢、伍、叶四家，子孙不到三代，便有做教〔叫〕花子的。我们的革命成功，把中国变成了黄金世界，不但是一个人的子孙可以享幸福，就是众人的子子孙孙，都是永远的享幸福。象用这样两种情形比较起来，诸君想想，是发财好呢？是革命成功好呢？依我看起来，革命成功是好得多。说到此地，如果诸君问我，革命成功有没有利呢？我便要说，革命成功有大利，比较发财的利益要大得多。大家明白这个道理，便应该做敢死队，去拼死命。从前温生才明白这个道理，所以能够打死孚琦；诸君现在明白这个道理，便能够推翻曹锟、吴佩孚。推翻了曹锟、吴佩孚，中华民国便是四万万人的大公司，我们都是这个公司的股东，比较发了千万元的财，还要好得多。从前到南洋做猪仔的，有多少人发过了一千万元的财呢？大概在一万人之中，难得出一个人。诸君现在此地听话的人有多少呢？要发一千万元的财，是不是难呢？这是很难的。此刻广东有些军队，要革命成功，是不是容易呢？这是很容易的。所以我今天来和大家讲话，劝诸君不要做难事，去想发财；要做容易的事，把想发财的力量拿来革命。革命成功，便是为自己造幸福。你们的长官都是革命党，从前或者也听过了这种讲话。这次在东江打仗，虽然一时失败，但是从此以后，大家都变成革命军，去做敢死队，同心协力推翻曹锟、吴佩孚。我们的革命永远成功，中国便可以造成黄金世界，诸君的子子孙孙在这个世界之内，便永远可以享幸福。

据《中国国民党周刊》第十五期(广州一九二四年四月六日版)《大元帅对东路讨贼军演说词》

任命萧萱职务令

(一九二四年三月十日)

大元帅令

任命萧萱为广东省长公署秘书长。此令。

(中华民国陆海军大元帅之印)

中华民国十三年三月十日

据《大本营公报》第七号《命令》

任命杨虎职务令

(一九二四年三月十日)

大元帅令

任命杨虎为北伐讨贼军第二军第一师师长。此令。

(中华民国陆海军大元帅之印)

中华民国十三年三月十日

据《大本营公报》第七号《命令》

准委派陈鸾谔郑文华职务令

(一九二四年三月十日)

大元帅令

禁烟督办杨西岩呈请派陈鸾谔为戒烟总所所长，郑文华为制药总所所长。均照准。此令。

（中华民国陆海军大元帅之印）

中华民国十三年三月十日

据《大本营公报》第七号《命令》

委派朱晋经胡威临筹办民国学校令

（一九二四年三月十日）

派朱晋经、胡威临赶速筹办民国学校。此令。

孙 文

中华民国十三年三月十日

据《国父全集》第四册（转录史委会藏原件影印）

给赵士北的训令

（一九二四年三月十日）

大元帅训令第八八号

令大理院长赵士北

为令知事：据总检察厅检察长卢兴原呈称："厅费无着，拟请将发行各省厅庭状纸仍归职厅办理，暂救目前之急。查发行状纸，年前本归职厅办理，此次大理院重组，即由院发行。职厅规复后曾具呈请大理院援照上次办法，将发行状纸仍归职厅办理，未奉指令。现在大理院既有讼费、律师证书、小章等费收入不赀，而职厅则并无分毫收入。虽状纸收入每月不过四五百元，然得此尚可酌给职员薪水，以资办公。恳准明令饬将发行状纸状面之权归职厅办理，由厅通令各厅、庭，饬嗣后赴厅领用，该款拨充厅费，并请令饬大理院停止发行状纸状面，以归划一”等情前来。除指令“所请事属可行，应予照准。嗣后所有发行状纸状面，即由该厅办理，该款并准拨充该厅经费，以资维持”外，仰该院长即便遵照办理。此令。

（中华民国陆海军大元帅之印）

中华民国十三年三月十日

据《大本营公报》第七号《训令》

给叶恭绰的训令

（一九二四年三月十日）

大元帅训令第九〇号

令大本营财政部长叶恭绰

为训令事：据大本营军政部长程潜呈称：“窃职部军需局奉令改组后，所有以前经手收支事项，业经饬前军需局长限期清理并呈报在案。惟职部经手发给各军各机关伙食给养，自去年十月十六日起至本年二月十九日止约四月有奇，其中收支情形，若不彻底清理，明白宣布，不足以昭大信而释责任。兹为特别慎重起见，拟请帅座指派财政部重要专员审查清理，俟清理完竣即将收支总数刊册公布。事关军需要政，伏乞俯赐察核，批准施行”等情。据此，除指令照准外，合行令仰该部长遵照，即便遴派专员前往审核清理，以昭核实。仍将遵办情形报查。此令。

（中华民国陆海军大元帅之印）

中华民国十三年三月十日

据《大本营公报》第七号《训令》

给程潜的指令

（一九二四年三月十日）

大元帅指令第二一五号

令大本营军政部长程潜

呈请指派财政部专员审查清理军需局以前收支事项由。

呈悉。已令行财政部遴派专员审查清理矣。仰即知照。此令。

（中华民国陆海军大元帅之印）

中华民国十三年三月十日

据《大本营公报》第七号《指令》

给卢兴原的指令

（一九二四年三月十日）

大元帅指令第二一六号

令总检察厅检察长卢兴原

呈请将发行状纸状面权划归该厅办理并将该款拨充厅费由。

呈悉。据称该厅经费无着，拟请援照上次办法将发行各省厅庭状纸权，仍归该厅办理，以维现状等情。事属可行，应予照准。嗣后所有发行状纸、状面，即由该厅办理，该款并准拨充该厅经费，以资维持。已另令大理院知照矣。仰即遵照可也。此令。

（中华民国陆海军大元帅之印）

中华民国十三年三月十日

据《大本营公报》第七号《指令》

致冯肇铭电

（一九二四年三月十一日）

电令：着代理海防司令冯肇铭即率“江固”并同式各舰来省候命。此令。孙文。中华民国十三年三月十一日。

据谭编《总理遗墨》第三辑影印原稿

给赵士觐的指令

（一九二四年三月十一日）

大元帅指令第二三四号

令两广盐运使赵士觐

呈请令行东江商运局禁止勒收程船保护费由。

呈悉。候令饬东江商运局严行禁止可也。此令。

（中华民国陆海军大元帅之印）

中华民国十三年三月十一日

据《大本营公报》第七号《指令》

给王棠的训令

（一九二四年三月十一日）

大元帅训令第九三号

令东江商运局长王棠

为令饬事：据两广盐运使赵士觐呈称：“现据运商济安公堂研

究公会禀称:‘顷接本堂会各程船报称:各船入口驶至黄埔河面附近,有东江商运局兵舰喝令停船,勒缴保护费三五十元,尔等始准放行通过,殊于运务大有窒碍等情。查商运局定章,原为保商而设,若拦途勒收保护费,拟与原定宗旨不符。况程船为饷项所关,更与百货不能同日而语。理合据情禀请钧署察核,恳即咨令商运局转饬所属,嗣后对于程船出入,准予豁免征收,勿再留难,俾恤商艰’等情。据此,除转咨东江商运局禁止勒收外,理合据情呈请钧座察核,俯赐令行东江商运局禁止勒收,以维程运而恤商艰,实为公便”等情前来。除指令“呈悉,候令饬东江商运局严行禁止可也。此令”印发外,合行令仰该局长即便遵照办理,勿稍玩忽。切切。此令。

(中华民国陆海军大元帅之印)

中华民国十三年三月十一日

据《大本营公报》第七号《训令》

给林森的指令*

(一九二四年三月十日或十一日)

大元帅指令第二二〇号

令大本营建设部长林森

呈为查明广东电政监督何家猷被控各节呈乞鉴核示遵由。

呈悉。既据查明何监督家猷任用之人确非逆党,撤〔裁〕撤各员又属咎有应得,自应免予置议。仰即转饬该监督,以后对于电务

---

* 原令未署日期。按大元帅指令第二一六号及第二二一号发令日期分别为三月十日和十一日,今据此酌定本件时间为十日或十一日。

固当认真整顿，然亦不宜失之操切，用人尤应一秉大公，诚信既孚，则怨谤自息矣。附件存。此令。

（中华民国陆海军大元帅之印）

中华民国十三年三月　日

据《大本营公报》第七号《指令》

给林森的指令

（一九二四年三月十一日）

大元帅指令第二二一号

令大本营建设部长林森

呈为缮送商标注册所章程请予备案由。

如呈备案。章程存。此令。

（中华民国陆海军大元帅之印）

中华民国十三年三月十一日

据《大本营公报》第七号《指令》

给韦荣熙的指令

（一九二四年三月十一日）

大元帅指令第二二三号

令北江商运局局长韦荣熙

呈为拟具修正暂行章程乞予核准由。

呈悉。查所拟暂行章程第二、第六两条，文字尚应酌加修改，以期明晰。已于原章内批明，随令发还。仰即查照妥缮，另文呈候核准施行可也。此令。

计开：

第二条　繁盛地方下应加“除铁路范围外”六字。

第六条　各种运馆下应加“除在粤汉铁路范围内开设之运馆免予注册外”十九字。

（中华民国陆海军大元帅之印）

中华民国十三年三月十一日

据《大本营公报》第七号《指令》

准优恤林震令

（一九二四年三月十一日）

大元帅令

据大本营军政部部长程潜呈称：“已故大本营高级参谋、陆军中将林震，为国宣劳，迭著勋绩，积劳逝世，良堪悼惜。拟照中将积劳病故例给恤”等语。林震准照陆军中将积劳病故例给恤，以彰忠勤。此令。

（中华民国陆海军大元帅之印）

中华民国十三年三月十一日

据《大本营公报》第八号（广州一九二四年三月二十日版）《命令》

裁撤东江北江商运局令

（一九二四年三月十二日）

大元帅令

东江、北江商运局均着裁撤。此令。

（中华民国陆海军大元帅之印）

中华民国十三年三月十二日

据《大本营公报》第八号《命令》

任命覃振职务令

（一九二四年三月十二日）

大元帅令

任命覃振为大本营参议。此令。

（中华民国陆海军大元帅之印）

中华民国十三年三月十二日

据《大本营公报》第八号《命令》

任命宋鹤庚兼职令

（一九二四年三月十二日）

大元帅令

任命宋鹤庚兼讨贼军第二路联军军政执法长。此令。

（中华民国陆海军大元帅之印）

中华民国十三年三月十二日

据《大本营公报》第八号《命令》

着筹设禁烟人犯裁判所令

（一九二四年三月十二日）

大元帅令

着秘书长、大理院长、各部长、省长、市政厅长、公安局长筹议设立专一禁烟人犯裁判所,并拟条例。此令。

孙 文

中华民国十三年三月十二日

据谭编《总理遗墨》第二辑影印原件

给杨希闵的训令

（一九二四年三月十二日）

大元帅训令第九四号

令中央直辖滇军总司令杨希闵

为令饬事:案据财政会呈称:"为呈请事:本会二月二十八日第十九次特别会议市政厅提议,现接滇军第一师赵师长来咨称:'由该部批准鸿源公司抽收广州市粪溺出口捐,请厅备案保护'等由。未经财政委员会议决,佥以为此项田料所关,未可加征,由会呈请大元帅明令撤销案由。本会呈大元帅令行滇军总司令部,转饬将此项捐务撤销,以维统一等因。理合录案,呈请钧座鉴核施行"等情。据此,查现在正谋财政统一,昨经明令不许各军长官擅行征收各项杂捐,致紊纲纪在案。据呈前情,除指令外,合行令仰该总司令即行转饬赵师长遵照,将批准鸿源公司承抽广州粪溺出口捐之案撤销,仍将遵办情形报查。此令。

（中华民国陆海军大元帅之印）

中华民国十三年三月十二日

据《大本营公报》第八号《训令》

给蒋尊簋的训令

（一九二四年三月十二日）

大元帅训令第九五号

令中央军需总监蒋尊簋

为令遵事：据财政委员会主席委员叶恭绰等呈称："案准军政部第八六一号公函内开：现准贵会第一、二号公函请照案将该警卫团每日应领军费二百元分配拨付，以符议案等由。查此项摊款业已移请中央军需处查照办理，相应函复查照等由。准此，查警卫团每日应领经费二百元，前准市政厅提议，经本会议决从二月十一日起另由各机关分担，并交军政部办理，于第十五次特别会议决案第十项报告有案。准函前由，理合呈请帅座察核，俯赐令行中央军需处遵照办理"等情。据此，除指令照准外，仰该总监即便查照办理。此令。

（中华民国陆海军大元帅之印）

中华民国十三年三月十二日

据《大本营公报》第八号《训令》

给杨庶堪等的训令

（一九二四年三月十二日）

大元帅训令第九六号

令广东省长杨庶堪、中央直辖滇军总司令杨希闵、湘军总司令谭延闿、豫军讨贼军总司令樊钟秀、桂军总司令刘震寰、东路讨贼军总司令许崇智、中央直辖广东讨贼军第四军军长梁鸿楷、中央直辖第一军军长朱培德、中央直辖第二军军长黄明堂、中央直辖第七军军长刘玉山、中央直辖第三军军长卢师谛、代理海防司令冯肇铭、中央直辖赣军司令李明扬、北伐讨贼军第一军军长陈光逵、北伐讨贼军第二军军长柏文蔚、北伐讨贼军第三军军长胡谦、山陕讨贼军司令路孝忱

为训令事：据国立广东大学筹备主任邹鲁呈称："窃维教育为神圣事业，人才为立国大本。故国家设立大学，实振兴教育之总键，陶冶人才之巨炉。东西各国莫不注重大学，其在该本国无论已，即近来在吾国设立者，几无不接踵而起，所以不惜竞投巨资，莫非为国家奠定基础。我大元帅有鉴及此，将本省高师、法大、农专三校合并，改为国立广东大学。现当筹备期内，首须顾及经费为第一入手办法。大学为最高学府，经费尤应充裕。原来之费既少，新拨之费无多，盼厥成功，相差尚远。查省城筵席捐开办已有成绩，并专拨为七校经费，省外各属筵席捐自可援案办理，并请省外各属开办之筵席捐，以三分之二拨为国立广东大学经费，以三分之一拨为各该地教育经费。抽收消费之税，以作教育基金，省河既已开办于前，各属自可推行于后。业由处函请省署查照，转行财政厅遵照办理，并由国立广东大学遴选妥员，荐请财政厅委任，随时分赴各属监提在案。现准省署公函开：径复者：除原文照前邀免冗叙外，后开：'查国立广东大学为最高学府，自应及时筹备经费，以利进行。现拟开办省外各属筵席捐，并将该捐项以三分之二拨为国立广东大学经费，以三分之一拨为各该地教育经费，并由大学荐人，由财政厅委任，随时分赴各属监提，自可照办。准函前由，除行财政厅遵照办理并函财政委员会查照外，相应函复查照'等由。准此，特行呈报并请大元帅察核，将此项省外各县筵席捐三分之二拨为国立广东大学经费，三分

之一拨为各该地教育经费，作为定案，永久不得变更，并通令广东省长及各军长官转饬所属。此项筵席捐拨作教育经费，无论各机关、各军队如何困难，不准截留，以符钧座振兴教育之宏图，不胜急切待命之至。仍候指令祇遵”等情。据此，除指令照准并分令外，合行令仰该军长、总司令、省长、司令知照，即便转饬所属一体遵照。对于此项筵席捐永远不得截留挪用，以重学款而维教育。此令。

（中华民国陆海军大元帅之印）

中华民国十三年三月十二日

据《大本营公报》第八号《训令》

给财政委员会的指令

（一九二四年三月十二日）

大元帅指令第二三七号

令财政委员会

呈请令行滇军总司令转饬赵师长，将批准鸿源公司承收粪溺出口捐之案撤销由。

呈悉。候即如请令行滇军总司令转饬撤销可也。此令。

（中华民国陆海军大元帅之印）

中华民国十三年三月十二日

据《大本营公报》第八号《指令》

给财政委员会的指令

（一九二四年三月十二日）

大元帅指令第二三八号

令财政委员会

呈请令行中央军需处照拨警卫团应领军费由。

呈悉。候令行中央军需总监查照办理可也。此令。

（中华民国陆海军大元帅之印）

中华民国十三年三月十二日

据《大本营公报》第八号《指令》

给邹鲁的指令

（一九二四年三月十二日）

大元帅指令第二三九号

令国立广东大学筹备主任邹鲁

呈请将省外各县筵席捐永远作为教育经费，并请通令军民各机关不准截留由。

呈悉。照准。已令行军民各机关一体遵照矣。此令。

（中华民国陆海军大元帅之印）

中华民国十三年三月十二日

据《大本营公报》第八号《指令》

与《东方通信》记者的谈话*

（一九二四年三月十三日）

北京政府承认劳农俄国，与英、义等国之承认无异，非吾人所得而干与。但与吾等主义政策合一，其亲密关系一如兄弟之劳农

---

* 此件所标时间系据北京《顺天时报》云“广东十三日东方电，本日孙文氏语往访之《东方通信》记者”确定。

俄国,其承认范围日见扩大,吾人殊表欢迎。又,俄国政府与吾等既有兄弟之关系,似无再求互为形式的承认之必要。

【记者问:波耳比引等俄人在广东之活动,有无抵触北京政府提出之中止赤化宣传条项?】

俄国政府派加拉罕驻北京,派波耳比引驻广东为正式代表,固认北京政府与广东政府为对立者也。中止赤化宣传,仅限于北京政府势力范围内,在广东自无抵触之可言。

据北京《顺天时报》一九二四年三月十五日《劳农与中国如兄弟》

任命林若时职务令

(一九二四年三月十三日)

大元帅令

任命林若时为广东海防司令。此令。

(中华民国陆海军大元帅之印)

中华民国十三年三月十三日

据《大本营公报》第八号《命令》

给杨庶堪的命令*

(一九二四年三月十三日)

饬省长除将滥承捐务之奸商惩办外,并将滥批捐务之军队查明,以凭究办。

据《广州民国日报》一九二四年三月十三日《严办滥承捐务之奸商》

---

* 此件所标时间系《广州民国日报》发表日期。

给杨希闵的训令

（一九二四年三月十三日）

大元帅训令第九七号

令滇军总司令杨希闵

据广州市市长孙科呈称："窃市长现据卫生局呈称：'承办提抽全市粪溺埠租穗义公所呈称：窃奉中央直辖滇军第一师长赵成梁布告，略谓：现据鸿源公司陈华具呈，请承办省河粪溺出口捐以助军饷，并附公函、章程等件交来。据此，当即召集全行会议。据各埠商陈述，自滇军布告发生，各乡农民哗然，业经定下粪溺者，纷纷函来停止交易。正拟具呈钧局设法维持，乃不旋踵，纷纷来报四面河道截留艇只。窃思粪溺生意其业至贱，其利至微，尤与农工相依为命。查此项出口捐买客负担，粪东垫缴云云，名为农民负担，实则埠商受害。近年兵燹侵寻，盗贼蹂躏，江河梗阻，商农交窘，十室十空。查其章程内载：如有埠商违令抗捐及牵动风潮情事，定即严拿罚办等词。此等剧烈手段，实予人以难堪，彼农民岂无别项田料膏？耕植者而必昂其值以强为销受，人虽至愚，亦断不出此。况粪溺生意，赊出者十居七八，已成习惯。今风声一播，将来停止交易，则艇只不能接续运输。运输滞窒，势必至清倒停工，而全市之住户粪桶满溢堪虞，将秽气薰蒸，发而为疠。埠商固牺牲血本，对于提款无着，其事尤少，而卫生前途障害实巨。尔时求全责备，埠商宁愿别谋生计交不甘负责矣。筹商再四，实可寒心。迫得据情呈恳钧局迅予设法维持，以清隐患。现已设船在东四濠口及握〔扼〕要河道开始勒捐，经扣留粪溺艇数十艘，不准放行。即恳转详广州市市政厅、广东省长，迅将该船解散，立令捐案撤销，以安民心，则洁净、经费、商农、生业胥利赖矣。并附抄中央直辖滇军第一师原函一纸，鸿源公司传单一纸。复据承抽全市厕租保安公所呈称：现奉中央直辖滇军第一师司令部布告，据称：现准鸿源公司陈华，拟具章程抽收粪溺出口捐，以助军饷等因；又据鸿源公司派人持传单到商等各店称说，务须遵章缴纳军饷，方得出口等情。查其抽捐办法，大致粪船每载重二万斤以下抽三元，猪粪、水粪、便溺各有等差，派员常川分踞省河东西南三处水面要道，拦截抽收。所谓瞒捐走漏，且有连船充公外并拿究罚办之条，手段严辣，群情惶恐。伏思田料一门，种类甚多，尤以粪溺一项关系各方面为最大。在省市方面而言，向由钧局督饬各店，将所有市内粪溺随时趁潮清运离省，方为得当。无如近来水道梗阻，凡有货船往来，遇时为土匪打单及勒收行水等事，间或全船掳去，以致阻碍接替，无从清运，上干严处。乃今欲运离城市，亦反加以出口抽捐，殊背钧局向来督饬清洁以重卫生之旨。在用途方面言之，凡购买此项货物者，均属四乡安分农人。近年里闬不靖，水陆梗塞，凡业耕种者无不迭受摧残，到处田土荒芜，挺〔铤〕而走险，民不得安其业。间有饮苦经营，操耒耜以从役于畎亩之中者，无不筋穷力竭，始克购取各种肥料以粪除田土。此在稍明事理者亦知安集奖翼之不暇。若更加重其负担，而窒其生息之机，以妨碍其事业之发达，似亦于保卫民生之旨，不无相左。在营业方面而言之，商等虽系经营商事，然究竟负有多少清洁义务，与别种生意不同。考此类货物日有来源，不能存贮，即存贮亦变坏无用。故平时不问销路旺淡，总以立即脱货，以便回环接替而利清洁为必要。既无投机可乘，又弗能候价而沽，虽营商业，兼顾公益，倘遇滞市，则上受钧局干涉，而下无销路，迫得运去市外投之浊流，牺牲血本，勉尽清洁义务。近年固屡试不鲜，此则自计未遑，今又强以间接负担纳捐之责，在平时固难邀买客之加给，遇滞市又何能问诸水滨？况揆之转嫁法中，亦大违捐税正义之旨。且一有加捐，买客避重就轻，可以别购肥料，则敝行生意实在直蒙其损害。况省城司令部林立，筹措军饷责有专司，若相率效尤，借口军费各别抽捐，不明统系无所秉承。此风一开，粤省商场何堪应命？总之，此项抽捐有损无益，不成体统，妨碍农业，阻害卫生，贻害公益，损害商务，违反税法，徒滋骚扰而已。更查前裕农公司认饷承办田料捐，业蒙大元帅批准取消在案。现在事同一律，恳请迅予上详市长察核，并转详省长立颁明令取消，并勒令将省河东西南水面分局刻即解散，以便运输而免骚扰。并粘呈鸿源公司传单一纸，各等情到局。据此，查核所称各节，尚属实情。事关妨碍公共卫生，应如何酌予维持以弭隐患之处，理合检同抄单据情转请察核，指令饬遵'等情前来。据此，查此事前准赵师长来咨，当经咨复请将此项承捐案撤销，并经呈报帅座令饬撤销在案。现据前情，该公司业已开抽，积极进行，理合备文再呈帅座鉴核，迅赐令行滇军总司令转饬赵师长，立将批准鸿源公司承捐案撤销，以免酿出风潮，致碍全市卫生。仍候指令祗遵，实为公便"等情前来。据此，查此案前据该市长以赵师长成梁批准鸿源公司承抽粪溺出口捐，以助军饷，有碍市政等情，呈请令行撤销，经交军政部核办在案。兹复据呈前情，应予照准。除指令外，合行令仰该总司令即便转饬赵师长成梁，迅将批准鸿源公司承捐案克日撤销，以维市政。此令。

（中华民国陆海军大元帅之印）

中华民国十三年三月十三日

据《大本营公报》第八号《训令》

给蒋光亮的训令

（一九二四年三月十三日）

大元帅训令第九八号

令滇军第三军军长蒋光亮

为训令事：案据兼代广东财政厅长郑洪年呈：据南海县长呈报，该军军需筹备处在佛山地方布告征收房捐等情，钞呈布告一纸，请示办法前来。查财政统一，现方积极进行。该军长深明大义，力为提倡。佛山房捐自应照章由南海县公署征收报解，以清手续而明统系〔系〕。除令复该兼厅知照外，合行训令该军长令饬该筹备处遵办，并将办理情形报查。此令。

（中华民国陆海军大元帅之印）

中华民国十三年三月十三日

据《大本营公报》第八号《训令》

给孙科的指令

（一九二四年三月十三日）

大元帅指令第二四〇号

令广州市市长孙科

呈请令行滇军总司令饬赵师长撤销鸿源公司承捐案由。

呈悉。准予令行滇军总司令转饬撤销，仰即知照。此令。

（中华民国陆海军大元帅之印）

中华民国十三年三月十三日

据《大本营公报》第八号《指令》

给程潜的指令

（一九二四年三月十三日）

大元帅指令第二四一号

令大本营军政部长程潜

呈复已故大本营高级参谋、陆军中将林震拟照中将积劳病故例给恤由。

呈悉。林震准照陆军中将积劳病故例给恤，以彰忠勤，已予明令发表矣。仰即知照。此令。

（中华民国陆海军大元帅之印）

中华民国十三年三月十三日

据《大本营公报》第八号《指令》

给郑洪年的指令

（一九二四年三月十三日）

大元帅指令第二四二号

令兼代广东财政厅长郑洪年

呈一件滇军第三军军需筹备处在佛山征收房捐，请示办法由。

呈及钞件均悉。财政统一，现方积极进行。佛山房捐自应照章由南海县公署征收报解。仰候训令该军长遵照办理可也。此令。

附件钞发。

（中华民国陆海军大元帅之印）

中华民国十三年三月十三日

据《大本营公报》第八号《指令》

致段祺瑞电*

（一九二四年三月十四日）

段芝泉先生鉴：大寿伊迩，跻介无缘。特派郭君泰祺来津代致贺忱，不胜遥祝。

据北京《顺天时报》一九二四年三月十六日《为段贺寿电一束》

追赠洪锡龄令

（一九二四年三月十四日）

大元帅令

据大本营军政部长程潜呈称："已故广州卫戍总司令部副官长洪锡龄，上年随征东江，迭著勋勤，博罗之役，不幸惨死。据杨总司令希闵呈请给恤，交部核议，拟予追赠陆军中将，照阵亡例给恤"等语。洪锡龄着追赠陆军中将，并照中将阵亡例给恤，以彰忠烈。此令。

（中华民国陆海军大元帅之印）

中华民国十三年三月十四日

据《大本营公报》第八号《命令》

---

* 此件所标时间系据三月十六日北京《顺天时报》云"前日段合肥六秩寿辰……有贺电若干（内有孙中山电）到津"推定。

给各军的命令*

（一九二四年三月十四日）

案据广东财政厅呈报将本省厘税加二征缴。现定省河各厂、局、卡，由三月十六日实行。省外各厂、局一律于五日内先缴预饷一次。大洋解缴，恳分别批行通令遵照。应准照办。无论何项军政要需概不得截留拨用。仍将遵办情形迅速呈报。

据《广州民国日报》一九二四年三月十五日《各军勿截留加二厘税》

给杨希闵等的训令

（一九二四年三月十四日）

大元帅训令第九九号

令中央直辖滇军总司令兼广州卫戍总司令杨希闵、中央直辖滇军第二军军长范石生、中央直辖滇军第三军军长蒋光亮、湘军总司令谭延闿、桂军总司令刘震寰、豫军总司令樊钟秀、粤军总司令许崇智、中央直辖第一军军长朱培德、中央直辖第三军军长卢师谛、中央直辖第四军军长梁鸿楷、中央直辖第七军军长刘玉山、东路讨贼军第三军军长李福林、东路讨贼军第四军军长张国桢、山陕讨贼军司令路孝忱、赣军司令李明扬、大本营军政部长程潜、大本营财政部长叶恭绰、广东省长杨庶

* 此件所标时间系据三月十五日《广州民国日报》云“昨各军部接到大元帅命令”推定。

堪、广州市公安局长吴铁城、虎门要塞司令廖湘芸

为令饬事：近闻各军人员有假托长官命令，在河面到处设立机关，征收往来船只各种捐费，巧立名目，借端苛索，非法扰民，莫此为甚。着各军总司令暨各统兵官长严行禁止，并著公安局长饬水上警察严密查办。自接到命令三日后，所有省河及各属河面，除船民自治督办所属机关外，一律勒令取消。如敢违犯，军法从事。仰该省长、总司令、部长、司令、军长、局长迅饬所部，一体遵办。仍将办理情形呈复查考，并由省长署录令出示晓谕，俾众周知。其余省城内外各独立军队由军政部通行遵照。此令。

（中华民国陆海军大元帅之印）

中华民国十三年三月十四日

据《大本营公报》第八号《训令》

给杨庶堪等的训令

（一九二四年三月十四日）

大元帅训令第一〇〇号

令广东省长杨庶堪、广东筹饷总局总办范石生、湘军总司令谭延闿、滇军总司令杨希闵

为令饬事：据报告，广州八十字有奖义会，前经滇军第一师师长赵成梁批准宝恒公司商人承办，现湘军第一军军长宋鹤庚、湘军第五军第十六旅旅长张以祥等复先后各批准利源、天利等商人同时布告开办。一捐三公司，恐滋纷扰等情。并据滇军第一军旅长曾万钟等灰电称：一师火食向恃省垣八十字有奖义会接济，近有湘军另招商承办，原商束手，火食断绝等词前来。各据此，查广东筹

饷总局业成立，所有与防务经费性质相近各种收入，自应由该总局办理，以专责成而资统一。所有各军先后批准广州八十字有奖义会承商宝恒、利源、天利各公司，着即一律撤销。至此项义会应否开办，并各该军原在该义会饷项内固有收入应如何划拨之处，仰该总办、筹饷总局总办统筹兼顾，妥慎办理，呈候核夺。除分令外，合行令仰该总办遵照、总司令转饬遵照、省长遵照。切切。此令。

（中华民国陆海军大元帅之印）

中华民国十三年三月十四日

据《大本营公报》第八号《训令》

给赵士觐的指令

（一九二四年三月十四日）

大元帅指令第二四四号

令两广盐运使赵士觐

呈称香安督缉局专为查缉私盐屏蔽省配而设，并非征收机关，应由运署直接派员经管。除咨复许总司令外，乞察核备案由。

呈悉。此令。

（中华民国陆海军大元帅之印）

中华民国十三年三月十四日

据《大本营公报》第八号《指令》

致胡汉民电*

（一九二四年三月十五日）

展堂兄鉴：组安因军事，不便久代秘书长；仲恺专理党事，不能分心。须兄甚急，请偕介石同来。孙文。删。

据毛思诚编《民国十五年以前之蒋介石先生》（香港龙门书店一九三七年版）第六册

给广州市公安局的命令**

（一九二四年三月十五日）

立令公安局吴铁城将黄大汉、谢德臣、朱文伯三人拘留严办。

据《广州民国日报》一九二四年三月十五日《黄谢拘留后之究竟》

给冯肇铭的命令***

（一九二四年三月十五日）

派出"江汉"、"江固"、"宝安"、"新安"四舰，会同大本营特派之

* 原电未署年月份，据该电内"组安因军事，不便久代秘书长"等内容判断，应在一九二四年三月。

** 据三月十五日《广州民国日报》载，黄、谢、朱三人"借党员名义而有暴行"，又"干涉新闻纪载，殊非守法行为"。孙中山因此给公安局发令。原令未署日期。所标时间系《广州民国日报》发表日期。

*** 此件所标时间系据三月十六日《广州民国日报》云"大元帅…昨日下令海防冯司令"等语推定。

军队扫清河道。无论何军，如有勒收“保护费”情事，一律拘捕严办。自此次扫清之后，永远不准再有巧立护商名目擅收护费。

据《广州民国日报》一九二四年三月十六日《大元帅派舰肃清河道》

给杨希闵的指令

（一九二四年三月十五日）

大元帅指令第二四六号

令中央直辖滇军总司令杨希闵

呈为据情转请撤销北江商运局由。

呈悉。查此案昨据赵师长径呈前来，业经明令将北江商运局裁撤矣。仰即知照。此令。

（中华民国陆海军大元帅之印）

中华民国十三年三月十五日

据《大本营公报》第八号《指令》

给叶恭绰的指令

（一九二四年三月十五日）

大元帅指令第二四七号

令大本营财政部部长叶恭绰

呈为修正官制、改组部务，以资整饬而便支配，仰祈鉴核令遵由。

呈悉。所拟修正官制，除参议名目应改为佥事外，余均准如所拟施行。仰即知照。附件存。此令。

（中华民国陆海军大元帅之印）

中华民国十三年三月十五日

据《大本营公报》第八号《指令》

给王棠的指令

（一九二四年三月十五日）

大元帅指令第二四八号

令东江商运局长王棠

呈请展限一月暂缓撤局由。

呈悉。仰仍遵照前令即行裁撤，所请展限之处，着毋庸议。此令。

（中华民国陆海军大元帅之印）

中华民国十三年三月十五日

据《大本营公报》第八号《指令》

给程潜的指令

（一九二四年三月十五日）

大元帅指令第二五一号

令大本营军政部部长程潜

呈为议复已故广州卫戍总司令部副官长洪锡龄应得恤典由。

呈悉。洪锡龄已明令追赠陆军中将，并准照中将阵亡例给恤矣。仰即知照。此令。

（中华民国陆海军大元帅之印）

中华民国十三年三月十五日

据《大本营公报》第八号《指令》

免杨西岩职务令

（一九二四年三月十七日）

大元帅令

禁烟督办杨西岩办理不善，流弊滋多，着即免职，听候查办。此令。

（中华民国陆海军大元帅之印）

中华民国十三年三月十七日

据《大本营公报》第八号《命令》

特派邓泽如职务令

（一九二四年三月十七日）

大元帅令

特派邓泽如为禁烟督办。此令。

（中华民国陆海军大元帅之印）

中华民国十三年三月十七日

据《大本营公报》第八号《命令》

任命谢晋等职务令

（一九二四年三月十七日）

大元帅令

任命谢晋、刘况、萧崇道为大本营谘议。此令。

（中华民国陆海军大元帅之印）

中华民国十三年三月十七日

据《大本营公报》第八号《命令》

给杨庶堪等的训令

(一九二四年三月十七日)

大元帅训令第一〇二号

令广东省长杨庶堪、海防司令林若时、广东地方善后委员会

广东全省船民自治联防事宜开办以来,尚无成效。所定办法有无流弊,应由广东省长、海防司令会同广东地方善后委员会详细调查呈复,以资整顿。除分令外,合行令仰遵照。此令。

(中华民国陆海军大元帅之印)

中华民国十三年三月十七日

据《大本营公报》第八号《训令》

给邓泽如的训令

(一九二四年三月十七日)

大元帅训令第一〇三号

令禁烟督办邓泽如

前以广东烟禁废弛,流弊日多,特设禁烟督办,原期寓禁于征,以图整理。乃数月以来,办理毫无成绩,外间啧有烦言,亟应大加改革。着该督办即日前往视事,认真考查,剔除弊端,切实办理。所有章程未尽妥善之处,并着分别修正,呈候核夺。此令。

(中华民国陆海军大元帅之印)

中华民国十三年三月十七日

据《大本营公报》第八号《训令》

给樊钟秀的指令

（一九二四年三月十七日）

大元帅指令第二五三号

令豫军讨贼军总司令樊钟秀

呈报驻韶兵士肇事，已将肇事马弁李书纪依法枪决，副兵王文彬押办暨各该管长官免职留任由。

呈悉。该部兵士因与商民误会冲突，致伤毙人命。据称已将肇事弁兵分别枪决、惩办，并将该管长官免职留任。办法甚是，已交军政部查照矣。此令。

（中华民国陆海军大元帅之印）

中华民国十三年三月十七日

据《大本营公报》第八号《指令》

给程潜的训令

（一九二四年三月十七日）

大元帅训令第一〇四号

令大本营军政部长程潜

为令知事：据豫军讨贼军总司令樊钟秀呈："为呈报事：查韶关兵士肇事伤毙店伴一案，经将肇事大慨〔概〕情形并派参谋长朝敬铭驰往查办呈报在案。兹据该参谋长文电报称：'灰晓丑时抵韶，即调查肇事原因，本早传齐各旅所部长官集议，咸称三旅六团二营所部副兵王文彬一名，因往同乐酒楼借笼炊饽，该店坚不应允，致起口角。副兵不甘受辱，回棚报知班长，邀同数人复往，遂致争闹不休，附近卫兵恐酿事端，驰至劝解，店伴误为帮助，致更误会。时适有二旅旅部马弁李书纪闻声赶至，手携短枪，与店伴互相纠缠，卒因夺枪失慎，误毙店伴一名，负伤一人，因是各商店多起恐慌等由。当即抚慰该店，并将带枪酿祸马弁李书纪、肇事副兵王文彬二名看押，请示办法'前来。据此，当即电示马弁李书纪就地枪决，副兵王文彬寄押县署，查明惩办。查此次韶城因借笼炊饽，致肇事端，所部长官对于士兵平日不能严加约束，临时又未到场弹压，咎有应得，除将该管各长官免职留任图功赎罪外，合将肇事情形并枪决马弁李书纪、惩办副兵王文彬、免职该管长官情形，合并呈报鉴核"等情。据此，除指令"呈悉。该部兵士因与商民误会冲突，致伤毙人命，据称已将肇事弁兵分别枪决、惩办，并将该管长官免职留任，办法甚是，已交军政部查照矣"印发外，合行令仰该部长查照。此令。

（中华民国陆海军大元帅之印）

中华民国十三年三月十七日

据《大本营公报》第八号《训令》

给林云陔的指令

（一九二四年三月十七日）

大元帅指令第二五六号

令广东高等检察厅检察长林云陔

呈请将广东公立警监专门学校校长归该厅任免由。

呈悉。仰候令行广东省长核议复夺。此令。

（中华民国陆海军大元帅之印）

中华民国十三年三月十七日

据《大本营公报》第八号《指令》

给杨庶堪的训令

（一九二四年三月十七日）

大元帅训令第一〇六号

令广东省长杨庶堪

为令饬事：现据广东高等检察厅检察长林云陔呈称："为呈请事：窃查广东公立警监专门学校，原由广东公立监狱学校改组。案关于监狱教育事项，民国二年，经司法部令饬归高等检察厅办理在案。是以该校向归职厅直接管辖，该校校长亦由职厅任免。去年五月，大理院兼管司法行政事务处，始改委潘元谅为该校长。查潘元谅任事以来，办理不善，啧有烦言。培植人才苟非得当，警狱两政安望改良，职厅职责所在，缄默既所难安，权限攸关，处理亦有未便，倘长此迁延，于粤警狱前途实大阻碍。拟请准予查照成例，该校校长仍由职厅任免，以清权责而利进行。所有广东公立警监专门学校校长仍归职厅任免缘由，理合备文呈请察核。是否有当，伏乞指令祗遵"等情。据此，查此案昨据总检察厅呈请，将广东公立警监专门学校拨归该厅直接管理，当将原呈发交该省长核办去讫。兹复据呈前情，除指令〈外〉，合行令仰该省长即行并案核该〔议〕具复酌夺。此令。

（中华民国陆海军大元帅之印）

中华民国十三年三月十七日

据《大本营公报》第八号《训令》

饬解散勒收机关令*

（一九二四年三月十七日）

大元帅令

迭据商民呈称："省河河面勒收保护费之兵船，如沙基、涌口之江防司令、北江护商队，每船经过勒收领旗费二元有奇。泮圹、涌口之滇军第二师保商队月收西、北江来往船，每船六元余。泮圹、涌口之卫戍司令部护商监理分处，勒收省河各船保护费。十二区三分署前之湘军第五路第四游击统领部、如意坊附近河面之滇军西江保商队等，烦征苛敛，商民不堪。请撤销以安地方等情"前来。据此，当饬派员查明确有其事。当此财政统一，正在实行之际，所有拦河收费机关自应一体停止。着各该军长官即日派员协同公安局长、海防司令，将上列各机关立即解散，以一政令而利人民。特此令达，仰即遵照。仍将遵照情形具报查考。此令。

据《广州民国日报》一九二四年三月十七日《帅令解散勒收机关》

给张开儒的指令

（一九二四年三月十七日）

大元帅指令第二五四号

令大本营参军长张开儒

呈据中校副官谷春芳恳给长假医病，乞令遵由。

---

* 此件所标时间系《广州民国日报》发表日期。

呈悉。照准。此令。

（中华民国陆海军大元帅之印）

中华民国十三年三月十七日

据《大本营公报》第八号《指令》

给韦荣熙的指令

（一九二四年三月十七日）

大元帅指令第二五五号

令北江商运局长韦荣熙

呈报遵令撤局日期由。

呈悉。此令。

（中华民国陆海军大元帅之印）

中华民国十三年三月十七日

据《大本营公报》第八号《指令》

致许崇智蒋中正电

（一九二四年三月十八日）

上海。△密。汝为、介石兄同鉴：东路尽调回省，湘军集中东江，日内开始向潮梅进攻。乃高凤桂忽又投北，北江告急。省中东路部队无人主持，望兄等速回维持大局，幸甚。孙文。巧。（中华民国十三年三月十九日子时）①

据谭编《总理遗墨》第三辑影印原稿

① 此当为发电时间。

任命欧阳豪职务令

（一九二四年三月十八日）

大元帅令

任命欧阳豪为大本营谘议。此令。

（中华民国陆海军大元帅之印）

中华民国十三年三月十八日

据《大本营公报》第八号《命令》

委派张翼鹏职务令

（一九二四年三月十八日）

大元帅令

派张翼鹏为湘边宣慰使。此令。

（中华民国陆海军大元帅之印）

中华民国十三年三月十八日

据《大本营公报》第八号《命令》

委派韦冠英职务令

（一九二四年三月十八日）

大元帅令

派韦冠英为广东筹饷总局会办。此令。

（中华民国陆海军大元帅之印）

中华民国十三年三月十八日

据《大本营公报》第八号《命令》

准杨虎辞职令

（一九二四年三月十八日）

大元帅令

办理海军事务杨虎呈请辞职。杨虎准免本职。此令。

（中华民国陆海军大元帅之印）

中华民国十三年三月十八日

据《大本营公报》第八号《命令》

准任文任儒职务令

（一九二四年三月十八日）

大元帅令

代理大本营会计司长黄昌谷呈请任命文任儒为大本营会计司收入科主任。应照准。此令。

（中华民国陆海军大元帅之印）

中华民国十三年三月十八日

据《大本营公报》第八号《命令》

准任张沛职务令

（一九二四年三月十八日）

大元帅令

大本营财政部长叶恭绰呈请任命张沛为广东省立银行监理官。应照准。此令。

（中华民国陆海军大元帅之印）

中华民国十三年三月十八日

据《大本营公报》第八号《命令》

准免杨子毅等职务令

（一九二四年三月十八日）

大元帅令

大本营财政部长叶恭绰呈请将署总务厅厅长杨子毅、署第一局局长李景纲、署第二局局长张沛免职。杨子毅、李景纲、张沛均准免署职。此令。

（中华民国陆海军大元帅之印）

中华民国十三年三月十八日

据《大本营公报》第八号《命令》

准免李炳垣李载德职务令

（一九二四年三月十八日）

大元帅令

大本营财政部部长叶恭绰呈请将署科长李炳垣、李载德免职。应照准。此令。

（中华民国陆海军大元帅之印）

中华民国十三年三月十八日

据《大本营公报》第八号《命令》

准免陈其瑗等职务令

（一九二四年三月十八日）

大元帅令

大本营财政部部长叶恭绰呈请将总务厅厅长陈其瑗、第一局局长杨子毅、第二局局长李承翼、第三局局长黄仕强免职。陈其瑗、杨子毅、李承翼、黄仕强均准免本职。此令。

（中华民国陆海军大元帅之印）

中华民国十三年三月十八日

据《大本营公报》第八号《命令》

准免黄建勋等职务令

（一九二四年三月十八日）

大元帅令

大本营财政部部长叶恭绰呈请将秘书黄建勋、科长李景纲、张沛、徐承燠、黄乐诚、张麟、邬庆时、罗继善、朱景丰、沈欣吾、鲍荣、廖朗如、梅放洲免职。应照准。此令。

（中华民国陆海军大元帅之印）

中华民国十三年三月十八日

据《大本营公报》第八号《命令》

关于执行党纪的命令*

（一九二四年三月十八日）

本党改组后所有各种组织，皆照本党《总章》办理。凡以前所有冠以“中国国民党”字样等团体，而《总章》未有规定者，均应即日取消。以后如有组织此项团体之必要时，应由所在地之最高党部直接组织并指挥之。凡属党员，不得假借名义，自由行动。如敢故违，应即执行纪律，从严惩办，以肃党纪。

据《广州民国日报》一九二四年三月十八日《中国国民党重要通告》

给叶恭绰的命令**

（一九二四年三月十八日）

着财政部长制印统一收条，并通令各财政机关及各县长、各关卡，凡对人民收款，应发给一律收条，以便稽查而杜流弊。

据《广州民国日报》一九二四年三月十八日《统一财政之统一收条》

给各军的训令***

（一九二四年三月十八日）

迭据华洋各方报告，东莞、番禺交界及莲花山、黄埔一带地区，

* 此件所标时间系《广州民国日报》发表日期。

** 此件所标时间系《广州民国日报》发表日期。

*** 此件所标时间系据三月十九日《广州民国日报》云“昨大元帅训令各军云”推定。

时有匪踪出没，为患闾阎，殊堪痛恨。兹派李军长福林为东莞、番禺、顺德三邑临时剿匪司令，克期扑灭，绥靖地方。剿匪区域内军民人等，如有通匪确据，着该司令随时究办。其现驻该区域内之刘军长玉山、卢军长师谛、徐司令树荣各部，早经明令调遣，各有任务，应即遵照前令分别开拔。徐部并着归剿匪司令统辖。至现驻陈村、濠滘、韦涌一带之周师长之贞所部，着即移驻顺德县城训练待命。斗门附近及虎门至大产关一带，统责成剿匪司令分别会同张指挥国桢、廖司令湘芸协力兜剿，务绝根株，以清余孽而靖地方。除分令印发外，特此令遵。此令。

据《广州民国日报》一九二四年三月十九日《剿匪司令之权限》

给赵士觐的指令

（一九二四年三月十八日）

大元帅指令第二六二号

令两广盐运使赵士觐

呈请通令各军禁封盐船，以维盐业而顾饷源由。

呈悉。候令行军政部分令各军遵照办理可也。此令。

（中华民国陆海军大元帅之印）

中华民国十三年三月十八日

据《大本营公报》第八号《指令》

给程潜的训令

（一九二四年三月十八日）

大元帅训令第一〇七号

令大本营军政部长程潜

为令饬事：据两广盐运使赵士觐呈称："现据北江车运盐业同和堂陈致诚等禀称：'窃船户等，向业盐船运驳各江饷盐，转运车卡，或由省运至各江，向不装载别货及受别行雇用；或充当官差，原系指定专为运驳饷盐之用。故每报秤之后，亦不能片刻留难，若一旦乏船运驳，不特有碍标配，即因而损害饷源。现盐业日定，筹饷军需所关，刻不容缓，若无船运驳，饷无所出。月来每有借军骑封盐船，或借词开差，或无地驻扎强将驳船封用，不知凡几，以致一经报秤，无船标配，已屡见不鲜。省河军队众多，名目庞杂，或借军骑封故意留难，或冒军强封希图讹索，是军是匪，辨别无从。若长此相率效尤，不独损害盐业，复害饷源。况查省河前运盐驳船共有四百余艘，近月来或因被封扣留，或因改图别业，现在省河共计专运饷盐驳船仅百艘有奇，以致秤多不敷输运。若再从而效尤，各船户等一旦相率奔避，以致无船接运，其害底于无穷，势必至有停秤之患。船户等心所谓危，故特联同吁恳钧使俯赐维持，给照保护，并乞转呈大元帅咨会各军总司令部，饬属一体保护，免予封用，以维盐业而固饷源，实为公德两便'等情。据此，查该船户等现请给照保护，流弊滋多，未便照准，惟所称军队封用盐船，妨饷碍运，自属实情，亟应据情转请通饬，免予封用，以示维持。除批示外，理合具文呈请钧座鉴核，俯赐通令各军转饬所属一体保护，免予封用，以维盐业而顾饷源，仍乞指令祇遵，实为公便"等情前来。据此，除指令"呈悉。候令行军政部分令各军遵照办理可也。此令"印发外，合行令仰该部长迅即遵照办理。此令。

（中华民国陆海军大元帅之印）

中华民国十三年三月十八日

据《大本营公报》第八号《训令》

给赵士北的指令

（一九二四年三月十八日）

大元帅指令第二五八号

令大理院长兼管司法行政事务赵士北

呈拟《坟山特别登记章程》乞察核备案由。

呈及章程均悉。准予备案。章程存。此令。

（中华民国陆海军大元帅之印）

中华民国十三年三月十八日

据《大本营公报》第八号《指令》

给卢振柳的指令

（一九二四年三月十八日）

大元帅指令第二六〇号

令卫士队长卢振柳

呈缴卫士姓名清册由。

呈悉。册存。此令。

（中华民国陆海军大元帅之印）

中华民国十三年三月十八日

附：卢振柳呈

呈为呈送卫士姓名、年籍、履历清册，以备鉴核事。窃昨奉钧帅面谕:“着将全队卫士姓名、年籍、履历开具备核”等因。奉此,理合谨将职队全队卫士姓名、年籍、履历分别简缮清册呈送,仰祈鉴核,实为公便,谨呈大元帅。

参军兼卫士队长卢振柳(印)

中华民国十三年三月十三日

据《大本营公报》第八号《指令》

给李福林的指令

(一九二四年三月十八日)

大元帅指令第二六一号

令东路讨贼军第三军军长李福林

呈复该军所驻防地向无在河面到处设立机关征收各种捐费情事由。

呈悉。此令。

(中华民国陆海军大元帅之印)

中华民国十三年三月十八日

据《大本营公报》第八号《指令》

给杨庶堪的指令

(一九二四年三月十八日)

大元帅指令第二六三号

令广东省长杨庶堪

呈为转呈政务厅长陆树人呈报就职由。

呈悉。此令。

（中华民国陆海军大元帅之印）

中华民国十三年三月十八日

据《大本营公报》第八号《指令》

给杨庶堪的指令

（一九二四年三月十八日）

大元帅指令第二六四号

令广东省长杨庶堪

呈为转呈该署秘书长萧萱呈报就职由。

呈悉。此令。

（中华民国陆海军大元帅之印）

中华民国十三年三月十八日

据《大本营公报》第八号《指令》

任命王用宾谭惟洋职务令

（一九二四年三月十九日）

大元帅令

任命王用宾、谭惟洋为大本营参议。此令。

（中华民国陆海军大元帅之印）

中华民国十三年三月十九日

据《大本营公报》第八号《命令》

命东江总攻击令*

（一九二四年三月十九日）

着令三路同时开始扑攻。

据《广州民国日报》一九二四年三月二十二日
《总攻击东江命令已下》

给吴铁城的训令

（一九二四年三月十九日）

大元帅训令第一〇八号

令广州市公安局局长吴铁城

为令饬事：查近有不肖之徒，借各军名义，在省河拦河滥事收费，业经令行解散在案。前谕广州市公安局局长查拿所获各犯，着该局长迅予讯明，即将为首人犯严行惩办，其余胁从之辈，应即按律处置。仰该局长会同海防司令随时巡察，如遇此等行为，立即查拿究办具报。切切。此令。

（中华民国陆海军大元帅之印）

中华民国十三年三月十九日

据《大本营公报》第八号《训令》

---

* 原令未署日期。按三月二十五日《广州民国日报》之《催促滇军出击东江》文载："大本营参谋处致函滇军杨希闵函有云：'元首甚盼贵军遵照三月十九日命令，迅速进剿云云。'"今据此酌定时间。

给李福林的训令

（一九二四年三月十九日）

大元帅训令第一〇九号

令东路讨贼军第三军军长李福林

查由新塘至大缆尾一带，近竟有军队私立机关勒收保护费，实属胆大妄为。仰东路讨贼军第三军军长迅行解散该项机关，并严办首要，以儆不法。此令。

（中华民国陆海军大元帅之印）

中华民国十三年三月十九日

据《大本营公报》第八号《训令》

给杨虎的指令

（一九二四年三月十九日）

大元帅指令第二六五号

令办理海军事务杨虎

呈请辞职并缴还关防由。

呈悉。应照准。此令。

（中华民国陆海军大元帅之印）

中华民国十三年三月十九日

据《大本营公报》第八号《指令》

给赵士北的指令

（一九二四年三月十九日）

大元帅指令第二六六号

令大理院院长兼管司法行政事务赵士北

呈为奉令停止发行状纸碍难遵办，并拟变更办法，乞予核示由。

呈悉。查诉讼状纸，从前虽由司法部制造，而发售则向归检厅经理。昨据总检察厅卢检察长以该院迭次奉令分拨之款，迄未遵照拨付，以致厅费无着，呈请将状纸改由该厅发行，籍资挹注前来。本大元帅以其于权限并无大紊，而于该厅经费则甚有裨，故暂允其请。案经核定，碍难变更。该院应仍遵前令，将民刑各项状纸一律停止发行。暂由总检厅制发，以归划一。一俟财政稍裕，总检厅经费有着，再行另议办法可也。此令。

（中华民国陆海军大元帅之印）

中华民国十三年三月十九日

据《大本营公报》第八号《指令》

给徐绍桢的指令

（一九二四年三月十九日）

大元帅指令第二六七号

令大本营内政部长徐绍桢

呈请褒扬寿民王开清由。

呈悉。准予题颁“共和人瑞”四字匾额，并给予银质褒章，由该部转发承领。此令。

（中华民国陆海军大元帅之印）

中华民国十三年三月十九日

据《大本营公报》第八号《指令》

委派李国恺职务令

（一九二四年三月十九日）

大元帅令

派李国恺为大本营出勤委员。此令。

（中华民国陆海军大元帅之印）

中华民国十三年三月十九日

据《大本营公报》第九号（广州一九二四年三月三十日版）《命令》

委派蒋中正职务令

（一九二四年三月二十日）

大元帅令

派蒋中正为陆军军官学校入学试验委员长。此令。

（中华民国陆海军大元帅之印）

中华民国十三年三月二十日

据《大本营公报》第九号《命令》

任命周自得职务令

（一九二四年三月二十日）

大元帅令

任命周自得为中央直辖滇军总司令部中将参谋长。此令。

（中华民国陆海军大元帅之印）

中华民国十三年三月二十日

据《大本营公报》第九号《命令》

委派王柏龄等职务令

（一九二四年三月二十日）

大元帅令

派王柏龄、胡树森、张家瑞、邓演达、钱大钧、彭素民、宋荣昌、简作桢为陆军军官学校入学试验委员。此令。

（中华民国陆海军大元帅之印）

中华民国十三年三月二十日

据《大本营公报》第九号《命令》

任命杨子毅黄建勋职务令

（一九二四年三月二十日）

大元帅令

任命杨子毅、黄建勋为大本营财政部参事。此令。

（中华民国陆海军大元帅之印）

中华民国十三年三月二十日

据《大本营公报》第九号《命令》

任命李景纲李承翼职务令

（一九二四年三月二十日）

大元帅令

任命李景纲为大本营财政部赋税局局长，李承翼为大本营财政部泉币局局长。此令。

（中华民国陆海军大元帅之印）

中华民国十三年三月二十日

据《大本营公报》第九号《命令》

准任沈欣吾等职务令

（一九二四年三月二十日）

大元帅令

大本营财政部长叶恭绰呈请任命沈欣吾为秘书，徐承燠、李炳垣、张麟、梅放洲、邬庆时、罗继善、黄乐诚、廖朗如、鲍鍱、朱景丰为佥事。均照准。此令。

（中华民国陆海军大元帅之印）

中华民国十三年三月二十日

据《大本营公报》第九号《命令》

饬规复广东省警卫军令*

（一九二四年三月二十日）

大元帅令

为令行事：案据广东警卫军司令吴铁城呈称："呈为遵令编配呈请核示事：窃铁城昨奉钧座面谕：'现在陈逆负固，群丑未平，所有军队均经调赴前方担任作战，致地方军备顿形空虚。各属贼匪每乘此时机图谋窃发，于作战军极感不利。况广州市为帅府驻地、行政首都，亟应规复地方军，专司巩卫及保护各属治安，使前敌各军无后顾之忧，庶国事足以发展。着即将东路讨贼军第一路司令所部军队改编为广东省警卫军，即任该员为警卫军司令，由粤军总司令节制指挥。地方有事故时，得由省长调遣之。并派德国陆军少校穆赖尔担任训练，期成劲旅。仰即拟具编制饷章、呈条核示'等因。奉此，遵即与穆少校妥为规划，拟组织步兵六团、炮兵一营、工兵一营、机关枪一连。将原有步队先行改组，由穆少校担任训练。惟是现际库藏拮据，审度经济状况，暂先成立步兵三团、炮兵一营、机关枪一连，所缺三团及工兵一营，容俟经济稍纾再行成立。奉令前因，理合拟具编制表一纸、饷章表一纸，备文呈请察核。是否有当，伏候批示祗遵"等情，并附呈编制、薪饷表一册。据此，除指令照准，并饬将编制、薪饷表分别呈报外，合亟令行，仰即知照。此令。

据《广州民国日报》一九二四年三月二十日《广东省警卫军之规复》

---

* 此件所标时间系《广州民国日报》发表日期。

给杨庶堪的训令

（一九二四年三月二十日）

大元帅训令第一一〇号

令广东省长杨庶堪

为令行事：据李丽生等呈拟："整顿江防，愿附加军费，以济饷需办法，并请饬由筹饷总局会同该省长筹议施行"等情。据此，查各军沿江设卡，抽收船捐，以及保商护运种种名目，节经严令一律取消。此后整理水陆各项税捐，事属财政范围，筹饷总局权限所及，该商等所呈各节，是否可行，应由该省长悉心规画，呈候核夺。原呈附发，并仰转饬知照。此令。

（中华民国陆海军大元帅之印）

中华民国十三年三月二十日

据《大本营公报》第九号《训令》

给杨庶堪的训令*

（一九二四年三月二十日）

为训令事：现在各军云集，杂居市廛，教练管理诸多困难，亟应移驻郊外，以资整理。而立国至计，端肇树人，建设伊始，需才尤众，设立大学，需款正殷。着广东省长于四月一日起，在该市征收租捐一月，以该款之半在市外建筑兵房，俾居军队；以其他半数拨

* 此件所标时间系《广州民国日报》发表日期。

交国立广东大学，充开办、设备两费。事关整军兴学，仰即迅速遵照办理。此令。

据《广州民国日报》一九二四年三月二十日《建筑兵房与筹备大学》

给叶恭绰的指令

（一九二四年三月二十日）

大元帅指令第二六八号

令大本营财政部长叶恭绰

呈报整理纸币奖券结束情形及由部派员兼管委员会事务由。

呈悉。此令。

（中华民国陆海军大元帅之印）

中华民国十三年三月二十日

据《大本营公报》第九号《指令》

给叶恭绰的指令

（一九二四年三月二十日）

大元帅指令第二六九号

令大本营财政部部长叶恭绰

呈为官制修改请将原任职官免职由。

呈悉。陈其瑗等已分别明令免职矣。仰即知照。折存。此令。

（中华民国陆海军大元帅之印）

中华民国十三年三月二十日

据《大本营公报》第九号《指令》

给叶恭绰的指令

（一九二四年三月二十日）

大元帅指令第二七〇号

令大本营财政部长叶恭绰

呈请任命杨子毅等为参事等职由。

呈悉。杨子毅等已分别明令任命矣。仰即知照。折存。此令。

（中华民国陆海军大元帅之印）

中华民国十三年三月二十日

据《大本营公报》第九号《指令》

给叶恭绰的指令

（一九二四年三月二十日）

大元帅指令第二七三号

令大本营财政部长叶恭绰

呈请停止履行联商公司合约，准予造币厂总会办辞职，由部派员保管并裁节经费由。

呈悉。准如所请办理。此令。

（中华民国陆海军大元帅之印）

中华民国十三年三月二十日

据《大本营公报》第九号《指令》

委派范石生职务令

（一九二四年三月二十一日）

大元帅令

派范石生为财政委员会委员。此令。

（中华民国陆海军大元帅之印）

中华民国十三年三月廿一日

据《大本营公报》第九号《命令》

给各军高级长官的命令*

（一九二四年三月二十一日）

令各军总司令、高级军官

如查确有私卖枪械图利等情，严行究办，以肃军纪。

据《广州民国日报》一九二四年三月二十一日《严究军官领枪图利》

给林若时的命令**

（一九二四年三月二十一日）

着将海防种种事务极力整顿，所有向来抽剥商船各种名目，一概立刻取消。自后商船在西江一带，无论经过何军防地，如有人勒

---

* 此件所标时间系《广州民国日报》发表日期。

** 原令未署日期。按三月二十四日《广州民国日报》载："林奉命后，当于廿一日在江门履新。"今据此酌定为二十一日。

收经费者，当由海防司令部呈报帅府，以便察核办理。

据《广州民国日报》一九二四年三月二十四日《大元帅关心民瘼》

给杨庶堪的训令

（一九二四年三月二十一日）

大元帅训令第一一二号

令广东省长杨庶堪

为令饬事：现在各军云集，需款孔殷。着广东省长迅令广州市政厅长于四月一日起，在该市续征租捐一月，听候指拨用途。仰即遵照办理。此令。

（中华民国陆海军大元帅之印）

中华民国十三年三月廿一日

据《大本营公报》第九号《训令》

给杨庶堪的训令

（一九二四年三月二十一日）

大元帅训令第一一三号

令广东省长杨庶堪

为令饬事：案据广东全省警务处处长吴铁城呈称："呈为呈请将警监学校拨归职处管辖，改办高等警察学校以养成警务人材事：窃查警察行政，原属内务行政之最重要部分，所有维持地方公安，保护人民生命财产，关系至巨。而办理能否妥善，胥视警务人材之多寡以为衡。光绪末年，专为养成警务人材，经设高等警察学堂一所，向归巡警道管辖。民国成立，由警察厅照旧接管。十年以来，熟悉警务人员，半由该校出身，足见具有成绩。惟自龙济光寇粤，事事摧残，遽令停办。只因当时仍有多数学生未毕业，遂移归高等检察厅接收，改为监狱学校。但监狱一科用途甚狭，每次招生均难足额，因复易名为警监学校。自大理院成立，又移归大理院直接管理。查该校因陋就简，毫无精神，一切经费全恃征收学费支持，因循至今，迄无起色。日前奉令规复全省警务处，仰见我大元帅注重警政之深意。铁城辁材，忝膺重任。日久筹画，计非推广警察区域，不足以策全省治安。且大元帅以党治国，现值改组伊始，尤非使警政人员晓然于吾党三民主义、五权宪法之精神，不足以发扬民治，一有缓急，并收指臂之功。铁城为整顿警政，发扬党义起见，需用有主义的警务人材较前尤亟。而细察警监学校现时办理情形，断难应时势之要求。故特拟请大元帅令将警监学校拨归职处管辖，改办广东高等警察学校，规复警察教育，养成有主义的警务人材，于警政前途、于党务前途均不无微补。并拟由职处派委筹备主任一员，规画一切，以便从速改组。所有拟请改办高等警察学校缘由，理合呈请训令祇遵"等情。据此，查此案前据总检察厅、广东高等检察厅呈请，将警监学校拨归管辖，均经令行该省长议复在案。兹复据呈前情，除指令外，合行令仰该省长遵办并案核议，具复酌夺。此令。

（中华民国陆海军大元帅之印）

中华民国十三年三月廿一日

据《大本营公报》第九号《训令》

给许崇智的指令

（一九二四年三月二十一日）

大元帅指令第二七五号

令东路讨贼军总司令许崇智

呈复已遵谕转饬各部队对于税厘加二之款不得截留由。

呈悉。此令。

（中华民国陆海军大元帅之印）

中华民国十三年二月廿一日

据《大本营公报》第九号《指令》

给陈兴汉的指令

（一九二四年三月二十一日）

大元帅指令第二七六号

令管理粤汉铁路事务陈兴汉

呈复办理广东地方善后委员会等暨柴行代表赖星池等呈请救济柴荒一案情形由。

呈悉[①]。原件存。此令。

（中华民国陆海军大元帅之印）

中华民国十三年三月廿一日

据《大本营公报》第九号《指令》

给吴铁城的指令

（一九二四年三月二十一日）

大元帅指令第二七七号

① 陈兴汉三月十九日呈：为救济柴荒，已将运柴车费准减三分之一；此外，仍请严令驻防各军不得借保护为名重迭索费，以收成效。

令广东全省警务处处长吴铁城

呈请将警监学校拨归该处管辖，改办高等警察学校由。

呈悉。仰候令行广东省长核议复夺。此令。

（中华民国陆海军大元帅之印）

中华民国十三年三月廿一日

据《大本营公报》第九号《指令》

免张启荣职务令

（一九二四年三月二十二日）

大元帅令

钦廉高雷招抚使张启荣着即免去本职。此令。

（中华民国陆海军大元帅之印）

中华民国十三年三月廿二日

据《大本营公报》第九号《命令》

准郑里铎辞职令

（一九二四年三月二十二日）

大元帅令

琼崖招抚使郑里铎呈请辞职。应照准。此令。

（中华民国陆海军大元帅之印）

中华民国十三年三月廿二日

据《大本营公报》第九号《命令》

饬详查广州市内驻军地点人数令*

（一九二四年三月二十二日）

将市内驻军地点及人数详为调查，以便计划。一俟租捐征收有着，即行开始建筑，悉将市内军队移出郊外。其原驻各处者则概行禁止开拔来省。

据《广州民国日报》一九二四年三月二十二日《军队移驻郊外之准备》

给叶恭绰杨庶堪的指令

（一九二四年三月二十二日）

大元帅指令第二七九号

令财政委员会主席委员叶恭绰、杨庶堪

呈请迅令刘总司令转饬严师长①取消征收东莞护沙费，并将沙捐清佃局收入划拨五成为严部军费，余五成实行解交沙田清理处由。

呈悉。照准。已令行刘总司令分别转饬遵照办理矣。此令。

（中华民国陆海军大元帅之印）

中华民国十三年三月廿二日

据《大本营公报》第九号《指令》

---

* 此件所标时间系《广州民国日报》发表日期。

① 刘总司令、严师长：即刘震寰、严兆丰。

给杨希闵的指令

（一九二四年三月二十二日）

大元帅指令第二八〇号

令中央直辖滇军总司令杨希闵

呈少将参谋长周自得著有勤劳，拟请晋授中将参谋长，以昭激劝由。

呈悉。照准。周自得已明令任命矣。此令。

（中华民国陆海军大元帅之印）

中华民国十三年三月廿二日

据《大本营公报》第九号《指令》

对驻广州滇军的演说

（一九二四年三月二十四日）

滇军将领、兵士诸君：

滇军在这两三年中为什么来广东呢？说到源起，是由于民国十年，本大元帅到桂林，预备北伐。当时顾总司令[①]在云南，很有志气，想为国家出力，便把云南的地盘不要，让到别人去维持，自己一心一德，带同你们这些滇军跟随本大元帅北伐，去替国家做一番事业。顾总司令当时要北伐，他的用心是和普通人不同的。普通

① 顾总司令：顾品珍，字筱斋。一九二一年十二月被孙中山任命为云南北伐军总司令。

人的用心都是想升官发财。他本来是云南的总司令，如果他在那个时候专想升官，有了总司令，官是升到很高的；再想发财，有了云南的地盘，种烟开赌，搜括民财，随便就可以发几千万财。顾总司令不要云南的地盘，立志北伐，就是不要升官，就是不想发财。当他正在出师的时候，唐继尧便回云南。唐继尧回云南的目的是在什么地方呢？就是在升官发财。唐继尧从前在云南有好几年，专为升官发财，弄到部下不拥戴，所以逃走出外。到了香港之后，没有人理他。本大元帅以为他在云南多年，总有多少见识能力，还可以做一番事业，便把他接到广州，想用大义感化他，要他从新替国家做事。但是他心目中的成见，专在升官发财，和我谈话之后，知道了我是为主义来牺牲受苦，冒险奋斗，要做福国利民的事业的，他便不愿意，便不赞成。在广州没有住几日，遂回香港，运动云南的土匪去拥戴他。当他经过广西的时候，桂林、柳州有一部分滇军，不明大义，也跟他回云南，弄到云南成一个土匪世界，顾总司令的性命不保，都是唐继尧想升官发财，争权夺利，不顾朋友，不顾国家的罪恶。顾总司令虽然是死了，但是各位将领还是很明大义，愿继顾总司令未完的志气。顾总司令的志气是在离开云南去北伐。所以诸君便离开云南，来到广东，诸军由云南出发，经过贵州、广西瘴气极深之地才到广东，沿途是很辛苦的。诸君到广东来，不过是一年多。自云南出发以后，沿路也走了一年多。为什么要走那样久的时间呢？就是因为从前北伐，不但是顾总司令中途遇到了变乱，就是本大元帅在桂林也遇到了艰难。当顾总司令在云南出发的时候，本大元帅在桂林也是出发，忽然有赵恒惕和陈炯明联络，阻止北伐军假道湖南。当时的北伐路程，最近是由湖南到武汉。赵恒惕一面通北，破坏北伐的计划；一面假话来骗我，要北伐军改道出江西，并说如北伐军能够出江西，溯〔湖〕南也可以出兵打江西。我们北伐的目标本来是要打北方,不情愿南方自己相冲突,所以便改道北伐。北伐军自桂林出发,不到一月,便集中韶关,进到赣边。自开始攻击之日起,不过三日,便在大庾岭打一个大胜仗,攻破梅关。北伐军完全进到江西,不过三星期,便取得赣州。赣州是江西极险要的名城,历代用兵,都没有人攻破过的。北京政府以为那样险要的赣州,北伐军都容易打破,那么,以后无险可守的地方,当势如破竹,长驱直入,要到南昌、南京,都是很容易的。于是大起恐慌,一面发表宣言赞成护法,一面买通陈炯明在后方造反。所以陈炯明便在广州半夜起兵,开炮打观音山。当时守观音山的人只有我的几十名卫士。抵抗了一日一夜,打死了很多的敌人,敌人便不敢进观音山。我在他们起事几点钟之先,已经上了兵船,那只兵船叫做"楚豫",便在兵船上开炮,又打死了很多的敌人。后来开到黄浦〔埔〕与敌对抗,敌人又占据长洲炮台,和我们的兵船对打。我便督率"永丰"兵船,冲进白鹅潭,和敌人打了四十天仗,连在黄浦〔埔〕打仗的日期,总算起来一共有五十六天。在那个时期之内,驻在广东的军队都是乱党。我们的北伐军都进了赣州,下到吉安,在广州省城之内没有一点力量和敌人抵抗。只听到说你们这一部分的北伐滇军已经到了柳州,便非常的欢喜,极盼望你们滇军速到广州来先平内乱。如果你们在那个时候能够赶到广州,便可以减少在广西的艰难辛苦。中间因为彼此消息不通,你们只听到说陈炯明已经占了广东,不容易攻下,便在广西勾留了大半年。后来我们江西的北伐军知道了陈炯明造反,就回师来讨陈炯明,在韶关打了二十多天仗。因为饷弹两项没有补充,消息又隔绝;同时陈炯明又运动江西的北兵从后面夹攻,前后受敌,无路可走,便退回赣南,打进福建,赶走李厚基。把李厚基在福州十多年所存的枪枝子弹,都拿出来补充,于是北伐军的势力又再变雄厚。后来,我在上海又听到你们在广西的滇军还是想东下，便派人通消息，欢迎你们到广东。当时驻防梧州的军队都是陈炯明的部下，一共有四五万人，各位将领便很怀疑，以为自己只有七八千人，怎么能够打破那样多的敌人呢？延迟复延迟，总不敢轻于发动。后来各位将领明白大义，知道了要将来能够北伐，还是非先打破陈炯明不可，所以决心发动，冒险东下，沿途遇到了许多友军欢迎，不费大力便收复广州。到今日已经有了一年零两个月，诸君在这个时间之内，究竟做过了些什么事呢？诸君这次在广东所遇到最大的事，就是沈鸿英造反。沈鸿英本来是同滇军到广东来讨陈炯明的，他为什么再要造反呢？因为他暗中通北。他为什么要通北呢？因为他不是仁义之师，是专想升官发财的，得了北京政府的钱，便见利忘义。所以本大元帅去年没有到广东之先，便发生江防会议之变。到广东以后不上三个月，他便从白云山兵工厂来攻广州，打到小北门和农林试验场，我们几几乎被他消灭。因为有你们滇军极大的牺牲，和他奋斗，才把他打败。沈鸿英败了不久，又勾结北兵，从北江来打广州，打到花县新街，你们滇军又把他打退了。北江的敌人打退了不久，陈炯明又在东江造反，我们又去应付东江。东江的敌人没有完全肃清，北江的敌人再又来攻，滇军便竭全力去应付北江，把敌人打退到始兴、南雄以北。东江的敌人又再从石龙、增城来攻广州，打到石牌、沙河，广州几乎失败，幸得滇军将士同心协力去抵抗，才把陈炯明打退。现在陈炯明的叛军离石龙、增城还不甚远，本大元帅还要诸军把他们完全肃清。现在又把湘军的全部加入东江，已经集中前线，布置完备，不出十天，便可以进攻惠州、潮梅。这次肃清东江，一定可以收最后的成功，统一广东。广东统一了以后，还要做什么事呢？可不可以在广东从此安享太平呢？如果要存这种心理，江西的敌人一定从北江来寇；陈炯明的余毒一定从东江来犯;陆荣廷的土匪一定从西江来攻。现在北京政府催赵恒惕同陆荣廷合作,湖南同广西一齐来打广东。各处敌人又散布谣言,说北京政府预备很多的钱,到广东来收买滇军,这就是北京政府的计划,这就是眼前的事实。如果我们受北京政府的金钱运动,兵士得几十元,下级官长得几百元,中级官长得几千元,推到高级官长得几万元,各人都发一笔横财,到底是好不好呢?从前滇军有两个姓杨的师长[①]投降北京以后,便有许多旅长、团长到香港去接头,商量帮助北方。他们为什么要这样做呢?因为他们都想升官发财。象他们这样不讲道理,投降北方,就是升了官,发了财,将来可不可以长久呢?象他们投降北方,不讲人格,只要有官有钱,便去卖身,世人知道了,是不是一种臭名呢?将来载之史书,留传千古,万世之后,是不是被人痛骂呢?所以这种不正当的升官发财,虽然可以侥幸一时,到底都是天人不容。不好的人,总是没有好结果的。因为这个道理,我们处在这种艰难困苦之中,操守便要正定。诸君这次到广东,是为大义而来的。从前顾总司令为大义讨贼,不要性命,本是想报效国家,做一件福国利民的大事。我们南方革命,不知道牺牲了多少性命,流了多少鲜血,这是为什么呢?无非是想革命成功,造成一个很安乐的国家,让人民可以享幸福。抱这种宗旨去奋斗的军队,才是仁义之师。滇军这次到广东来,继续顾总司令的志气,为革命奋斗,费了很大的牺牲,真是仁义之师,所做的大事,可算是一半成功。如果再去北伐,收复江西,统一中国,便是要做的大事完全成功。

我们这次北伐,得到了江西,再去统一中国是很容易的。因为北方的革命军和仁人义士,现在派了许多代表到广东来,要求我们

① 两个姓杨的师长:指杨如轩、杨池生。

北伐。只要我们的军队得了江西,他们便可以响应。将来响应的情形,和十三年前的革命差不多相同。当辛亥年革命的时候,革命党无论在那一省,都没有正式军队,满清在各省都练得有很好的新军,并且他们的政令是很统一的,各省人民都很服从满清的政令,革命党只在武昌起义,各省便同时独立,响应武昌。譬如你们云南的新军,当时听到了革命党在武昌起义,便挂起白旗,赶走满清官吏,成立革命的都督府和武昌响应。其余各省象江西、湖南、四川、贵州、广东、广西、浙江、福建、山西、陕西、甘肃、新疆和东三省的革命党,都是不费一兵,不折一矢,来响应武昌。只有江苏革命赶走张勋,围在南京打了几仗,但是不久便攻破南京。各省仁人义士便在城内组织政府,选举本大元帅为临时大总统,成立中华民国,消灭满清帝国。所以十三年前的革命,革命党只在武昌登高一呼,便有各省响应,并没有离开武昌一步去打仗。后来武昌的革命军,不但是不能离开武昌去打仗,反被北京派到湖北的清兵,攻破附近的汉口、汉阳。汉口好象广州的河南,汉阳好象广州的花地,三市鼎足而峙,只隔一水。当时清兵和革命军打仗,不到三星期,便得汉口;不到三个月,便得汉阳。革命党只守武昌一个孤城,对江都是敌人。清兵每日轰击武昌,枪弹炮弹,象下雨一样,他们随时可以破武昌,随时可以消灭武昌的革命军。弄到结局,武昌的革命党为什么不失败呢?就是因为有各省的仁人义士同心同德去响应,所以那次的革命能够成功,所以民国能够成立。但是民国成立以后,管理国家的政权,人民还没有争到手,还是在军阀官僚之手。那般军阀官僚做事,名为共和,实在是专制,都是想做皇帝。象袁世凯,不过四年便自称洪宪皇帝。随后张勋又图复辟。所以北方政府,天天都是梦想用武力统一中国,消灭人民的力量,推翻共和,恢复帝制,把人民做他们的奴隶。现在全国人民很有觉悟,明白了他们这种思想和这种行为，将来一定是靠不住的，大家都想赶快推翻北方政府，消灭将来的祸害。因为这个原故，所以在北方各省的军队，知道他们从前没有加入革命党，去反抗北方政府，是上了北方政府的当，现在便一天觉悟一天，想变成革命军。就是北京城内的军队，也有许多部分都赞成来革命。他们为什么发生这种新觉悟呢？就是因为看透了那班老官僚都是自私自利，并不是真为共和，不过假借共和的招牌取得政权，以便再去恢复帝制。由于这个道理，所以北方的许多学生、军人，都盼望我们赶快北伐。如果我们北伐，他们便可以在北方响应，拆北方政府的台。从前我们的北伐军，刚到赣州，曹琨〔锟〕、吴佩孚便宣言护法。护法本是我南方要革命的道理，北方军阀为什么也拿这个道理去宣言呢？就是因为他们知道了内部有许多人都是赞成我们护法的，所以他们不得不那样宣言，缓和内部的风潮，免去内部响应我们来革命。北方军阀赞成了护法以后，又做了些什么事呢？他们所做的大事，就是花很多的钱，买通一般猪仔议员，举曹琨〔锟〕做大总统。曹琨〔锟〕做了大总统之后，什么福国利民的事一点都不知道去做，还是想达到武力统一的梦想，教一般军阀横行国中。譬如：用杨森打四川；用孙传芳打福建；用陆荣廷、马济打湖南、广西；用沈鸿英、陈炯明打广东。弄到四川、湖南、福建、广西、广东这几省的人民日日不安，日日受兵灾的痛苦。在北京城内，便用孙宝琦一个极老的官僚做内阁总理。事事要复古，还是想恢复专制，还是想做皇帝。北方人民看见他们这种举动，中国前途更是危险，日日总是望南方赶早去北伐，让他们在北方也有机会，可以做一番救国救民的大事。象这样看起来，想推翻北方的军阀官僚，统一中国，想把中国变成很强盛的文明国家，不只南方革命党有这种思想，就是北方军队、学生和一般有觉悟的人民都有这种思想。这就是全国人民现在的心理。

这就是全国人民现在要做的大事。我们在广东住了一年多,不去北伐,北方的人心便很失望,对于我们有很不好的批评,说我们得了广东,便割据一方,长享安乐。再不去奋斗做国家的大事,这真是没有志气。因为他们不知道我们的内部艰难,所以有这种失望,所以生这种怀疑。我们现在对于东江,不到十天便可以进攻,收复了东江以后,便可以统一广东;统一广东以后,不到两个月便可以北伐。到北伐的时候,还要各位将领和兵士尽力去奋斗。大家都知道,大凡做一件事,总不可半途而废,当中停顿。如果当中停顿,便没有结果。极小的事都是一样。譬如烧火煮饭吃,是一件很平常的小事,如果把火烧燃了,米也洗好了,柴米水火都预备到很完全,正在锅灶之内烧火煮饭,忽然半途停顿,不去添柴烧火,锅内的饭能不能够煮熟呢?我们有没有饭吃呢?若是我们要急于吃饭,赶快把饭煮熟,便要赶快去烧火,中途不可停顿。大小事的道理都是相通的。滇军的初志,本是北伐,想要做成一件大事。如果此刻驻在广东,再不前进,大事便归失败。失败了以后,要成一个什么景象呢?将官便要逃散,兵士便要消灭。消灭的情形,不是死在战场,便是跑到四方,象你们滇军现在这样耀武扬威的局面,便不能够保守,便要完全化为乌有。这便是停顿和不北伐的结果。诸君明白了这种不好的结果,要免去这种危险,便不能停顿,便要去北伐。过五岭、出长江,和北方的同志联络。我们到了长江以后,长江以北的事,可以交北方同志去做,我们可以不必麻烦。如果有大志气的人,就是参加北方同志,更去奋斗,也可以随诸君的便。总而言之,我们南方革命军的辛苦,南方革命军的任务,只要达到长江,达到长江以后北方的同志便可以响应。我们不到长江,他们便不敢发动。所以全国人民现在的希望,只在我们出长江。

我们革命本来是想做一件大事,要革命成功,才可以享幸福。

如果不成功,以前做的事便是徒劳无功。我们革命做成功,究竟有什么好处呢?这也是要大家想清楚的。普通〈人〉可以想得到的好处,只是升官发财,达到了目的,便心满意足,这不是革命成功的大好处。革命成功的大好处,是造成一个好国家。用造成好国家和升官发财两件事比较起来,那一件是更好呢?我们要知道升官发财是好不好,便要知道已经升了官、发了财的人是什么情形。已经升了官、发了财的人,南方有龙济光,北方有李纯。李纯和龙济光,至今个人有什么好处呢?他们对于国家有什么益处呢?我们把他们这种人看作是什么东西呢?世界〈上的〉人又把他们看作是那一种人呢?所以升官发财对于国家没有益处,对于个人也是不好的。如果把国家改造好了,中国是一个什么国家呢?我们是一种什么国民呢?中国革命至今有了十三年,只得到一个空名,是中华民国。说到民国的事实,一点都没有。所以从前的革命是失败,不是成功,十三年以来都没有成功。说到成功了以后,究竟是什么好处?此刻不容易说出,就是说出来,大家还是看不见。中国革命没有成功,外国革命有许多是成功的。离我们最近的就有日本。日本维新,大家都知道是成功的。维新事业和革命事业是相同的。维新成功就是革命成功。革命成功了,那一种人是最荣耀呢?远地方看不见,最近的是白鹅潭,诸君可以一眼看见的。这次我们争关余,外国派了二十几只兵船到白鹅潭来示威,派兵船最多的国家有英国、法国、美国,都是世界上最强盛的国家,另外还有日本。日本为什么也能够来示威呢?因为他也是强国,日本的国际地位是五大强国之一,他们的国民,到处都有人恭祝。我们中国人有没有人恭祝呢?外国人那一个不轻视我们呢?那一个不骂我们为亡国奴呢?现在列强都想拿中国来共管,把中国的领土做他们的属地,把中国的人民做他们的奴隶。这次派兵船来示威,就是看我们能不能够发奋为雄,能不能够革命成功。我们的革命如果能成功,他们的兵船便开回去。如果不能成功,他们就要把我们当安南、缅甸一样的看待。你们滇军有老兵,有新兵,新兵是在广东补充的,老兵都是从云南来的。诸君如果真是从云南来的,便知道云南的西边有缅甸,东边有安南。缅甸、安南和从前的日本是一样。日本革命成功,所以能够同英国、法国、美国一齐来示威。现在安南、缅甸革命不成功,所以不能象日本一齐来示威。不但是不能在白鹅潭示威,并且安南要做法国的奴隶,缅甸要做英国的奴隶。安南和日本比较,土地更大,人民差不多一样多。因为安南从前不知道革命,所以亡国,做法国的奴隶。因为日本从前知道了革命,所以变成强国,和英、美并驾齐驱。英、美派兵船来示威,日本也派兵船来示威。诸君走到街上,若是遇见了日本人和安南人,是怎么样待遇呢?如果说是日本人,马上便要恭祝他;如果说是安南人,便要说他是亡国奴。我们革命不成功,中国便要亡国,云南就要亡省,大家都是亡国奴。所以我们的革命,不能不做成功。因为这个原故,我们此刻在广东,一定要北伐。中国的存亡,就在我们此次能不能北伐。如果能够北伐,革命便可以成功,中国便可以长存;如果不能北伐,革命便要失败,中国便要亡国。我们便要变成缅甸人、安南人,做外国人的奴隶。到了做亡国奴,就是升了官、发了财,也不荣耀,也很耻辱。诸君此刻在广东,要回云南,最方便的路程是经过安南海防。到了安南以后,便知道安南有一个最著名的大官,住在河内,叫做黄高启。从前安南没有亡国的时候,他做过了宰相的,所以他是升过了大官,发过了大财的。因为他很有钱,所以他置在河内的产业便非常之多,住家屋的花园也非常之大。但是安南现在亡了,他就是做过了大官,发过了大财,还是要做法国的奴隶。国家亡了,要做外国人的奴隶,就是升官象黄高启,发财也象黄高启，无人不骂他是亡国奴，他还有什么荣耀呢？国家之存亡，和我们人民有很大的关系。如果国家是强盛，大家便荣耀；国家是衰弱，大家便耻辱。国家能够革命，象日本维新变成强盛，就是国民的个人不好，到处还有人恭祝，人人都称道他是大国民；如果不然，就是个人很好，也到处被人轻视，到处被人虐待。譬如用日本人和中国人比较，日本人自然要比中国人尊贵得多，这种尊贵究竟有多少？不能用尺寸去度量，可以用一件小事来比较。中国人的地位和日本人的地位究竟差多少呢？大家知道南洋爪哇做生意的大多数都是中国人，在那个地方，家当最大的也是中国人。中国人在那个地方有几百万和几千万的非常之多，南洋发大财的华侨，多住在爪哇。爪哇是荷兰的领土，在爪哇的中国富翁，是占什么地位呢？我们要知道中国富翁在爪哇是占什么地位，便要知道华侨住在爪哇，是受荷兰政府的什么待遇。爪哇华侨受荷兰政府最不好的虐待，就是行动不自由。甚么是行动不自由呢？譬如我们由黄沙到大沙头，或者由黄沙到长堤，都要护照。那种护照又分作两种：在白天有日照，在晚间有夜照，并且有夜灯。夜里的照夜灯，比较日照更是要紧。华侨在街上来往，都要带到那种护照，巡捕才放行。若是没有那种护照，不准通过，便要带进巡捕房，不是罚钱，就要坐牢。这就是华侨住在爪哇所受荷兰政府的待遇，所受不自由的痛苦。我们华侨在爪哇所受这种不自由的故事是很多的。有一段最可耻的故事，可以证明中国人和日本人的地位究竟是差多少。就是有一位朋友对我说："爪哇有一位发财过了一千万的中国富翁，在一天下午到他的朋友地方去谈天。那位朋友是学校内的教书先生，所以中国富翁那一次在学校内谈天，谈得很高兴。对谈了好几点钟，到了夜深，那位富翁还没有记起回家的事，忽然觉得时间很晚，想要回家，到了动身的时候，又想起来没有带夜照灯，如果不带夜照灯，随便回家，又恐怕巡捕查获，送到巡捕房内去，不是罚钱，便要坐牢，那位富翁又不敢冒这种危险。但是那位富翁总是想回家，想到无法可设，便到门外一望，看到四围都有巡捕，更是无路可走。忽然看见离门前不远有一个日本娼寮，他就对那位教书先生说，我有方法回家了，便向教书先生告辞，一直跑进日本的妓馆。给一块钱叫一个日本妓女，要日本妓女陪他游街，日本的穷妓女得了一块钱，自然很情愿，便同那位富翁游街，两个人同在一处走，一走便走到那位富翁家内的门口。于是中国富翁便教日本妓女回家，他也回到自己家内。中国富翁在那夜，假若没有一个日本妓女，他便不能回家。因为有一个日本妓女同在一路走，荷兰的巡捕知为日本妓女的客人，便不敢问，所以他能够安然回家。"由此，便可见一千万的中国富翁，还不如日本一个妓女。日本妓女虽然是很穷，但是他的国家很强盛，所以他到处都自由，他的国际地位便很高。中国人虽然是很富，发了一千万财，但是他的国家不强盛，所以走路也不自由，国际地位便不如日本的一个娼妓。中国人现在都想发财，如果国家亡了，我们到处都要受气，不但是自己受气，子子孙孙都要受气。诸君不信，到了回云南的时候，可以在安南过细看看，便可以知道亡国奴的情形究竟是怎么样。

革命成功了，中国要到什么地位呢？现在有了十三年，还没有成功，将来成功究竟是什么情形，虽然不能说出，但是世界上革命成功的国家，象法国、美国，都是现在最富强的国家。他们的国民是享什么幸福呢？譬如和云南东边交界的地方是安南，安南就是法国的领土。在八九年以前，当欧战的时候，法兰西本国以北的地方，都被德国军队侵入，人民的产业化为乌有，房屋也打破了。在那个地方，两军相持了三四年，不但是房屋没有，就是一草一木都找不出来，成了不毛之地。这是什么原故呢？大家都知道，我们现在打仗，是用子弹分胜负。每打一次仗，一日要用几十万或者几百万子弹。欧美现在打仗，不用子弹分胜负，要用炮弹分胜负。每日所用的炮弹，总是以几千万计。我们现在的战争，在他们看起来，是那破仑的战争，是几百年以前的战争。他们现在的战争是什么情形呢？在战线以内的人，不能在地面上走，要在地底下走。在战线之内，挖了许多隧道，要前方勤务的人都走那些隧道，去接济前方的补充。他们现在用炮好比我们用枪一样，我们打胜了仗，是说缴枪，他们便不说缴枪，要说缴炮。每次最多的时候，要缴五六万炮，缴十几万机关枪。当时法国北方的人民受了那种大灾害，又因为战争的胜负不能决定，便要求政府抚恤。法国政府是用什么计画去答复人民呢？政府所定的计画，根本原理是要北方的人民和全国的人民受相同的待遇，要全国没有受灾害的人民去赔偿北方人民的损失。因为北方各处的损失不是本地的关系，是全国的关系。因为全国和敌人打仗，那个地方才有那种损失，所以政府便要去赔偿，把那个地方的人民和全国没有受灾害的人民当作一样看待。这是人为的损失，国家便有这样的待遇。如果人民忽然受了水旱天灾，国家又是怎样待遇呢？也是一样的抚恤，一样的赔偿。这种赔偿的情形是怎么样？可用安南从前受水灾的一段故事来证明。安南现在虽然是亡国，法国待他们是奴隶；但是安南人民所享的幸福，比较中国人还要好。我从前到安南，有一商人对我说："有一次红河水涨，红河岸旁有一个市镇叫做安拜，都被水冲了，中国人在那里做生意的都受很大的损失。法国政府派人去调查情形，中国商家莫明其妙，便大起恐慌。以为平时没有水灾，已经纳过了很重的税，现在受了大水灾，还要来调查营业状况、损失情形。因为怕以后多纳税，所以从前的资本是多少，损失是多少，便不敢实在报告。譬如损失一万的商店，都只敢报五千，损失五万的商店，最多不过报两万。后来不过两个月，法国政府便照从前各家报告的损失如数赔偿，于是中国商家便大懊悔，恨从前所报告的损失太少了。”这就是法国政府对于人民受了天灾人祸，是怎么样的保护情形。文明国家保护人民的财产，好比保险公司一样，有了灾害损失，政府便要赔偿；人民生了子女，国家便有教养；壮年没有职业的人，报告政府，政府便要代他找工做；老年没有养活的人，国家便有养老费。这种养老制度，中国从前也有，古书所谓无告穷民，国家便要赡养，就是这种制度。所以文明国家对于人民应该有的负担：幼年便要教育，壮年便要职业，老年便要养活。文明国的人民，自幼到老，一生都受国家的恩惠。我们现在革命是要做什么事呢？就是要国家强盛，要把中国变成文明国家，好象法国、美国是一个大公司一样，要在这个大公司内的国民都有好处，都可以分红利。国家文明了，变成一个大公司，发很大的财，和个人的一时侥幸升官发财，两件事比较起来，是那一件的利益大呢？如果国家变成大公司，就是胜过发很大的财，不但是我们自己可以享幸福，我们的子子孙孙，和四万万人的子孙，都可以永远的享幸福。把这种大事业做成功，比一个人发一千万财要好万万倍。中国改造好了，我们的子子孙孙在这个国家之内，升官也成，发财也成。说到这种成功，是由于我们革命而来的，我们便是国家永远的功臣。各位将士为国立了大功，就可以吃长粮，不是说今天要各位打仗，明天便要解散。如果失败，大家都要分散；如果成功，把中国改造好了，中国便是大家之家。所以古时有大志想做皇帝的人，都说化家为国。但是革命成功，大家做中国大公司内的股东，就是化国为家。现在法国、美国人民所享的幸福，便是这一样。我们革命成功，就可以享美国人、法国人那一样的幸福，也就可以享日本人这一样的荣耀。因为我们的土地广，人民多，中国人天生的聪明才力，比较西洋人、东洋人都要好得多。我们国家改造好了，中国强盛，还要驾乎他们之上。中国人所享的幸福，也当然在西洋人和东洋人之上。要达到这种目的，便要大家有大志气，不可有小志气。个人升官发财是小志气，大家为国奋斗，造成世界上第一个好国家，才是大志气。本大元帅今天在这地和大家讲话，希望大家从今天起，要立这种大志气。

据《中国国民党周刊》第十六期（一九二四年四月十三日版）《大元帅对滇军演说词》

任命吴铁城职务令

（一九二四年三月二十四日）

大元帅令

任命吴铁城为广东省警卫军司令。此令。

（中华民国陆海军大元帅之印）

中华民国十三年三月廿四日

据《大本营公报》第九号《命令》

给杨西岩的指令

（一九二四年三月二十四日）

大元帅指令第二八一号

令禁烟督办杨西岩

呈称奉令免职，恳饬新任早日接替由。

呈悉。已令催新任克日就职矣。仰即知照。此令。

（中华民国陆海军大元帅之印）

中华民国十三年三月廿四日

据《大本营公报》第九号《指令》

给李福林的指令

（一九二四年三月二十四日）

大元帅指令第二八二号

令番东顺三邑临时剿匪司令李福林

呈为遵令剿匪，谨将获犯起掳情形报请察核由。

呈悉。该司令奉令剿匪，督队进攻，获犯起掳多名，并夺获枪械甚夥，实属奋勇得力，深堪嘉许。所请将所获枪弹留部备用之处，应予照准。仰即知照。此令。

（中华民国陆海军大元帅之印）

中华民国十三年三月廿四日

据《大本营公报》第九号《指令》

特派鲁涤平职务令

（一九二四年三月二十五日）

大元帅令

特派鲁涤平为禁烟督办，并令从新改组禁烟机关。此令。

孙　文

中华民国十三年三月廿五日

据谭编《总理遗墨》第三辑影印原稿

给刘震寰的训令*

（一九二四年三月二十一至二十五日间）

大元帅训令第一一五号

令西路讨贼军总司令刘震寰

为令行事：据财政委员会主席委员叶恭绰、杨庶堪呈称："本会本月十三日第二十一次特别会议，准广东全省沙田清理处函：以严师长等征收东莞县各属护沙费，有越权限，恳会转呈帅座，迅令刘总司令转饬该军立即取消。东莞沙捐清佃局收入，划拨五成为严部军费，余五成实行解处，请会查议一案，经议决照办，理合录案呈请帅座鉴核施行，实为公便"等情。据此，除指令照准外，合行令仰该总司令遵照，即便转饬严师长兆丰立将该军征收东莞各属护沙费取消，并饬卢总办民魁将东莞沙捐清佃局收入划拨五成为严部军费，余五成仍实行解交广东全省沙田清理处毋违。此令。

（中华民国陆海军大元帅之印）

中华民国十三年三月　日

据《大本营公报》第九号《训令》

* 原令未署日期。据该令的前后训令发布日期推断，拟为三月二十一至二十五日之间。

给邓泽如的训令*

（一九二四年三月二十一至二十五日间）

大元帅训令第一一八号

令新任禁烟督办邓泽如

为令饬事：据禁烟督办杨西岩呈称："呈为奉令免职，恳饬新任早日接替恭呈仰祈睿鉴事。案准大本营秘书处第九一号公函内开：'三月十七日奉大元帅令开：禁烟督办杨西岩办理不善，流弊滋多，着即免职，听候查办。此令等因。除公布外，相应录令函达查照'等由。准此，当即督饬各厅、处、科办事人员赴办交代，嗣阅报载钧座已特派邓泽如为禁烟督办，正当接替有人。惟数日于兹，邓督办尚未定期接任，现本署一切事务均已结束，听候移交，且西岩仔肩待息，翘盼尤殷，合无仰恳钧座令催邓督办克日来署履新，以重烟禁。除径函邓督办外，所有恳请催促新任早日接替缘由，理合备文呈请察核，伏乞迅速转饬施行，实为公便"等情。据此，除指令外，合行令仰该督办克日就职，以重要政。仍将就职日期报查。切切。此令。

（中华民国陆海军大元帅之印）

中华民国十三年三月　日

据《大本营公报》第九号《训令》

---

* 原令未署日期。按三月二十日原禁烟督办杨西岩呈请孙中山恳饬新任邓泽如早日接替；又，二十六日孙中山即准邓泽如辞去禁烟督办新职。据此推新，此令发表日期应在二十一日至二十五日间。

准邓泽如辞职令

（一九二四年三月二十六日）

大元帅令

禁烟督办邓泽如恳请辞职。邓泽如准免本职。此令。

（中华民国陆海军大元帅之印）

中华民国十三年三月廿六日

据《大本营公报》第九号《命令》

委派潘文治任务令

（一九二四年三月二十六日）

大元帅令

派潘文治整理海军“飞鹰”、“福安”、“舞凤”三舰事宜。此令。

（中华民国陆海军大元帅之印）

中华民国十三年三月廿六日

据《大本营公报》第九号《命令》

着赶制军服拨给张贞所部令*

（一九二四年三月二十六日）

特令赶制军服数千套拨给张贞所部领用。

据《广州民国日报》一九二四年三月二十七日《帅令接济张贞军装》

---

* 此件所标时间系据三月二十七日《广州民国日报》云“昨大元帅以其（张贞部）战功卓著，特令”酌定。

给杨庶堪等的训令

（一九二四年三月二十六日）

大元帅训令第一一九号

令广东省长杨庶堪、粤军总司令许崇智、广东省警卫军司令吴铁城

为令行事：现在东路第一路司令所部，业经改编为广东省警卫军，归广东省长节制调遣，以资统驭。除分令外，仰即遵照。此令。

（中华民国陆海军大元帅之印）

中华民国十三年三月廿六日

据《大本营公报》第九号《训令》

给鲁涤平的训令

（一九二四年三月二十六日）

大元帅训令第一二〇号

令禁烟督办鲁涤平

查禁烟督办之设，原期寓禁于征，渐祛痼疾。前督办杨西岩徒事铺张，毫无成效，办理两月，特议纷起，业经免职查办在案。该督办受任伊始，应将署中诸部及分局根本改组，积极减政，庶几职无幸位，帑不虚縻。致〔至〕于办理手续，尤宜切实整顿，藉清积弊。所有原设会办、帮办名目，应即裁撤。仰即遵照办理，具报候核。此令。

（中华民国陆海军大元帅之印）

中华民国十三年三月廿六日

据《大本营公报》第九号《训令》

给程潜的指令

（一九二四年三月二十六日）

大元帅指令第二八三号

令大本营军政部长程潜

呈为湘军因伤殒命少将〔校〕参谋梁达道拟请准予追赠陆军步兵中校，并给中校恤金由。

呈悉。梁达道准予追赠陆军步兵中校，并照中校阵亡例给予恤金。仰即遵照办理。此令。

（中华民国陆海军大元帅之印）

中华民国十三年三月廿六日

据《大本营公报》第九号《指令》

给程潜的指令

（一九二四年三月二十六日）

大元帅指令第二八四号

令大本营军政部长程潜

呈为遵令议复夏重民、王贤忱[①]应得恤典，乞予示遵由。

呈悉。准如所议给恤。此令。

（中华民国陆海军大元帅之印）

---

① 一九二四年二月十六日《大元帅令》作王贯忱。待考。

中华民国十三年三月廿六日

据《大本营公报》第九号《指令》

寄汇北京支部经费电*

（一九二四年三月二十七日）

兹由广东银行汇一万元，支代表三月份薪水及公费，每人二千，共八千，又北京支部月费二千元，以后当每月照汇。收到复。孙文。感（三月廿七日）。

据谭编《总理遗墨》第一辑（出版时间不详，广东省社会科学院藏）影印原稿

准周鳌山辞职令

（一九二四年三月二十七日）

大元帅令

禁烟帮办周鳌山呈请辞职。应照准。此令。

（中华民国陆海军大元帅之印）

中华民国十三年三月廿七日

据《大本营公报》第九号《命令》

---

* 原电无年份。按北京支部应在一九二四年国民党一大后得名，据此酌定为一九二四年。收电者待考。

给广州市政厅的手令*

(一九二四年三月二十七日)

即日筹拨现款二万元,交湘军领收。

据《广州民国日报》一九二四年三月二十八日《湘军请发作战费》

给吴铁城的指令

(一九二四年三月二十七日)

大元帅指令第二八七号

令广州公安局局长吴铁城

呈请免收省河船艇自治联防经费由。

呈悉。查《抽收广东全省船民自治联防经费章程》虽经呈奉核准,但前因其开办已久,尚无成效,恐所定办法不免滋弊,业经令行广东省长、海防司令、广东地方善后委员会详细调查,呈复在案。兹据呈称:省河各船艇向已在该局暨市公用局缴纳警费及牌照费,若再令负担自治联防经费,办理自多滞碍。究竟此种情形是否仅限于省河为然,及应否免收之处,仍候令行广东省长会同海防司令、广东地方善后委员会并案确查妥议,呈复核夺可也。此令。

(中华民国陆海军大元帅之印)

* 此件所标时间系据三月二十八日《广州民国日报》云"昨……大元帅手谕市政厅"推定。

中华民国十三年三月廿七日

据《大本营公报》第九号《指令》

给林若时等的训令

（一九二四年三月二十七日）

大元帅训令第一二一号

令海防司令林若时、广东省长杨庶堪、广东地方善后委员会

为令行事：案据广州公安局局长吴铁城呈称："窃据职局警察第十二区一分署长高中禹呈称：'现奉钧局训令开：现准督办广东全省船民自治联防公署函开：敝署所辖船民省河分局，近日照章征收船民各费，闻贵局所辖十二区正分署尚多不甚了解，时有误会之虞，相应函请贵局长速即转饬十二区正分署，嗣后对于船民省河分局职员在省河执行职务时，须鼎力协助，以利进行。至或船民无知，亦请代为宣晓，实纫公谊等由。准此，查此案前经将该船民自治联防章程一本分发该署遵照在案，准函前由，合行令仰该署查照所开事理，切实协照办理，以利进行，毋得敷衍塞责，切切。此令等因。奉此，查船民自治联防举办伊始，船民多不知其利，反生疑虑，且对于输纳自治联防经费一层，多存观望。省河分局以其有意抗缴，强制执行，将船只扣留。即本年二月二十八日，该分局因船民延纳联防经费，将该船只五艘扣留，后有船民三百余人到分署请求转请该分局将船艇放行，率由职署派员商准一律放行，事始寝息。否则几酿风潮，不知如何结果。兹奉令前因，除饬长警向船民剀切劝导及切实协照办理处，倘辖内船民有延纳联防经费情事，省河分局请派警协同将其船只扣留时，职署应否即行派警会同办理？事关创举，分署长未敢专擅，理合呈请察核指令祇遵'等情前来。查

此案职局前准船民自治公署来函，当即令行遵照协照在案。惟现据该分署呈复各节，抽收联防经费一事，似属确有窒碍难行。复查省河船户，职局以向有征收警费，而市公用局又有抽收牌照费，该船户等以既经缴纳警费、牌费，保护治安已有专责，其对于联防经费一层，不宜再令缴纳，免再增加负担。核情实有可原，况职局现正奉行钧令，制止解散各军队抽收船只费用机关。若独任船民自治联防省河分局抽收经费，各军队观听所及，必至援为借口。拟请由帅座令行船民自治联防公署，对于省河船艇之曾纳警费及牌照费者，概免再收自治联防经费，以免酿成风潮，滋生分扰。据呈前情，所有拟请免收船艇自治经费缘由，理合呈报钧座察核。是否有当，伏候指令祗遵"等情。据此，当经指令"呈悉。查《抽收广东全省船民自治联防经费章程》虽经呈奉核准，但前因其开办已久，尚无成效，恐所定办法不免滋弊，业经令行广东省长会同海防司令、广东地方善后委员会详细调查，呈复在案。兹据呈称：省河各船艇向已在该局暨市公用局纳警费及牌照费，若再令负担自治联防经费，办理自多滞碍。究竟此种情形是否仅限于省河为然，及应否免收之处，仍候令行广东省长会同海防司令、广东地方善后委员会并案确查，妥议呈复核夺可也。此令"，除指令印发外，合行令仰该司令、省长、会遵照会同并案确查妥议，从速具复核夺。此令。

（中华民国陆海军大元帅之印）

中华民国十三年三月廿七日

据《大本营公报》第九号（一九二四年三月三十日版）《训令》

给叶恭绰的指令

（一九二四年三月二十七日）

大元帅指令第二八五号

令大本营财政部长叶恭绰

呈为《银毫出口护照条例》业经财政委员会议决，仍祈核准施行由。

呈悉。准即如拟施行。此令。

（中华民国陆海军大元帅之印）

中华民国十三年三月廿七日

据《大本营公报》第九号《指令》

给石龙各驻军的命令*

（一九二四年三月二十八日）

特令驻石龙各军认真保护该站①及该站职员，以利戎机。

据《广州民国日报》一九二四年三月二十九日《帅令保护无线电站》

给无线电局的命令**

（一九二四年三月二十八日）

特着无线电局在该轮②装置无线电，以便出巡前敌时传授各

---

* 此件所标时间系据三月二十九日《广州民国日报》云“昨大元帅……特令”推定。

① 该站：指设置于石龙的滇桂联军总指挥部无线电站。该站曾发生职员被杀情事。

** 此件所标时间系《广州民国日报》发表日期。

② 该轮：指孙中山出巡前敌专用之座驾船——“大南洋”浅水电轮。

军机宜。

据《广州民国日报》一九二四年三月二十八日《大南洋装置无线电》

给驻新塘湘军的命令*

（一九二四年三月二十八日）

特令驻扎新塘之湘军克日开赴前线，以厚兵力。

据《广州民国日报》一九二四年三月二十九日《帅令湘军开赴前敌》

给大本营秘书处的命令**

（一九二四年三月二十八日）

令秘书处将全省民团条例呈候察核施行。

据《广州民国日报》一九二四年三月二十八日《举办全省民团之条例》

给财政委员会的训令

（一九二四年三月二十八日）

大元帅训令第一二二号

令财政委员会

为令饬事：查禁烟督办署现在应行改组，所有原设之水陆侦缉联合队应由该委员会将其即日解散，其原由各军选送士兵一律送还各该本军归队。为此，令仰即遵照妥办，仍将遵办情形报查。

---

* 此件所标时间系据三月二十九日《广州民国日报》云“帅座……昨日特令”推定。

** 此件所标时间系《广州民国日报》发表日期。

此令。

（中华民国陆海军大元帅之印）

中华民国十三年三月廿八日

据《大本营公报》第九号《训令》

给蒋尊簋的指令

（一九二四年三月二十八日）

大元帅指令第二八九号

令中央军需总监蒋尊簋

呈为请示恤金葬埋费办法由。

呈悉。军政部军乐队积劳病故中士梁炳全应得恤金、葬埋费为数无多，应由该总监即照军政部来咨速予支发。至称现当战事时期，此项支出必多，若无专款，难资应付各节，尚属实情。究应如何筹拨的款及规定支付手续之处，候酌定后，另行饬遵可也。此令。

（中华民国陆海军大元帅之印）

中华民国十三年三月廿八日

据《大本营公报》第九号《指令》

给林森的指令

（一九二四年三月二十八日）

大元帅指令第二九〇号

令大本营建设部长林森

呈为缮送《权度检定所暂行章程》乞予备案由。

如呈备案。章程存。此令。

（中华民国陆海军大元帅之印）

中华民国十三年三月廿八日

据《大本营公报》第九号《指令》

给陈兴汉的指令

（一九二四年三月二十九日）

大元帅指令第二九一号

令管理粤汉铁路事务陈兴汉

呈请转饬各军勿拉该路工役充伕，免碍运输由。

呈悉。候令行各军长官遵照办理可也。此令。

（中华民国陆海军大元帅之印）

中华民国十三年三月廿九日

据《大本营公报》第九号《指令》

给程潜的指令

（一九二四年三月二十九日）

大元帅指令第二九二号

令大本营军政部长程潜

呈复遵令饬海防司令撤销甘竹、容奇等处抽费机关由。

呈悉。此令。

（中华民国陆海军大元帅之印）

中华民国十三年三月廿九日

据《大本营公报》第九号《指令》

给卢兴原的指令

（一九二四年三月二十九日）

大元帅指令第二九三号

令总检察厅检察长卢兴原

呈报遵令发行状纸日期，并附呈改用民刑状面样式，乞备案由。

呈及状面均悉。准予备案。此令。

（中华民国陆海军大元帅之印）

中华民国十三年三月廿九日

据《大本营公报》第九号《指令》

给张翼鹏的指令

（一九二四年三月二十九日）

大元帅指令第二九五号

令湘边宣慰使张翼鹏

呈报设处就职及启用关防日期由。

呈悉。此令。

（中华民国陆海军大元帅之印）

中华民国十三年三月廿九日

据《大本营公报》第九号《指令》

与香港某电报通社访员的谈话*

（一九二四年三月三十日）

数年来，直接或间接颇有与莫斯科政府来往，盖就历史及感情言之，俱有来往之价值。苏维埃所派驻粤之代表实与其派驻伦敦之商务代表无异。

【访员问孙中山是否有试行共产政府之意】

共产政府，以工人就社会问题设想，可以平均贫富、减除犯罪，使生命较近于人类，诚有试行之必要。【但以彼为政府领袖，则此项主张，不论在粤或在他部，一时尚不敢采择。】

据北京《顺天时报》一九二四年三月三十一日

《粤孙否认共产政府之谈话》

与日本广州新闻社记者的谈话**

（一九二四年三月）

问：现在北京政府正采取一些步骤就承认苏俄问题[①]同加拉罕先生谈判。因为这个问题有国际意义，所以各界人士都乐于知

---

* 此件所标时间系据三月三十一日北京《顺天时报》云“昨有香港某电报通社访员……见孙”推定。

** 鉴于北京政府即将承认苏俄，日本通讯社广州新闻社记者为此征询孙中山的意见。所标时间系据公布此档案的苏联历史学博士卡尔图诺娃所考订的日期。

① 一九二四年二月底，在苏联同英国、意大利首签几个条约之后，北京政府对中国各舆论界的坚决要求作出让步，决定抓紧同一九二三年秋来到北京的苏联代表团谈判。

道您本人对这个问题的看法。如果北京政府真的承认苏俄,南方政府将持什么态度?

答:北京政府是否承认苏俄,于我的政府毫无关系。这只是苏俄同北京政府间的外交关系问题,我不能发表任何个人的意见。加拉罕到北京之前,苏联政府就已经表明了它对我的政府的态度,它与苏联对北京的态度是完全不同的。至于说我的政府对苏俄的态度,那么至今在这方面并没有任何变化,也没有任何理由会引起现状的改变。

问:这就是说,南方政府既然不依赖于北京政府,所以它将要单独承认苏俄。

答:此举毫无必要。苏俄与我的政府间的关系十分友好,就象两兄弟间的关系。这种关系不需要诸如承认之类的形式。一个单身汉想娶妻,必定要费一番功夫选择新娘,并要同意某些条件,尔后才能成婚。兄弟之间不需要任何形式,我同苏俄之间正是这样的关系。

问:您是否想以此说明,贵政府的政策原则和方针与苏俄完全相同?

答:当然,俄国政府两年前实行的政策,其原则与方针与我政府是完全不同的。但是俄国政府的现行政策——新经济政策,其主要点与应在中国实行的我的《建国方略》却是如出一辙。因此,我们自然是在两个政府间建立兄弟般的关系。这个政策在两国的实施情况迥异,但是它们的政策基本上是相同的。

问:好的。不过从国际政治关系的观点上看,政府间务必互相承认,方能进行彼此间的外交往来。您是否认为这是必不可少的?

答:实际上我的政府一直与苏俄维持友好关系。这种关系从未中断,所以也不会出现用专门正式承认的办法恢复关系的问题,因为我的政府事实上已毫无条件地承认俄国了。

问:北京政府承认俄国,也就意味着对俄国持同样友好的态度。您是否欢迎它这样承认俄国?

答:我当然欢迎。但是北京政府在真正承认俄国前安排了一些预备性谈判,承认之后,还要签署一系列条约和议定书。这种承认不仅仅是基于沟通两个民族的崇高理想。南方政府必将欢迎这样的做法。

据苏联《亚洲人民》一九六六年第二期(莫斯科一九六六年俄文版)译出(李玉贞译)

致何成濬电*

(一九二四年三月三十日)

漳州已下,闽局正事发展。为事权统一计,所有留闽讨贼军及各民军部队应由和斋①兄直接指挥调遣。除直接电告外,请兄传令各部队将领一体遵照。孙文。

据《广州民国日报》一九二四年三月三十一日《帅令统一闽南军事权》

准黄仕强辞职令

(一九二四年三月三十一日)

大元帅令

前禁烟督办杨西岩呈总务厅长黄仕强恳请辞职。黄仕强准免

* 此件所标时间系据三月三十一日《广州民国日报》载"大元帅……昨并电令讨贼军总指挥何成濬"等语推定。

① 和斋:臧致平字和斋。臧时任闽军总司令。

兼职。此令。

（中华民国陆海军大元帅之印）

中华民国十三年三月卅一日

据《大本营公报》第九号《命令》

准马武颂等辞职令

（一九二四年三月三十一日）

大元帅令

前禁烟督办杨西岩呈秘书马武颂、张伯南、陈伯任，科长杨宜生、俞智盦恳请辞职。均照准。此令。

（中华民国陆海军大元帅之印）

中华民国十三年三月卅一日

据《大本营公报》第九号《命令》

撤销查办杨西岩案令

（一九二四年三月三十一日）

大元帅令

前禁烟督办杨西岩，被控办理不善，流弊滋多，业经免职查办在案。兹据财政委员会查明，尚无实据，应予撤销，毋庸置识〔议〕。此令。

（中华民国陆海军大元帅之印）

中华民国十三年三月卅一日

据《大本营公报》第九号《命令》

裁撤禁烟署会办帮办各职令

（一九二四年三月三十一日）

大元帅令

禁烟督办署会办、帮办各职着一律裁撤。此令。

（中华民国陆海军大元帅之印）

中华民国十三年三月卅一日

据《本本营公报》第九号《命令》

给杨希闵等的训令*

（一九二四年三月二十八至三十一日间）

大元帅训令第一二四号

令中央直辖滇军总司令杨希闵、湘军总司令谭延闿、桂军总司令刘震寰、豫军讨贼军总司令樊钟秀、粤军总司令许崇智、中央直辖第一军军长朱培德、中央直辖第二军军长黄明堂、中央直辖第三军军长卢师谛、中央直辖第七军军长刘玉山、中央直辖赣军司令李明扬、北伐讨贼军第二军军长柏文蔚、北伐讨贼军第三军军长胡谦、山陕讨贼军司令路孝忱

为令行事：据管理粤汉铁路事务陈兴汉呈称："窃职路地当北江要冲，为军队往还必经之区。而员司工役人数不少，前恐误

* 原令未署日期。据该令的前后训令发表日期推断，此令应在二十八日至三十一日间。

被拉充伕役,致碍行车,节经将证章式样分送,并请如佩有粤汉铁路证章者,幸勿误拉各在案。乃近日又复发生拉伕情事,职路工役竟有被湘、滇军拉充伕役事,几费唇舌,方始释回。长此纠纷,特碍路务。兹特再恳钧座转饬各军机关一体遵照,嗣后如遇职路证章之员司工役,请勿误拉,俾得安心服务,免碍运输。倘或误被拉去,亦请查明准予释放,实为公便"等情前来。除指令"呈悉。候令行各军长官遵照办理可也。此令"印发外,合行令仰该军长、总司令、司令即转饬所属一体遵照,毋稍玩忽。至要。切切。此令。

(中华国民陆海军大元帅之印)

中华民国十三年三月 日

据《大本营公报》第九号《训令》

给程潜杨庶堪的训令

(一九二四年三月三十一日)

大元帅训令第一二六号

令大本营军政部长程潜、广东省长杨庶堪

为令行事:据广东地方善后委员会当值委员黎泽闿等呈:"为沿途勒索,阻绝交通,吁请严令各军长官所获暴徒不得强行保释事:窃维治安之要,首在交通,勒索取财,显干法纪。近查假冒军队勒收行水之案,到处皆是,以至百货停滞,商旅戒途。前经广州市公安局严行查办,并拿获暴徒多人。讵各军长官受人欺蒙,任意保释,似此长奸纵恶,殊足妨碍治安。委员等既有所闻,不敢缄默,经于三月廿日第卅五次常会提出讨论,众议呈请帅座令行地方官吏,将此等横行匪类尽法惩治,并严令各军队不得受人蒙蔽,强行保释,庶使交通恢复而治绩可期，实为德便”等情。据此，除指令照准并分令外，合行令仰该部长、省长即便通令各军，饬所属遵照办理。此令。

（中华民国陆海军大元帅之印）

中华民国十三年三月卅一日

据《大本营公报》第九号《训令》

给杨庶堪的指令

（一九二四年三月三十一日）

大元帅指令第二九七号

令广东省长杨庶堪

呈复遵令转饬所属解散征收来往船只捐费各机关情形由。

呈悉。此令。

（中华民国陆海军大元帅之印）

中华民国十三年三月卅一日

据《大本营公报》第九号《指令》

给广东地方善后委员会的指令

（一九二四年三月三十一日）

大元帅指令第二九八号

令广东地方善后委员会

呈请严令各军不得强保暴徒等情由。

呈悉。应照准。候令行军民长官通饬办理可也。此令。

（中华民国陆海军大元帅之印）

中华民国十三年三月卅一日

据《大本营公报》第九号《指令》

给林若时的指令

（一九二四年三月三十一日）

大元帅指令第二九九号

令广东海防司令林若时

呈报就职及启用关防日期由。

呈悉。此令。

（中华民国陆海军大元帅之印）

中华民国十三年三月卅一日

据《大本营公报》第九号《指令》

本卷编后说明

《孙中山全集》第九卷的编辑工作，由广东省社会科学院历史研究所孙中山与辛亥革命研究室承担。参与者有张磊、方式光和王杰同志，王杰同志负担了大部分的工作。

黄彦同志对编辑工作提供了许多有益的意见和资料。

在编辑过程中，多承中国社会科学院近代史研究所图书馆、中共中央宣传部图书资料室、中山大学孙中山纪念馆、广东革命历史博物馆、广东省中山图书馆等单位和李玉贞、虞和平等同志给予指点和帮助，特此致谢。

编　者

一九八五年五月